符中　王锡鹏　著

海口红色交通站

中共海口市委党史研究室
海口市国家保密局　编
海口市中共党史学会

中共党史出版社

图书在版编目（CIP）数据

海口红色交通站 / 中共海口市委党史研究室，海口市国家保密局，海口市中共党史学会编；符中，王锡鹏著 . -- 北京：中共党史出版社，2023.10

ISBN 978-7-5098-6113-4

Ⅰ . ①海… Ⅱ . ①中… ②海… ③海… ④符… ⑤王… Ⅲ . ①革命史－海口－通俗读物 Ⅳ . ① K296.63-49

中国版本图书馆 CIP 数据核字（2022）第 158796 号

书　　名：海口红色交通站
作　　者：中共海口市委党史研究室　海口市国家保密局　海口市中共党史学会　编
　　　　　符中　王锡鹏　著

出版发行：中共党史出版社
责任编辑：陈海平　申宁　王斌俊（特约）
责任印制：段文超
社　　址：北京市海淀区芙蓉里南街 6 号院 1 号楼　邮编：100080
网　　址：www.dscbs.com
经　　销：新华书店
印　　刷：北京君升印刷有限公司
开　　本：720mm × 1000mm　1/16
字　　数：340 千字
印　　张：26.5
版　　次：2023 年 10 月第 1 版
印　　次：2023 年 10 月第 1 次印刷
书　　号：ISBN 978-7-5098-6113-4
定　　价：66.00 元

此书如有印装质量问题，请联系中共党史出版社读者服务部　电话：010-83072535

目　录

开　篇

　　琼崖革命是一部昂扬激越的浩繁史诗。翻开每一章，阅读每一页，我们都为之自豪骄傲。每一个故事，每一个片断，都凝聚着艰辛卓越的历史时刻。

　　地下（红色）交通工作属于中国共产党在革命战争年代隐蔽战线的范畴。1927 年轰轰烈烈的大革命以"宁汉合流"为标记，宣告失败。在这危急关头，中共中央召开八七会议，谋划重大斗争行动，并决定将遭遇内外夹击的中国共产党组织从公开、半公开状态转入秘密状态，确立严格的地下组织系统和工作关系，建立全国中共地下组织交通网，还制定了严格的地下工作纪律与原则，凝聚起各级党组织的斗争智慧和丰富的创造力。

　　斗争的残酷性和方式的保密性，决定了这是一条看不见的阵线，虽然没有硝烟却充盈搏击，不见壕沟却两军对垒。因而，党组织设立的情报交通站被称为地下交通站或联络站。它的工作任务是收集敌特情报和传送敌特活动消息，传递党组织发出的重要通知。在琼崖革命斗争年代，它的任务还包括运送武器弹药和电台，接送党政军领导干部进出琼岛。可谓是琼崖坚持长期革命斗争的一支神秘的坚强有力的战斗队伍。

　　交通员来自于民众，扎根于群众之中，因而得到人民群众的悉心保护，危急关头能够化险为夷；他们智勇双全，遇到强敌时张扬睿智，摆脱险境，英勇向前，甚至舍生取义。地下交通斗争，没有前线战场上的剑拔弩张，也没有攻防战场上的明枪实火，大多数场合是地下交通员与敌人斗智斗勇的较量。因此，有人说这是没有硝烟的搏斗，这些奋斗前行者是无名英雄。地下交通斗争的勇士们，或隐身于城镇，执行着党组织交给他们刺探敌情的任务，或担负瓦解敌特营垒的绝密斗争；或在广阔的乡村，秘密进行工作联络，掩护共产党和人民军队的领导干部和工作人员过路或输送情报。他们有着正面搏击战场上不可替代的地位和作用。毫不夸张地说，琼崖中共组织的地下交通工作犹如一双双看不见的手，拨动着斗争的前进节奏，谱写了一曲曲震古烁今撼天动地的乐章；好比一枚枚穿针引线的飞梭，编织着一幅幅壮丽的画卷。地下交通站和交通员汇聚于琼崖革命斗争的洪流，成为冲决反动派堤岸的一轮轮波涛。

琼崖中共组织的地下交通站从开始的空白到星罗棋布，步步向前发展，贯穿于中国共产党领导的人民斗争从混沌到觉醒直至壮大，走向胜利。琼崖地下交通站的建立到发展成长，一直坚持到解放，标志着中国革命斗争不断从胜利走向胜利的历史进程。即便在琼崖革命遭受严重挫折的时候，地下交通站的工作也从未间断过，甚至其斗争活动要比以前更加频繁，更加隐蔽，更注重成效。当然，这中间的斗争道路更加曲折艰险，步履更为跋涉维艰。每当党组织或地下交通站遭到破坏时，交通员肩上的担子更沉，责任更重，而在这个时候也是交通员性命安全受到严峻考验的时刻。或某一个阶段、某一天，看似风平浪静，其实乌云翻滚，酝酿着暴风骤雨；云淡风轻的日子，看似波澜不惊，顷刻之间就会风起云涌，满城阴霾，瞬息之间演变为腥风血雨，地下交通员时刻面临着被杀戮的危险。他们把自己的生命紧紧与党和人民的事业联系在一起，随时准备着为了党组织的利益，为了革命战士的安危献出自己的一切。他们的战场似乎平淡如水，却汇集漩涡；他们的斗争，绝大多数的时候手无寸铁，却雷霆万钧电烁雨骤。生命随时随地为了党的需要和人民的安危，而无怨无悔地付出。交通员是暴风雨中傲然翱翔的矫健海燕，是屹立于海岛上的一棵棵昂首向上的亭亭椰树。

正是因为地下交通斗争的特殊性，交通员战斗在敌人心脏，或活跃于乡间阡陌。勇士们或被敌人搜捕残杀，壮志未酬身先死；或被敌特捕获受尽酷刑，身首异处死而无憾；或为掩护战友同志，赴汤蹈火在所不辞。这些勇士英雄们或许连自己的姓名都没有留下，但人们从一座座英雄纪念碑上，从人们口口相传的故事里，看到了他们引以为傲的行进身影，把对党的忠诚和对人民革命事业的忠贞写在广袤辽阔的大地上。据有关资料显示，革命战争年代府海地区就建立起180多个交通站和情报点，拥有交通员、情报员4000多人。交通情报站点的建立从东至西、从南至北，星罗棋布。无论是城镇还是乡村，也无论是根据地、解放区还是敌占区甚至敌人的统治中枢，到处活跃着中国共产党领导下的交通员的身影，他们为琼崖革命书写了可歌可泣的英雄赞歌。地下交通员用双脚丈量着府海大地，跨过琼州海峡滔滔天堑，踩出了一条抗战之路、解放之路、胜利之路。

今天，我们一道翻开这尘封的历史，追寻这些地下交通员的足迹，仰览当年海口（含当时的琼山县）地下交通站的斗争风云，还原重现交通员昔日坚忍不拔的战斗风采。

此为本故事的开宗明义。

第一回　国民革命星火燎原
中共琼崖旗帜飘扬

　　诸位：中共组织的地下交通站是随着革命斗争发展而建立起来的，琼崖共产党组织诞生前，没有地下交通站。中共琼崖地委成立时，正是国共合作的"蜜月"时期，中国共产党也没有建立地下交通站的必要，虽然政党人员成分不同，但尚能相处。那么，琼崖国民革命是怎样发展起来的呢？其经过怎样，景况如何？诸位且听我说来。

　　这天府海街道上，人声鼎沸，群情激荡。那是1926年初。

　　"我们听革命军演讲去，大家走呀！""听听革命军宣讲的革命道理，再不能任由帝国主义和封建军阀宰割了！"

　　府海街头上，行人相互招呼勉励，涌向国民革命军设在街头上的演讲点，人头攒动，热气腾腾。

　　第一次国共合作的实现离不开伟大的中国革命先行者孙中山。那时，中国共产党认为，在众多的党派中，也只有中国国民党算得上是真正的民主派。孙中山及其领导的国民党在人们的心目中，享有崇高的威望。"屡战屡败"继而"屡败屡战"，并领导辛亥革命推翻了清王朝封建统治的孙中山，在多次革命后幡然醒悟到了依靠封建军阀搞民主革命，犹如缘木求鱼，异想天开。若要取得民主革命的胜利，必须学习苏俄，寻求与中国共产党合作，依靠工农的力量。

孙中山 1866 年 11 月 12 日诞生于广东省香山县（今中山市）翠亨村，少年时代就读于英美教会所办的意奥兰尼学校和奥阿厚书院。后继续求学于香港拔萃书院、域多利书院。毕业后，先入广州博济医院附属南华医学堂学习，后转入香港西医书院（后并入今香港大学）学医。1894 年 6 月孙中山上书李鸿章，要求改革时政，被置之不理。同年，爆发了中日甲午战争，清政府在战争中接连败北。继 1840 年第一次鸦片战争、1856 年第二次鸦片战争之后，资本主义列强掀起了瓜分中国疆土的狂潮。孙中山赴美国檀香山宣传革命，建立兴中会，提出了"驱逐鞑虏，恢复中华，创立合众政府"的主张。1905 年 8 月，中国第一个资产阶级民主革命政党"中国同盟会"在日本东京成立，孙中山被推举为总理，他在同盟会机关报《民报》发刊词里，首次提出了"民族、民权、民生"三大主义，即三民主义的政治纲领。辛亥革命前，孙中山共计领导了 10 次武装起义，即：1895 年的广州起义，1900 年的惠州起义，1907 年 5 月的黄冈起义、6 月的七女湖起义、9 月的防城起义、10 月的镇南关起义，1908 年 2 月的钦州起义、4 月的河口起义，1910 年 2 月的广州新军起义以及 1911 年 4 月 27 日（农历三月廿九日）的黄花岗起义。尽管这些起义最后失败，但唤起了中华民族的觉醒，动摇了清政府腐朽统治的根基。紧接着，1911 年 10 月 10 日，武昌起义爆发，进而掀起席卷全国的革命风暴，推翻了清政府，终结了中国封建王朝的专制统治。1912 年 1 月 1 日，建立了中华民国临时政府。此后，孙中山先后发动与领导了"二次革命""护法运动"。1919 年 10 月，孙中山把中华革命党改组为中国国民党。

"二次革命"和"护法运动"失败后，又经历了广东军阀陈炯明叛乱，孙中山认识到只有推翻帝国主义、封建主义的统治，三民主义才能真正实现。同时，深深地感受到依靠军阀制衡军阀策略的荒谬，欣然接受了中国共产党和苏俄的帮助，提出了"联俄、联共、扶助农工"三大政策，邀请苏联政治顾问和军事顾问到广州帮助中国革命。1924年1月，在广州召开的中国国民党第一次全国代表大会通过了党纲、党章，重新解释了三民主义。第一次国共合作由此而开端。

国民政府和广东省政府相继在广州成立，推动了国民革命的蓬勃发展。1925年9月，广东军阀陈炯明勾结北洋军阀和广东南路八属联军司令、琼崖善后处长邓本殷，妄图夺取广州，进而控制广东。国民政府决定第二次东征和南征，会攻广东南路。这年12月，邓本殷率部退守琼崖，南路平定。国民政府加紧控制与巩固后方，以李济深为总指挥、陈铭枢为前线总指挥，调遣国民革命军第四军第十二师黄琪翔团及云瀛桥独立团、王鸿铙新编第九旅，于1926年1月16日自雷州半岛分三路渡海攻琼。同月17日，黄琪翔团和云瀛桥独立团在文昌县（今文昌市）铺前附近的新榄港登陆；18日，攻克文昌县锦山、湖山和琼山县（今海口市琼山区）三江，进军府城。与此同时，第十一师、十二师从琼山、临高等地登陆。邓本殷部迅速土崩瓦解。眼看大势已去，秋风扫落叶，邓本殷黯然神伤，只身登上"司马懿号"轮船狼狈逃亡。

而在此之前，即1923年6月12日至20日，中国共产党第三次全国代表大会在广州召开，通过《中国共产党第三次全国大会宣言》等文件，明确了关于"共产党员以个人身份加入国民党""同时保持共产党在组织上、政治上的独立"的决定，采取党内合作的形式，以完成反帝反封建的国民革命的重要任务。许多共产党员按照党组织的指示参加国民党各级党部工作。

国民革命军南讨胜利，促使琼崖革命统一战线的形成。共产党员在新成立的琼崖临时行政委员会、国民党琼崖特别委员会中占有相当的比例和地位，比如琼崖临时行政委员会主席张善铭、在海口大街（今海口市中山路）会昌铺成立的国民党琼崖特别委员会主任委员罗汉都是共产党员。张善铭离琼，国民党中央委派到琼崖担任国民党琼崖特别委员会主任委员兼琼崖行政委员的张难先，也为国民党左派。此时，在琼崖除海口国民党部主任委员由张难先兼任外，其余各县党部主任委员均由共产党员担任。

国民革命军渡琼给琼崖革命输送了大批新生力量。这一时期，共有三批200余名共产党员和共青团员进入琼崖开展革命活动。第一批是随国民革命军抵琼的。他们主要是国民党广东省党部和省农民协会的特派员及广州农民运动讲习所毕业返琼开展工农运动的人员。第二批是在国民革命军中工作，跟随国民革命军队伍入琼的。他们中有第四军党代表罗汉、第十二师党代表兼政治部主任王文明、第十一师政治部主任廖乾五、第三十四团政治部主任伍锋等。第三批是在国民革命军过琼的同时，由全国总工会、国民党中央党部各部派遣到琼崖开展工运、农运、青运、妇运的特派员等。他们中的一部分人留在府海地区，大部分派遣到琼崖各县开展革命活动。李爱春是琼山县演丰镇土箩村（今海口市琼山区爱国村）人，1921年考入广东省立第六师范学校，1924年到广东大学（今中山大学）预科学习，由杨善集介绍加入中国共产党，1926年初受党组织派遣随国民革命军返琼，他就是在这个时候担任国民党琼山县党部主任委员的。

琼崖由于大批共产党员和共青团员的到来，城乡革命活动很快活跃起来，革命气势愈来愈浓烈。他们走上街头深入乡村宣传国民革命道理，三天两头，圩墟街头陌巷或者乡村的榕树底下，经常出现宣讲国民革命思想的小集会。府海地区国民革命活动热潮高涨，尤其是府城忠介路等街道，以及海口中山路、得胜沙街一带，宣传国民革命思想的情景更是火爆。共产党员、共青团员、国民革命军士兵还有热血青年学生，随时随地选择场地宣讲，他们或扛一张长凳椅子，登高一站就宣传起国民革命军的战绩，讲述当前全国的国民革命形势，同时结合琼崖社会现状，指出国民革命的路径，使得人们革命热情立时澎湃。

"同胞们，先生们，社会各界朋友们！广东反动军阀陈炯明背叛孙中山先生'联俄、联共、扶助农工'的三大革命政策，勾结北洋军阀企图颠覆新成立的国民政府和广东省政府，图谋把贫苦大众重新拉回到他们统治的铁蹄之下，不光受封建军阀的敲诈勒索，还要遭受帝国主义的压榨蹂躏，能同意吗？我们绝不会让时光倒流！反动军阀邓本殷打着琼崖善后处长的幌子，搜刮民脂民膏，追随陈炯明做着琼崖太上皇的美梦，甚至妄想出卖琼崖主权购买军火。可是，国民革命军的枪炮声一响，陈炯明辈就被打得落花流水，抱头鼠窜，彻底垮台。而在琼崖的邓本殷呢，也被国民革命军和广大民众追击，轰然倒地，卷起铺盖逃之夭夭了！同胞们，先生们！不论是陈炯明，还是邓本殷也罢，他们都是大大小小的害人虫，革命群众一旦觉醒，举起刀枪，他们就只有灭亡一条路，别无他路！"一个年轻的国民革命军士兵站在一张矮腿桌子上情绪激昂地说。别看这个国民革命军士兵年纪轻轻，演说起来口若悬河滔滔不绝呢！

"帝国主义列强从中国滚出去！"

"打倒封建军阀！打倒'鸦片王'邓本殷！"

"国民革命万岁！工人农民运动万岁！"

海口中山路街头上的民众，外三层里三层围住宣讲的国民革命军战士，凝神听完宣讲后，立刻爆发出一阵阵亢奋的口号声，街头上空回荡着一声声怒吼的回响。

就在这条大街上，数了数，共有六个这样的宣讲点，一个个都簇拥着围观的民众。他们中有工人、市民、学生、商人，还有周边赶集进城的农民。整条大街上人挤着人，摩肩接踵。国民革命军的到来，让他们憧憬着生活的希望和美景，仿佛从密匝匝的云层里看到漏泻出来的一丝亮光，好比在乌云乱滚中听到一声霹雳响雷，心潮激荡，兴奋不已。

人们在窃窃私语，交头接耳，传递着猜测，说着预言：

"中国共产党早已在上海成立，它的分支或许已经开枝散叶，我们琼崖应该早就有共产党的组织了。"

"五年了呢，如果还没有，也该快了。共产党拯救贫苦大众于水火，建立没有压迫没有剥削的新社会，实现天下大同，人民群众拥护。只要播下种子就会生根萌芽开花结果！"

"你们说的都很精辟，说不准，那些街头演讲的青年人、军人中就有共产党。共产党也是人，谁能说这些人中就没有共产党人？古云：'三人行，必有吾师'。套着说开去，啧啧，我们啊谁保证谁不是共产党！"

他们你看我、我看你，仿佛都在猜测彼此，而后，突然迸发出一阵笑声，"我们都不是？都是啊！"

罗汉和王文明抵达海口后，立即按照中共广东区委的指示开展工作。对海口和府城这两座城镇，他们并不陌生。

罗汉是湖南省浏阳县（今浏阳市）小河乡田心村人。早年就读于浏阳、长沙，1918年考入北京大学文科哲学系，那时北京大学的陈独秀、李大钊倡导新文化、新思想，同时俄国十月革命胜利，马克思主义传入中国，罗汉深受陈独秀、李大钊的影响，与同乡罗章龙等积极投入到爱国学生运动，组织和参与了五四运动中"痛打章宗祥，火烧赵家楼"的爱国行动。1920年加入中国社会主义青年团、北京马克思学说研究会，同年底，由北京赴法勤工俭学。1921年10月，参加组织勤工俭学的学生进占中法里昂大学的斗争活动，遭到里昂军警的镇压，后与蔡和森、李立三、陈毅、王若飞、陈公培（吴明）、鲁易等104人一起被武装押送回国。同年12月，罗汉第一次来到琼崖，和稍后抵琼的陈公培、鲁易等在琼崖传播马克思主义，并成立社会主义青年团琼崖分团，任书记。他也曾在琼崖中学、琼海中学担任教员，后来又前往嘉积创办农工职业学校，任校长，大力培养革命骨干。1922年秋，经陈公培请示中共中央，同意其加入中国共产党。1924年，罗汉赴广州，在中共两广区委工作，后进入黄埔军校担任政治教官，兼任黄埔军校特别区党部主办的《青年军人》发行股股长，参加东征。北伐战争时，担任国民革命军第四军副党代表兼政治部主任。这次渡海抵琼，他是别有一番滋味在心头，此一时彼一时哩。过往，在琼崖传播马克思主义，培养革命骨干，处处受北洋军阀和邓本殷之流掣肘，如今这些面目狰狞的反动军阀已经作鸟兽散，国民革命正是放开手脚大干的时候啊！

王文明激情满怀，当他踏上府城这片故土时，心里在暗暗地说：琼崖，我回来了！王文明是乐会县（今琼海市）阳江镇益良村人。早年在乡县学校就读，品学兼优，后到府城求学，入读琼崖中学。

这时，王文明站立在府城广东省立第六师范学校（今琼台师范学院）的门前，更是豪情万丈，壮心不已，他已经由一名青年学生成长为国民革命军的将领，一个在读学生经受千锤百炼成为中国共产党党员。他在这所学校读书时，学校名称为"广东省立琼崖中学"。1919年5月，王文明、杨善集等领导和发动了府海地区青年学生声援北京五四运动的伟大斗争，王文明任琼崖十三属学生联合会常务理事、抵制日货总会会长，1922年秋加入中国共产党，后前往上海入读上海大学社会系，与陈垂斌、黄昌炜、罗文淹、郭儒灏等人在上海出版《琼崖新青年》，积极传播马克思主义。1925年根据党组织的指示，回到广州参与组建琼崖革命同志大同盟，并以《新琼崖评论》为阵地宣传马克思主义与国民革命思想。这次随国民革命军返琼，琼崖中学已经改称为省立第六师范学校了。抚今追昔，王文明深感今非昔比。声援北京五四运动的斗争，虽然民众声势浩大，当局慑于民众的声威，但受北洋政府在琼崖爪牙的阻挠，还是受制于种种局限。现如今，孙中山先生的新三民主义东风劲吹，国民革命军广东两次东征所向披靡，北伐军誓师出征势如破竹，现在南下的国民革命军把邓本殷部打得落花流水，邓本殷绝望逃窜，琼崖大地是明朗朗的天，走在大街上，遇到的都是笑脸绽放的民众。他和罗汉商议，要按照中共组织的指示，尽快建立起琼崖各级党的组织，领导各界民众开展国民革命。

"杨善集在送别我们的时候说过，'明办国民党，暗办共产党'。要抓紧时间发展壮大我们党的力量，迅速动员广大工农群众投身到国民革命中去。"王文明说。1926 年 2 月，王文明、罗汉等聚集在海口中山路关帝庙讨论建立中共琼崖特别支部事宜。环视了一遍在庙堂里长条桌子周边就座的青年战友，他继续说道，"目前，琼崖国民革命形势一派大好，民众强烈要求推进国民革命运动，我们要因势利导，扩大国民革命的影响，涤荡一切污泥浊水。与此同时，采取多种形式和手段加强共产党主张的宣传。在琼崖建立党组织是我们当前的重要工作，经过前段时间的筹备，条件已经成熟，我们今天就是要根据中共广东区委的指示，成立中共琼崖特别支部委员会。"

接着，会议宣读了《中国共产党章程》，经过短暂时间讨论，选举产生了中共琼崖特别支部委员会，委员为罗汉、王文明、冯平、李爱春、何毅、符向一、柯嘉予、陈公仁等，罗汉任支部书记。中共琼崖特别支部委员会隶属广东区委。这是琼崖中共地方委员会成立前的第一个全琼特别支部。

中共琼崖特别支部委员会的成立，标志着自 1921 年 7 月中国共产党建立后，在边远的琼崖有了自己的组织，自此开始了党有组织、有纪律、有成效的活动。果不其然，由于琼崖特别支部成立的推动，跟随国民革命军返琼的中共党员被派遣到各市县，琼崖各地中共党组织相继建立，府城、海口、文昌、琼东（今琼海市）、乐会、万宁、陵水、澄迈、临高、儋县（今儋州市）都成立了党小组，领导各市县的建党活动。广东省立第六师范学校是这一时期府海地区建党活动最活跃的地方。中共琼崖特别支部派遣罗文淹到六师任训育主任，陈垂斌任教务主任，陈公仁、陈文晃等都是琼崖特别支部派到六师的教员。

他们发动进步青年学生入党，很快成立了府海地区最早的六师党团支部。同时，广大农村党小组、党支部相继成立，基层建党活动热潮达到了沸点。琼山县先后建立的党小组或党支部计有 20 个、党员 150 多人。玉仙东村、西村以及冯公坊都成立了党支部。这些村庄，后来都为党的地下交通情报工作做出了卓越的贡献，是党的地下交通活动的支撑点。

国民革命运动如火如荼。对中国共产党在各地的蓬勃发展，国民党右派犹如芒刺在背，唯恐共产党组织坐大。在广东，1926 年 3 月，蒋介石集团制造了"中山舰事件"，阴谋篡夺国民革命的领导权；5 月，蒋介石在国民党二届二中全会上提出《整理党务案》，大肆排斥共产党人。根据中共广东区委的指示，王文明、罗汉先后退出国民革命军序列，从事工农运动。在这个重要时刻，琼崖的国民党右派并没有闲着，他们揣测时局变化，窥视革命群众的活动。把持着海口码头工会领导权的张学良、王苏民、邢觉非这些"黄色工会"头目极端恐惧，他们担忧共产党成了气候，自己将失去呼风唤雨欺凌民众的资本，可是又毫无办法。于是，挖空心思，四处侦探王文明的行动。他们言之凿凿，说王文明是国民革命军中的领导层干部，好端端的前程似锦的年轻干部，却在这个节骨眼上离开了令人羡慕的岗位，投身到工农运动中，晴天一身汗雨天一身泥，图的什么，其目的不言而喻啊。但是，他们不能大张旗鼓螳臂当车，这个时候是国共合作时期，一个微不足道的底层喽啰咋敢让人抓住破坏"国共合作"的辫子，奖赏未酬，还得当替罪羊，被推上砧板呢！

这时，中共广东区委派遣杨善集返琼指导琼崖建党工作。他和王文明等人先后在府海和嘉积等地举办党员训练班，加强党对工农运动的领导，培植工农运动的骨干力量。在风雨飘摇的国共合作时局中，琼崖民众亟须中共组织这一中流砥柱承担起国民革命的主心骨。琼崖民众翘首企足，等待着府海春雷震荡甘霖洒落。中共琼崖地方组织的建立呼之欲出。

国共两党虽然合作，但国民党右派对共产党扩充基层组织非常反对。因而，王文明谨慎处事，除了要求各个基层组织严守党的秘密，他更是以身作则，对外严格组织纪律，对筹备成立中共琼崖地方委员会的消息严密封锁，以免引起反动派的关注与干扰。现在，万事俱备，会议地址却煞费心机，既要易于人员集中又要避免国民党右派忌惮，既要安全安顿与会人员又要隐蔽且易于与会同志撤走。这天夜里，王文明绞尽脑汁，辗转反侧久久不能入眠。雄鸡一打鸣，他忽地有了主意，天一放亮，就直奔竹林村。

晨雾弥漫，山野像披着一层轻纱。邱秉衡正在村边的小路上徘徊，一见到王文明便高兴地说："哦哦，终于盼到你了啊！"王文明分外诧异，正欲发问，邱秉衡已接着说，"你们不是要开会嘛，我家宅大屋阔，正好供你们使用。"王文明不甚解，他怎么晓得我们要开会，急寻适当地方？邱秉衡又说，"近日海口上层人士传说，城里工人运动浪潮澎湃，乡下农民减租减息，简直闹翻了天。这种只有国共合作才出现的新景象，其发动领导者肯定是共产党无疑。我便想琼崖民众一定在找共产党，而琼崖共产党人必定会亮出自己的旗帜，引导这场斗争，对否？"

"你老兄挺机灵的啊，钻到我们肚子里来了！哈哈！"王文明诙谐地说。他接道，"我正在为开会的地方发愁，想借你家开会，你说呢，行吧？"

邱秉衡和王文明曾同在琼崖中学读书。五四运动的浪潮冲击封建军阀涤荡污泥浊水的时候，邱秉衡也是学生运动积极分子，与王文明站在反对封建军阀抵制日货斗争的前列。上海大学毕业后，他奉父命回到海口从商。邱秉衡的父亲依靠经营食盐发家，业旺财进，于1919年盖起面积690平方米的宅院，砖木结构，坐南向北，二进三间四合院布局，筑有东西厢房。王文明从事革命活动，从广州往返琼崖，有时便找邱秉衡,在邱秉衡家里落脚。

"那当然可以!"邱秉衡不假思索地说,"开会嘛,我们家是不二选择,一是安全隐蔽,当局不太在意,我父亲是盐商,平日人来人往,客户不绝,不甚引人注目;二是宅院宽阔,要开会有大厅,若要住下来也不是问题。你们要开会,说一声就行喽!"

1926 年 6 月的一天,中国共产党琼崖第一次代表大会在海口市竹林村邱宅(今海口市解放西路竹林里 131 号)召开。

这天一早,邱家像往常一样,热情接洽各地盐商。他们相互嘘寒问暖,道贺寒暄,只是比往日人数多了些,丝毫未引起外人注目。就这样,王文明、罗文淹、冯平、许侠夫、周逸、何德裕、李爱春、黄昌炜、陈三华(女)、陈垂斌、罗汉相继进入邱宅大厅,参加了会议。本来,按原约定,陈德华和柯嘉予是要参加会议的,但因故未能依时参加。他们代表全琼党员 240 多人。

大会由王文明主持,中共广东区委特派员杨善集出席会议并作指导。大会根据现阶段国共两党合作和琼崖革命形势,讨论了中共琼崖党组织建设的主要任务,通过了关于职工运动、农民运动、政治工作和军事工作等决议。会议选举产生了中国共产党琼崖地方委员会领导机构,王文明、罗汉、冯平、许侠夫、陈垂斌、黄昌炜、罗文淹、柯嘉予、何德裕、李爱春、陈三华(女)、周逸、陈德华当选为委员;地委书记王文明,组织部部长陈垂斌、副部长黄昌炜,宣传部部长许侠夫,工人部部长何德裕,农民部部长王文明(兼),军事部部长冯平、副部长柯嘉予,青年部部长罗文淹,国民党工作部部长罗汉,妇女部部长陈三华。后增补陈公仁、郭儒灏为地委委员。

琼崖国民革命怒潮一泻千里,在城市在乡村到处是发动起来的工人农民,许多青年学生也投身到大革命的洪流中去。

"啪啪……""啾啾……"突然间,府海地区响起凄厉的枪声,划破了长空的宁静。那是 1927 年 4 月 22 日。

"听听，那是反动派的枪声，国民党右派叛变革命了！""国民党军警大肆捕杀共产党人和革命群众，国共合作破裂了！"

正当府城、海口广大民众为国民革命疾呼之时，琼崖形势陡变，共产党人和革命群众血流成河。

诸位：马克思主义在中国的广泛传播，反帝反封建的斗争催生了中国共产党。琼崖民众在斗争中觉醒，在抗争中壮大，中共琼崖地委的成立为琼崖革命掀起狂飙准备了条件。那么，中共琼崖地委成立后，琼崖革命斗争如何开展呢？中国共产党领导的地下交通斗争又是在怎样的背景条件下建立起来的呢？请诸位听我继续往下说。

第二回　腥风血雨阴霾笼罩
地下交通适时而生

　　诸位：中共琼崖地委成立后，琼崖革命进入了一个全新的历史时期。共产党员和共青团员深入到乡村发动和宣传群众，他们联系贫苦农民租重税繁、受尽凌诈的苦难现实，触摸到了被压在社会最底层民众的痛点，广大贫苦大众很快地被发动了起来。此时，国民革命军北伐节节推进。琼崖革命面临的是何种形势呢？诸位且听我说来。

　　1927 年琼崖四二二反革命政变的枪声击碎了民众"求解放建大同"社会的梦幻。善良的人们回首大革命的壮阔图景时说，国民党右派怎么能让"火炭手""泥腿子"执大印掌政权呢！如果工人农民翻身成了社会的主人，反动派将失去恣意妄为花天酒地的天堂，他们咋能答应啊。

　　琼崖的广大民众看到，自从 1926 年 6 月中共琼崖地委成立后，这消息像一股春风吹遍了广袤大地。工人、农民、商人和学生纷纷行动，创办自己的组织，参加到国民革命行列中来。府海地区先后建立旅业、泥水、汽车、缝纫、装卸、印刷、米谷、宰贩、内河船、屠业、钢铁、机器、皮革、药材、木匠、什杂、什业、制造、理发、烧猪、打货、烧灰、海员、驳载、店员、鞋业等二十七个基层工会，会员达到六七千人。1926 年 7 月，海口织造工人为增加工资、改善待遇举行罢工。八九月，海口码头、鞋业工人为增加工资相继罢工，而且都迫使资方增加了工资。10 月 19 日，琼崖总工会、海口总工会中共组织利用欢送省港罢工工人纠察队撤防返回广州的机会，发动各界人士和工人群众上千人聚集在海口新戏院举行大会，他们相继登台陈言，群情振奋，展现了团结起来的工人群众的强大力量，震慑了国民党右派和工贼。

与此同时，农民运动风起云涌。同年 8 月，琼崖第一次农民代表大会在海口召开，成立琼崖农民协会，选举冯平为主任，兼任琼崖农民自卫军总司令。广大农民开展"反霸护田"斗争，维护了农民自身利益。乡村革命烈火燎原，破除封建迷信，反对神权、族权、夫权，提倡男女平等、婚姻自由的行动遍见城乡，震撼了封建统治的反动基础。

沐浴着新文化运动阳光的青年学生运动以更加猛烈的势头磅礴向前发展。7 月，中国共产主义青年团琼崖地方委员会成立，他们创办《现代青年》刊物，指导琼崖青年学生运动。府海地区和各市县学校继续以新文化运动的鲜明旗帜审视教育阵地，掀起"择师"运动，将逆时代潮流而动的反动校长、教务人员赶下台，顽固不化的反动教师也遭到驱逐。

工农商学运动轰轰烈烈。和这一氛围形成鲜明对比的是，国民党琼崖警备司令部里，一派死气沉沉。面对这些缤纷多彩的工农运动，国民党右派却恐惧得要死，一个又一个不祥报告传递到警备司令部。这时的国民党琼崖警备司令部司令是国民党军三十三团团长黄镇球。

"报告司令，三江乡美豪村地主冯老赞被农会的泥腿子戴上用猪仔笼做的高帽，拉到三江圩游街示众。乡绅们惊惶至极，狼狈不堪，恳求司令赶快派兵去镇压，不然他们一个个都会被斗得落花流水，想活也没有颜面活下去了！"

　　黄镇球心烦意乱，木雕泥塑般地"咕噜咕噜"刚喝完一大杯凉茶水，又听到一声"报告"，说"琼山县的云龙、咸来、永兴一带农村都建起农会，喊出'一切权力归农会'的口号，乡绅地主一个个等待着清算"。黄镇球猛地跺了一脚，嚷道："他们一个个都是蠢猪啊，腿长在自己身上还不会跑到县城避一避风头吗，'跑'路还得用我教他们呀？"发了一阵子脾气，无奈地往外摆了摆手，"你们都给我滚！看到你们这些扫帚星，我就背运！"

　　叶肇和慌里慌张退出去的国民党咸来乡乡长撞了个满怀。他犹豫了一会儿，才急步走进了黄镇球的官邸："报告司令！"黄镇球本能地摆了摆手，一听声音不对，回头见是团参谋长，脸色才缓和下来。叶肇接道，"报告司令，有绝好消息传来了！"

　　"啥好消息？不会调派我们团去参加北伐吧，上战场能是啥的好消息？一战下来终归没有赢家，死伤多寡而已，这事我早看透了！参加北伐上战场是'死'字衰运，留在琼崖当下是温水煮青蛙，难受是难受，还能活命。不是说好死不如赖活着，脚瘸总比眼瞎好嘛！"黄镇球是行伍出身，晓得战场枪林弹雨的残酷，这时保住名位享受荣华富贵要紧，如果上了战场谁晓得还能不能保全尸骨呢。

　　"不是的，完全是好事一桩啊，司令！"叶肇趋前一步，在黄镇球耳朵边嘀咕了好一阵子，"上海已经动手了，我们广东不会等得太久了吧？"

　　黄镇球开始是惊愕，不相信会发生这等事情，转而喜色于形，掩盖刚才的尴尬。本来，黄镇球早已窥测国民党统治上层的动静，估计要有所动作，但一旦发生事变，他还是震惊。这时黄镇球神气地说："我有预感啊，蒋总司令能咽下这口气吗！叶参座，你还记得'中山舰事件'吧，那是蒋总司令设下的圈套，请君入瓮嘛！还有国民党二届二中全会上提出的'整理党务案'，明明针对的是共产党赤化分子。嘿嘿，眼下该轮到我们动手了！你密切关注广州方面的动向，切不可放过任何风吹草动，只要是上峰的指令，我们立即动手，格杀勿论。这回，我看那些共党分子还神气什么！叶参座，你要把琼崖共党分子和那些靠拢共党的所谓左派给我盯紧，只要我们动手，绝不让他们一个漏网！"

"是，司令！"叶肇俯首答诺道。他知道该如何去做。

黄镇球"唰"地拉开窗帘，刚才阴森森的宅屋透进了一丝亮光。他想到顷刻之间就要变天，嘱咐叶肇立即秘密邀约国民党海口市党部、琼山县党部、文昌县党部、定安县党部、澄迈县党部、临高县党部的国民党中坚分子商谈"清党"部署。

全国国民革命形势急转直下。1927年上海四一二反革命政变后，紧接着，国民党广东省当局发动了四一五反革命政变，大肆屠杀共产党人和革命群众。当天奉命撤退到香港的杨善集在临撤离广州前代表中共广东区委写下"撤离城市，坚持斗争"的紧急指示，派孙成达和冯振藩火速搭乘轮船到琼崖传达。他沉重地说："你们务必尽快把这一通知告诉琼崖地委的领导同志！"

此时，国民党广东省当局派到琼崖传达"清党"密件的邢觉非也在同一艘轮船上。

孙成达和冯振藩不熟悉海口市区情况，上岸后，按口头嘱咐，一时找不到中共琼崖地委机关住址。当王文明接到广东区委紧急通知时，已是下午四五点钟，他当机立断，立刻收拾有关紧要文件，烧掉不能带走的资料，疏散机关工作人员；同时派出联络员，指示已经暴露身份的共产党员、共青团员和进步人士立即撤离，没有暴露身份的先潜伏下来，观察事态形势发展再作决定。

黄镇球得意忘形，磨刀霍霍。22日，一看到"清党"指令，欢欣若狂，立即发布命令，指挥军警包围国民党琼崖特别委员会、海口市党部、琼崖总工会和革命机关团体组织驻地，逮捕了符国光、何万桂、谭荣光等一批领导干部。一时间府海地区腥风血雨，刀光剑影。毕竟时间仓促，许多共产党员和革命群众来不及撤走与潜伏隐蔽，遭到敌人逮捕。

海口柴竹街一座小楼上，柯嘉予、林平、朱润川和吴清坤等正在开会。他们发言甚热烈，讨论研究如何进一步扩展工人斗争活动。突然街上传来一阵嘈杂声，柯嘉予临窗探头向下望去，街上行人脚步匆匆，神色惊恐。这时楼下响起撞门声和吆喝声，紧接着是"哐哐"的板门倒地声和"噔噔"的楼梯声响。他警觉地低声对大家说："不好！我们被敌人包围了，大家分散开赶快跑！"

原来，黄镇球"清党"令下，由张学良、邢觉非带路，一队军警包围了柯嘉予他们。柯嘉予见情势紧急，砸掉窗子木栅，纵身跳下，踩着邻居屋脊快速隐身。与会人员，除柯嘉予破窗跳楼逃脱外，其余人均被敌人捕获。

"快！快！"叶肇从车上下来，立即站到省立第六师范学校门口，指挥一批军警闯入校内，逮捕学生骨干五十多人。在叶肇的眼里，赤色学生是一大帮人，这几十个学生太少，眼珠子一转，计上心头。当晚，他又派遣军警对学校大肆搜捕，一批党团员和进步学生被捕。叶肇清楚学生晚上都要返校，而且一些学生思想麻痹，军警已搜捕过一次了啊！

在这次反革命政变中，许多共产党员和革命群众被秘密杀害，其中有中共琼崖地委委员、国民党琼山县党部主任委员李爱春，共青团琼崖地委委员、琼崖妇女解放协会负责人、琼山县妇女解放协会主任陈玉婵，琼崖总工会负责人吴清坤，共产党员、海口市总工会负责人林平，共产党员、国民党琼崖特别委员会委员符国光等。据统计，在这次反革命政变中，全岛被捕的共产党员、革命群众两千余人，被杀害五百余人。白色恐怖笼罩着整个琼岛大地。

危急中，王文明和陈垂斌、周逸、何毅等撤离到了府城郊外。这时，天已放黑，阵风飒飒，草木摇曳，周围山野仿佛暗藏着杀机。暂时没有看到敌人追兵后，王文明果断地对陈垂斌他们说："国民党右派的反革命政变不只在府海地区，这股妖风恶浪一定延伸到各个市县，我们要想办法尽快通知各个市县党组织的领导人撤到农村去，避免损失。"望了望乌云飞渡的夜空，他想眼下交通阻隔，怎样才能把国民党右派反革命政变的消息传达到基层各个市县的党组织呢？沉默片刻，他接着说，"我决定，为避免敌人围堵追击，我们分散行动，然后分头赶到乐会县四区集合，商讨对付敌人大屠杀的对策。大家沿途寻机将国民党右派发动反革命政变的消息通知基层党组织，要求共产党员和进步群众迅速躲避，躲避敌人追捕。当前保护同志们的安全，就是保存了革命的本钱。"

周逸、何毅上路，他们或到定安或前往文昌。看着他们消失在茫茫的夜幕里，王文明和陈垂斌来到玉仙西的南渡江岸边。看着滔滔东去的南渡江水，回望府海方向，听着不时传来的零星枪声，王文明双手重重地捶打了一把，坐在一块裸露的石头上，理了理头绪，心里在说：我们党太幼稚了，刀把子握在国民党右派的手里，我们随时都会有被镇压宰割的危险。随后又想，这事件迟早要发生，假如再迟些发生，或许我们党遭受的损失更大，牺牲的同志会更多。我们党应该在这一事件中觉醒，找出教训，抓住枪杆子才对。四野茫茫，危机四伏，当下之急是如何过江，赶到乐会四区集中召开紧急会议，应对国民党右派的大屠杀。过往，他深入乡村宣传国民革命道理，曾多次渡河，可从来没有像现在这样火急火燎，危在旦夕。这一步迈得如何将关系到今后斗争的成败啊！

王文明凝视着江面，寻思怎么能过江时，一只小船从芦苇丛里倏地驶出，船上站立着两个人影。只听船上传来喊声："你们是从府城、海口逃出来的同志吧，快上船，我们送你过江去！"王文明知道琼山县玉仙、云龙一带是党的活动活跃地带，便和陈垂斌上了船，这时持竿划船的青年人自我介绍说："我是龙塘农民武装民团团长胡伯虎，接到琼山县农会的通知，得悉国民党右派发动反革命政变的消息，我们想从府城、海口逃出来的同志或许要过江，因此准备了船只随时接应。"他指着身旁的另一个青年小伙子，"这是我们队伍里的人。"

王文明一阵子高兴。地委成立以来时间不足一年，但紧张有序的工作已取得的成绩，让他感到欣慰。在船上，胡伯虎告诉王文明和陈垂斌，国民党琼崖当局叛变革命的消息一传开，三门坡农训所立即解散农训学习班，让学员返回乡下隐蔽。府海农训所的武装人员已撤到永庄、儒万、儒郭一带。王文明听后，沉闷的心情逐渐转暖。

走到云龙圩时，王文明说要找一家农户住下来，详细地了解和掌握敌人大屠杀后府海地区的事变情况。胡伯虎通过云龙党组织把王文明安顿在本礼湖村，在农民丁绍周家里住下。按照王文明的指示，陈垂斌则前往陵水、崖县（今三亚市）。

此后两三天，各地国民党右派暴行的消息陆续传来，王文明听到李爱春和海口市总工会、妇女组织的共产党员、革命群众被捕时痛心疾首，如果早些掌握上海、广州反革命政变的消息，我们思想行动上应该有所警惕，有关同志的撤退会从容提早得多。政变发生的前一天，府海工农商学兵还举行参加人数 5000 人以上的拥护孙中山"三大政策"大会，接着是大游行。说明对国民党右派的反革命政变一点警觉都没有。此外，因为电讯方面的原因，上海、广州所发生的政变也没有听到一点风声。

"我们一定要汲取教训，同志们的鲜血不会白流，血债要用血来偿还！"王文明暗地说。他只有一个念头，即把失散的同志集合起来，重整旗鼓，继续战斗。

天刚破晓，村子里大雾氤氲。丁绍周宅家大门被"笃笃"敲响，他蹑手蹑脚地走到大门边，先是屏气听了听，又透过门缝往外瞧了瞧，蒙眬中看清是冯白驹，迅即"咿呀"地打开门。等到冯白驹进了门，丁绍周探头往门外望了望，才轻轻地把门闩上。

王文明住在丁绍周家后庭横廊屋里，听到了丁绍周开门的声响早就起床。冯白驹的到来让他十分兴奋。我们的同志在反动派的大搜捕大屠杀中安然脱险，有什么比这更高兴的呢！

1926年2月，广东省农民协会驻琼崖办事处在海口成立，冯平任主任，何毅为书记，符向一为委员；4月，海口郊区农民协会办事处成立，李爱春委派冯白驹担任办事处主任。冯白驹和柯嘉予、林平等人深入郊区建立了滨濂、儒益、苍东、苍西、周仁等村农会。冯白驹还到坡博、道客、攀丹和南渡江东岸的罗陈村，发动群众建立农会。罗陈村的仲恺农会组织民众开展"二五"减租减息斗争，推翻封建土地制度，封建豪绅地主"租价无边，随口定租"的霸凌行为被废除，因而名震全琼。冯白驹领导五村的乡村农民开展"反霸护田"斗争，同国民党琼山县县长何春帆面对面争锋，何春帆理屈词穷，他所袒护的大资本家、大地主恶霸吴为藩不得不向农民赔礼道歉，退还全部强占的土地。冯白驹也因此在广大民众中名声大噪。四二二反革命政变当天，冯白驹刚从乡下回到办事处，接获敌人行动的信息后，立即撤离，躲过了一劫。

"你们能安全撤出，就为重燃燎原烈火保存了火种。留得青山在，不愁没柴烧。我们当前的紧要任务是聚集分散的同志，恢复党的各级基层组织，尤其是乡村一级的组织，继续战斗！"王文明说。他为冯白驹安然脱险而庆幸。

这些天，冯白驹也在打探府海地区事变后续情况。他向王文明汇报了所知道的一切。冯白驹告诉王文明说，府城、海口人心惶惶，惊魂未定，反动派还在继续搜查捉人。在这次反革命政变中，海口市工代会的工贼、恶霸地主、流氓地痞，充当了反动派的鹰犬，他们甚至撕去伪装面具，出面引路，带领军警包围琼崖高级农训所，来不及撤离的地委委员陈德华和二十五名学员被捕。林平、朱润川和吴清坤是张学良、邢觉非这些工贼带路抓捕的，而且就只是他们认得林平等人。反动派扬言，抓到王文明、陈垂斌、许侠夫、罗文淹，一定要活活打死。冯白驹还告诉王文明："按照地委指示，琼山县基层党团负责人立即撤离城区，一般工作同志如果未暴露身份的留下来继续坚持斗争，等待党组织的后续指示。据了解，被捕的绝大多数同志立场坚定，意志坚强，未曾动摇。海口市党的外围组织，包括农讲所、工会、农会都及时采取了应变行动，没有太大的损失。"

"这就很好！说明我们党的组织和党所领导的各个群众团体组织，是经得起严峻事变考验的。今后工作的开展，我们就拥有了坚强的领导力量。恢复和建立各级党组织是当前地委工作的重点。没有一个坚强的领导核心，就无法开展斗争，当然就没有办法去发动工农群众和组织工农群众。"王文明详细地询问了琼山县党组织的发展情形。思考了一会儿，他郑重地接着说，"琼山县的群众基础很好，要尽快建立一个坚强有力的领导核心，成立琼山县委，领导琼山县的革命斗争。这项工作由你负责，这是我的意见，也是地委的决定。"

"好！我坚决按照地委的决定和指示去开展工作，争取在最短的时间里把县委的班子搭好，领导全县群众有条不紊地开展斗争活动。"冯白驹坚定诚恳地表态说。

王文明又询问了琼山县近期的斗争活动情况，特别关注农会组织的建立和活动。

"自从中共琼崖地委成立后，琼山县的斗争活动掀开了新的篇章。康安的文盛坊、迈万坊、永桂坊上村、下村和文林乡等村的农会，联合成立康安乡农会。在这一基础上，成立那流（今长流）地区农会。"冯白驹说。他告诉王文明，"琼山县的一部分农会还成立了农民自卫军或者叫自卫队、赤卫队，各队设队长一名，有的队拥有十余支枪，他们听从农会指挥，平时维护乡村社会秩序，防御土匪'山猫'打村劫舍，配合农会组织惩办土豪劣绅，打击封建势力。农民群众十分拥护。"

"哦！好啊！"王文明听到这里，眼睛一亮，农会拥有武装，乡村恶霸地主的气焰便会收敛，更不敢横行乡里，任意欺压平民百姓。如果地委拥有武装，在这次国民党琼崖当局反革命政变中，我们就不会束手待毙，就不会被迫匆忙出走。这次反革命政变，大批同志被敌人抓捕，他们性命不卜啊。那么，如果我们党拥有了强大的武装呢？以此揆之，国民党当局就得掂量各方面的利害，不敢悍然发动反革命政变了。他毅然决然地对冯白驹说："琼山的路子走对了！我们党一定要拥有自己的武装，这次府海地区包括近日各个市县传来的消息表明，国民党琼崖当局大开杀戒，我们吃亏就吃在没有自己的武装，没有枪杆子！经过这次惨痛教训，我们要把工农优秀分子迅速武装起来，和敌人斗个你死我活，再不能让国民党反动当局屠杀我们的同志，草菅人命！"

"我想，琼山县委成立后，第一是抓住发展党员，把农会积极分子吸收到党的组织中来，扩大我们党的基层组织，通过党组织发动群众和土豪劣绅作斗争，建立我们的农村政权。第二是建立和壮大我们自己的武装，把各个农会的武装集中改编为纪律严明、听党指挥的农军，随时听从调遣，保护好我们党的事业、人民的利益。"冯白驹受到了王文明的鼓舞，当即表示说。

王文明走到屋子的门口朝外瞭望了一会儿，突然转过身问："我们从府海出来的那天夜晚，护送我们渡过南渡江的青年仔是哪里人？对了，他自己说叫胡伯虎，还说是龙塘农民武装民团团长，我们党就需要这样的斗争骨干。"

"胡伯虎是个优秀青年，他原名叫胡正寅，曾就读于琼山县县立中学。府海地区爱国学生运动时是非常活跃的积极分子，后考进孙中山先生创办的建国宣传学校领袖班，还在学校里加入了党组织，1925年返回琼崖，现在府城高级小学任教，以教师身份做掩护从事党的活动。

胡伯虎胆魄过人，机智勇敢。他率领玉胡村、玉仙村农民自卫队一百多人，夜袭潭口渡口，夺得驻琼军阀一批军火，武装了自己。他家玉胡村离这很近，府海反革命政变发生的消息传到乡下时，胡伯虎立即组织自卫队员在南渡江沿岸巡逻，搭救过江的同志和逃难的人们。他警惕性颇高，人机警敏捷，在这一带村庄的民众中威望颇高。"说到胡伯虎，冯白驹不由得称赞了一番。

"是一个智勇双全的同志！我们党要大力培养这样忠诚的有勇有谋的斗士，而且越多越好！"王文明显然也非常高兴。他捧起八仙桌上的一碗开水喝了一口，继续说，"这次国民党右派在我们背后捅了一刀，我们党猝不及防，损失惨重，给我们的教训太多了。上级和我们的通信联络不畅是一大原因，我们对国民党右派的险恶居心丧失了警惕戒备才是问题的根本。这几天我反复思索，现在回想起来，国民党右派的暴行是有准备有预谋的。在琼崖，不久前国民革命军团长许志锐被黄镇球取代，团政治指导员伍锋被撤职，他们都是同情革命的左派或共产党员；接着，《琼崖民国日报》改组，右派分子吴国鼎上台接任社长兼主笔。而后，国民党琼崖特别党部被改组，由吴国鼎、梁朴园分别主持工作；各个市县的国民党党部也陆续被改组，接任的大都是些右派分子或拥护右派的人。但是，我们却一味讲合作，退让、退让、再退让。痛定思痛，对于这些迹象，我们曾经忧虑，可是一些同志没能引起足够的警觉，按照中央的指示精神，以为'国共合作'要以团结为重，'忍让'是为合作。总之，我们要好好检讨前一阶段的工作，尤其是作为地委书记的我要增强警惕性，不然今后仍然要犯同样的错误。"王文明说完，长吁了一口气，突然精神一振，接着说，"白驹同志，这次国民党右派的反革命政变还给我一点启发，就是要把交通联络网建立起来。我们到南渡江渡口时，如果没人接送我们，那我们就过不了南渡江，如果遇到坏人，那就更危险了。对，一定要把这条战线建立起来，我看就叫地下交通站或地下交通情报站，参与这一工作的同志就叫交通员或交通情报员，平时传送通知信件情报，紧急时还可掩护过往同志，譬如我现在的屋主丁绍周。我这次的遭遇就是这样，你看如何？"

"这个想法好！我们这些同志平日都在做类似的工作，就是没有正式提出组建地下交通这样的队伍。我们要因斗争环境而异，果断做出决策部署。"冯白驹马上赞同地说。

"琼山县委建立后，我希望县委要立即把这项工作切实抓好，把地下交通线建立起来。地委也要把这项工作切实抓紧抓好，各个市县都要建立交通站。如此，耳目四张，交通顺畅，我们的同志活动就更安全了。"王文明给冯白驹交代了工作任务，"过几天我要到乐会去，然后召开各市县负责同志会议，反击国民党右派的进攻和罪恶阴谋，部署今后一个阶段的工作。琼山县委工作任务繁重，我们牺牲了那么多的好同志，如何抚慰我们的民众，借以发动更多的人加入到革命队伍中来，需要我们做艰苦细致的工作。县委面临的任务既急迫又重大，县委的同志肩上的担子很重！"王文明对冯白驹谆谆嘱咐。

诸位：1927年琼崖四二二反革命政变，琼崖共产党人和革命群众遭到残酷屠杀，白色恐怖笼罩着琼崖大地。血的教训促使共产党人和革命群众觉醒，他们揩干净身上的血迹，掩埋好战友的尸体，投入新的战斗，开辟了新的斗争方式。府海地下交通斗争活动由此揭开序幕，他们威武地站在斗争的前列。请诸位听我继续往下说。

第三回　博南山上竖立大旗
冯公坊里群情激荡

　　诸位：地下交通站因斗争的需要而横空出世。这是一种秘密的暗战方式，交通站是乡村的某一户人家或某一地点，甚至在敌人的心脏地带；其交通员则是农民群众，是不穿军装甚至不持枪械的勇士，很多时候听不到枪声弹啸，却时时看得见刀光剑影。中共琼崖地下交通斗争从琼山县的乡村肇始，处处摆设战场。诸位且听我说来。

　　按照中共琼崖地委书记王文明的指示，冯白驹在琼山各地积极奔走，秘密联系失散的党员和革命群众。1927 年 6 月初，在大致坡合群乡蛟乐坑村，冯白驹召集陈秋辅和冯裕江等，传达了王文明关于坚持农村斗争的指示精神，并在会上宣布成立中共琼山县委，领导成员三人，由冯白驹任县委书记，冯裕江负责组织工作，陈秋辅主管宣传事务。这是中共琼崖第一个县委。琼山县革命斗争的壮烈篇章也由此掀开了新的一页。

　　"中共琼山县委今天成立了！当前，按照中共琼崖地委的指示要求，第一，县委要全力抓好恢复和建立党的各级组织，扩大党员队伍，并展示先锋形象，形成领导斗争活动的坚强核心。第二，开展武装斗争，以革命武装反抗反革命武装，惩办反革命首恶分子和反动土豪劣绅。四二二反革命大屠杀敌人为什么如此肆无忌惮，横行霸道？答案只有一个，即我们手无寸铁，无以反抗，只能任其胡作非为。我们要赶紧把农民手里巡夜防盗的枪支弹药收集起来，组织和扩大武装队伍，改变过往任人宰割的被动局面。第三，加强思想教育与组织纪律教育，办好骨干训练班，以春风烈火，把斗争进行得更猛烈。第四，配合斗争需要，建立秘密的地下交通站。这是一项重要的工作，地委王书记特别嘱咐我们要把这条战线的斗争工作抓起来。举个例子说，假如我们的同志打入国民党琼崖当局机关内部，对敌人的行动，我们就有可能事前获悉，就能避免牺牲或者减少损失。县委的通知与情报工作也需要这些同志去做，比如传送某些紧急通知。"说到这里，冯白驹心情显然沉重，"这些工作危险性极大，随时随地都会牺牲自己的性命。当然啰，要奋斗就会有牺牲。"

"我赞同冯同志的意见，完全执行地委的决定！"冯裕江表态说，"至于地下交通站的建立，我的想法是，以党支部为单位，选择较大的村庄和重点部位的村子，一个站点联结一个站点，秘密建立地下交通线，以适应斗争形势的需要。交通员的遴选，我认为应以党员、团员为骨干，或者一些斗争态度坚决或者倾向革命的农会积极分子，经过考验可以吸收到交通员队伍中来。新形势下，我们要改变斗争方式，地下交通站对我们来说，太重要了。现在斗争形势紧张，为配合县委工作部署，我们要立即开展运作，刻不容缓。"

"地委成立后，我们琼山县的许多乡村成立了党的基层组织，各支部建立地下交通站，对斗争很有利。危难时刻抱佛脚，工作就会很被动，甚至要付出血的代价。要告诉各支部，革命斗争是残酷的，而且要看到斗争的长期性和复杂性，做好长期斗争的思想准备。以目前形势发展来看，地下交通站不只农村要建立，还要往府城和海口延伸。做好地下交通站工作，对我们开展革命活动就如虎添翼。有些工作或许我们明里做不到，目标太大，交通员却可以做到。我们要把这一工作当作大事抓落实。"讨论中，冯白驹越发感到地下交通站地位和作用的重大，再次强调说："府城、海口市里的地下交通站要尽快建立。这些工作我们有的同志已经着手启动，但要保证它的秘密性和隐蔽性。为了工作方便，这样吧，各个交通站的前头冠上村名或地名，比如羊山交通站、博南山交通站。县里要建立总站，以联系和加强与区、乡交通站的工作，这是毫无疑义的；区、乡也可视情况设立交通分站，向上和县总站联系贯通，向下和各村交通站对接。总之，要根据斗争实际需要而定。"冯白驹胸有成竹。

陈秋辅觉得冯白驹说的道理深刻，思路清晰，赞许地说："冯同志阐述的道理精辟。地下交通站的作用重大，现实斗争的确有明线和暗线之分，我们要用'明''暗'两手对付敌人的进攻，特别是在我们党还较弱小，还没有掌握武装的时候。我提一个建议，既然是地下交通站，就得理解透'地下'二字，交通站人员的政治面目要注意其隐蔽性，一般地说不到紧急关头不让他们抛头露面，一些不甚紧要的会议也不让他们参加，最好保持单线联系，一站承接联络一站，一人负责联系一人，以防发生不测。同时，要把地下交通工作的严峻性告诉交通员同志，坚定他们的信心和意志。"

"这个想法和建议好，不愧是搞宣传的人才。"冯白驹高兴地说，"我们既要保护他们的安全，又要调动他们的积极性，尽可能为他们开展活动提供便利。各个区乡根据各自情况灵活部署，在抓紧党组织建设的同时，建立地下交通站这件大事不容迟疑不决。"

琼山县委成立后，基层党组织和党员队伍发展很快，短时间内就建立了9个区委、60个党支部，至1927年底计有党员2189人；妇女协会、共青团组织和各群众团体都有新的发展。特别是一些革命同志重要的活动地点和较大村落的交通站都建立了起来，有主要联络地点，有站长，有交通员。

琼山县羊山地区主要包括府城、龙塘、旧州、龙桥、龙泉、遵谭、城西、新坡、石山、永兴、东山、那流、西秀。1928年初，中共琼崖特委根据广东省委关于举行暴动的指示精神，全力实施两个月夺取全琼崖的暴动计划，准备向海口、嘉积等地发起军事进攻。琼山县委领导机关和县农会以及三区、四区、五区、七区区委以及区苏维埃政府的工作人员集结于苍应村一带。苍应周边村庄一度成为琼山县革命活动的大本营。

这时，苍应村苏维埃政府机关多、人多、事情多，亟须统一协调，尤其是一些重要文件和活动事项的通知需要及时传达，于是琼山县委成立了羊山地区交通总站，站长吴宗蕃，是云龙镇坡仑村人；副站长李跃川，区苏维埃政府委员。县委的有关指示以及宣传传单、标语都从羊山交通总站发出，由总站交通员携带分送到各个区委，区委再派出交通员送抵乡村一级党组织，重要和必要的信件则送达村里的党组织或指定党员，或自卫军或赤卫队。交通组织形式便是专人联络方法，形成一对一的传递方式。这是地下交通站最早的联络和文件送达方法。这时候，琼山县各区乡苏维埃政府建设热火朝天，武装斗争活动活跃，初步形成武装割据局面，敌人鞭长莫及，力不从心，干扰相对较少，因而其斗争的艰苦和残酷还没显现，各交通站联络工作相对安定。

此时，博南山和博南山下的冯公坊里一派欢腾。博南山是横跨琼山县境的一条大山脉，分布着大小不等的村落。冯公坊包含美世村、榜良村、美坦村、洋脑村、儒贡村、美苗村、玉劳村、儒里村、昌群村、罗经村、宣德上村、宣德下村、用铺村共13个自然村，271户，人口936人。1924年12月胡伯虎在广州建国宣传学校领袖班毕业，从广州回到琼山后，利用在府城小学任教的机会，在自己的家乡玉胡村办起农民夜校，担任玉胡村的农会主席。此后，博让、永昌、玉仙、博抚、龙塘、三桥等乡村也相继成立了农会，而且收集乡间枪支成立了农民自卫队。冯公坊农民运动仿佛是春风吹拂的野草，葳蕤苍郁，拔节抽叶。胡伯虎的活动拓展到冯公坊。由胡伯虎主持成立了冯公坊党支部，书记为劳多福，计有党员六名。与此同时，冯公坊地下交通站也秘密成立，站长由劳多福兼任，站址设在儒贡村，各个自然村选定一名交通员负责党的文件、有关通知的传送。此为冯公坊地下交通站建立时早期的工作内容。比如党支部要召开会议，指定交通站的某一人负责通知。这个交通员接到指令后，秘密通知党员或某些活动分子到某地集中开会，讨论或研究有关事项。交通员负责上级交通员的接洽，同时按站里指派给上级交通站送达有关情况汇报。

1927年6月，中共琼崖地委在乐会县四区宝墩村李氏祠堂召开紧急会议。这是琼崖四二二反革命政变，王文明撤到乐会四区后召开的第一次会议。潜渡返琼指导工作的杨善集传达了省委关于"组织武装，恢复农村工作，以革命红色恐怖镇压反革命的白色恐怖"指示精神。会议确定了恢复和建立党的各级组织和收集枪支武装农民，反抗反革命白色恐怖的中心任务。同时，根据中共中央指示，宣布中共琼崖地方委员会改为中共琼崖特别委员会，杨善集任特委书记。同年9月召开军事会议，决定全琼武装总暴动，响应南昌起义和湘鄂粤赣四省的秋收起义。11月下旬，中共海口市委传达琼崖特委关于武装暴动的指示，决定在府海地区首先发动府城起义。

冯公坊党支部接到市委通知后，立即吩咐地下交通员传达党支部的要求，通知各村农会秘密组织农协骨干，通过他们的积极示范带动农民群众参与斗争。由于党支部的精心筹划，加上交通员的得力联络，冯公坊的民众准备好斗争的武器，比如锄头勾刀，打石用的铁锤和铁钎，只要一声令下，他们立即奔赴府城参与斗争。这时，传来消息说国民党琼崖当局已经察觉了中共海口市委府城起义计划，而且加强对府城居民的检查和控制，对进出府城人员严加盘查，严密封锁进入城里的路口，对起义计划造成了威胁。海口市委得悉这一信息后，为避免损失，立即决定停止起义计划的执行。冯公坊的行动队伍虽然未能参加预定的斗争行动，但已经考验了党支部和地下交通员的组织执行能力和纪律遵守意志，锻炼了队伍。

此后不久，一场地下斗争在紧锣密鼓地策划中。

"这次行动，我们一定要搞出响动来，打击敌人的嚣张气焰，提振广大民众的士气。大家要听从指挥，行动迅速，不得懈怠！"中共琼山县四区区委书记王宽统布置任务时说。这是海口市委停止起义后紧接着的斗争行动。

冯公坊地下交通站配合中共琼山县委和第四区区委行动，惩办土豪劣绅，乘势宣传农会政策，打击封建势力，淬炼自己队伍。1928 年农历春节临近，按照地下交通站提供的情报，王宽统带领王章、王国中、梁时统、苏朝端等 10 多人乘着漆黑的夜色摸进了苍西村。

这时苍西村的王氏祠堂里一片乌烟瘴气，一伙土豪流氓抽着烟、喝着酒，议论着府海局势，大放厥词。

"共产党被剿得无影无踪，像过冬的田蟹想见一个都难。我们坐享太平，还怕什么，见鸡鸭就捉，见钱银就抢，见到女人嘛当然就上，嘻嘻！"一个脸上长满粉疮的乡丁眉飞色舞地说。

另一个乡丁拍了拍手里的枪杆，紧接着说："据说共产党还想在府海闹暴动，可就是街头传说而已，即使真的闹暴动还不是一个个束手被擒，当局的枪膛里从不缺乏子弹！"

土豪乡绅中也有识时势者，其中一个大声地制止道："你们是说假话吹牛皮比赛啊，一个比一个调门高，真的来了共产党赤卫队，送你们一个个都上西天，看你们比猴子都跑得快！"

霎时，屋子里的谩骂声升高了八度，有的挖苦地说："嘿嘿，你为共产党赤卫队张目，说不准你就是共党分子，不然，咋灭我们的威风啊！"

屋子里，吵吵嚷嚷乱作一团。不久，就听到大门"咿呀"声响，有人离开了祠堂，说是出去撒泡尿。

王宽统趁着祠堂里骂骂咧咧声不断，悄悄地摸到窗口透过缝隙往里头一瞧，杯盏狼藉，酒气弥漫，个个酩酊大醉，说着呓语。这是消灭这帮土皇帝的绝好时机，他往后头用手一招，立马跟上一队人马，撞开祠堂大门。

"谁？"王凤翕、王凤仪见势不妙，惊惶喝问，忙往腰间掏枪。

王宽统他们的驳壳枪、猎枪齐响，"砰砰！""嘭嘭！"王凤翕等10余人随即倒地毙命。而后，王宽统率众人从容快速地撤出苍西村。

配合这次行动，冯公坊党支部布置地下交通员在13个村庄里张贴标语布告，大造革命声势。

"共产党没有被杀绝，他们潜伏到乡下来了！"反动乡绅惊呼道。原以为经过国民党军警大屠杀之后，共产党人已经销声匿迹，因而蠢蠢欲动，妄想粉墨登场的不法分子经这当头一棒喝醒，或再不敢在光天化日之下张牙舞爪，或赶忙逃往府城、海口躲避风头。

虽说这个时期冯公坊的地下交通站工作尚处于初创阶段，但是由于胡伯虎等共产党人深入宣传，成立党支部，组织农会，开展减租减息斗争，农民群众被广泛发动，加上武装斗争的开展，各个乡村相继建立苏维埃政权，革命力量和气势压倒反革命势力和气焰。地下交通员以承担党的秘密工作为荣，接受任务责任感倍增，而且圆满完成党支部和交通站交代的工作任务，上级包括县委和区委的通知文件及时传递到党支部负责同志的手里。党支部负责人和地下交通员没有经济方面的补贴，他们传递情报跑交通这种责任完全依靠对党的事业的忠诚和对革命前途的向往。

1928年春，琼崖革命以琼山、文昌、定安三县的工农武装合编为琼崖中路工农红军，以举行春季暴动为标志，掀起土地革命的新高潮。国民党广东当局惊恐万状，派遣第十一军第十师师长蔡廷锴率所部及谭启秀独立团兵力共4000余人于3月抵琼，对琼崖革命根据地和红军实行第一次"围剿"，妄图扑灭琼崖革命烈火。蔡廷锴部发布的《剿匪条例》明令"不论共匪、农匪、土匪，凡为地方害者皆在要剿之列；凡共匪所组织之农会、农军应一律解散，听候政府命令改组"。"决计于最短时间内，消灭琼崖红军，要安定全省的政治局面。"然后，蔡廷锴率部兵分三路，以联防大队为各路先锋，一路向东线的琼东、乐会、万宁，一路向中路的琼山、文昌，一路向西边的澄迈进犯。形势急转直下，革命根据地和红军危在旦夕。

冯公坊党支部接到县委关于国民党军进犯的通知后，立即通过地下交通员通知各村党员和苏维埃政府工作人员，做好抵抗国民党军进攻的各项准备。凡未曾公开身份的人员要隐蔽潜伏下来，已经公开身份的党员和工作人员逐户挨家动员群众准备应变行动，一旦发现国民党军进村立即带领群众提前躲藏，能带上山的粮食包括番薯、芋头带上山，带不了的要藏匿好，不给敌军发现，即使国民党军进村驻扎，缺少吃的用的他们也住不久。

蔡廷锴是广东省罗定县人，对广东的地理环境颇为熟悉。他命令部属有计划地进犯革命根据地，发现红军就咬住不放，刨根问底，"围剿"驻地。蔡廷锴率二十八团主力 1800 多人进攻中共琼山县委驻地树德乡得手后，又向中路红军驻地谭文乡加有村发起进攻。当红军避其锋芒撤退到仁台革命根据地时，蔡廷锴部紧追不舍，又对仁台实施包围，企图歼灭红军主力。

中共琼山县委书记冯白驹当机立断，决定红军分三路撤退到儒万、儒郭山一带继续坚持隐蔽斗争。具体部署是，第一路红军二营主力 300 多人撤向定安县方向；第二路向石桥乡的椰子头方向撤退，迷惑敌军；第三路由胡伯虎率领 80 多人撤向龙桥博南山，制造假象，牵制敌军，任务是掩护红军主力撤退。当胡伯虎率领队伍突破敌军包围，向尚天山挺进时，突然被从府城方向闻讯赶来的增援敌军拦截，北裕民团从侧边实施截击，胡伯虎和他的队伍受到三面夹击，撤退到尚天山石堀顽强抵抗，最后全部壮烈牺牲。

仁台村是个小山村，林木茂密，小径通幽。蔡廷锴部扑进村子时，仁台已是一座空村，冯白驹所率领的琼山县委机关和红军主力去向成谜。围攻尚天山石堀的国民党军和北裕民团捉不到一个活的红军，特别是红二营参谋长胡伯虎宁死不屈血洒尚天山，更让敌人恼羞成怒。于是，他们迁怒于冯公坊13个村庄，立即分兵围攻冯公坊，进村放火，见人就抓，见物就抢。一时烈火熊熊，鸡飞狗吠，哀鸿遍野。

冯公坊党支部对国民党军可能的报复行动早有警惕。当国民党军尚未进村之时，经过动员的民众一听到国民党军的枪声趋近，抢先一步上山的上山，进入林子的进入林子，除了老弱病残的村民外，青壮年村民一个都没见到。国民党军猜疑冯公坊各个村子里隐藏着共产党员，甚至红军，可是生不见人，匿不见影，没有一点儿办法。冯公坊丛林相连，沟涧相接，各个村庄只有小道串通，而且小道两旁树藤纠缠，即便望见人影也捕捉不得。国民党军用兵不便，害怕待在村子里时间久了会吃亏，进入村子端着机枪横冲直撞，胡乱扫射了一通，大榕树被打得皮开肉绽，叶落遍地，子弹还深深地嵌入到屋子的火山石墙里。然后，立即撤退，不敢多留一步。

"蔡廷锴部'围剿'革命根据地和红军，因为敌强我弱，我们损失惨重。胡伯虎参谋长也牺牲了。大家都记得吧，为了传播革命道理，胡伯虎在儒里村建立了学校，发动穷人的孩子上学，白天教孩子们读书，夜晚登门串户发动民众参加农会，领导我们成立了党支部，建立了农会。乡亲们，共产党员的血不会白流，我们一定要让敌人加倍偿还！"国民党军刚撤出村子，劳多福召集党员和交通员在儒里村的祠堂里开会，研究当前对敌斗争工作，特别要求大家提高斗争的警惕性，注意发动群众。"国民党军这次'围剿'，我们县的许多乡镇被敌人占领，表面上看似乎敌人胜利了，其实他们的牛鼻子绳索在我们手上。任何逆历史潮流而动的反动政府都不会长久，他们的屁股是尖的，坐不稳位子。我们看到的那些反动军阀不都一个个夹着尾巴逃跑了？

他们像热锅上的蚂蚁，征服不了人民。共产党领导的农民运动像冲决堤岸的洪水，国民党右派妄想抵挡，可是力不从心啊。因此，注定了他们要失败。我们要团结一致，共同对敌。只要我们按照县委的指示，充分发动群众和依靠群众，国民党军休想在我们冯公坊插上脚！"

"我赞成阿福哥的说法。要防盗贼，我们得自己扎牢篱笆。据说，国民党军绝大多数人说'咸水'话，对我们琼崖地生疏人不熟，只要我们不出内奸，进入冯公坊他们就变成瞎子，要到哪里都行不通，若要驻扎下来连水井也找不着，更不要说吃的。土豪劣绅都跑到府城、海口去了，剩下的民众不会给国民党军带路，我说他们想赖着不走，也不得不走！"交通站副站长吴和更说。这一番诙谐话语，使得会场气氛顿时活跃起来。

"阿更说得好！人心齐，海可填，山能移。"有的交通员附和吴和更的观点和看法，"战胜敌人，就看我们有没有勇气和斗志！"

会上，众人议论得热火朝天的时候，放哨的交通员进来报告说："国民党军已经撤向府城方向。"

劳多福松了一口气。他知道今后斗争的路还长，艰难程度不可想象，抓好群众的思想发动仍然是十分紧迫的问题，便告诉大家说："我们千万不能因为国民党军撤走而粗心大意，要引导广大民众认识我们和敌人的斗争是长期的。因应这种斗争，党支部今后要更加隐蔽，尤其是党员同志不得轻易暴露自己的身份。交通站的人员继续按照规定开展活动，要认识保护好自己是开展有效活动的前提。至于各人的工作任务，到时候会交代给你们。总之，要求你们立场坚定，机敏灵活，圆满完成工作任务。"

"劳书记，我们有信心做好自己的工作，现在斗争形势复杂，是否应该给我们配发武器，比如短枪、手榴弹，到危急时就能用上，这更能保护好自己。"一个交通员说，其余的交通员都有同感，微微点点头，表示意见一致。

沉思了一会儿，劳多福说："这件事，我曾有所考虑。我的想法是，当下交通站是隐蔽式的斗争，假如身上携带武器，万一敌人检查身份就容易暴露，也容易引起敌人的关注，对我们的活动不利。携带武器行动，有利的一面是万一到了危急关头，能更好地保护自己。同志们的意见，党支部会充分酝酿，及时报告给区委和县委。再者是，假如需要武器，我们还须依靠自己去夺取敌人的装备武装自己，现时红军战士有的还用梭镖或大砍刀和敌人搏斗呢，更不用说我们区里的赤卫队了。我提醒大家要警惕各个村子里某些革命意志薄弱者，自己的行踪不到万不得已不得暴露，要懂得我们的每一步行动都关系到党的事业或某一次重大计划的成败，甚至成百上千人的性命；某一项工作部署能否完成，关系到党的总体工作能否顺利推进。大家想一想肩负的重责，希望同志们小心谨慎，切实履行自己的职责。"

当博南山下的各个交通要点建立起地下交通站时，琼山县的其他乡村也都根据党组织的指示建立了交通站。这一期间，共产党员林诗耀活动在桂林洋高山村，他发动林诗豪和林诗豪的嫂嫂参加地下交通工作。林诗豪和嫂嫂在自己家里建立了交通站。他们在家宅的挡风墙一侧砌了双层墙，还在靠近下沟坡的地方挖了一个大地洞。那时经常活动在高山村的革命同志有张开泰、林诗耀、曾爱琴等。中共琼山县委的党内文件、传单印刷就在林诗豪家里。

这天早晨，太阳还没出山，林诗豪就出了村子，刚走到村头的榕树底下时，突然被迎面而来的国民党军士兵截住。这是驻扎在塔市的国民党军士兵，他们不认得林诗豪，以为是普通村民，正欲搜身，村里倏忽有人厉声喊道："不好了，'海盗'进村了！"

这伙国民党军士兵被这一喊叫闹得晕头转向，不晓何处来了"海盗"，不知所措，慌忙中朝村里就是几枪，"砰砰……"

诸位：1928年春，国民党军蔡廷锴部对琼崖革命根据地进行第一次

"围剿"，妄图扑灭琼崖革命火种，可是事与愿违，革命火焰反而越扑越大。府城海口开辟了新的斗争阵地，建立起党的地下交通站。红军明枪实火反击，与此相辅相成。此刻，林诗豪被国民党军搜身，突然从村里传来呐喊。这是咋回事？请诸位听我继续往下说。

第四回　琼崖地委点睛布局
秘密通道府海初显

　　诸位：上回说到国民党军蔡廷锴部抵琼对琼崖革命实行"围剿"，革命烈火漫天燃烧。中共琼山县委依靠地下交通站敌情分析，确定对策，对反动顽固死心塌地投靠国民党当局的土豪劣绅实行有力打击，震慑了敌对势力。地下交通站工作愈益受到各级党组织的重现。这天，高山村头枪声骤然响起，究竟是何种原因诱发？诸位且听我说来。

　　高山村地下交通员林诗豪出村时，遭遇国民党军阻截，危急时刻，村子里传来呐喊。国民党军士兵慌乱中开枪壮胆，林诗豪乘机挣脱了魔掌。

　　原来，驻扎在塔市的国民党军曾听闻高山村有共产党人在活动，他们企图以"静"制"动"，派一个班的士兵五更时悄悄地埋伏在离村子不远的路口旁，企图捕捉共产党干部。天刚一亮，这些国民党军士兵摸到了村头，正不知如何进村，见到趁着天未放亮到塔市和大林传送情报的林诗豪，赶紧拦住搜身。这一情景被早起的村民看到，一阵大喊，顿时惊醒了全村人。趁国民党军士兵愣呆时机，林诗豪旋风般地溜进路旁的灌木丛，顷刻间就不见了影子。

这些天，张开泰和林诗耀恰在高山村活动，正在吃早饭。林诗豪的嫂子听到村民警示，立即招呼张开泰和林诗耀躲入家里的夹墙。这些国民党军士兵发觉村子里情况诡谲，急忙进村搜查，可除了忙着下地的村民，搜不出任何被认为可疑的人和物，白白忙活了一阵子。

1928 年琼崖红军因为敌强我弱，尤其是当时的特委主要领导人受到中央和省委"左"倾冒险错误的干扰，以及"城市中心论"错误思想影响，盲目地执行省委关于要进行"最后决斗""夺取海口"的指示，缺少反击国民党军"围剿"的正确方针、策略和具体措施，仓促应战，与国民党军对垒，打消耗战，结果以失败告终。第一次反"围剿"失败给共产党人的教训是，面对强大的敌军要避其锋芒，建立巩固的革命根据地，实行游击战，以支撑长期的斗争。琼崖苏维埃政府主席王文明实行战略转移，带领机关工作人员和附属单位以及一部分红军开进了定安县南部的母瑞山，开展政权建设。其中也包含了党的地下交通工作，比如派遣交通员下山和周边村庄的交通员联系，寻找失散的红军和赤卫队员，以暂时潜伏斗争的形式最终实现集结扩充红军作战队伍的目标。母瑞山周边的苗族群众和汉族农民避过国民党军的耳目，送粮、送盐上山支持山上红军的斗争，建立了隐蔽的红色交通线。

中共琼山县委的地下交通站根据蔡廷锴部残酷"围剿"的新特点，采取新的斗争策略，发展得更快。冯白驹在领导军民斗争中认识到，要避开国民党军的"围剿"，情报工作十分重要。譬如，若能事前获得国民党军的行动消息，红军和赤卫队就能根据情况制定行动计划，减少损失，甚至可以选择小股分散敌人围而歼之。国民党军"进剿"冯公坊时，中共组织利用地下交通员逐村逐乡传递情报，以茂密山林相掩护，及时动员群众上山进林，青壮年农民被抓的较少，除了猪鸡鹅鸭外，耕牛被赶进山坳躲匿，被掳去的也不多。冯白驹据此要求把地下交通站的建立列为各区乡武装斗争的重要工作内容。

冯白驹这一指示立即得到区乡党组织的响应。当县委和红军转移到十三区仁台时，树德乡党组织由东市党支部派出党员李龙则、李龙春到树德圩开办咖啡店，以咖啡店设立党的地下交通站。

咖啡在乡下人眼中是稀罕饮料，经营红火。平时，店里以咖啡经营吸引顾客，民众听到的消息和看到敌人的动静经顾客口头传递，咖啡店变成了敌情总汇的地点。当收集到敌人的行动消息时，李龙则和李龙春便设法将情报传送给根据地，或他们自己抽身把情报送到指定的地下交通站，或由上级指定的单线联系的交通员，逐级往上传送有关情报。这些情报有的准确，有的即使误传，但也引起党组织的警惕。不久，由东市党支部派出支部委员黎耀珠担任树德地下交通站主任。为了便于收集和传送情报，黎耀珠把咖啡店规模扩大，加营宰猪售摊，通过下乡进村购买生猪或出售猪肉，由他们把敌人的活动情报送给指定的乡村地下交通员，再由乡村地下交通员上送上级党组织。当时琼山圩墟猪肉摊下乡进村经营生猪、猪肉较为普遍，他们传递情报的行动往往未被敌人觉察和怀疑。这一做法增加了经营收入，为党组织活动提供经费，又拓宽了情报来源。树德地下交通站的工作得到县委的肯定。

随着斗争的推进，树德地下交通站不断地变换斗争策略，以灵活的手段粉碎反革命的阴谋。虽然交通站建立初期，敌人未曾发现他们的异样行动，但时间一长，因为咖啡店货真量足，价格相宜，且以煎饼相配，顾客盈门，人多嘴杂，各路消息传播得又多且快，其经营消息传播开来，渐渐被国民党树德乡公所注目。当然，他们中也有喝咖啡消遣的，可是留心观察，不是不能看出某些端倪的。俗话说，不怕鬼挂记，就怕鬼上门。

"我们交通站活动已经被敌人怀疑，但还是仅仅怀疑而已，敌人尚没有找到我们活动的真凭实据，这其中树德乡公所对咖啡店的经营疑心最重，认为我们经营利薄，询问我们经营的目的是什么。我说我曾经说过，薄利多销是我们经营的方法，积少利为多利，把顾客一下子宰痛，顾客就不会第二次上门，'回头客'是我们经营的秘诀。难道让我们经营两三天就关门吗？做生意讲的是顾客，没了顾客做不成生意。这样，瞒过了这帮狗崽子。眼下保住咖啡店就是保住地下交通站，保护好我们的阵地。为了党的事业，我们绝不轻易放弃这个对敌斗争的阵地，哪怕是流血牺牲！"黎耀珠说。前几天，他被国民党树德乡公所传去问话，引起他的警惕。

这时，黎耀珠已接任东市党支部书记。他想，树德乡公所的乡丁三天两头借故到店里喝咖啡，顾左右而言他，表明树德地下交通站已引起敌人注意，同时也说明它的位置不可替代，我们要想办法加强保密措施的落实，采取更加隐秘的方法继续发挥它的作用。当天店铺打烊后，黎耀珠连夜召集大家开会讨论下一步的工作，主题是如何保护好交通站的安全问题。

李龙春用双手干擦了一把脸，说："咖啡店是以我们兄弟俩的名义开设的，敌人没有抓到把柄，要取缔没借口，我们完全有理由辩驳，他们也担心民众议论，失去威信。我觉得交通员来到店里联络目标较大，顾客多是好事，有时会是坏事。现在国民党的耳目不少，在店外吧交代任务容易暴露面目，最好能商量出另一种可靠的方式，瞒天过海。据我了解，乡公所里的一些人还不敢太张狂，除非是脑袋进水的死硬派，他们对国民党军何时撤走还搞不清。传说蒋介石集团和广西军阀打了起来，要调遣蔡廷锴部参战，如果真的这样，蔡廷锴想不走也难。国民党军一走，乡公所那帮人就没有了靠山，他们还不成了路边人人讨厌的狗屎？可是不管怎么说吧，我们的行动得隐蔽遮人耳目，千万别暴露了自己的身份！"

"阿春的消息很灵通！"黎耀珠称赞地说。他详细地分析了树德一带的敌情，接道，"乡公所的那些人，一个个狐假虎威，其实他们心虚得很，缺少了国民党军的依靠，他们都是缩头乌龟，啥都不是。究竟要采取什么办法，我们还得好好想一想，找出一个两全其美的法子。"他不停地吸着手里的卷烟，自言自语，"既要让敌人听起来顺耳称心，又不至于暴露我们的行动意图。"

李龙则和李龙春交头低语，商量着办法。煤油灯火一跳一闪，屋子里一明一暗地交替。

"你们说我这样的想法行不行，"黎耀珠在他俩人跟前站下，俯下身子，尽量把声音放低，"我们以牙还牙，借他的船过渡，让他们晕头转向，摸不到底。"

李龙则听后点点头。李龙春说："先试试，但要小心！"

次日，按约定时间来到交通站的交通员喝着咖啡聊天，李龙春趁空慢悠悠地踱着步走到交通员的桌边，一副神秘的样子说："外头人都说，祥育通知说要到咸来包抄共产党红军，你们那里可要注意喽，红军赤卫队和民团打起仗来，双方你死我活，老百姓就得跟着遭殃，还有你们村里的民众还不成了磨心，团团转，左碾右挤？我说啊你们那头得当心才是！"

邻桌的人听了以为是树德乡团董符祥育布置"围剿"共产党红军的事宜，可是交通员听了理解到李龙春是在告诉他，赶快通知树德各村党组织做好反"围剿"的准备。借"祥育"之名行通知送情报之实，周边的人全蒙在鼓里。而在树德乡团董符祥育看来，这是老百姓宣扬他的威力张扬他的名声，正合他好大喜功的心意。共产党红军听说要"围剿"而逃之夭夭，他好邀功请赏呢！这样，符祥育对李龙则和李龙春的咖啡店铺便放松了监督，以为他们给他说好话，和他合穿一条裤子。李龙则利用这样的办法，保证了情报的顺畅输送。其实，这是黎耀珠他们掩人耳目的做法，一时瞒过了树德乡公所的乡丁。一些店里常客，也不至于引起别人怀疑而说三道四。

国民党琼崖当局懂得对众多乡村的统治，仅仅依靠军队的"围剿"和保安队兵力管辖是远远不够的。他们舍得花钱改编土匪和民团，把土匪民团纠集到自己的旗下，组织乡丁队强化对各个村庄的监视。在农民运动中，躲避到府城、海口和广州等地的反动乡绅，这时以为变了天，纷纷返回，出任乡镇的民团团董，各个乡公所都豢养了一批乡丁，主要是监督村民，防止村民窝藏和资助共产党红军。村民是否在暗中组织活动对抗他们的统治，是否互相串联搞武装暴动，一有风吹草动，这些民团乡丁便会倾巢而出，为虎作伥。

苍西村的王运达、苏国兴、陈定国、苏司金、王良佐五大土豪劣绅从府城返回乡里后，立即成立"五委员团局"，招兵买马，拉起了20多人的联防队。与此同时，后湖十三村团、白石溪乡团、大坡区团局、大坡乡团等狼奔豕突，狼狈为奸。在府城南面、南渡江西岸，这些人很快建立起那邕、永朗、潭口、龙塘、美隆、玉监、玉统、富导、养增、玉荣（即吉兴图）、玉扶、美朗、昌茶、东占、龙桥、国仓16个民团据点。在府城以西，卜创、儒兰庙、苍西、大样、沙坡、羊山、薛村、丁村、苍应、苍东、美豪、永兴等民团据点也相继建立。这些民团团董诡计多端，挖空心思，强行以"民"养团，在各村抽丁充当团丁，抽不出丁的农户则被迫花光洋顶替，而且所有的花费都分摊到农户的头上。"抽丁"成了这些团董"利滚利"的资本，却变成悬在村民头上的一把刀。

国民党蔡廷锴部在"围剿"革命根据地时，企图以大屠杀吓退共产党人和革命群众。仁台村在红军撤出后，屋子被烧光，财物被抢光，大批革命群众被杀戮。陈绍尧一家包括亲属20多人被杀害。卜史村90%的房屋被烧毁，全村100多人被杀害。第十三区的绝大多数村庄到处是残垣断壁。国民党军、民团对红军和中共琼山县委活动的地带和驻扎过的村庄更是残忍异常，比如东星乡民团将儒郭村的民房全部烧光，共产党员林绍云等9人被捕遭杀害。三区土豪劣绅冯老赞、陈玉笙、陈秉权等办起民团后，一次就杀害江后村农会会员、赤卫队队员冯尔吉等10多人。北茅坡村全村40多人，被屠杀后剩下30多人，国民党军和民团害怕民众复仇，日后找他们讨还血债，斩草除根，将他们关进祠堂，用煤油活活烧死。白石溪团董莫上球将捉住的80多名革命工作人员和群众驱赶到猿井深潭，将他们捆绑沉溪而死。共产党人和红军以及革命群众遭到反动派的恣意屠杀。

"敌变我变，随机应变。"中共琼山县委针对敌我斗争的残酷性，要求地下交通员把县委对敌斗争指示传达到每一个基层党支部，坚决反击敌人的欺凌屠杀。

反动民团本是地方上的恶棍流氓，这些人熟悉本地民俗民情，对乡村的地理环境了如指掌，国民党当局利用他们侦探共产党和红军的活动，采取追踪或截击的手段对付共产党和红军，给党组织开展活动设置障碍。

演丰一带是中共琼山县委和红军活动频繁的区域。一次，县委派陈英率领五六人的武装工作队到文北区开展工作，夜里他们从塘内村出发，刚到礼九村集中，便遭到金堆乡团兵伏击。金堆乡团丁被打退后心生毒计。他们认为这些村庄都是共产党和红军的屋主，不然共产党和红军不会在这一带活动，打不败红军和共产党的武装工作队，对赤手空拳的老百姓还不是像老鹰擒鸡仔！但是，所作所为得服众须抓住老百姓资助接洽共产党和红军的把柄呀。共产党和红军眼下情势危急，老百姓岂不想法子接济？果不其然，老百姓同情共产党和红军，觉得共产党和红军是为老百姓谋幸福，甚至流血牺牲，岂不是自己的兄弟姐妹！反动民团利用老百姓这一朴素感情，乔装成中共琼山县委工作人员和红军战士，深更半夜里去敲老屋主的门。老屋主们不知情，许多人上当，当他们听到"咚咚"的敲门声，急不可待地打开屋门时，一个个黑洞洞的枪口早已对准了他们。团丁不容分说，将这些老屋主五花大绑关进大牢，有的惨遭杀害。

演丰乡党支部按照中共琼山县委立即采取应变措施、保护革命群众和老屋主的要求，召集地下交通员面授机宜，以"万变应对敌人的花招"，决定以规定暗号联系的方式对付敌人的诱杀。比如敲门时以"五声"代替原先的"三声"，间隔缓急也有所不同；或敲门后往屋顶上扔一颗小石子；或在老屋主的门前放置小瓦片或小砖块，表示该往哪里送粮食或代买油盐。地下交通员是本村子的人，和老屋主平时见面随便，一经发现敌人异动，立即变更联络方式并告诉老屋主，保持老屋主与县委和红军的正常联系，既接济了县委和红军的活动，又保护了老屋主支持革命的热情。此举很快粉碎了敌人对老屋主各个击破逐一破获共产党联络点的伎俩，同时大振广大民众支助革命的信心。

　　这一期间，敌我之间斗争错综复杂，致使不少地下交通员被捕牺牲。他们经受了血与火的考验，为民众的利益赴汤蹈火，为党的事业勇于捐躯。

　　"这是会议通知，区委要召集各乡村的支部书记，具体讨论研究以暴动的方式反击国民党军的'围剿'。树存啊，近来敌人活动风声很紧，密探猖獗，你一定要小心，千万别让信件落到反动派的手里。"第九区区委书记对区交通员符树存再三叮嘱说。随后，区委书记掏出一张三指大的纸条交给符树存。符树存知道这封会议通知必须及时交到大坡圩党支部书记的手里，否则，便耽误了会议的时间。过往，他已经数次完成信件的传送，便愉快地接受了任务。

　　符树存是个年轻的小伙子，但办事稳重，以往几次传送信件的任务都完成得很出色，深得区委领导的信赖。这次区委领导把这样重要的任务交给他，也表明了区委领导对他的格外信任。前不久，本礼湖村共产党员吴乾贵被敌人砍头拿到云龙圩示众，他得悉消息后，立即赶到附近几个集市，通知其他党员和农会积极分子暂时躲避，告诉他们近日不要到圩镇的秘密地点露面，防备敌人设伏，避免了可能遭受的更大损失。

　　这天上午上路后，符树存紧赶慢走，一路上没有遇到麻烦。快到大坡圩路口时，突然几只黑黄狗狺狺狂吠，这使他提高了警惕，利用蹲身清掉裤管上草籽的时机，迅速瞄了一下四周，未发现可疑迹象，这才放开胆子朝圩里走去。他记得大坡圩党的地下交通站设在东头的咸鱼铺里。

"站住！"符树存刚走到一摊豆腐铺时，突然背后传来一声吆喝。他转头一看，糟了！迎面走来的是一群团丁，认得领头的是大坡团董林拔卿。

急忙中，符树存想起区委书记的话，即便丢了性命，会议通知也不能落到团丁的手里，这事关同志们的安危。符树存迅速从褙子内兜掏出会议通知，两手一掰撕成了碎片，正欲丢到地上，忽又想到如果林拔卿把碎纸片拼凑辨认，岂不是露了馅？他镇定地赶紧把碎纸片塞进嘴里，咀嚼了一阵子，吞咽进肚子里。

等到林拔卿气急败坏地赶到符树存的跟前，只见到符树存嘴巴还在咬动着，着急地问："你将什么东西咽到肚子里了？快说，是啥秘密？不然饶不了你！"

"哈哈！"符树存纵声大笑，挖苦地说，"你管乡丁管枪管炮回家管老婆还不够，干吗管到老子的嘴巴上了？也罢，既然要管那随你的便，早上两碗番薯丝不顶用，我赶集肚子正饿，先给我饭吃酒喝，行不？如果不管我吃的喝的，你别多管闲事好吗？"

林拔卿见"软"的斗不过符树存，便来"硬"的，露出了狰狞面目，说得唾沫乱飞："符树存，别以为老子认不得你！你是共产党琼山县第九区区委的地下交通员，上次让你抢在先头，给许多共产党骨干报信，让他们逃跑漏了网，这账今天要一笔笔来算。我问你，今天到大坡圩的具体任务是什么？和谁接头，这些人都是谁？你要一一招来，如若不然，老子就不客气了。赶快说，不说嘛，老子要用铁钎撬开你的嘴！"

"算账？谁算谁的账？你别太狂妄嚣张！你说你认得我，我就不认得你吗，大坡团董林拔卿对吧？你说我是共产党的地下交通员，拿出证据呀！拿不出证据，你就是横行霸道胡作非为的伪君子。欺诈民众，作威作福，人民是要和你算清这笔账的！"符树存对自己的安危全然不顾，理直气壮地说。

"你要证据？太可笑无知了吧！在这大坡乡，我说的话就是证据！来人，给我捆到乡公所，三鞭子抽下去，看你嘴巴还硬不硬！"林拔卿强词夺理，喝令团丁动手。

在乡公所里，符树存被打得鞭鞭见血。林拔卿还不罢休，把符树存倒吊在屋子横梁上，一鞭子一个喝问"你说不说"。符树存宁死不屈，顽强地回答说："我知道就是不说。"林拔卿软硬兼施，拷打了一会儿，命人把符树存放下来，继续追问。

"你说出今天到大坡圩要干什么，你的上下线接头人是谁，说出来，我马上放你回家，执迷不悟只有死路一条！"林拔卿累得直喘粗气。他不相信人体不是肉做的，重刑之下除非是钢铁铸成的身胚子谁不屈服。可让他意料不到的是，眼下的对手虽然只是一个吃五谷人间烟火的农民，但其意志比钢铁还硬。"你给老子说！"他只能徒劳地逼问。

符树存抹了一把嘴角的血迹，轻蔑地说："想要我跪倒在你的脚下求饶，林拔卿你见鬼去吧！一个人活在世上要堂堂正正做人，光明正大办事，死了又有何憾！可是某些人虽然活着，他的灵魂肮脏，说明他早已死了，这样的人活在世上不是行尸走肉是什么！林拔卿，我劝你改邪走正道，给自己留一条后路。欺压民众，和人民的意愿背道而驰，为反动势力卖命，最后的下场将遗臭万年！"

林拔卿不但不能征服一个乡民，还被符树存奚落了一顿，而且声声句句触及他的痛处，立时恼羞成怒，喝令团丁用铁丝串住符树存的脚跟，倒悬起来继续抽打。符树存毫不屈服，怒目圆睁，直盯住林拔卿，令林拔卿胆战心惊。林拔卿丧心病狂，命令团丁残忍地挖掉符树存的双眼，把符树存折磨至死才罢休。

　　蔡廷锴部"围剿"中共琼山县委和红军时，开始还不甚觉察到共产党地下交通员的厉害，怀疑自己的军队里隐藏着共产党的情报人员，可是上岛后实施"围剿"计划，核心幕僚个个精诚团结，找不到任何破绽，为此而费尽心机。反复数次逮不到红军的行踪，他才发觉令他头疼的是共产党的地下交通站，他们的军队还未出动，共产党的县委和红军已经获得情报撤离，于是立誓要根除共产党的地下交通站和交通员。

　　在国民党军"围剿"时，云龙乡农会主席、共产党员王道民掩护民众撤走来不及躲避而被俘，被关押在岭脚炮楼里。敌人妄图从他的嘴里挖出中共琼山县委的活动地点和秘密地下交通站，终日用酷刑相逼。他们知道王道民是共产党的乡领导，还是云龙乡地下交通站站长，脑子里装着各个村子的共产党员名单，掌握着各个村子的地下交通联络站点，如果能让王道民开口说出谁是共产党员，各个村子的地下交通员又是谁，就可以把云龙乡的共产党员和地下交通员一网打尽，甚至追捕到中共琼山县委的领导干部。不说自此高枕无忧，至少可以过上一段时间的稳定太平日子。可是一提审，一问三不知，他们就预感到这个共产党人简直不食人间烟火，是个铁打钢铸的汉子，这块硬骨头难啃了。

　　"王主席，其实你不开口，我们也知晓谁是共产党员哪个是地下交通员。我们问你是想搭个梯子让你下楼，给你一个立功赎罪的机会。无功不受禄嘛，对你是升官发财的台阶，对我们来说也好交差，如此而已。你说，你们乡的团董不就是本地人嘛，你知晓的他也知道，你何苦闭嘴不说，还受皮肉之苦，闹得我们和你之间不愉快！"国民党军的一个连长劝告说。这些日子东奔西走，"围剿"中共琼山县委和红军毫无所获，连挨上司的臭骂训诫，这口气一直咽不下。现在逮到的王道民是最大的"官"，这让他欢欣若狂。重刑压不服，他相信诱惑总会见效啊。

"哈哈！"王道民晓得这是圈套，鄙夷讥讽地接着说，"既然你们都已知晓，还问我干什么？你明摆着是劈篾箍天吧！我难道还看不透你们的西洋镜？假如你们是聪明人，免得置喙，还是趁早收起这套鬼把戏吧！"

国民党军连长见王道民不上当，他的诡计不能使眼前的这个共产党人就范，立刻恶狠狠地说："难道你不怕死？人的性命只有一条，一死万事空，就不要奢望什么共产主义世界大同了！你中共产党的毒太深了，该清醒清醒！我还是劝你认真想一想，不为你一人，也要为自己的父母妻儿着想。对吧？"

"住口！不准你诬蔑我们的党！我问你，你的花招都用完了吗？毒打不达目的就劝降，劝降不了动毒刑，就这两手而已。告诉你，为了真理的实现，死何足惧！对于共产党人来说，砍头只当风吹帽！实话对你说吧，你们所需要的云龙共产党地下交通站的秘密，我都知道，按照我们党的纪律就是不能告诉你们！要宰要剐，听你们随心所欲。落入你们的魔掌，我就不想活着出去！"王道民说得斩钉截铁，铿锵有力，大义凛然。

国民党军连长六神无主，只得祭出最后一招，使用酷刑，往死里打。王道民仍不屈服。他驱使士兵用铁钉将王道民钉在木架上，打进一颗铁钉问一声："招不招？"

"不招！"王道民痛得昏死过去，仍忘不了吼出最后一声。他全身鲜血淋漓，汩汩流下，染红了脚下的土地，壮烈牺牲。

地下交通员用自己的鲜血和性命证明了他们对革命事业的无限忠诚。中共琼山县委和红军因为拥有许许多多的优秀地下交通员，推动了琼崖革命的浪潮滚滚向前。

诸位：敌我斗争愈激烈，地下交通员承受的牺牲愈大。这种大无畏牺牲精神保护了革命利益，锻炼了交通员的胆识和才干。在琼崖，只要有斗争的地方就有地下交通员的足迹。就在这个时候，琼崖革命遭受了重大损失，斗争的复杂性给地下交通站提出了更高的要求。海口地下交通工作也从农村拓展到了城市。请诸位听我继续往下说。

第五回　监狱绝食首战告捷
猛虎下冈被困平阳

诸位：中共琼山县地下交通站在反击国民党军"围剿"的斗争中，凸显睿智，及时给县委和红军输送情报。同时，配合各区乡党组织动员广大民众反抗国民党军和民团的围攻，即使被捕也誓死保守党组织和地下交通站的安全与秘密。党的地下交通工作从乡村延伸到了城市。这时，海口发生了一件惊天动地的大事件。诸位且听我说来。

一天傍晚，国民党琼山县府城监狱，放风时间。

中共府城监狱支部正在召开碰头会，借做饭掩护挤在一起，他们商讨着近期的工作安排。

"我们被拘，只是对敌斗争变换了一个战场，共产党员的身份没有改变。对共产党员来说，处处是战场。今天在这个特殊战场，我们的斗争任务更加艰巨，环境更加危险，更要讲究斗争的方法和技巧，提醒大家要做好随时牺牲的思想准备。"党支部书记冯尔芳说。

往灶膛里塞了一把湿柴草，浓烟立时弥漫了一角。陈家清趁机说："这个要求我们明白，共产党员无论走到哪里，哪里就是我们对敌斗争的战场，而且眼下和敌人的斗争更加直接，是面对面啊。我们要团结大多数难友开展一场特殊的斗争。"

张承轩被浓烟呛得涕泪混流，咳着说："你们说的我都同意。团结就是力量。我们要从每一件与难友切身利益攸关的事情做起，唤起难友的斗志。"

一个狱警手里拎着警棍，鼓着嘴巴吹着口哨，朝他们这里走来。冯尔芳低声说"黑狗子来了"，陈家清用小木棍往灶膛里捅了一把，烟雾腾地而起。狱警赶忙用手扇着鼻子，嘴里骂骂咧咧，无奈地悻悻走开。冯尔芳他们又继续地商讨着。

监狱里的斗争，是一个特殊战场的斗争。在敌特众目睽睽之下，领导难友斗争危机四伏，惊心动魄。

中共琼崖特委对府海地区的斗争极为重视。这是因为府海地区是国民党当局在琼崖的统治中心，如果中共组织力量缺位，将无法了解敌人的活动情况；府海地区是琼崖前往内地距离最近的地带，越过琼州海峡可在广东徐闻一带海岸登陆，如果能在府海地区站住脚，中共组织的工作人员南来北往将更为便捷；从历史文化累积上说，府海地区是琼崖文化人士最为集中的地方，因而掌握了府海地区的活动主动权，将为动员广大文化界人士参加到中共组织阵营提供便利，也最能为中共组织开展斗争活动积累力量。中共中央八七会议精神的传达，促使地下交通工作的方向、守则、纪律逐步明确。

根据党组织的工作经验和教训，对敌人力量强大的府海地区，中共琼崖特委要求党的地下工作人员必须"职业化"和"城市化"，即在府城、海口市里的中共地下工作人员，必须以某种正当的职业作为身份掩护，而且要住在城里，拥有城里人的居民身份；要求机关内部陈设"群众化"和"平民化"，即工作机关地点不能超越当时当地同类机关布置的标准，从外观上看不能显示出任何特殊，即便是工作人员，除了工作内容任务不一样，其服装和行为也必须市民化，平时活动要更小心谨慎。

按照中共琼崖特委的指示和要求，府海地区各级党组织对建立在府城和海口的五个地下交通站严加管理，丝毫不敢疏忽大意。在工作关系上，严格规定只能与上线与下线单位或个人发生直接联系，严禁非特殊情况越界发生工作联系；除了本站的工作活动内容，交通员不得随便打听别的地下交通站人员的行踪，未接到特别指令不得插手其他与本职工作无关的活动安排。把地下交通站的工作提到党的全局高度来看待。

这五个交通站地点分散，其任务不同，活动方式大致相同。

府海药店联络站。设在府城大街上，负责人妚丰。这个交通站是中共广东省委与琼崖特委的交通点。交通员到店里时常常问有"某某"药品吗，按暗号以购买药品询问上级是否有特别指示，假如有指示则交通员找机会领取指示信件或口头传达。这个时期到府海药店联络的主要是梁国栋。梁国栋曾在特委训练班学习，担任过中共琼澄一区区委书记，同时负责恢复中共海口市郊委工作，活动在坡崖、坡训一带。梁国栋曾在海口四牌楼即博爱路和新民路交叉街口处开设一间米店，作为党的地下联络点，由中共琼澄一区区委派出一男一女假扮夫妻经营。这间米铺利用国民党军警管控不严，为红军二团购买枪支弹药，通过市郊沙坡村的左寿安偷运出海口。后来米铺被查封，这个联络点停止了活动。梁国栋是一个"老交通"，对领导地下交通联络工作得心应手。因此，他到府海大街药店联络接头时从未发生过差池。

琼海中学（今海南中学）联络站。这是一个以学生运动为主要工作任务的地下交通联络点，负责人是陈元清。陈元清是中共琼崖特委派到琼海中学以教书为职业，具体负责琼海中学的学生发动与组织事务的地下工作骨干，并负有将学生运动扩展到府城镇里其他几个中学的职责。可惜那时梁国栋尚未被派到市郊委，琼海中学的学生运动已被破坏，学生中的极右分子供出陈元清经常串联学生，鼓动学生开展学潮斗争，带领学生反对学校领导"拥护政府"，宣传马克思主义学说，一大部分学生被"赤化"，而被国民党当局逮捕，关进府城监狱。这时，琼崖苏维埃政府委员陈业祝也被关在府城监狱里，他和陈元清商量，托人带信给市郊委。梁国栋获悉这一消息后，几次派人到府城侦察。那时府城驻有国民党的海军陆战队，战斗机动能力颇强，而且府城监狱加强了防护，狱警队昼夜巡视，在狱里严加监视人犯，稍有越轨行动立即审问；在监狱外围加强巡逻，尤其是在夜间加派岗哨，严防中共党组织营救狱里人员。狱外无法组织武装力量劫狱，狱里无法组织难友暴动，陈元清和陈业祝被查明身份，不久遭到敌人杀害。琼海中学的学生运动因此被迫中断。

咖啡店联络站。地点在府城大街上，负责人是王文钦。王文钦是琼东县人，当过海员，刚从南洋回来，为人忠实可靠，特别是对国民党的反动统治嫉恶如仇。闯荡过南洋的人生背景，他究竟拥有几多资产，无人知晓，也就是因为这神秘身份，创办咖啡店这样地位尊荣的高档饮料店便没人怀疑。咖啡店门前，常常车水马龙，府城的达官贵人不时光顾，络绎不绝，很好地掩饰了王文钦的真实身份，因而咖啡店成为共产党人和革命同志到府海地区联络工作的临时住宿点。一些到府城、海口联络工作的同志当天出城不便，或办事尚未完结等逗留城里的便把咖啡店作为落脚点，颇为安全可靠。

海口中法医院联络站。地点在博爱南路。这是一个兵运工作联络点。当时，府海地区党组织已经按照中共琼崖特委指示开展兵运工作，在国民党军中或宪警队伍里联系思想进步倾向共产党的兵士进行思想发动，引导他们认清国民党右派反共反人民的嘴脸，适当的时候实行兵暴。梁国栋到市郊委工作后，曾两次和国民党澄迈县兵连的一名士兵接头，第一次他向梁国栋要去光洋 10 元作为活动经费，第二次接头时这名士兵又索要活动经费。当时党的活动经费拮据，一时又无法筹措，梁国栋和这名士兵的联系中断。他们两次接头地点都在海口中法医院，或借看病买药之机，或以探望病人为由见面联络，倒是未曾发现异常迹象。

海口锦成布厂联络站。地点在海口南门外，负责人为柯引弟。这是交通员李茂容和市郊滨濂村共产党员柯引弟发动锦成布厂工人成立的地下交通联络站。他们的任务是传递情报、张贴标语、散发传单，或接送途经府城、海口的过往人员。滨濂村是市郊建立农会较早的村庄，路经府城、海口的干部和工作人员有时也前往滨濂村里躲避。由于交通联络站的建立，至此，府海地区初步形成了中共组织领导的地下交通网络。

这时候的府海地区，府城监狱的斗争是中共组织领导的与敌人斗争的另一个特殊战场。

1927年琼崖四二二反革命政变时，国民党琼崖当局大肆屠杀和搜捕共产党人和革命群众。暴露身份的中共组织领导人与共产党员相继被敌人杀害。至1929年年初，被关押在府城监狱里的共产党员尚有40多人。他们中有的中共党员的身份没有暴露，有的因为家庭条件等原因，虽被认为是共产党员嫌疑而没有被确认，有的则被认为是共产党组织的外围人员而被关押。在被关押的这些日子里，他们利用监狱里每天上、下午开仓煮饭时的相互接触取得默契，何况经过一两年的共同磨难，双方都认为同是难友而推心置腹，直至确认双方的共产党员身份。出于开展斗争活动，反抗狱方欺凌拷打的考虑，他们认为必须组织起来，开展新的斗争，对抗狱方的无理管束。这样，还可以削弱国民党军"围剿"红军和革命根据地的兵力，从另一个战场支援红军和根据地的反"围剿"斗争。

冯尔芳、张承轩、冯尔甲等10多名共产党员经过多次商议，决定成立府城监狱党的支部，领导大家协调步伐，统一开展斗争行动。冯尔芳被捕前是琼山县合群乡茗山党支部书记，被大家推选为府城监狱党支部书记，张承轩为组织委员，陈家清为宣传委员。党支部主要领导难友向狱方开展斗争，向其他难友宣传共产党的主张和政策，寻找机会，争取早日出狱。

"我们要依靠对党的事业的忠诚，坚定信念，坚持斗争，坚忍不拔，坚贞不屈！"冯尔芳说。支委会上，冯尔芳给支部工作规定了三条内容：一是相互勉励，共产党员要坚定信心，不放弃共产主义的远大理想；二是共产党员要有意识有目的地在400多名难友中开展宣传活动，坚决反对国民党当局的反动统治；三是团结难友，相互周济，鼓励和帮助他们渡过难关。张承轩和陈家清表示赞同。冯尔芳接着说，"我们每个共产党员好比一颗种子，撒在大地上，就要长成一棵参天大树，引导狱中的对敌斗争方向；我们每个共产党员就是一把火炬，照亮难友们前进的道路。要告诉每一个党员同志，爱憎分明，团结难友，和敌人作殊死的斗争，直至解放与自由！"

国民党府城监狱位于府城中山路，是国民党琼崖当局关押政治犯的地方。被关进监狱的人，除了重大政治犯外，大部分是社会上的所谓犯人，他们或和地主豪绅作梗，被以莫须有的罪名关进来；还有一些是当局看不顺眼，屈打成招关进去的。他们的日常伙食要靠家属输送，开始十天八天送饭送水，被关押的时间一长，家属便把大米和锅碗柴火送到监狱里，让他们在监狱自己做饭煮食。每天的早、晚时分是规定的放风时间，高墙之内监仓的外头屋门墙角处处点火冒烟，难友们挤在一块做饭。这就给党支部党员和难友交流创造了空间，留足了时间。

这一期间，监狱对难友的监管加剧，缩短开仓煮饭时间，有的难友饭还没煮熟，关闭监仓时间已到，若不撤火，狱警飞来一脚，连锅带米给踹掉。冯尔芳想，必须发动难友给这帮狱卒颜色看，不然他们胆子越来越大，暴行越来越凶。他和张承轩、陈家清合计后，决定发动难友和监狱抗争到底。他们和其他共产党员分头动员难友，按照党支部要求的斗争方式行事。

这天早上是开监仓时间，府城监狱里静悄悄的，过了好一会儿没有任何动静。当值的狱警逐间监仓撕开喉咙喊道："开仓喽！你们该煮饭的煮饭了！"

听不到一声回应。监仓的门锁被打开却没有一个难友出来，这是咋一回事？值班狱卒赶忙报告："监狱长，开仓时间已过，没看到一个人走出仓门，不晓得这帮人是否都吞吃了秤砣，铁心了！"

监狱长坐在圈椅里一动不动。毕竟经历过世面，他鼻孔朝天"哼"了一声，剔着指甲，慢条斯理地说："我知道他们在耍花招，搞绝食，和自己的肚子过不去。我要看他们能撑多少天，到时候还不乖乖地给我走出监仓门！吓唬别人可以，瞧瞧我是谁，老子看到这样的事多了去！对对，你是见证人啊，记住就是，这个时候几月几日几时，到时候再看看我的预言兑现不兑现！"

太阳升起落下，一天很快过去了。第三天一早，监狱长挨个监仓门往里面探头，只见犯人一个个平躺在地铺上，一动不动。他思忖着，能熬过今天算你们是条汉子。他故作镇定，哼着琼剧的曲子"指望得见三姐面……"悠悠地走开了。

监狱长后脚刚进屋子，监狱长室帮办前脚已急忙闯了进来："报告监狱长，急件！"

监狱长接过一个硕大信封，撕开一看，顿时双眉皱垂，脸色变绿，继而急速离座，来回踱步，嘴里直说"这不行……那也不行……该咋办"。原来，刚才的急件是国民党琼崖公署的信函，上面通知说后天要到府城监狱检查监狱的管理情况。虽然国民党推行的是法西斯式的压迫，但表面上还得打着尊重人权的幌子，欺骗社会舆论，真可谓是明里正儿八经，暗里男盗女娼。监狱长害怕这一文明外皮被撕去，露出满地肮脏，轻则被责令改正，重则被撤职查办，别说升官晋爵，能保住现职还摸不准。这帮官僚啥时候遇到棘手事不推出个替罪羊做挡箭牌，图自个儿脱身，标榜民主、文明呢！久在官场混，他清楚现时的官场是一级骗一级，欺上瞒下，国民党琼崖公署说检查那是上头的布置，现时公署这一招还不是害怕上头找到茬儿算账，才急忙指令下头呈报材料实地查看啊。他急得在屋子里团团转，最后拿定主意，解铃还需系铃人，这场火是自己燃起还得自己出面扑灭。监狱长尚摸不清是共产党支部在其中组织发动，只觉得冯尔芳在犯人中还能说上话，这个时候也只能自己出面赔不是了。于是，他派狱警小心翼翼地把冯尔芳请到监狱长室。

"冯尔芳啊，委屈你们了，怎么两天多了，你们水饭不进呢？唉呀，我知道弟兄们怠慢了你们对不对？我责令他们改过来不就行了！"监狱长假惺惺地直盯着冯尔芳说。

冯尔芳并不清楚国民党琼崖公署有关人员要到府城监狱来视察，只以为狱方忧心闹出人命，对上司不好交代，而且党支部斗争的初步方案是迫使狱方让步，改善监狱的管理条件，其余的走一步看一步，随机跟进。于是，他朗朗地说："监狱长，你找我来是说难友们绝食的事情吧！据我所知，绝食并非难友所愿，是你们逼出来的，这是难友们不得不采取的办法，你说谁愿意饿着肚子？你不吃一顿可以，一天不吃不喝会是啥滋味？除非是不吃人间烟火的畜生吧！既然你们欺压难友，让难友们活不下去，他们就试试你们的耐心。告诉你，难友们饿死一个人，你们对老百姓就不好交代。当然喽，对你们的上司也不好搪塞是不？"

"哦哦……我也是人嘛，我咋能让你们饿死呀！"监狱长像被敲断脊梁骨的哈巴狗，无精打采。他以为冯尔芳他们已经获悉他的上司要莅临监狱视察的消息，心里头在说，这冯尔芳是高人啊，怎么晓得上司要来检查监狱呢！赶忙放下身段说，"你们就停止绝食吧，如果没有健康的体魄，出了监狱怎样谋生活呢！至于条件，你就说呀，算你说的我全都承诺兑现行不行？"

难友们绝食的目的要求已经得到承诺，冯尔芳一点都不放松警惕，他理直气壮，句句严肃地说："条件很简单，也是最起码的条件。第一，难友家属送来的钱粮不得克扣。你的狱兵对送粮送钱的难友家属随意刁难，不给钱不送礼不放行，甚至不准探视，有违于监狱探视的规定。第二，延长监仓开放时间，放宽难友活动规定。饭没做好，还没吃下肚，怎么就关闭监仓门？还有禁止难友之间说话，是人见面总要打个招呼吧，不准我们说话，除非是哑巴，你们的这种行为有什么人性可言！监狱管理有这样的规定条文吗？第三，难友要有看书读报、谈天闲聊的权利。人是有精神要求的，我们在高墙之内，什么都看不到，至少要给我们看看书读读报的自由吧？如果你答允做到这三条，我可以做难友们的工作，让他们停止绝食。假如这三条中不能做到任何一条，我不保证难友们不继续绝食！到时间，闹出人命来，我看你这顶乌纱帽就没了，成了平民，你能有本事谋生路？"

"哦哦，这个好说！好说！只要你们立即停止绝食，我保证做到你说的这三条。"冯尔芳的话捅到了监狱长的要害，他赶忙答允。为表示他是个言必行、行必果的人，当即转身对侍候在侧的狱警说，"你们注意啰，凡发现眼刁嘴馋手长的人，我见一个处理一个，决不饶恕！"又对冯尔芳说，"我的命令你都听到了，那是我表明的态度，绝不反悔，从今往后府城监狱决不再发生这种现象。"

经过这番有理有节的斗争，府城监狱的难友生活条件相对改善了一点，狱警言行相对谨慎了一些。难友们的精神面貌较前有所改观，尤其是党支部在难友中的威望更高了。党支部党员的团结也像石榴籽一样紧紧抱在一块。

1929 年 8 月，共产党员苏定庄政治身份未被暴露，敌特搜寻不到获罪的证据，放其出狱。出狱前，冯尔芳嘱咐他："你要设法找到县委和区委，报告我们在狱中的斗争情况，谨望党组织及时指导我们开展狱中的斗争活动，同时向上级党组织表达我们狱中全体共产党员坚持斗争到底永不屈服的决心。"

出狱后，苏定庄不负重托，在博南山找到了中共琼山县委，报告了府城监狱党支部领导全体难友开展斗争的情况。当年底，苏定庄担任中共琼山县十二区区委书记，府城监狱党支部和琼山县十二区区委正式建立了联络关系。苏定庄熟悉府城监狱情况，难友多，成分复杂，行动稍有破绽，党组织就会遭到毁灭性的破坏。为此，他写了一封密信，让探监的冯尔甲妻子转交给监狱党支部，对监狱斗争提出了五点指示和要求：第一，狱中环境恶劣，人犯复杂，恢复同志要慎重；第二，注意考虑各同志能否同甘共苦，坚持同敌人斗争；第三，严防奸细和动摇分子出卖党组织；第四，今后通信要用密写方法，要写隐语；第五，县委交通来往不正常，按环境或者活动或者中断，监狱党支部要独立自主看形势行动为宜。苏定庄还要求监狱难友坚持开展秘密斗争，通信联络方法通过地下交通员渠道，严格保守党的秘密。从这封密信内容中，可窥见区委书记苏定庄对府城监狱党支部活动的重视，同时对监狱复杂的斗争形势了如指掌。

中共府城监狱党支部从 1929 年初建立至 1939 年 2 月止，坚持斗争 10 年时间，组织缜密，活动隐蔽，体现了党支部核心的坚强领导，也看到了中共琼山县委和十二区区委的正确指导方向。

1931 年 8 月的一天。天气闷热，空气像被凝固了一般，直压得人们喘不过气来。

"咣当"一声，监仓大门被打开，一个瘦削身架子被斜阳投影到监仓里的走道上。

"这难友是谁，从哪里来的？"监仓里的难友看到这人时都流露出惊讶的神色。

这位难友身穿一套西装，但已被撕烂得几乎成了布条儿，上面沾满了血渍，有的已成了深褐色血块，有的还泛着鲜红血色，表明这位难友经受了非人的折磨。从穿戴和所显示的气质和姿态上看，在狱中难友的潜意识里，这位难友显然不是本岛人。

难友们猜测得不错，被关进府城监狱里的这位难友，是名声显赫的中共广东省委军委书记李硕勋。

李硕勋原名李开灼，字叔薰、石心、心仁、李陶，四川省庆符县（今四川省高县）人。青少年时代在故乡读书，李硕勋与进步青年一起创建四川社会主义青年团，是四川青年团的创始人之一。1924年考入上海大学社会学系学习；同年，转为中国共产党党员。1925年当选为全国学生联合会总会常委、总会会长兼交际部主任，成为早期青年学生运动的杰出领袖。1926年夏季，北伐战争打响，受党组织派遣，李硕勋前往以叶挺独立团为基础组建的国民革命军第四军第二十五师，担任政治部主任。在南昌起义中，李硕勋担任第十一军第二十五师党代表兼政治部主任。起义部队撤离南昌，南下广东，转移到广东大埔县三河坝镇时，国民党钱大钧部追兵已赶到大埔一线，朱德、李硕勋、周士第三人组成前敌委员会，在三河坝镇指挥战斗。形势十分危急，朱德有鉴于此，对李硕勋说："我们现在需要请示党中央，决定今后部队的去向，你对上海情况很熟悉，所以决定由你去上海向中央请示。"

当时，中共中央机关设在上海。

李硕勋告别部队，立即转道广州前往上海。后来，朱德、陈毅等领导的南昌起义军余部上了井冈山，和毛泽东领导的秋收起义部队胜利会师。

李硕勋抵达上海后，颇费一番周折才找到了党中央，汇报了南昌起义军在三河坝镇战斗的情况，后被党中央留在上海做党的地下工作。先后被任命为中共江苏省委秘书长，中共浙江省委常委、省委军委书记、浙江省委代理书记。1929年回到上海，参加江苏省委领导工作，担任江苏省委军委书记，后又担任中央军委委员。这期间，李硕勋先后参与领导了红十四军和红十五军的组建工作。这几支红军队伍势单力薄，加上所活动地区地势平坦，缺少隐蔽大部队的地形地带，因而与敌军作战时屡被打散。1931年3月，上海临时党中央发生了政治局候补委员顾顺章被捕叛变事件，大批党中央的领导同志被追捕，情况非常急迫。根据党中央紧急指示，中央一部分同志从上海转移到中央苏区。李硕勋被任命为红七军政委，接替原政委邓小平。当时李硕勋的紧急任务是尽快赶上由广西北上的红七军，将红七军带往江西苏区。就在他取道香港准备转往红七军时，突然接到中共中央电报，任命他为广东省委军委书记。

诸位：只有疾风知劲草，不见浮萍能定根。府城监狱党支部领导难友开展的斗争，是琼崖革命地下斗争的重要篇章。他们勇于斗争，毫不气馁。曾经被关押的共产党员和革命同志在敌人魔爪中潜伏，成了监狱斗争的坚强骨干，展开了一场场你死我活的搏击。李硕勋在琼崖是怎样被捕的，经受了怎样的严峻考验？请诸位听我继续往下说。

第六回　魔窟森严痛失机宜
烈士赴义血洒南天

　　诸位：上回说到中共广东省委军委书记李硕勋在海口身陷魔窟。这位曾经征战北伐，扬威南昌城头，参加八一起义的青年将领，在南下广东前往上海党中央汇报后，参与了浙江、江苏省委的领导工作。当他踌躇满志踏上琼崖大地的时候，却不幸落入敌人的魔爪。李硕勋经受酷刑，坚忍不拔，壮烈牺牲，义薄云天。诸位且听我说来。

　　一踏入府城监狱的牢门，李硕勋心里默默地说：新的考验来到了，我们共产党员无论任何场合都要做到面不改色心不跳，纵然是火海刀山也要扑向前！

　　李硕勋从上海取道香港，是因为当时的中共中央军委办事机构设在香港九龙。这时中共广东省委书记蔡和森不幸被捕，旋即英勇牺牲。广东省委代理书记章汉夫紧急向中共中央报告，希望中央派一位负责同志来广东主持工作，尤其是军事斗争工作。在这种危难情况下，中央改变了原先让李硕勋前往红七军担任政委的决定。

　　琼崖革命虽然遭到国民党军"围剿"的反复摧残，但是革命火种从未熄灭过，共产党人在战斗中遭受挫折，又从战火中爬起来继续投入到新的斗争中去。特别是中共琼崖特委武装工农群众、创建人民军队，革命低潮时开辟农村革命根据地、实行武装割据，使这个孤岛成为南天的一把火炬，震惊了国民党广东当局，也吸引了人们的目光。琼崖中共组织创建人民武装、建立农村革命根据地、坚持武装斗争的行动与经验，这在中国共产党领导人民闹革命的初创时期弥足珍贵。李硕勋对琼崖革命这些斗争活动早有所闻，接到任命后，很想考察和总结琼崖革命斗争的经验。不久，他就经广州直奔海南岛来了。

这天，李硕勋乘坐的轮船抵达海口秀英港。凭栏举目远眺，港区一片荒凉，酷暑下行人稀疏。李硕勋一上岸，出关到了检查站时，便遭到军警的搜身检查。他头戴一顶船形硬沿白帽，手提一只棕赭色的小皮箱，说是从广州到琼崖考察经济行情，打算做些山货生意。近年来共产党领导的工农革命犹如春风野火，惊涛骇浪，震撼着国民党的反动统治。当局严令防止共产党渗透，特别防备从内地来的共产党人。黑衣警察把眼睛睁到最大，企图捕捉共产党人，这时看着这位身穿乳黄西装气宇轩昂的英俊后生，虽说心生疑惑，可身上搜不出一丁点儿的非法之物，不得已只得放行。

那时的电信联络手段落后，中共琼崖特委已经撤退到乐会县四区，府海地区党的地下交通站又没有接到上级有关通知，更没有人到码头接洽。对这些李硕勋并不在乎，这些年来为革命东奔西走，他已习惯了旅途中的孤独，一心想的是能在最短的时间里找到中共琼崖特委的行踪，和同志们一道探讨琼崖革命武装斗争的新特点新途径，尤其是革命力量尚在脆弱时，如何以武装斗争粉碎国民党军新的进攻，建设和扩大革命根据地，以指导全省的革命斗争。

出了检查关卡，坐着人力车，李硕勋住进了得胜沙路中民旅店。

中民旅店是一间中档旅社，距较繁华的海口大街近在咫尺，住客中也有一些身份高贵的官宦人家，大多是中档客人，这对李硕勋来说恰好与其生意人身份吻合。

李硕勋第一次登陆海南岛，对这片神奇的土地充满了好感。虽说天气炎热，热浪滚烫，可到了太阳落山时，酷热减退，何况海口是一座新兴的滨海小城，一阵海风飕飕吹过，顿觉爽快无比。他放下行李，对房间的前后左右悄悄地检视了片刻，认为安全无虞，便抓紧时间洗了澡。出门时天已全黑，正好掩盖自己的身份，当下找到在海口的中共琼崖地下党组织是最要紧的。

20 世纪二三十年代的海口夜晚是漆黑的天地，街道间除了一些小食店闪烁着些许煤油灯光，再就是偶尔飞舞的萤火虫。街上行人甚少，骑楼里的那些小食店门可罗雀。铺子前站立的店主睁大眼珠，捕捉似要登门的客人，即便见不到一个人影，嘴里依然喊着"香喷喷的鸡糟饭，吃了一碗想着再添一碗哪"，行人如果似无其事地从门前走过，店主会大失所望。停顿了片刻，他们的吆喝声比刚才一阵子还要响亮，或许他们不信招不来顾客。

李硕勋走到悦来猪脚饭店，探头看到里头顾客不多，便走到靠窗口的一个座位坐下，叫了一碗猪脚饭，边吃边望向街面。斗争的警觉性让他注意着街上来往的行人。一会儿，突然看到三五成群的十几个人从街头狂奔而过，引得行人一阵骚动。店主站在门口望了一会儿，摇摇头叹了一口气，从李硕勋身旁走过。

"店主，这是咋回事？街上的人嘈杂了一阵子。"李硕勋试探地问。他不晓发生了何事，让店主这样情绪低落。

店主借着昏暗的煤油灯火，看了看满口普通话的李硕勋，找不出怀疑的地方，便操着半生不熟的普通话说："客官，看来你是外地人，对海口近情还不了解。刚才那帮人是国民党新成立的府海侦探队的人，他们上街只要见到不顺眼的人就打，见到中意的财物就抢，还说是在抓捕共产党人，你说谁人看得过眼。刚才那一帮人就是侦探队的，谁碰到谁就衰了！我这店铺今夜算是走运，若是他们涌了进来，亏了酒饭还罢，要是他们中有人挑事，说不定还要打人毁桌砸碗，那就更惨了啊！"

李硕勋人生地不熟，本不想多说话，听说这事后，忍不住还是说："中国有句古语说'多行不义必自毙'，坏事做多了，到时候肯定会遭到报应。不是说，时候不到不报，时间一到就报嘛。中国不会是坏人横行霸道的天下！"

"话是这么说，那该是何时候，哎！"店主说罢，无奈地摇了摇头。

李硕勋深知形势险恶，出入小心谨慎，上街转悠也就是周边三两条巷道。在中民旅店又住了一天，还算平安，没发现不祥苗头。他想，这样待下去不是办法，找不到地下交通站就不能把自己到琼崖来的信息传递出去。假如明天上街再打听不到联络地点，得找准时机到乡下去，再想办法到乐会一带。香港的中央军委机关那里就有消息说，中共琼崖特委机关活动在乐会县，只有到了乐会才能找到琼崖特委，了解琼崖党组织的活动情况。

8月13日，即到海口的第三天，这天早上洗盥完毕，李硕勋刚走出旅店，来到海口海关街道，突然一队国民党便衣侦探迎面扑来，躲避已来不及，他装作若无其事，坦然地继续朝前走去。

"你站住！"和李硕勋擦肩而过，这个便衣头目突然停步，回头厉声吆喝，"你是干啥的？"

李硕勋没有办法回避，冷静地回答说："我是做生意的商人，到海口来联系货源。"

国民党侦探一听李硕勋的口音不对，认定是从内地来的，招来一伙人，不由分说扭住李硕勋不放，还嚷着说："老子就是找你这个共产党头！"

"你们不能这样无理！难道中国人在中国自己的土地上也没有行走的自由吗？"李硕勋斥责说。

国民党侦探队把李硕勋关押在潮州会馆，马上搜查了李硕勋在中民旅店的住处，认定他是共产党身份，严加审讯。第二天李硕勋又被押送到府城监狱。

悦来猪脚饭店店主就听说国民党府海侦探队队长严鸿蛟，是共产党队伍里的一个叛徒。前不久，他被捕经不起考验，叛变了革命，被任命为侦探队队长，这是李硕勋尚未知道的，即使是海口市共产党的外围组织的人，一时也不清楚他的叛徒面目。他利用这个时间差，带领侦探队在府海张网，抓捕共产党人。

大革命时期，严鸿蛟加入中国共产党，1926年4月任海口市总工会委员，1928年8月任中共海口市委书记。1929年2月14日，他在仲恺乡被国民党琼崖当局逮捕后叛变了革命，出卖共产党机密，供出中共琼崖特委、海口市委机关驻地。2月18日晚，严鸿蛟带领国民党军警搜查海口市振兴街42号云氏公馆，破坏了中共海口市委机关，逮捕了市委委员云昌江；行走到三亚街三角路时，遇到了外出办事归来的市委委员陆国宪，陆国宪又遭逮捕。不久，二人均被杀害。紧接着，国民党军警又破坏了府城西门外金花村吴宅的中共南区特委机关，正在开会的8位革命同志被捕。海口党组织遭到毁灭性的打击，凡与他有过工作联系的党支部和党员连遭厄运，基层党支部仅剩下4个，共产党员仅存30余人。一度朝气蓬勃的府海地区革命陷入了万劫不复的境地。严鸿蛟由此受命为国民党府海侦探队队长。尤为严重的是，这一期间，中共琼崖特委书记黄学增和官天民等相继被捕牺牲。

列宁曾经说过，堡垒最容易从内部攻破。严鸿蛟叛变后就是如此。严鸿蛟曾身居海口市委领导要职，掌握琼崖革命情况和海口党的地下各项活动规律，这时人性泯灭，出卖组织和同志，一时人心惶惶。他清楚中共琼崖特委和海口市委住址，而且认识他的上头领导和手下工作人员。琼崖是个孤岛，毋庸置疑，本岛革命依靠本地力量，但上级指导不可或缺，琼崖革命曾经因为执行"左"倾冒险错误决议，遭受挫败，特别是重要领导人的牺牲，上级指派领导人员抵琼加强领导力量的事必然发生。近段时间曾风言风语传说中共广东省委重要领导人已经渡海抵琼，因而严鸿蛟带领的侦探队以为立功发财的机会到了，昼夜巡逻，强行检查路人，尤为注意外地来人，稍有怀疑就搜身，甚至先行关押。

李硕勋被押到府城监狱后，立即遭到国民党军警的严刑拷打。皮鞭、烙铁、老虎凳、倒吊拷问、灌辣椒水、竹签插指，酷刑用尽，也丝毫动摇不了李硕勋的坚强意志。国民党琼崖当局妄想从他的身上获得中共组织的机密，以突审刑罚打开缺口，结果竹篮打水一场空，毫无所获。

开始，李硕勋和陈家清被关在同一间牢房里。陈家清是琼山县三江人，1927年入党。1928年秋末，一天他到府城接头，在大街上撞见巡逻的国民党军士兵，被认为形迹可疑而银铛入狱，虽经审讯拷打，但其身份未曾暴露。他办事谨慎，在狱中人缘甚好。因牢房潮湿，霉气重，陈家清身上长遍了疥疮。他不甚会说普通话，见到李硕勋举止不凡，又是外地人，赶紧把情况向党支部书记冯尔芳报告。冯尔芳心里焦虑，他也听说监狱新押进一个犯人，估计是党的重要领导干部，当夜辗转反侧，一眼未合。次日一早，冯尔芳指派党员史立法设法和李硕勋联系。

看到监狱党支部主动和自己联系，李硕勋感到十分欣慰，琼崖党组织在遭受国民党四二二反革命政变碾压下重新挺直了腰杆，尤其是国民党军蔡廷锴部第一次"围剿"后，很快恢复了斗争活动，这说明琼崖党组织的坚强，必须表明自己的身份。他撑起遍体鳞伤的身躯，从地铺上挣扎地爬起来，告诉史立法说，自己是中共广东省委派到琼崖指导武装斗争的军委书记。然后，谆谆地对史立法说："你们要顽强斗争！敌人的疯狂是暂时的，乌云终究遮不住太阳，正义终究要战胜邪恶。请你给我转告同志们，推翻国民党的反动统治，自由就在前头。同志们要坚持斗争，直到最后胜利！"

"李书记，你说的话我都记住了。我们要想办法把情报送出去，让党组织想方设法营救你。"史立法对他说。

李硕勋含笑地轻轻摆了摆手。现时他对自己的处境十分清楚，对革命斗争形势的艰难了然于胸。要对同志们鼓劲，而不是泄气。于是，断断续续地说："感谢同志们！你们要充满信心，坚定信念，保护好自己。"

一连几天，每天李硕勋都被狱兵架出去严刑逼供，直折磨到浑身鲜血淋漓昏迷了过去，才又被抬回到牢房里。陈家清总是利用放风时把李硕勋的情况汇报给党支部。煮好饭，端回到牢房里，一口一口地喂给李硕勋吃，又找来布条小心翼翼地为他揩干净身上的血迹。几经拷打，李硕勋已被折磨得奄奄一息，连饭都咽不下去，每天只喝一点点水。利用监狱开仓放风的时间，陈家清赶快把李硕勋的伤势转告给党支部。

傍晚，冯尔芳利用监狱开仓放风煮饭时机，把"三脚灶"挪到墙角，召集几个党员紧张献计献策。史立法详细报告了他和李硕勋的交谈内容，陈家清重点汇报李硕勋的身体和饮食情况，大家心里头都非常沉重。

张承轩说："李硕勋同志伤势很重，敌人不给他吃药治疗，我们要趁难友家属探监时带进一些药，减少他的痛苦。"

"革命同志本来就是一家人！李硕勋同志在海南无亲无故，我们就是他的亲人，要想办法照顾好他。要告诉他，我们大家一起闹革命，不是他一个人孤军作战。"其他几个党员都争着说。

一时间，大家找不到最好的办法来营救他。自李硕勋被押到府城监狱后，狱方明显加强了警戒力量，即使是大白天，监狱里狱兵巡查的次数也明显增多，看到难友们交头接耳说话就严加苛责，动辄用枪托撞击。

"我们要争取在最短的时间内，做好这几件事。第一，找准机会尽快把密信送出去，要求党组织想办法营救李硕勋同志，行动越快越好。要告诉县委，李硕勋同志的身份已经暴露，危在旦夕。这项工作由我负责。第二，利用各种机会，赶快给难友们打个招呼，嘱咐他们在家属探监时千方百计带进一些跌打药丸，给李硕勋同志服用，增强身体的抵抗力。这项工作大家都要做，谁的难友家属探监谁先办，记住要快，同时要保密。第三，关心和照料好李硕勋同志的饮食，尽量煮些好咽的米粥。家清啊，你的任务很重，希望你认真把这件事做好。"听完各人的发言，冯尔芳给他们布置了工作任务。

"是！"陈家清赶紧说，"请党支部放心，请同志们放心，我一定把李硕勋同志照顾好。"

"要严格保密，这是纪律！绝不能走漏我们行动的消息，尤其是恳请党组织营救李硕勋同志的要求！"冯尔芳最后叮嘱大家说。

大家都默默地点点头，个个脸色严肃。看到两个狱兵远远地朝他们走过来，冯尔芳他们迅速分开，若无其事，各自忙着煮自己的饭。他们中有煮米粥的，有煮番薯芋头的。陈家清他们还是老办法，故意搅动灶膛里的柴火，浓烟升腾灰飞袭人。灰烟弥漫里的人连连咳呛，分不清哪是眼泪，哪是鼻涕。

两个狱兵见状，忙掩着鼻嘴快步避开，哑着声音喊道："你们都懂规矩点，和政府作对没有不吃苦头的！"

国民党琼崖当局为李硕勋被捕一事焦头烂额。李硕勋不折不挠，软硬不吃。劝降劝不来，他反而数说国民党政府反动透顶腐朽不堪，一桩桩一件件事实让听者毛骨悚然。当官的赶忙把当兵的支开，李硕勋宣传赤色的话语一旦传播出去，演变成扩散共产党的主张、为推翻政府张目还说不准呢。因而，除了往死里拷打，已无计可施。这时，李硕勋双腿已被打断，可丝毫动摇不了他的信仰和理想。既然撬不开李硕勋的嘴，获取共产党组织的秘密，囚禁在府城监狱又因情况瞬息万变而莫测，如果共产党劫狱而导致要犯逃逸，责任难卸。于是，国民党琼崖当局电呈统辖广东省的国民党第一集团军总司令陈济棠核办处置。

府城监狱的中共党支部展开了对李硕勋的援救。党支部让探监的难友家属带进糕点给李硕勋吃，一些药丸也被带了进来。借着为李硕勋送饭的机会，史立法进入了他的牢房。

"为革命牺牲是光荣的。对于死，我从来不畏惧，只要死得其所，就在所不辞！"李硕勋停顿了一会儿，用手指梳了梳蓬乱的头发，坚定平静地接着说，"国民党反动当局是不会放过我的，我已经做好随时牺牲的准备！"朝牢房门口看了看，没见任何人影，李硕勋迅即从身下地板上的乱草铺里抽出两封信，这是他用监狱给他写供词的纸和笔写成的，"这两封信请地下交通站的同志帮我带出去，按信上的地址投寄。'青山处处埋忠骨，何须马革裹尸还'。至于其他的，你们就不用操心了。这些日子，得到你们的照料，我感到很欣慰。谢谢同志们了！"

李硕勋的两封信，一封是写给好友柯麟、陈志英的，另一封写给妻子赵君陶。他在给妻子赵君陶的信中言语殷切，其中说道："余在琼已直认不讳，……余亦即将与你们长别。在前方、在后方，日死若干人，余亦其中之一耳。死后勿为我过悲。……"凸显了一个共产党员视死如归大义凛然的英勇献身精神和浩然正气，体现了一个共产党员的崇高信仰和理想境界。

史立法在劳役劈柴火时，遇到冯尔芳，急忙把李硕勋的嘱托告诉他。冯尔芳立即通过地下交通员万分火急地把这两封信投寄出去。同时，党支部紧急向中共琼山县十二区区委汇报了李硕勋在狱中的处境，要求立即营救。但是琼崖革命处于低潮时期，琼崖特委远在乐会山区，第十二区区委赤卫队手里也只有十几杆枪，且敌军对府城控制得密不透风，在进出城里的路口设置双重门岗，严查进出的人，夜里军警全副武装巡逻大街小巷，他们力不从心，无法实施营救。本不想发生的事还是发生了。

1931 年 9 月 5 日，天刚蒙蒙亮，府城西北方向突然传来了一阵枪声。被枪声惊醒的陈家清心里忐忑不安，立马扑到李硕勋的牢房门口，往里头仔细瞧去，已不见了李硕勋。几天前，监狱已把李硕勋单独囚禁。

早上放风时，陈家清快步跨出监仓大门，他要将这一变故立即报告党支部。正好一个广东高州籍狱兵迎面走来。这个狱兵出身贫苦，对被关押的难友怀有同情心，趁着走路打照面时，见四下没人，便悄声告诉陈家清说："清晨，李硕勋被枪杀了，地点在海口东校场。李硕勋双腿被打断，走不了路，是被国民党兵用箩筐抬出去枪杀的，实在惨不忍睹，哦啊！"

悲痛无言的陈家清把这个不幸消息报告冯尔芳，冯尔芳立时脸色铁青，一时说不出话来，李硕勋牺牲得何等壮烈！后来，党支部得知李硕勋被杀害两个星期后，他的遗书才辗转邮寄到香港柯麟、陈志英的手里，他们迅即向广东省委章汉夫汇报，请求派人到海口营救李硕勋。柯麟、陈志英也同时把遗书交给赵君陶。赵君陶立即向中共中央报告。中共中央立即指示，要尽力营救。可李硕勋已经牺牲了。李硕勋把热血洒在了琼崖这片土地上。

府城监狱党支部为营救李硕勋尽了最大的努力，做了力所能及的工作，他们虽然身陷囹圄，人人自危，生死莫测，仍然心系战友的安危，展现了共产党人的深广情怀。琼山县第十二区区委从营救李硕勋的过程中痛感到了武装力量的弱小，不足以抵抗国民党反动派的血腥镇压，从而以更高的热情和更大的干劲投入到对敌斗争中去。因为府城监狱党支部和十二区区委的联络与得力帮助，李硕勋烈士的遗书才得以传递到其好友和亲人手中，为我们今天保存了一份极其珍贵的革命传统教育史料。

府海地区中共组织的地下工作，以更加坚韧不拔的步伐继续朝前迈进。第十二区金堆乡的地下交通员把所掌握的土豪劣绅的罪行，向各党支部和赤卫队汇报，还协助党支部开展减租减息斗争。迈锋村土豪劣绅冯凤进企图和赤卫队对抗，拉起被蒙蔽的一帮人组成民团，强占参加革命人员家属的田地，对他们无理敲诈勒索，本来田地就硗薄，还加码收缴地租。村党支部征得区委同意后，依靠地下交通员提供的冯凤进日伏夜出的生活规律，处决了冯凤进。

一天晌午，金堆乡团董冯育基家里突然来了一队自称是县联防队的人。冯育基鬼心眼连轴转，对这队人马左瞧右看，感觉情况不对头，咋的这支联防队里的人一个都不认识？自己可是隔三岔五到县里联络事务啊！他知道中共第十二区区委近日集中打击国民党团丁，告诫国民党团丁勿要轻举妄动，这联防队莫非是红军化装而来？冯育基顿时脸色煞白。三十六计走为上策，他假借烧水泡茶从伙房后门溜走。凑巧，这时一无所知的副团董林树富带着两个走腿子如约来到冯宅，共商配合国民党军强化监视红军和赤卫队的活动。哪知刚进院子门口，几支黑洞洞的枪口已对准他们的脑袋。

"不好了！快逃命呀！"林树富本能地大喊一声，转身就跑。哪知腿长比不上子弹快，"砰砰"几声枪响，他们没跑出几步，全都身子倒地嘴巴啃泥，毙了命。

这是乡里的地下交通员了解到冯育基破坏减租减息运动，甚至强占红军、赤卫队家属的田地，紧急报告党支部转告红军、赤卫队采取的"拔钉子"行动，处决了林树富等3人。还趁热打铁，乘机袭击国民党乡公所，缴获了团丁长短枪20多支。

党的地下交通员队伍在斗争中不断扩大。在琼崖革命低潮阶段，仍然有许多贫苦大众自觉站到反抗阶级压迫和剥削的前列，连老大妈也舍生忘死争取加入到地下交通员队伍。

一次，中共琼崖特委干部李汉与李家明、陈忠成、林天德等执行任务时，躲避敌人的追捕，藏身在演丰乡美良村边的灌木丛里。不巧的是，村里的一位老大妈为保护玉米地驱赶黄猄，放火烧山，大火把李汉他们灼伤了。这位老大妈知悉后很后悔，她为共产党人把人民的利益视作比性命还重要的高尚情怀所感动，后来主动自觉地为中共党组织传送情报。

村党支部书记问她："为共产党做事随时都有性命危险，大妈你不顾个人得失，矢志不移为我们办事送情报，值得吗？"

"啧啧！如果没有这样的决心，我能给你们传送消息啊！一个人只有一次性命，我懂！你们的性命难道就不是性命吗？为了人民群众翻身解放，你们不少人甚至牺牲了自己，这种精神只有共产党领导的队伍才有。我年纪大了，上不了战场，但还能煮饭烧水、站岗放哨，不同样是为了革命！"老大妈说时动了感情，决心恁大，意志可谓坚强。

村党支部让她借串亲戚时机几次把敌人活动的情报送到区委，她都圆满完成了任务。经过这些考验，党支部决定把她吸收为地下交通站正式交通员。红军和赤卫队深更半夜路过美良村时，都落脚在这老大妈的家里，老大妈家成了坚强的红色堡垒户。她说："众人拾柴火焰高，革命要靠大家参与啊！"

诸位：中共广东省委军委书记李硕勋的牺牲，对琼崖革命斗争来说，是一个重大损失，他还来不及在琼崖土地上施展自己的智慧。敌人的猖獗可以横行于一时，但永远摧不垮民众的钢铁意志。府海地区的民众在斗争中旗帜愈益鲜明，地下交通员传送情报，竭力协助各级党组织和红军、赤卫队开展积极的斗争。请诸位听我继续往下说。

第七回　奇袭渡口火烧车站
飞行街巷贴遍标语

　　诸位：上回说到中共广东省委军委书记李硕勋只身渡琼，指导与总结琼崖革命斗争的进程和经验，可惜出师未捷身先死，留给琼崖人民无限的悲痛与思念。琼崖军民革命意志坚定不移，百折不挠，高举奋斗的大旗，赓续战斗。这时党的地下交通斗争队伍日渐扩大，斗争的火焰日趋炽烈。诸位且听我说来。

　　1927 年国民党琼崖当局发动四二二反革命政变后，随着斗争环境愈益艰险，中共地下交通站的地位和作用更加突出，各级党组织高度重视这一隐蔽战线的斗争方式和阵地拓展，地下交通站的活动成为对付国民党反动派斗争的重要手段。

　　在府海地区，相继建立的地下交通站星罗棋布，行动也更加隐秘。就区域来说，初创阶段尤以南渡江两岸的地下交通站活动较为活跃，情报输送频繁。这时玉仙东、玉仙西地下交通站是琼山县地下对敌斗争的枢纽。玉仙东、玉仙西两个村子原本同名，发源于白沙南峰山的南渡江古称黎母水，从两个村子中间穿过，以分别处于南渡江东、西两头而区分，东头的称为玉仙东，西边的称为玉仙西。他们凭借天然屏障开展地下活动，因而更具隐蔽性。即便被敌人发现追击，到了南渡江边可就是自己的天下，或泅水过江逃脱，或隐没于岸边茂密的芦苇丛里，敌人也无可奈何，束手无策。且从这里往东去，可通文昌；折南而下，可达琼东、乐会等地；沿江西去，直抵琼澄、儋县；往中部，便是定安县。可谓一江通衢。

中共琼山县委为提振广大民众的斗争精神，决定借打击潭口渡口东站，以消弭沉闷的氛围。1928 年的南渡江潭口渡口东岸设有琼定汽车公司潭口东站，因要待渡过河，经常停放着运送武器弹药和士兵的车辆。这些武器弹药被运往南部或中部地区供给国民党军和民团攻打红军和赤卫队，一些车辆也从这里过河输送士兵往南部的陵水、崖县等地，参与"围剿"红军和革命根据地。

捣毁潭口东站必须掌握国民党军的活动规律。趁着潭口赶集，中共琼山县九区区委书记李俊庄潜入到潭口圩，在东头小街海南粉店找到了潭口地下交通站交通员老陈，趁着吃海南粉时李俊庄交代任务："这几天你留意潭口渡口东站的敌情，比如停留几辆车辆，车上都载些什么，押车的士兵有多少。打探到这些情况后，立即报告给区委，是否采取行动由区委决定。你要小心谨慎，注意不要被敌人觉察我们的行动意图。"

李俊庄交代任务干净利落，详细而不拖泥带水，言简意赅而目的明确。粉店人多眼杂，且不能停留时间过长。

"坚决完成任务！"老陈只有 40 岁年纪，办事稳重，对敌斗争立场坚定，经验丰富。他想了想，问道，"侦探到情况后，怎么传送到区委或找哪个人？"

李俊庄晓得老陈的意思，如果国民党军车辆到达的时间过早，那么车辆停留的时间不会太长，很可能当天过河；假如国民党军的车辆很晚才抵达渡口东站，如何及时把情报送到区委可是个棘手问题，何况区委的驻址不定，今天还在南面村子，说不准明天一早就会转移到西部山里。李俊庄或许已经想到这一情况，立即说："这些天我会派区委负责交通联络的同志和你保持联系，见面的地方照旧，如果有变动，他会当面告诉你的。"

老陈家在镇子上，人熟地熟，对渡口东站了如指掌。驻站的国民党军只有一个班，任务是监视保护军用物资安全过江。每天傍晚他进入东站，都有站岗的国民党士兵问他"干什么的"，他回答说"亲戚说要来家里探望，等了几天就是不见人"搪塞。这些国民党军士兵大多数是从内地来的，说不好当地海南话，对老陈的身份深信不疑，原因是老陈啥时候都把裤管卷到小腿脖上，一副农民模样，且又慈眉善目，一句"咸水话"也不会说，问一句叽里呱啦说不清楚，问两句便说不出话来，即便说出来的普通话，一句他们也只听懂两三分，他们就用枪尖指着驱赶，一走了之。

这天傍晚约5时，公路上一阵尘土飞扬，在菜园地里浇菜的老陈猜测车上不是装载枪械弹药就是粮食大米。他横眼一瞟，两大卡车每辆车上的黄色篷布随着车辆的剧烈颤动，车厢前头隐约露出几个戴着军帽的脑袋，那是押车的士兵。这种状况说明车上装载的是重要物资。老陈抬头看了看天色，太阳还没落山，如果这些车辆货物过江尚来得及，只要江边有船可立即卸装货物。

赶紧把手里的农活干完，老陈回家时故意绕道路过渡口东站。放眼江西岸，不见渡船影子，也就是说货物还过不了河。国民党军把渡口东站作为歇脚点自有盘算，他们认为从渡口东站往南，山路坎坷，走夜路易被共产党的武装袭击；而天一亮从渡口启程，一整天都是白天，则不会被骚扰。停在东站里的军车如果卸货下地过夜，还得派兵把守，第二天又得装车，倒不如放在车上让货等船，发生意外时说走就走也较保险。这是国民党军以为稳妥的习惯做法。老陈思忖，这是袭扰的好机会。回到家里正想如何把情报送出去，一个人影踅进门来。老陈一看，是区委的交通员小符。老陈把侦探到的情报向他报告，说听卡车爬坡的沉闷响声，估计卡车不是输送枪支弹药，就是载拉大米粮食。小符告诉老陈说区委让他来接头，凑巧赶上了这个情报，高兴极了。

春寒料峭。当晚，已是深夜时刻，区委书记李俊庄率领 100 多名农军，分三路包围了潭口东站。

"站在寒风里望天，还不要了我们的命啊！"天气寒冷，又纷纷扬扬下着小雨，放哨站岗的士兵一个个冷得瑟瑟发抖。这个黑漆漆的坏天气咋会有人打东站的主意呢。他们嘴里嘀嘀咕咕，心照不宣地撤回到屋里，钻进了被窝。给农军活动留下了空隙。

周遭静悄悄的。李俊庄观察了片刻，未发现异动，敏捷翻身，闯进了东站的围墙。李俊庄用手势示意大家保持寂静，隐蔽好。过了约一刻钟，突然中间的屋子门"咿呀"打开，走出两个国民党军士兵，站在屋子走廊里，用手电筒朝停放的车辆来来回回扫了一遍，未见丝毫动静，才返身回到屋子里。

又过了两刻钟，李俊庄低姿走到各个小队长面前，命令他们派人把守各间屋子的门口，分派农军说车上的枪支弹药能搬走多少算多少，然后把汽车汽油箱盖子拧开，导出汽油，把汽油洒到汽车和旁边的几间茅草屋子上，点上火后，迅速撤到外头的围墙边。

农军按照李俊庄的要求行事。只见火点一亮，火苗连成一线。霎时大火蔓延，被烧汽车上的子弹"叭叭"爆响，有的手榴弹一蹦老高，凌空爆炸。潭口东站很快就成了一片火海。

酣睡中被惊醒的国民党军士兵嗷嗷直叫，驻守车站的和押车的国民党军官兵拿着枪绕着燃烧的汽车和屋子乱转。他们互相斥责，都说站岗放哨的人该枪毙，怎么粮车弹药都起了火。不容他们多说，被炸开的子弹和手榴弹火光沾着汽油溅落到他们身上，烧着了衣裳，逼得他们就地躺倒翻滚，喊爹叫娘，还有的被活活烧死。

这时，李俊庄和农军瞅了个准，利用围墙作为依托，借着燃烧着的火光，放一枪撂倒一个，弹无虚发。这些国民党军突然醒悟过来，这是共产党趁他们酣睡时烧了他们的汽车端了他们的窝，慌乱中急忙掉转枪口向围墙射击。李俊庄看到偷袭敌人潭口渡口东站的目的已经达到，一个口哨划破夜空，农军们迅即撤离了渡口东站。走出一里地，回头望去，东站方向依然一片火光。

潭口圩里的居民和附近村民都听到了枪声，站在院子里望见了火光，知道这是共产党的农军队伍打击国民党军。他们有的不敢出门，躺在被窝里屏息静听屋子外的动静。不久，就传来一阵阵零乱的"沓沓"脚步声，他们认定这是国民党当局接到报告或望见东站被袭，增援来了。

天亮后，渡口东站附近的民众出于好奇都前往探看。此时，东站一片狼藉，两辆卡车被烧成了一堆废铁，弹药爆炸殆尽；而另一辆装载大米从当天中午等候过江的运粮卡车，车上的粮食被烧焦撒了一地。挨枪负伤的国民党军士兵时大声时小声地哀号，凄厉惨人，躺倒在地冒着污血的已一命呜呼。增援的国民党县、区党部队伍全副武装赶到东站，可忙乎了半宿，什么都没有发现，眼睁睁挨到天亮。中共琼山县九区区委指挥的袭击国民党潭口渡口东站这一仗打得利落，撤得干脆，到天亮时国民党军还未晓得共产党的武装队伍从哪里来又撤到哪里去了，丢人现眼。领头的国民党军官东看西瞧，怎么也想不通，如果没有人送出情报，共产党的队伍如何得悉弹药粮食车停留在东站？共产党的队伍又何以撤退得如此神速？猜不出摸不着是国民党军的事，反正这场斗争鼓舞了人民的信心和勇气，让老百姓看到了国民党军挨打的活生生的现场。

乡村的地下交通站配合农军、赤卫队的斗争使敌人丧魂丢魄，城镇的地下斗争也如火如荼。

府海地区的学校是北京五四运动的坚定支持者，马克思主义在琼崖的传播最早也是从府海地区的学校师生中开始的。琼崖四二二反革命政变后，由于广大共产党人和革命群众坚贞不屈，即使国民党当局以大屠杀企图吓退共产党人和革命者，依旧不能阻挡革命浪潮惊涛拍岸。省立第六师范学校党支部、琼海中学党支部、环海中学党支部等党组织都在反革命政变中保存了下来，他们转入地下，以另一种隐蔽方式和敌人展开斗争。

中共琼山县委把府海地区学校地下斗争列为重要战场，由博南山地下交通总站加强和他们联系，及时传达县委的指示精神，特别要求各党支部结合形势和自身特点开展积极的斗争活动，鼓舞了广大民众，动摇了国民党的统治基础。

琼海中学党支部书记李兴佑认为，当前重要的是立足提振同学们的士气，给广大市民群众传递坚强斗争的信念。他和马家声（即马白山）商议，以宣传标语的方式告诉人民群众，国民革命虽然处在低潮时期，但共产党组织还在，共产党人还在，只要共产党组织和共产党员还在，和国民党反动派的斗争必定继续下去，胜利必定属于人民群众。终于有一天，府城街道各个角落都出现了白的、蓝的、黄的墨字标语，引来了市民和路人的围观；国民党琼山县当局则魂飞魄散，犹如丧家之犬。

"在学校里抄写标语口号传单目标太大，万一被居心叵测的人看到，岂不坏了我们的大事！我想，找一户可靠的市民家作为秘密点，以后我们要聚头就在那里商讨活动。"李兴佑说。根据琼山县委指示，李兴佑把群众的宣传鼓动作为当前支部工作的重点。

傍晚时分，李兴佑、马家声和郑景琛几个同学在学校里的凉亭碰头，他们以交流课堂学习体会为幌子遮人耳目，决定继续刷写标语口号，以标语传单鼓动人民群众继续开展斗争。

同学们认为李兴佑的想法有道理，可大家都是青年学生，寻觅可靠的市民人家建立秘密活动点是个难题。就他们几个人而言，有的老家离府城较远，比如马家声是澄迈县马村人，在海口和府城都没有亲戚，也没有熟人；李兴佑虽然是琼山县人，但家在乡下，也没有亲戚在海口或府城。大家苦苦思索，想着能否还有别的门路。

"有了！"郑景琛这一说，把大家的目光吸引了过去，"我家有一个远房亲戚住在府城马街，我到府城求学时我妈曾嘱我抽空上他们家看看，说'亲戚三年不见变闲人'。大家或许晓得我不去打扰他们的理由，我担心因为自己的身份暴露，反动分子上门勒索找他们的麻烦。自到府城上学，这两年我从不打听这门亲戚的住址，更不用说登门入屋了，不知道他们的政治态度如何。如果你们没有门路可想，我倒是可以去试试看，如果可靠，我们就跟他们说；假如不行就作罢。你们说怎么样？"

李兴佑随即说："景琛说的缘由我理解，相信大家也明白，我们的秘密活动绝不能泄密。若是被敌人抓住把柄，不只我们要受到追捕，还要连累别人家，这就叫做'城门失火，殃及池鱼'，而且我们党组织也不允许这样的不负责任态度。当下我们找不到适合的地方，到乡下吧路途远，而且夹带标语口号宣传单进城凶多吉少，万一进城时露出破绽咋办？找城里的旅馆吧，更不安全，我们一群青年仔，人进人出，买纸携墨，假如惹起旁人注目，岂不就露了馅。我想，还是让景琛去看一看，首先是了解这位亲戚的政治态度，他们一家人对共产党是何种看法，对国民党政府是啥态度，是否爱憎分明。其次是地点是否安全合适，比如左邻右舍究竟是啥人，都是贫苦百姓吧，那不会出问题，大伙都是一条藤上的苦瓜。如果出门便是官宦人家，那就要多一个心眼，防止我们的秘密被他们识破。人以群分，物以类聚。我看应该可靠，我说的只是猜想。如果这两个条件都符合我们的要求，我主张就在那里展开活动。大家说说怎样？"

"我看就按兴佑的意见去办，如果没问题我们立即行动。我的想法是今后我们要多些串市民家的门，到镇上的同学家走走也很正常。节假日上街走累了顺便在居民家里坐一会儿聊一阵子，我看也不至于引起心怀鬼胎的人注意。和居民接触多了，我们还可以了解到更多的社情民意。倘若这些居民同情共产党，革命热情高，我们就把他们发展为革命的基本群众。"马家声说。他认为，"当下也只有兴佑说的这个做法能解燃眉之急。"

"我同意兴佑和家声同学的意见和做法！""先试探情况吧，景琛同学就费心了！"参加讨论的同学纷纷表态说，还叮嘱郑景琛要小心谨慎，切莫鲁莽行事，看情景而知进退。

星期日这一天，郑景琛打听到了马街。这是府城镇的一条小巷子，要不是为了找秘密的活动地点，郑景琛不会在到府城求学已经两年后才找到这里。说是"街"，其实只是两排低矮平房中间的一条窄小的巷道，大多数屋子破败不堪，路上污泥遍地，咋看上去都不会住着有钱人家。说到这家亲戚，郑景琛只记得是母亲娘家父辈堂兄女儿嫁到府城来的堂妹，和郑景琛母亲同辈分，郑景琛称呼她为姨母。没到府城上学前，逢年过节，郑景琛在老家见过姨母几次面。

郑景琛来到姨母家时，正是黄昏时刻，姨母正在伙房里做饭，见到郑景琛时很是欢喜，问长问短，张罗做饭。郑景琛推说今天是星期天，已在学校里吃过晚饭了。姨母一脸菜色，家里经济拮据，顺水推舟说了"下次要到家里吃饭"的客套话。说了一会儿话，打着赤脚的姨丈回来了，扎着灯笼裤，一件粗布衣搭在右肩上。郑景琛这才知道姨母家的日子过得艰难。他们一家五口人，姨丈在外头打短工，做些搬运货物的苦力；姨母给富人家挑水，捡柴草。家里三个孩子，两女一男，没钱上学，女孩子大些，在家里帮做家务。说到家里生活和社会现象，姨丈火气蛮大，胆子也壮，说要是"有人放火我得加一把柴，把这个黑暗社会烧个四脚朝天"。

郑景琛顺势试探说他的同学要借个地方写宣传标语口号，姨丈满口赞成。自 1919 年五四运动至 1927 年琼崖四二二反革命政变大屠杀，生在府城长在府城的姨丈已经洞察了这个社会进步力量和腐朽势力格斗的活生生现实，说共产党代表了社会未来发展的方向，要改变穷人被压榨被奴辱的地位只有依靠共产党带领穷人一起奋斗。郑景琛又探问了住家左邻右舍的社会地位，姨丈告诉他街坊都是贫苦人家出身，没有一个是国民党政府的职员，甚至连雇员都没有，街坊和他一样靠打长短工过日子，或耕种土地，马街没有一个吃闲饭的人家。郑景琛谨慎处事，装作溜达，左边右旁走了一会儿，家家户户临街板门半闭，只有零星人家厅堂里点亮豆粒般的灯光。他心里下了结论，姨丈家里安全，街坊是清一色的穷人。

又过了一个星期，正是星期六的傍晚。李兴佑和马家声他们分成两组，一组由郑景琛领头，李兴佑四人紧跟其后，嘻笑地朝马街走去；马家声他们三人是一组，不快不慢，拉开一段距离，边看街景边跟着郑景琛他们的方向走，乍一看，是一群学生在遛大街。

他们来到马街时，夜色朦胧，有的人家点上了灯火，有的人家门口黑黢黢的一片。微弱的星光下，马街像一条染上墨色的沟壑，两旁低矮房屋棚寮依次浓淡有序，脚下是向前延伸的灰白色街面。偶尔见到两三只狗"嗖"地从不远处窜过，夜色里的瞳光是好奇的饥馑神色，"呜呜"地低鸣，低垂的尾巴夹到两条腿间，倒给死寂的马街增添了些许活气。

李兴佑他们进了屋子，和郑景琛姨母姨丈打过招呼，便按照分工忙开了。纸墨是准备好了的，同学们找来菜刀裁纸；缺了一个角的饭桌成了书案，把纸张铺在上头，他们就忙着书写。标语口号稿子是事先拟好的，同学们写得顺畅。一张书案不够用，他们把凳子也当作书案使用。灯盏不够，光线昏暗，好在同学们年轻视力强，又经常写字抄字，黑暗里也不妨碍他们书写，大家一阵子忙乎。

"不好了！黑狗子来了！"李兴佑他们正写得冒汗时，郑景琛的两个表妹一前一后撞进屋子，上气不接下气地说。她俩知道表哥他们在干大事，自己帮不上手，就蹲在门口外头装作拉线打结玩耍。这时见到三五个黑衣警察向她们家里走来，赶紧进屋报告。

李兴佑足智多谋，对发生意外事故早有处置的腹稿，立即果断地招呼说："大家收拾好标语宣传单和剩下的纸墨，还有草稿纸，从后门撤退，不必慌张！"

刚才忙碌了一阵子，宣传单已写得差不多了。马家声他们快速收捡好纸张和宣传单，溜出了后门。李兴佑和郑景琛殿后，看到收拾妥当，不留下破绽，才撤出郑景琛姨母家。

黑衣警察"嘭"地撞开门，问："刚才还看到灯光，咋一晃就不见了？搞啥秘密活动？快说，不说嘛，到警局问话！"

黑衣警察说的"到警局问话"是抓进监狱拷打，说"问话"什么的是遮人耳目。大人们都听得懂。

"老总说笑话啊，我老伴掌灯到了伙房煮猪潲，你们在屋外就不见了灯光呗，伙房到街上隔了几道墙嘛！我们是贫穷人家，屋里点灯屋外见光，不信？老伴你拿灯出来给老总看个明白。"姨丈说完，姨母手遮煤油灯说着"谁呀"来到厅堂。煤油灯光只照亮眼前一圈，两三尺外是黑糊糊的一片。可从屋外看，满墙都是点点泄漏的亮光。

"家里来人呢？咋不见了？"为首的黑衣警察冷不防问道。

姨丈一愣，嘿，这帮人是乱枪打鸟呢！随即镇定下来，回答道："没来人呀，家里穷得叮当响，除了顶上瓦下头地，还有就是土碗竹筷子，谁人肯上咱门，狗咬椰勺啊！"

"别废话！老子不是来听你诉苦喊穷的，查户口！"为首的黑衣警察打开户口簿，一个黑衣警察扭开手电筒照看着。另外三个黑衣警察晃着手电筒向屋子后头走去。

"人口，五人。老公老婆，小孩三人。"黑衣警察嘴里说着，一边用手电筒点了一遍人头，还算和气地接着说，"你们都清楚现在是什么时期，没事就早点关门睡觉，不然，你们不找麻烦，'麻烦'倒是要上门找你们，知道不？"

　　这些黑衣警察不是真的要查户口，查户口只是幌子。上头明令防止共产党红军混入城里，夜夜搜查费力不讨好，共产党红军不是"傻子"躺在某个人家里，等他们上门哩。于是，便有人想出了个"钓鱼法"，即不规定时间突然上街登门搜查，今天两三家，明天三两家，既省时省力，又能让共产党红军猝不及防。平时发现异常现象立即追捕，那是正常行动。今天晚上，他们又上街巡查了。对领先闪烁灯光的几家屋子，他们很上心，这是一条"穷人街"，天刚一擦黑，哪来的光亮？刚从一户人家出来，就直瞄着亮点奔郑景琛姨母家里来了。这帮黑衣警察像一群夜游人，看哪家撞上"霉"字。可一连搜查了几家，毫无发现，一脸败兴。

　　李兴佑和同学们携带着写好的宣传单，按预定的集合地点来到三角街的树丛旁，商量张贴宣传单的事儿。大家都汇报说没见"尾巴"没发现黑衣警察的影子。李兴佑这才放心，说："原先我们商量好这些宣传单不能带回到学校，我们现在就把它贴出去，怎么样？"

　　同学们都说"好"，还催促说"趁着夜阑人静快点行动"。

　　"根据刚才的迹象，我想是黑衣警察瞎子乱摸门，盲目撞进我姨母家，没事儿。"郑景琛说，然后赞成道，"标语宣传单不能带回学校，宿舍里的同学人多心不齐，万一走漏风声，对我们开展下一步的行动不利。还有，遭遇了黑衣警察搜查，标语宣传单虽写得不甚多，我们张贴的面还是要尽量大些，让更多的民众知道共产党的主张，共产党的斗争不会因为敌人的残酷屠杀而停止，这意义更为重大。"

　　"刚才我已经数过了，约100张，我们每两个人一组，分五组，每组20张，贴完就返回学校，明天早饭后仍在凉亭集中。"马家声接着说，他同意李兴佑的筹划。

　　"好！大家分头行动。各小组注意，如果被敌人发现，安全第一，掷下标语宣传单逃脱要紧！"李兴佑饶有趣味的话语逗得同学们窃笑，他安排两个同学把余下的纸张藏匿在事先选定的地点，严肃地往下说，

"要当一码事！这是要求规定，大家都得遵守。留得青山在，不愁没柴烧嘛！"

"是！"同学们正色作答。而后，四个小组就像四张犁头把整个府城犁开。不到一刻钟，他们已消失在茫茫的夜色里。

马家声和小李负责鼓楼街一带地段，每隔十来米张贴一张，一路上他们的标语宣传单贴得还顺利。转过巷角时，他们手里只剩下四五张标语宣传单，刚才还紧绷着的心放松了些。马家声悄声说："我们再把间隔距离拉开一些，尽量多贴几个点，影响面更大！"

四更天，街道上空无一人，只有"嗞嗞"风声。马家声他们来到一座豪宅门口。"对，就这一家！"他心里话。赶紧往门上涂糨糊，把标语宣传单往上贴去。刚粘牢，松了一口气，就在这时，大门突然"咿呀"地打开，从里头走出一个胖乎乎的黑衣警察。他站在门槛边揉搓着眼睛，显然发现了马家声他们，酒吓醒了一半，叱喝："什么人？"

马家声这时已躲开，把身子贴在门墙边，见到这个胖乎乎黑衣警察跨出门，赶紧把手里那包剩下的糨糊往他掷去，然后急步往斜巷里跑。

糨糊"嗖"地飞来，倒把胖乎乎黑衣警察吓了一跳，他赶忙把身子往里头一缩，纸包跌落在脚下，糨糊四溅。他以为是手榴弹哩，忙大喊道："来人啊，快——"

不一会儿，豪宅门前灯火通明，一群家丁蜂拥而至，只听胖乎乎黑衣警察吆喝："给我追！"

前头已不见了人的影踪，还追个啥，跑到街道拐角处的家丁发现了马家声扔下的标语宣传单，赶快报告道："老总，人逃远了追不上，发现丢弃在地上的两张标语宣传单！"

"追不上也得追，别便宜了这帮共党分子！"胖乎乎黑衣警察一边紧走一边喊道。当他回到宅门时，抬头一看，顿时呆若木鸡。

　　诸位：国民党反动派用杀戮企图吓倒共产党人和革命群众，那是痴心妄想。府海地区的青年学生按照地下交通站传达的党组织指示，继续着斗争行动。他们与工人、农民的斗争活动构成了一幅幅摄人心魄的斗争图景。城市地下斗争活动虽危机四伏，但对敌人的打击和影响甚大。马家声他们是否被敌人追上呢？请诸位听我继续往下说。

第八回　谍报站点耳聪目明
"行红"斗争魍魉哭泣

　　诸位：上回说到琼海中学党支部书记李兴佑与马家声他们到郑景琛姨母家抄写标语宣传单，分头张贴于府城街巷，被黑衣警察撞见，遭到追赶。李兴佑他们对府城的街巷道路熟悉，马家声三拐两弯，几个百米冲刺，飞步迅速逃离，黑衣警察和家丁连他们的身影都看不清。那么，黑衣警察看到什么标语宣传单引起心颤呢？诸位且听我说来。

　　"嗵嗵……"急促的脚步声溅落在稀落的星光里。马家声和从斜巷里奔出的小李子像箭般神速，两个人影越走越远，直到前头是空濛的一片。

　　胖乎乎黑衣警察追不到马家声他们，喘着粗气赶到家丁那头，把手电筒光扫向地上的两张标语宣传单，标语宣传单分别写着"工人、农民、学生团结起来，共同推翻旧世界！""一切权力归工会、农会！"这些内容的标语宣传单，他见多了，颇觉未必大惊小怪。

　　返回到大门前时，这个胖乎乎黑衣警察抬头一看，发现大门上也贴着一张标语宣传单，糨糊还未干呢，便用手电筒光照向大门，白纸黑字赫然入目："打倒国民党反动政府！"九个隶体大字遒劲有力，笔饱墨润，还充盈着墨香。他略识文墨，看笔迹瞧字体，猜想必定是力透纸背的老到人家所写，但刚才看到的逃脱身影分明是青年学生啊。他又想，或许是颇具书法功底的市民书写，由青年学生上街张贴？如果是这般，那学生运动又和市民或工人、职工、农民结合在一起，一场大风暴不是很快就会来临吗？想到这些，这个胖乎乎黑衣警察不寒而栗。

胖乎乎黑衣警察可是个孬种，趁着黑灯瞎火跑到相好女子家里鬼混，出门时撞上了马家声他们在行动，还自认为运气不济。若将此事报告给上司而抓不到人犯，上司会认为他能力不足，是个草包，幻想升职免谈；若不报告，心里头像吞了只苍蝇，"咳"不是嘛放在肚子里不痛快。胖乎乎黑衣警察用心想了想，忧心标语宣传单内容扩散，惹祸上身，赶紧让跟随的家丁撕毁清除，声言不得传播，也不许把今夜发生的事情走漏半点风声。

这情景被躲在墙角处的马家声看到。其实，马家声他俩绕了一个圈，又回到这座深宅边。这个胖乎乎黑衣警察麻痹极了，看四周平复沉寂，打了一个酒嗝，一步三摇地走开。看到这深宅大院"咣当"一声关上门，马家声他俩才开始动步返回学校。别说丢弃的标语宣传单没贴上墙不是宣传，黑衣警察读到这些标语宣传单，同样心里震撼，共产党的宣传真的无处不在啊，这不也是宣传效果嘛。

天亮后，平日颇为沉静的府城像搅开了一锅粥，黑衣警察的哨子声此起彼落，几乎是全城性的。各路报告到县警察局里的是同一个消息：发现了共产党组织的标语宣传单，但都抓不到刷贴标语宣传单的人。县警察局认定是学校学生所为，立即封锁府城镇上的所有学校，禁止学生出入校门。一队队黑衣警察开进学校，又垂头丧气地走出校门，既查不到张贴标语宣传单的可疑师生，也追寻不到作案的可疑工具，比如书写标语宣传单的可疑毛笔和可能使用的纸张。因为是星期天，李兴佑和马家声他们都还呼呼地睡大觉哩。县警察局搜查不出证据，抓不到可疑之人，甚至排查不出线索，具文上报，遭到了当局的斥责，上司还限期破案。真的是捡了只刺猬，捏在手里被刺，摔出去也被刺，倒霉透顶了。

这回人们彻底相信，即便是军警林立的府城也不安全。这时的府城驻有国民党琼崖最高当局，海军陆战队驻地也在府城。可以这样说，在府城出门抬头便见军警特，军警特人员满天飞。如此军政要地尚且不安定，更遑论他地的安全了。民众都在窃窃私语，议论四起。

府海地区中共组织开展的地下斗争，以地下交通站为纽带，已经形成了城乡交叉、工农互助支持、"行红"武装袭击融合渗透的局面。国民党琼崖当局这头按下葫芦那头起了瓢，焦头烂额，穷于应付。中共组织的地下斗争日趋活跃。

中共组织感召力强烈，府海地区各乡村的少锋队和儿童团组织像雨后春笋般出现，其中共产党员、共青团员是顶梁柱，是斗争中的主心骨，他们从外地求学回到乡村后，传播革命思想，发动民众组织成立农会，对抗土豪劣绅和流氓恶棍的凌虐，改变着乡村封建统治的污浊气氛。

共产党员王章回到家乡琼山县业里村后，创办夜校、办识字班，大力宣传革命道理，要求斗争活动有组织有队伍，开展斗争行动要守纪律。各个村庄闻风而动，组建起少锋队和儿童团，而且这些队伍庞大、人员多。铁乡儿童团团长王连四还是个女青年，少锋队队长严祖盛、副队长严彭在，他们的少锋队拥有队员30多人。苍东村少锋队队长吴那士、副队长庄士惠，队员10多人；儿童团团长庄理宝，儿童团团员30多人。苍西村少锋队队员最多，计有300多人，队长为吴喜鸾；儿童团团长苏财道，儿童团团员100多人。苍西村妇女协会主任王进强登门入户发动妇女反抗封建社会压在妇女头上的"三权"，即夫权、族权、神权，说到了妇女的心坎上，甚得妇女的拥戴。妇女们认为加入妇女协会就是和"三权"决裂，敢于斗争才能获得自身的解放，因而积极加入妇女协会，拥有会员200多人。村民中的各类积极分子还不统计在内。这些村子的民众空前团结，农民运动空前高涨。

王凤翥是苍西村一霸，欺诈穷人，胡作非为。还说是穷人妨碍了他发财，他家的黄牛吃了别人家田地里的禾苗，他不自责，反倒打一耙，说别人家的禾苗引诱了他家的牛，不然他家的黄牛好好的，咋就跑到别人家的禾苗地呢？有奶便是娘的狗腿子还狗仗人势，说主子的话有理，黄牛吃禾苗不赔偿，却要禾苗地的穷人赔大米。这样的理儿在苍西村里横行其道。王凤翥变本加厉，暗地里监督村里的农协组织，农协会员某家某户谁谁都记得一清二楚，声称谁与他过不去，他就跟谁结仇。此外，纠集村里的反动分子，和村农协相对抗，破坏村农协的减租减息工作部署。到处炫耀吹牛说："谁敢动我王凤翥门前一寸土，我叫他们永无宁日！"

苍西村的地下交通员把王凤翥的行踪准确地报告给村党支部。经过合计，村党支部决定以牙还牙，当面戳穿他的阴谋。想不到，王凤翥狗急跳墙，抢先开枪，当场打伤和他说理辩驳的农协工作人员。村党支部领导果断出击，击毙了王凤翥等人。助纣为虐的豪绅恶霸陈定国、王良佐、苏国兴、王运达、苏司金侥幸逃脱，躲到海口避风头去了。琼崖四二二反革命政变发生后，陈定国兴风作浪，认为"报仇的时候到了"，这个被当地老百姓称为"五委员"的小集团立即成立团防局，拉拢20多人组织联防队，荷枪实弹，趾高气扬还乡，借国民党军的淫威，继续为非作歹。老百姓咬牙切齿，恨之入骨。

村里地下交通员把"五委员"为非作歹的罪行一一详细记录，把"五委员"的劣行向区委汇报。"牛大压不死虱！"区委决定除掉"五委员"，打击他们的反动气焰，叮嘱地下交通员探明"五委员"行踪，要求村党支部适时实施严惩。

一天夜里，村党支部带领民众悄悄包围了"五委员"的住宅，叫开了门，却不见其形影，斥问他们的家人，说是他们三更半夜出了门，不知去向。愤怒的农民宰杀了他们家饲养的鸡鸭，趁夜砍掉他们家种植的甘蔗，警告"五委员"再行凶作恶，不知收敛，继续仗着国民党军的淫威和共产党组织对抗，到头来没有好的下场。

　　搜捕不到"五委员"事出有因。原来苏国兴傍晚时分在屋旁的树丛里出恭，村路上从远而近传来了邻居的喁喁说话声，隐隐约约听得到"今夜我们村里要有大行动"的话语，想了又想，"啥大行动？"联想晌午时出门，往日见到他的人不是东躲西避就是巴不得绕开，今日可不一样，看到他时还故作姿态昂首挺胸，是否这帮穷小子要造反？联防队去了府城集训，现时手里没有一兵一卒咋办？真的发生事，烧火棍可不是枪，得找上陈定国合计才行。想到这里，苏国兴急了，慌慌张张往陈定国家奔去。这时，陈定国坐在客厅，亮着灯，悠然自得地闭目养神，想到得意处抓起茶杯"吱溜"一声喝一口茶水。他在做着发财升官的美梦，身子在云里雾里升腾，惬意极了。

　　"陈大哥，大事不好了！"苏国兴撞开院子的门扉，急忙闯入客厅，气都喘不出口了。

　　陈定国从虚幻中惊觉，吓得不轻，睁开眼皮，见是惊悚神色的苏国兴，一时不太想理睬。在陈定国眼里，苏国兴是个吮痈舐痔的小人，瘦猫可说是老虎，壁虎可说成蟒蛇，哪头风大倒哪头，且嘴上不牢靠。"挨了枪弹子了？搅碎了我一场美梦！"陈定国斥责地问。苏国兴不管此时陈定国是啥态度，把所听到的和所想到的一股脑儿全抖了出来。陈定国听了不信也得信，共产党只要发动和组织起群众，没有办不到的事。在这个时候能躲一阵子避开杀身之祸比什么都强，说胆怯又怎么样。他赶忙问："那咋办？"

　　"还能咋办？跑呗！这个时候有啥的比保住性命要紧！"苏国兴连想都不想地说。

　　"快！"陈定国顾不上家眷，抓起椅子上的上衣就和苏国兴魂飞魄散奔出了院子。

　　走到村外的小道上，紧跟着他俩，一个身影奔来。待到黑影挨近，看清是王运达，陈定国和苏国兴才松了一口气。王运达也听到了风声，赶紧逃命要紧，压根儿就想不到前头的是陈定国他们。这时，看到陈定国和苏国兴，想好了化解尴尬的办法，忙说："我知道你们一定是先跑了，我这才赶快跟上！"

　　陈定国他们仨人正说得热闹，从府城来路上影影绰绰走来两个人。陈定国犹如惊弓之鸟，赶快招呼苏国兴和王运达一块钻到路旁的丛林里。两个人影越走越近，走走停停，走到了陈定国藏身的丛林边。陈定国看清是王良佐和苏司金，便走了出来。五个人一聚头，说村里要发生大事。这时已近三更，村子里霎时火光冲天，人声鼎沸，果然村里生事，证明苏国兴的警觉性颇高。

　　原来，这天一早王良佐和苏司金到府城县警察局汇报苍西一带村庄共产党组织和农会活动情况，又拉上县警察局的头头喝了半晌酒才踏上回家路，碰巧遇上陈定国他们，这才得以避开村里夜间的事。

　　现在村子是回不去了，国民党军说"围剿"共产党红军，其实鞭长莫及，也保护不了他们，乡公所那帮乡丁个个醉酒烂茶，连枪都扛不动，自身难保，自己再蹦跳也不济于事，思来想去，觉得脑袋是自家的，当下还是活命要紧。府城离苍西村太近，共产党的人神出鬼没，离他们越远越好。还是到海口去吧，那里商行多人员杂，军警戒备森严，眼下能过得快活一天算是一天的太平时光。

　　陈定国他们说海口国民党军警守备缜密，防卫严实，这对他们这帮亡命之徒来说，只是短暂的避难之所。他们或许也知道，这时国民党军警的日子也不好过，他们一伙撒下的肆无忌惮地杀害共产党人和革命群众的复仇种子已经萌芽出土，一场反复较量的苦斗早已经在海口城里悄悄地展开。后来，"五委员"听了各自家人的诉说，吓得胆战心惊，庆幸若不是一个偶然发现及早躲避，说不好已做了愤怒农民的"锄下鬼"。

1927 年八七会议后，中共中央加强了对武装斗争的领导，各地武装暴动把对敌斗争推向新的高潮。

国民党琼崖当局对共产党人和革命群众大肆捕杀，制造白色恐怖，妄图以此在肉体上消灭共产党人和革命志士，从精神层面摧垮共产党组织和同情革命的广大群众。针对激烈动荡的时局，中共琼崖特委认为，采取两手对策是振奋人民群众革命意志的最稳妥办法。一是红军、赤卫队加强机动作战，能打则打，寻找战机打击和消灭敌人；不能打时则隐蔽好自己，积蓄力量。国民党军"围剿"战线长兵力不足，积极袭击分散之敌，歼灭零星的敌军，挫伤敌人的锐气，能更有效地激励人民群众的斗争精神。二是加强地下党的交通站活动，制造"红色恐怖"。组织精干武装小组捕捉散行离群的军警特，公开打击壮大声势，提升群众的斗志。群众称这种以革命武装行动反抗反革命的镇压为"行红"。"行红"在府海地区，尤其是在城市里展开，敌人阵营顿时风声鹤唳，惶惶不可终日。光天化日之下，闹市之中，他们也不敢"落单"，生怕被共产党的"行红"队伍盯梢捕获。夜幕一降临，国民党的军警特便避免在偏僻的街道抛头露面，给共产党地下交通员留下了活动空间。

中共琼崖特委重视府海地区的"行红"斗争，派出海明和小张二人潜入海口市区，目标是打击国民党的军政要员。他们按照联系暗号，找到了南门外锦成布厂地下交通站的柯引弟，向他了解海口市国民党军警的布防情况，特别是他们的活动规律。海明和小张依靠柯引弟的掩护隐蔽了下来，白天他俩一个在市内找商家打散工，比如拉板车搬运货物之类的小工，侦探敌情；一个扮作小行摊借售卖香烟探看大街小巷里的动静，寻找打击敌人的时机。

国民党琼崖警备司令部或许感受到"行红"风暴的威胁，时时窥视民众的反抗行动，豢养的密探四处打听消息。他们知道，倔强的琼崖人民不会屈服于强力镇压，迎头痛击理所当然是琼崖人民的必然选择，那么就得防止各种不测事态发生，以免直接震荡军心，动摇其统治根基，因而五令三申严饬驻军各部和机关情治部门，不给红军、赤卫队袭击的可乘空隙。

南门外的老爸茶店里，茶客谈天说地，议论时政。海明和柯引弟表面上是在喝茶聊天，实际上是借喝茶交换刺探到的敌情，决定行动方案。这些天，国民党军加紧对革命根据地发起新的攻势，市面上的民众关注着时局的变化。

观察到身边的茶客没有丝毫敌意，海明呷了一口茶水，悄声说："我们要尽快开展行动，最好是近几天，以便牵制敌人进攻根据地的兵力，不能让敌人毫无顾忌去屠杀我们的民众。这是我们潜入府城、海口的近期目的。"

"我知道你们此行的目的，如果对敌军'围剿'红军、摧残根据地的行为熟视无睹，就不配做共产党员。我想的是如何行动才能稳妥一些，避免不必要的牺牲。党组织给我们地下交通站的任务也是如此，长期潜伏，必要时配合行动。当前的形势要求我们保护自身安全是第一位的。"柯引弟说。虽然年纪只有二十五六，但他办事显得老成持重，说话一板一眼，这是地下工作形成的说话习惯，如果因为说话口风不严，泄露了党的秘密，损失将是不可弥补的。

坐在一旁空桌上饮茶的小张任务是负责安全戒备。他机警的眼光不停地扫向茶馆各个角落的茶客，观察茶馆有无心术不正的可疑人出现，特别是进出门口的人神态行动。幸好，不见形迹可疑的人出入，心里稍为放宽，他趁着柯引弟的话说完，走近他们的跟前给自己的茶杯续水，插嘴接道："即便找不到重要的打击对象，我们也要出一口气，不然，我们白跑了一趟，让敌人以为我们共产党人和红军赤卫队真的被吓倒了呢！我主张敲打一家伙，不论动作大小影响强弱，让敌人口吃不甘身睡不安。"

"小张说的蛮有道理，得让敌人感觉出来混，债总是要还的。白白屠杀了我们的人，绝不答应！要让他们用血来偿还。"海明似乎下了决心，沉默了片刻，又说，"究竟从哪入手，我们要仔细研究，既进得去又能撤得出来，打击了敌人又要保护好自己，一般情况下，我们的行动必须满足这些要求。"

柯引弟连喝了几口茶，给自己的杯里续上茶水后，似有所悟，说："'黄色工会'你们知道不？或许不清楚，我说给你们听听。海口市总工会成立后，张学良、王苏民、邢觉非却对着干，擅自成立'海口工代会'，即黄色工会，把持了码头工会后，他们挑拨码头工会和旅馆工会的关系，造谣说旅店工人上船去接华侨旅客是争夺码头工人的利益，不准旅店工人码头待客或上船接客，说旅客和行李应该由码头工人接送。胡说谁谁不让旅客到某某旅店住宿，故意制造事端，挑拨离间，还纠集流氓阿飞成立打架队，殴打红色工会的工作人员，气焰嚣张。张学良、王苏民、邢觉非都是工贼，有的是孙文学会分子，琼崖四二二反革命政变期间，他们给反动军警带路，上门搜捕共产党人和青年学生。我建议，惩罚反动派眼下盯不上别的大头目，就把这帮工贼先开刀，他们防备松懈，住地居民多，街巷交叉繁杂。我在想，假如行动得手，撤退也较为容易，安全有保障。你们的意见怎么样，这得你们作主决定。"

"柯引弟说的有道理，考虑周全！对这些工贼，我们绝不放过。卖弄口舌，挑拨我们内部团结，心甘情愿做反动派的鹰犬，他们就是敌人，我觉得把这些工贼干掉，能杀一儆百！"小张紧接着说。

海明细心听了他俩的话语，觉得正合自己抓紧时机打击敌人，减轻红军、赤卫队和根据地压力的想法，反正国民党军警和工贼是一丘之貉，只要达到调动敌人、震慑敌人的目的就好。他当即决定说："好的，我们就这样办！"他不忘党的地下工作纪律规定，转向柯引弟说，"'行红'任务由我们武装小组执行，你和其他同志就不要参与。"

自琼崖四二二反革命政变后，张学良、王苏民、邢觉非行踪诡谲，不轻易露面。他们的言行仍然蒙蔽一些工人群众，为国民党琼崖当局张目呐喊。

已经三天了，海明和小张在海口西门近处的海口工代会驻地周边转悠，看不到张学良、王苏民、邢觉非出现，即便是其他人员，也是三五成群，没见到一个人单独出入。这使得海明原先的设想不能立即兑现。

这天，海明武装小组隐蔽地不时在黄色工会门前溜达，叫卖糍粑的，吆喝售卖香烟的，还有挑着豆腐脑担子的，悠悠地行走，眼睛盯向黄色工会的大门口。黄昏时刻，仍然不见目标出现，海明决定敲山震虎，教训张学良们不得恣意妄为，要记住共产党组织的复仇枪口时刻对准他们。走到海口工代会和潮州会馆后墙时，海明趁街上行人稀少，瞬间立时甩出两颗手榴弹。

"轰隆！""轰隆！"两声巨响在空旷的街道上格外刺耳。爆炸声刚落，"嘀嘀"的军警哨声呼啸，一队队国民党军警跑步而至，个个执枪做攻击状，封锁住街口，扣下来不及走开的行人，强行搜身检查，一无所获，又不得不驱赶他们走开。

爆炸声引来众多好奇市民和路人的围观，他们议论纷纷，说："我猜测，这是共产党人的除奸行动，昧着良心做歹事的坏家伙早晚得小心！""国民党军警杀害了不少共产党人和进步群众，这笔血债该偿还了！""反动派猖狂不了几天，他们终究要受到惩罚！"

民心为共产党"行红"行动大振。尽管国民党军警驱赶，人们还是久久不离去。

直到上灯火，国民党军警在海口工代会和潮州会馆才检视完毕。潮州会馆后墙被炸开了两个缺口，当时潮州会馆驻扎着国民党军一个排，他们都在吃晚饭，没人受伤，但受惊吓不小。张学良、王苏民不在工代会里，喝花酒去了。邢觉非招呼三个贴身护卫正要出门，手榴弹就炸响了，吓得他赶快退回到屋子里拔枪准备顽抗，见到共产党组织没有后续行动，他才直起身腰，虚汗已浸遍全身。他从心里感激国民党琼崖警备司令部提醒得及时，不然这个时候死在乱枪之下，谁都捉摸不定。

"据我们侦察探知，今晚一伙国民党军官和反动商贾聚会，我觉得有机会打'单'，你们认为如何？"海明他们袭击黄色工会行动后不久，8月17日晌午，锦成布厂地下交通站探得敌特活动消息，柯引弟找到海明说。

海明和众人商量研究后都认为安全牢靠，说："好咧！我们再出击，打他个人仰马翻！"

国民党琼崖当局虽然严令军警提防共产党红军赤卫队袭击，纪律不得松弛，行动必须谨慎，可还是有把军令当儿戏者，防止袭击也不能没有个人行动自由啊！这下子这些人便成为共产党"行红"组织枪口下的猎物。

这天夜晚，一名国民党军官刚从海口大街李香馆酒店里走到店门口，等待人力车时，突然从骑楼立柱旁闪出两个人影，他们手起枪响，这个国民党军官立时倒地毙命，连哼都没哼一声。瞬间，店里和街上行人乱作一团，亡命藏匿，他们以为共产党"行红"组织的武装小组还在店里呢。

后来，人们知道这名国民党军官也清楚共产党的地下组织就在城里，可他更以为海口大街是海口市的中心地带，国民党军警昼夜巡查，军警便衣队无孔不入，假如发生不测五分钟便可以控制现场，共产党人不会傻到自投罗网，何况他身上还佩戴着手枪呢。酒酣耳热之时，这名国民党军官忽然起身接电话，回到酒席边"嘿嘿"告辞。同伙中有人知晓是咋回事，欲陪他送行，他却欲壑难填，仗着酒气连嚷"不碍事，共产党要在城里行动，还得借胆哩"，有恃无恐，剔着牙，敞开衣襟从二楼走下来，大大咧咧就往外迈步。潘子裕、郭仁蛟早已经盯上他，当他刚在酒店门口出现，便以迅雷不及掩耳之势出枪将他击毙。

这名国民党军官连掏枪的反应都来不及，就一命呜呼了。

地下交通站和武装"行红"活动使得国民党琼崖当局惊恐万状，共产党的武装小组在老巢众目睽睽之下策马扬鞭，岂不闹天下笑话！于是，急忙从"进剿"共产党红军和革命根据地的前线抽回一部分兵力，加强府海地区的保卫。这就在客观上，给共产党红军赤卫队反击国民党军"围剿"创造了机会，比如兵力空虚、"拉网"空档，都给红军赤卫队可乘之机，"围剿"被撕开口子，将有名无实。同时，在思想精神上给国民党琼崖当局，包括所有的反动军警不法分子制造了恐慌，告诉这些人毙命的厄运随时都会在他们身上发生，只要他们死心塌地继续和人民为敌。

武装"行红"的地下斗争环境险恶，地下交通员和"行红"武装人员都要做好随时牺牲的准备。海明就是在李香馆酒店"行红"中被捕的，次日在红坎坡被敌人杀害。原来李香馆酒店门口前的枪声一响，立刻惊动了正在街边巡逻的国民党军警，他们蜂拥而至，见到"行红"者只有二人，企图抓捕潘子裕和郭仁蛟。海明马上策应，掏枪射击，掩护潘子裕和郭仁蛟撤走，再退向青竹街（今新华南路）。岂料国民党海口警察局已派出军警封锁了新兴街（今新华北路）和青竹街，从街道两头夹击。海明战至弹绝负伤被捕，付出了血的代价。

诸位：才智在斗争中积蓄。中共琼崖特委领导的地下交通站演绎的各种搏击，丰富了府海地区武装斗争的形式。为巩固其统治地位，国民党琼崖当局在加紧"进剿"时还得回防后方，使出种种伎俩。敌我双方这种斗争虽然在城镇、在乡村此消彼长，无疑局势在向人民群众一方的倾斜中胶着。斗争在时紧时弛中延续。请诸位听我继续往下说。

第九回　府海发力潜战白热
火烧团猪严惩腐恶

　　诸位：上回说到中共琼崖特委两条战线斗争持续，打击了敌人，挫伤了敌人锐气，广大民众的斗争士气由此大振。在广阔的乡村，区、乡党支部根据斗争形势掀起打击各种反动势力的行动热潮，与城市地下交通站斗争遥相呼应，互为犄角，牵制与削弱敌人的力量。一时间，府海地区的斗争震撼四方。我畅行，敌彷徨。诸位且听我说来。

　　虽说白色恐怖的乌云笼罩着琼岛，但琼崖人民没有屈服。革命斗争的火炬不管是强是弱，抑或大小，始终照亮着前进的道路。各种形式的对敌斗争活动此起彼落，尽管因为敌人力量的强大而被镇压，或主动潜伏，可这足以让敌人胆战心惊，仓皇失措。

　　这段时间，府海地区举行了第一次大暴动，散发传单，烧毁国民党驻军营房，袭击国民党警察。城镇的斗争接连不断，使敌人穷于应对；市郊的对敌斗争矛头指向反动分子，滨濂村党支部发动群众破坏敌人的交通公路，拆掉西线清水桥，割断秀英炮台国民党军联络电线，击毙秀英地区反动分子张育才；除奸小组机智截击，当场毙伤陈荣健等数人，散发传单千余份。国民党琼崖当局被人民斗争的烈火烧灼得晕头转向，常常顾得了头露出了腚。可惜，琼崖革命斗争的火爆局面，使"左"倾冒险错误占据领导地位的中共广东省委对夺取海口这个中心城市的欲望更加强烈。省委对中共琼崖特委相继发出指示，要求准备夏收暴动、进攻海口，认为当前琼崖革命形势已发展到集中目标夺取海口，并明确指示于最短时间内做到。显然，这些盲动冒险行动，脱离了琼崖革命的客观实际，"进攻海口""夺取海口"因中共广东省委派到海口指导工作的利春被捕牺牲而停止。正所谓"野火烧不尽，春风吹又生"。府海地区的革命斗争并不因此而停步，斗争的烈火未曾熄灭。地下交通站这个斗争方式更显得须臾不可或缺。他们沟通上下联络，协调各区、乡的武装斗争活动。

地下交通站配合地方武装队伍拔掉敌人炮楼，"蒸团猪"活动是这一时期颇具特色的对敌斗争形式。国民党琼崖当局深知统治广阔乡村，光靠国民党军队和各市县警察，其力量是远远不够的，凭借"地头蛇"势力布下耳目控制地方政权是他们的权谋。因而，各区乡相继建起武装团丁队或团丁班，大的乡镇拥有团丁二三十人，小的乡政府也豢养团丁十余人。这些团丁绝大多数是地方上的流氓地痞，手里有了枪杆，依仗国民党政权的势力，名为社会维安、抚民安境，实里干着打村劫舍鱼肉人民的勾当。各乡镇团丁队挖空心思，在村或乡的交通便捷处和制高点建起炮楼。团丁住进炮楼后，老百姓把团丁称为"团猪"，把炮楼看作"猪圈"，这些团丁岂不正是圈里的蠢猪吗！团丁任由国民党当局驱使，饱食终日，祸害百姓，成为当地的祸根。他们在乡间耀武扬威，寻衅滋事，看到不顺眼的乡民恶语相伤，甚至随意殴打，更不用说"进剿"共产党红军是何等卖力。自从住进炮楼后，这些团丁还以为炮楼是铜墙铁壁护身之所呢。

1931 年春，国民党琼山县当局在三民乡玉荣村修建了一座炮楼，为图吉利称之为"兴吉图"炮楼，乡公所民团团丁 30 多人，全都住在炮楼里面。团董周登璧原本就是土匪头子，国民党当局投其所好，给他戴上"官帽"，自此为害百姓肆无忌惮。他屡屡带领团丁欺凌乡民，走到哪里，哪里的老百姓就不得安宁。三民乡中共组织派出地下交通员，深入到炮楼地点侦察，掌握了团丁白天成群结队下乡掳掠，配合国民党军"剿共"，夜晚龟缩在炮楼里饮酒作乐的详细情报，向活动在羊山一带的红二团汇报。红二团决定协助三民乡党组织拔掉兴吉图炮楼。

5月下旬，奉命围攻兴吉图炮楼的红军李连长率领60多名红军战士秘密住进儒里村，同时在龙桥圩至兴吉图炮楼的要道上凭借山势埋伏兵力，阻截龙桥据点方向的敌人救援。玉荣村、儒里村党支部蒋益忠、周国桢等9人，登门入户发动乡民群众配合红军攻打兴吉图炮楼。乡民一听说攻打兴吉图炮楼根除祸害，个个摩拳擦掌，立即集合起200多人。

布置妥当后，趁着夜深天黑，交通员蒋鸿丰、吴廷文引路带领红军迅速包围了兴吉图炮楼。

这天夜晚，喝得酩酊大醉的周登璧正做着美梦，突然团丁敲门报告红军包围了炮楼。民众的呐喊声随着门板打开直击耳膜，周登璧登时惊恐万状。他暗忖，兴吉图炮楼修建坚固，楼高且周围平坦，只要坚守到天亮，附近乡公所团丁前来支援即刻便可解围，因而焦虑暂缓，犹作困兽挣扎。

周登璧急步走到炮楼墙壁前，从枪眼往外瞄了几眼，计上心头，喜不自胜，立即命令团丁燃起四个大火球竖在炮楼四角。燃烧着的大火球把炮楼四周照得如同白昼，进攻炮楼的红军战士和民众全都暴露在炮楼的枪眼之下。周登璧得意忘形，攀高爬下，逐层炮楼督战，看到进攻的红军战士就喝令："给我把他们消灭掉！"狂言说，"看你们能把我怎么样，这是石墙，不是麻杆篱笆！"

枪声"砰砰"，响彻玉荣、儒里村上空。红军数次进攻，都无法抵近炮楼。李连长盯着不时从炮楼枪眼里射出的流弹，焦急地想着攻陷炮楼的办法。

望着炮楼上空闪烁的火光，蒋益忠猛然拍了一下自己的额头。他疾步走到李连长身旁，说："我们没有办法接近炮楼就无法消灭炮楼里的团丁，现在我们攻不进去，团丁也不敢跨出炮楼一步。我们惩罚他们，'以其道还治其人之身'。他们用火警戒，我们就用火攻，把团丁活活烧死！"

"好！这些团丁以为我们没有火炮奈何不了他们呢。"李连长望着周边黑压压的群众说。蒋益忠的点子正说到他的想法上，二人不谋而合。他接着说，"你立即动员群众想法子找到能抵挡团丁子弹的杂物，掩护红军战士把柴草拉近炮楼堆放，这帮坏蛋不投降，就活活把他们烧死！"

随后，李连长命令战士们严密监视炮楼里的团丁，不让他们乘机逃跑掉。

红军除了长短枪和手榴弹，缺少重机枪和火炮支持，只能以火攻的方法消灭这群"团猪"。蒋益忠找到周国桢和大伙一合计，大家都赞同这一战法，马上派村民回家扛来八仙桌和四条腿的桌子，抱来棉被棉胎。蒋益忠吩咐村民把棉被棉胎铺在桌子上，又用水把棉被棉胎浸透。

"开枪掩护，打！"李连长一声令下，战士们一齐"砰砰"向炮楼开火。炮楼里的团丁也不示弱，朝炮楼下"嗒嗒""砰砰"打枪，居高临下扔下的手榴弹接连"轰"地炸开。

"出发！"李连长指挥钻到桌子底下的战士和赤卫队员，用身子拱着八仙桌子朝炮楼移动。

八仙桌子底下的战士和赤卫队员一边向炮楼快速奔去，一边用绳索拉着村民捆好的柴草不放。

"团董，大事不好了！红军要用火烧死我们！你看！"炮楼里的团丁从枪眼里看到黑乎乎的怪物向炮楼飞速靠近，后头还有一堆堆柴草，猜想红军的作战意图，惊愕直呼着向周登璧报告，"这回我们可成了'蒸猪'，死无葬身之地了啊！"

周登璧也心慌，这时赶忙爬上炮楼顶，借着火球的亮光，躲在墙堞边向底下望去，一个个铺着湿棉被棉胎的怪物向炮楼这边快速移动。他心里明白，从上头机枪和步枪子弹是打不透湿棉被棉胎的，扔手榴弹也无济于事。眼下打开炮楼门投降是死，共产党红军尤其是民众对自己的深重罪孽不可能饶恕；死守是死，如果别的炮楼团丁救援，还可捡回一条命，当下只剩下死守等待救援一条路了。

望了望浩瀚的夜空，周登璧幻想龙桥乡公所团丁能听到兴吉图炮楼的枪弹声，都是一个主子养的狗，他们不会见死不救吧，唇亡齿寒啊。嘴里不断念叨着"死狗就当作活狗医了，别无他路"，命令团丁拼死顽抗，自我安慰打气说："龙桥据点的兄弟们很快就会赶到，红军和赤卫队的如意算盘打不响，你们放心好了，都给我开枪，扔手榴弹！"

说罢，周登璧从一个团丁手里拿过一杆步枪，朝龙桥方向"砰砰"地放了两枪。他的意思很明白，向龙桥团丁求援了！如果红军攻打炮楼的枪声听不到，这两枪是专门朝你们方向打的啊！

炮楼底下，铺着湿棉被棉胎的八仙桌子绕着圈子靠到炮楼墙根下，上头的手榴弹和枪弹落到湿棉被棉胎上，只冒起一股股白烟，红军战士和赤卫队员皮毛无损。他们趁势把用绳索拉来的柴草团团架好，堆成了一圈，然后点火。红军战士和赤卫队员迅速撤离炮楼。

这些柴草都洒上了煤油，霎时烈焰熊熊，整座炮楼成了燃烧着的火塔。这会儿炮楼里的团丁连打开门逃命的机会都没有了，有的被熏烤得受不住，不顾一切从上头跳下，跌进了燃烧着的火堆里。不甘心死守的团丁眼巴巴望着夜空干嚎"救命呀"。这一仗，把困在兴吉图炮楼里的周登璧和团丁全部活活烧死，缴获了步枪20多支和手榴弹等一批。

周登璧盼望龙桥据点的团丁救援，不是没有道理，他们是一条绳子上的蚂蚱，死也得死在一块嘛。果不其然，听到兴吉图炮楼方向传来枪声，龙桥据点猜想兴吉图炮楼遭到围攻，马上派出人马跑步朝兴吉图炮楼增援。不过，他们刚走到半途就遭到伏击，红军和赤卫队正等着他们呢，一阵枪声和手榴弹爆炸让龙桥据点的团丁明白，红军和赤卫队攻打兴吉图炮楼是有备而来的，已经张开口袋给他们往里头钻，挣扎前行只会往口袋里越钻越深，这当儿被全歼或活命的两种命运由他们选择。掂量良久，他们断然往后退缩，就不管兴吉图炮楼兄弟的死活了。这不能怪兄弟不仗义，红军和赤卫队早有图谋，张开鲸鱼嘴等着啊，我们若是靠近你们一步，不是和阎罗王挨近一步吗？我们得活着，死了你们还有新兄弟哩，我们不陪葬，顾不得你们了，黯然后撤。

儒里、玉荣村赤卫队和红军配合作战，兴吉图炮楼被"蒸团猪"。这事儿震惊了周遭乡镇的民团，儒益、苍西、薛村、大样、羊山、儒兰庙、冯公坊、那流等乡村民团原先都修筑了碉堡式的炮楼，原以为铁桶般的炮楼现在变成了上天无梯、下地无门的"石棺材"，这回都慌了神，要么自动放弃，要么遇到大队伍的赤卫队行动，都作了鸟兽散，还不敲打就丧失了战斗力。当然，这些民团团丁和团董知晓避免红军赤卫队围歼，只有不要为敌相对抗一条路。这些民团平日的青红皂白都在地下交通员的视线里，一有越轨行为，种种劣迹传到活动在当地的红军和赤卫队那里，被清算的厄运随时都会降临，团丁们气焰顿息，个个心惊肉跳，魂不附体。

中共琼崖特委经过国民党军的两次"围剿"，武装力量被大幅度削弱。第一次蔡廷锴部"围剿"时，王文明带领琼崖苏维埃政府直属机关和红军赤卫队坚持母瑞山斗争，创建母瑞山革命根据地；第二次陈汉光部"围剿"时，红军独立师被打散，师长、政委、参谋长等主要领导相继英勇牺牲，琼崖特委书记冯白驹从母瑞山突围下山，这支25人的队伍回到了琼文革命根据地，依靠地下交通员串联，发动与联络群众，重振旗鼓，重新布局，坚持斗争。

琼崖四二二反革命政变给中共琼崖特委重要启示，即地下斗争是与敌斗争的另一重要战场，在抓住武装斗争的同时，积极建立地下交通站，挑选意志坚强的地下交通员开展斗争，是领导琼崖革命不可忽视的必要手段。地下交通站从乡村到城市、从城市到乡村相互依托逐步扩展，渐次编织形成了地下交通的大网络。他们的斗争方式仍然坚持以隐蔽为主，配合党组织的工作部署，以有效打击敌人为基本要求，持续拓宽斗争活动范围地域。

这一期间，中共琼山县委通过地下交通站，开展兵运工作，分化瓦解国民党军和民团团丁。1930 年，国民党琼山县当局在甲子镇成立联防队，名义上是维护地方秩序，保护民众财产，其实是以联防队补充军事实力，监视共产党组织和赤卫队活动，以巩固自己的统治地位。联防队队员不少是地痞流氓，他们借机揩油水，扛枪觅食，臭名远扬。因此，联防队甚至一时招不到人入伙。当时，为了招募联防队员替他们卖命，国民党琼山县当局曾以带进多少人入队封何种官职为诱饵欺骗某些青年，比如带 10 个人进队便可担任班长等。中共琼山县第十六区、第十七区区委借这个机会，遴选立场坚定、机智勇敢的优秀进步青年打入甲子联防队，当上了联防队的排长或班长。这样，某些国民党乡镇联防队被中共组织所掌握，或者干扰了他们的行动。

这年 4 月 15 日，中共琼崖第四次代表大会在母瑞山召开，会议根据琼崖革命斗争形势，做出在全琼发动"红五月"军事攻势、积极主动地打击敌人、恢复各级苏维埃政权、发展农村革命根据地等决议。琼山县委决定把消灭甲子联防队，列为"红五月"军事攻势的一项内容，提振群众对敌斗争意志。第十六区区委派出陈军和傅烈军带领地方武装人员，由地下交通员引路潜入甲子联防队驻地，里应外合，歼灭平日作恶多端反动透顶的联防队副队长符用祯和企图负隅顽抗的士兵十几人。两个班的联防队员宣布起义，弃暗投明，并加入了红军队伍。

这时，中共琼崖特委特派员张开泰受特委书记冯白驹委派，深入到琼山县第一区、第二区开展恢复党组织工作。张开泰是崖县藤桥镇人，初来乍到，人生地疏，两眼一片黑。地下党组织和交通站负责人三家嫂和他接上头后，介绍了第一区、第二区党组织具体情况，张开泰的工作才渐入佳境。他依靠三家嫂寻访失散的党员，积极发展进步分子加入党组织，第一区、第二区党的组织得到很快恢复和拓展，迅速打开了这两个区的斗争局面。

"打击反动分子是激发民众坚持斗争、建设人民政权的必要手段，要让民众看到希望与前途，使反动派受到震慑。对于罪恶昭彰的反动分子，我们要稳、准、狠择准机会坚决予以打击，决不手软！"张开泰召集党员和干部骨干会议，讨论第一区、第二区政权建设的具体工作事项，提出惩办反动首恶分子的主张，获得大家的赞同。他说，"发动民众开展斗争，一要深入做好思想宣传员，教育民众认清敌我友；二要通过打击反动分子威慑敌人，遏制敌人的嚣张气焰，扫除斗争的畏难情绪。"

"惩恶行动，林海豹是第一个要打击对象！"三家嫂说。根据民众的强烈反映和她的调查，三家嫂把国民党大林乡乡长林海豹列为惩恶行动的打击之首。这个林海豹坐井观天，前些年看到共产党人和进步人士在四二二反革命政变中遭到毁灭性屠杀，便以为共产党人已被赶尽杀绝，再不能恢复元气了；现在国民党军相继重兵压境，"围剿"红军和革命根据地，更认为国民党政府绝不允许共产党死灰复燃，明摆着不给共产党有缓气翻身的机会，还在乡民中造谣惑众，恶毒攻击农会，声称要清算共产党员和红军家属。平日里，林海豹欺压民众，勒索捐租，为国民党军带路追击红军赤卫队。三家嫂一桩桩数说林海豹的罪恶后，气愤地说，"林海豹十恶不赦，让他活在世上天理难容。我认为，我们党组织和赤卫队要顺从民意，坚决消灭这个恶魔，伸张正义！"

参加会议的党员干部都异口同声地说："三家嫂掌握的事实确凿，消灭林海豹是对反动分子的正义惩罚，杀一儆百！"

"好！"张开泰表态说。于是，会后他一边布置三家嫂选派地下交通员暗地里探听林海豹的确切行踪，一边向区委领导请示核准严惩林海豹。

聪明反被聪明误。要说这个林海豹也算是个有点自知之明的反动透顶家伙。他知道自己造谣的话语全是骗人的鬼话，所作所为是和共产党相对抗的造孽行为，对乡民的欺凌压迫，总有一天共产党人和乡民要和他清算。因此，白天他在乡里大摇大摆，虚张声势，明知在革命低潮的环境中，共产党组织不会在光天化日之下暴露自己的身份。到了夜晚，他就像冬里的螃蟹躲在泥洞里不敢动弹，藏身在自家的大宅里，不轻易迈出院子大门一步，否则也是乡丁前呼后拥，严实防卫，时刻防范红军赤卫队袭击。林海豹张耳窥探，消息灵通。探听到琼崖特委派员到第一区、第二区一带活动，发动民众减租减息，收集国民党各区乡公所活动情报时，更觉得是针对他的行动。在这两个区里，自己是挑头吃了秤砣铁了心，顽固不化到底啊。这回，若要出门林海豹就更为谨慎小心了，没有人挡前遮后，他决不会走出大门口。哪怕是出门见到点不祥兆头，他也要往回走。

地下交通员细心详尽侦察，探知林海豹天一擦黑除了紧闭家院的大小门外，还沿着外宅墙加派游动哨，一有风吹草动立即报告，倘若发生枪战，集中在乡公所里的乡丁很快就会赶到救援。林海豹相信，只要自己不出门，红军赤卫队奈何不了他，夜夜总是高枕无忧，对外放话说，"想找我，给他胆子还不敢来呢。"

"嘿，林海豹死期不远了！"张开泰听了地下交通员的报告，不信邪。恶魔毁灭，总要挣扎狂妄。

这天夜里，天寒地冻，天空飘洒着毛毛细雨。张开泰由地下交通员带路，踏着泥泞小路，来到了林海豹宅屋前的丛林边。林家气势果然不一般，黑暗里高高的青砖院墙围绕着屋子，两名乡丁把守着大门，不停地在门前跺脚走动，悬挂在门前的风雨灯在风中颤抖，散发出幽幽的亮光，门口前头一丈内外未见人影走动。又过了一会儿，看到每隔约半个时辰，便有三两个乡丁扭着手电筒扛着枪，绕着林家的宅屋走一圈子。

上天擒龙倘要借助风势，下河抓鳖得选择好时机。如果不慎惊动了林海豹，让他脱逃，再次行动就会增加难度。张开泰不轻视不妄动，指挥行动小组潜伏在村边的林子里，等候行动的机会。

宅院里，大半夜未见动静，林海豹吃定红军赤卫队只会放空炮，只要自己夜晚不出门就平安无事。"呵呵"长长地打了一个呵欠，像往常一样，林海豹便心安理得睡太平觉。

竹林子边，张开泰一刻也不松懈，细致观察。他看到林宅门口的乡丁蹲在门前不再动步，渐渐地，也不见游动的岗哨巡逻，抬头透过雨雾看了看像锅底似的天空，估摸已是后半夜时光，便起身悄悄地抵近林海豹家大院门口。只见两个乡丁抱着枪，把头缩在衣领里，蹲在门槛边，"咝咝"地打着鼾声。张开泰打了一个手势，两个赤卫队员蓦然冲上去，一人一个捏住他俩的脖子，缴了他们的枪，张开泰迅速闯入院门，疾步登上了林海豹的宅屋门口，拍打着门钹，"嘭嘭"声在更深人静时刻分外响亮。

过了好一会儿，宅屋里头传来一个沙哑的骂骂咧咧的声音："谁呀，不知道现在是何时候吗？"

张开泰用短枪抵住乡丁的腰眼，努了努嘴，这个乡丁如梦初醒，乖乖地说："县府来人，说有紧急情况要面见林乡长。"

或许是林海豹认出是自己乡丁的声腔，"沓沓"地向大门走来，"咣"的一声，宅门一打开，张开泰闪身进入，驳壳枪口对准林海豹的胸膛。林海豹发觉情势不妙，连忙求饶。两声枪响，林海豹"啪"地倒在地板上。

张开泰带领赤卫队员快速地撤出林家宅院。这时，夜空黑茫茫，寒雨依旧。

次日一早，林海豹被击毙的消息不胫而走，震惊了国民党琼山县当局，各区乡长如丧考妣，噤若寒蝉，不像之前那样张牙舞爪了。张开泰趁机加紧各乡村的党支部建设，青常、合山、高山、谭遁、演村、茄芮等几个村庄相继建立了党支部。溪头、地汕村的党小组组织起少锋队、自卫队，配合黄魂带领的红军队伍在演丰、大林一带开展斗争活动。因为有了党支部的领导和党领导的赤卫队的武装斗争，这些地区的群众斗争又很快地掀起高潮。

地下交通站的斗争在向敌人渗透进击的同时，也遭遇到敌人的报复追杀，遭受过挫折。有的时候甚至因为白色恐怖的重重包围，致使这一地区的地下交通站以及党领导的地下斗争陷入低潮。诚然，这只是暂时现象，犹如南渡江浩浩荡荡江水永远向前，地下交通工作不停步。一些乡村党支部依靠地下交通员将计就计，反绞杀、反围攻，张开罗网，打得敌人措手不及。

中共琼山县委在发动组织群众开展斗争的同时，把区、乡苏维埃政府的建立视作领导群众斗争的重要方面，派出得力干部深入到区、乡筹备建设苏维埃政权。那流民团头目王德三在探知吴策勋等琼山县苏维埃准备委员会人员深入那流、北铺等地开展活动后，派出爪牙侦探消息，终于打听到吴策勋等人的驻地，企图将吴策勋他们围而歼之。

一天，王德三根据风言风语打探到吴策勋他们驻在那流的斧头山，便趁着天蒙蒙亮时带领乡丁偷偷潜行，阴险算计，要趁着吴策勋他们还未下山之时全部消灭。岂知行进到田埂低洼处时，"砰砰砰"，突然迎面打来一排子弹，"轰隆隆"，又遭到十几颗手榴弹的轰炸，三十多个乡丁一下子被打死近十人。王德三狼狈不堪，急忙后撤，一脚踩空从陡坡跌进了溏田，拼力挣扎逃命，被一阵乱枪击毙。团董王丹山也稀里糊涂被击伤。

　　这一仗打得淋漓痛快，干净利索，是交通员巧设机宜。吴策勋他们驻在斧头山是那流地下交通员按照党支部的部署，故意放出去的口风，目的是引诱王德三上钩加以歼灭。王德三果然上当，被中共琼山县第六区区委预先埋伏的赤卫队消灭。

　　斧头山伏击战一结束，吴策勋他们立即在各村庄散发事先印制好的传单《告民众书》《告士兵书》等，鼓动民众参加斗争，建立苏维埃政府。国民党琼山县政府得悉王德三被歼灭，唯恐其统治政权遭到威胁，纠集县警察局和各乡乡丁300余人对中共琼山县第六区区委反复"清剿"，区委和各村党组织遭受摧毁，包括地下交通员，计有32名党员和革命志士被杀害。

　　诸位：府海地区地下交通站为各级党组织和赤卫队提供敌人情报，沟通工作联系，对敌斗争延伸到城市，并拓展乡村对敌斗争层面，惩办反动豪绅头目，扩大了中共组织在民众中的影响。党所领导的隐蔽斗争在新的条件下得到了加强。各级党组织的信任和指导，激发了地下交通员的智慧和毅力。斗争在延伸。请诸位听我继续往下说。

第十回　拔除炮楼彰显神通
截击团丁断其魔爪

　　诸位：上回说到中共地下交通员机警活动，侦察敌情，引路传送信息，火烧"团猪"，伏击国民党乡丁，反动派虽然晓得暗地里有中共地下组织助阵红军赤卫队，却只见其事件赫然发生，连遭败绩，不见其潜伏踪迹，而百般无奈。在琼崖革命斗争史上，刘秋菊是传奇女英雄，同时也是中共琼山县杰出的地下交通员。诸位且听我说来。

　　琼崖革命环境艰险诡谲，革命先辈付出血的代价甚至牺牲，与此同时也铸造了无数英雄。地下交通员刘秋菊就是其中之一。后来，她成长为琼崖革命的重要人物，确是在地下交通员的艰辛岗位上百炼成钢。

　　刘秋菊是琼山县塔市乡福云村人。还未满周岁时，她母亲便去世了。刚到四岁，父亲又在饥寒交迫中死去，这时家里只剩下她和姐姐二人相依为命，日子过得更加悲惨。姐姐出嫁后，刘秋菊生活无着落，被迫给地主家放牛。后来，刘秋菊嫁给塔市乡歧山村的贫苦盐民郑正义为妻。真正是，穷人注定背时运，破屋又遭连夜雨。不久，丈夫不堪生活煎熬也病逝了。

　　1926 年年初，国民革命军南讨赶走军阀邓本殷，中共琼崖地委成立，许多共产党员、共青团员深入到乡村宣传革命道理，轰轰烈烈的大革命浪潮汹涌。刘秋菊参加夜校学习，积极参加农民协会和妇女解放协会。中共塔市乡支部书记林克泽见她苦大仇深，正义感强，又机敏伶俐，便吸收她参加村里的打土豪分田地斗争活动，还给她取名，由原来的"妖二""福云嫂"改叫"刘秋菊"。斗争中她锻炼了意志，积累了智慧。趁着到府城向党组织反映乡村农运活动，刘秋菊和府城马鞍街在省立第六师范学校读书的学生梁惠贞取得联系，经常到梁家向梁惠贞了解时局变化、府海地区的学生运动和工人运动，开阔眼界。那时，梁惠贞是六师党团支部委员。大革命失败后，刘秋菊找到躲避在山上的农会领导，要求参加共产党。有的农会干部和她逗趣，问她"你参加共产党，不怕杀头吗"，刘秋菊认真但坚定地说"谁怕杀头谁下山去，我怕杀头还上山来找你们啊"。党组织先吸收她参加赤卫队，后经林克泽介绍加入中国共产党，担任琼山县党的地下交通员。刘秋菊巧妙地躲过敌人的追捕，智送情报，引导赤卫队惩办叛徒，被人们称为"飞檐走壁"的巾帼英雄，琼崖革命斗争的奇女子。

　　大革命失败导致琼崖革命低潮，斗争每迈出一步意味着死神挨近一步。刘秋菊坚韧向前，凭着智慧勇敢多次圆满完成情报的传送任务。1930 年冬，红二团三营奉中共琼崖特委命令，要通过敌人封锁线，渡过南渡江，深入江东地区活动，开辟新的根据地，扩大红军影响。刘秋菊和冯安全接受了前往琼山羊山为红三营当向导的任务。他们缜密思考，制定了行军路线，乘着夜色，神不知鬼不觉地引导 300 多名红军从敌人的碉堡中穿插，踏着羊肠小道，渡过南渡江，到达指定地点。红三营营长陈平指挥战士们攻打云龙民团，击毙民团团长吴熙周和多名团丁。塔市民团和盐警队恃兵多武器好，声言"猪尾巴我们还想榨出油，活得不耐烦的，踏入塔市一步，算是吃了豹子胆"，狂妄至极。陈平立誓刹住敌人的淫威，拟定长途奔袭塔市民团和盐警队的作战方案，正愁对塔市地形环境不甚熟悉时，刘秋菊自告奋勇，说"我对塔市地形环境熟悉"，把自己所掌握的塔市交通要道、险要角落，以及新近侦察了解到的民团和盐警队驻地情况以及兵力分布配置，详细地向陈平汇报。根据刘秋菊的指引，陈平指挥红三营把塔市民团和盐警队打个落花流水。尽管塔市民团和盐警队凭据有利地形和坚固房屋拼死抵抗，战斗到当日下午还是被歼灭大半。战斗结束时，红三营俘敌 40 多人，缴获长短枪 100 余支，只有零星敌人趁着降临的夜色，借着丛林带掩遮侥幸逃脱。

　　勇闯虎穴，捣狼窝；智取敌酋，歼群魔。刘秋菊行动出神入化，进入敌人据点犹如入无人之境。1932 年，刘秋菊带领潭牛赤卫队摧毁国民党文昌县潭牛圩炮楼只用了两颗子弹。那时刘秋菊已经担任中共琼文县文南区区委书记。这一年国民党广东军阀陈济棠派其警卫旅旅长陈汉光率领所部共 3000 余兵力，抵琼对中共琼崖特委、红军和革命根据地大举"围剿"。人称"韩狗肉"的国民党潭牛乡乡长狐假虎威，更肆无忌惮，很快在潭牛圩东头的交通要道修建起一座炮楼，为他鱼肉百姓助威。这天，韩狗肉攀上炮楼顶层巡视了一番，看着拔地而起铁桶般的石砖筑就的炮楼扬扬得意，口出狂言："潭牛是我的地盘，我的地盘嘛我做主。土地公我还要剥三层皮，看谁敢挑头闹事，只有找死的份！"

　　韩狗肉这座炮楼修建得的确很坚固，山石垒叠，石灰砌缝，高三丈余，计三层，每一层四周都辟有枪眼，从里头往外头瞭望，能看清眼前的一切，从枪眼外则看不到炮楼里头厘毫；站在炮楼顶层，周边五六里地的景物尽收眼底。炮楼底层只留有一个门口供出入，危急时，只须把门口的大门一关，一人把守，一时半刻很难攻入到炮楼里头。因此，韩狗肉总是有恃无恐，以为遇到紧急情况，他一躲进炮楼，便万事大吉，谁对他都只能望"堡"兴叹。

　　这一期间，刘秋菊在潭牛圩一带活动。她知道自潭牛炮楼修建后，中共组织活动受阻，红军和赤卫队行动受到干扰，地下交通员和圩集里的党组织联络几乎中断。这天她正和潭牛乡赤卫队王队长商量铲平潭牛炮楼的计策，赤卫队队员大牛进来报告说："姓韩的这家伙到处吹牛说，陈汉光部到琼后，共产党红军都被赶到海里喂鱼虾去了，连刘秋菊也消失得无影无踪，赤卫队一个个都成了软脚蟹。你们说气人不气人？"

这韩狗肉可不是只会大碗喝酒大块吃肉的"地头蛇"，死蛇他还要要生呢。一年潭牛过"军坡节"，他又找到了搜刮钱银发财的门路，说"军坡节"人多众杂，得先缴纳保境安民费，每户两块光洋。乡民迫于无奈，只得如数上交，韩狗肉又发了一笔横财。反正，只有没想到的，凡想到的都是钱银哗哗流。韩狗肉心眼儿老在转，谋划着对付共产党红军的诡计。他想，共产党红军赤卫队依靠民众才如鱼得水，如虎添翼，假如断绝了他们之间的联系，红军赤卫队就是旮旯里舞棍棒，再大的力气也使不上。修筑起炮楼后，更神气活现，不只是白天，即使是夜晚，他都支派哨兵站岗，监视潭牛周边的动静，看到不顺眼的行动就开枪，甚至派遣乡丁追捕，搞得四里八村的民众人心惶惶。平日韩狗肉还搜刮枯肠，在圩集的出入路口设立关卡，对赶集的乡民严格盘问检查，只要怀疑便拘押拷问，他韩狗肉开口说的就是王法，老百姓奈何不了他。要收拾韩狗肉，老百姓只能指望共产党红军赤卫队了。

"不消灭这个王八蛋，就不能把群众迅速发动起来。我们要坚决执行县委的指示，除奸扫恶，拔掉潭牛炮楼这颗钉子，鼓舞民众反'围剿'的斗志！陈汉光残酷'围剿'我们，我们反其道而行之，狠狠地打击他们，涣散国民党军和反动民团军心！"刘秋菊斩钉截铁地说，把牙齿咬得"咯咯"响，稍一思考，她走到王队长的身旁，低声嘀咕了一阵子，"不舍得沾一身涩，咋能够捉到泥鳅！我决定到潭牛圩里走一趟，摸一摸情况再作打算！"

王队长听刘秋菊这一说，顿时急了，心里想如何保护她的安全是最要紧的。他知道刘秋菊决定了的事情不容易改变主意，便从安全角度考虑，说："要去啊我想一定要把大牛带上，这样遇到紧急情况也好有个帮手，对啵？"

刘秋菊笑了笑，不容置疑地说："不必了！树大招风，人多惹眼。倘或遇到不测，譬如搜查什么的，我自有应对的办法。王队长，你还不放心啊！"

"当然放心！当年国民党军把你围困在王氏祠堂里，你不是照样安全地突围出来，国民党军捉不到人，还到处说'刘秋菊会飞天遁地，是飞将军'呢！"王队长绘声绘色地说。话是那么说，他心里头还是忐忑，直打鼓。

"哈哈！"刘秋菊一阵子豪笑，接着说，"他们不那样说，等于告诉人们，他们就是一群蠢猪！你说说，站在你们面前的秋菊姨母，是人还是神！是人嘛！记得有一次我送情报时，遇到一队乡丁，追到山后突然就不见了我，问正在冒雨插秧的村妇，说'刚才我们追捕的穿黑衣裳的那个女人跑到哪了'，村妇中有人说'往山那边跑啦'。这队乡丁屁颠屁颠地就追去了。你们说，我跑到哪了？我就在那些忙着插秧的村妇里头，黑衣裳变成了花格子上衣，这群疯狗就认不出是我了。说到底，是群众掩护了我。后来呢，我不紧不慢地跟在这队乡丁的后头，让他们开路，我把县里的情报送达区委，顺利完成了任务。这次侦察炮楼嘛，王队长你放心就是了！"

次日一早，刘秋菊挑着两只畚箕的小白菜直奔潭牛圩。她选择偏僻的西路口正欲入市时，突然闯出五六个乡丁挡住了去路，说畚箕里小白菜底下藏着驳壳枪，要检查，粗语滥调斥责道："你这个共产婆装得颇像老百姓，还不赶快坦白！"

刘秋菊见乡丁里没有一个认识她的，随机应变地说："哎呀，兄弟，我是乡下的种田土百姓，你们咋说我是共产党？说我藏枪，那你们随便翻吧！"

乡丁们一阵子忙活，搜不出任何共产党物证，更不要说枪了，绕着刘秋菊转了一圈，胁迫说："你不是共产党？咋我们说你是共产婆，你脸不改色心不跳？只有共产党人才这样不怕死！"

"老总，你们就别随便开口冤枉好人行不？我们村里天天有人传说要'围剿'红军赤卫队，时时说要搜捕共产党人，我们村民耳朵都听出茧子来了，还说怕不怕的呀，我要真是共产党还敢到圩里来赶集卖菜啊！"

"这么说还有点道理，若是共产党红军看到我们还不乖乖就缚！"这几个乡丁自以为是，喝了迷魂汤，突然听到街头响动，赶快转头毕恭毕敬地呼唤，"哦哦，是韩乡长，我们在街口临时设岗检查，严防共产党红军浑水摸鱼，跑到圩集上闹事！"

韩狗肉瞪着刘秋菊，眼珠子一动不动，一个面黄肌瘦的乡下弱女子，怎么会是共产党？好一会儿，他才对乡丁说："你们莫要被共产党的宣传吓破了胆！不听说刘秋菊躲到枷椽山了吗？即使是刘秋菊胆敢闯入潭牛圩又怎么样？老子一声令下，各个路口一下子封锁，她就是笼中鸟插翅也难逃！莫名其妙呀，咋的就是有人为她壮胆张目，说她耍双枪百发百中，我等着看她的本事到底如何呢！"韩狗肉说罢，手持文明棍"咔咔"地走了。

刘秋菊挑着小白菜进入潭牛圩沿街叫卖，走到圩东头，果然看到耸立着的炮楼，荷枪实弹的乡丁把守着门口，虎视眈眈地盯着每一个路过的行人。强攻显然不能速战速决。刘秋菊转眼看向北墙，这让她倒抽了一口凉气。原来，墙壁上贴着通缉刘秋菊的告示，上面说"凡发现共匪刘秋菊行踪报告者，奖赏光洋五百，击毙者，奖赏光洋三千"，还画有她的头像。这些告示，每间隔丈余便张贴着一张，告示上的头像还真有些像她。刘秋菊赶紧用竹笠遮住了半边脸。

"对，就这么来着！"这当儿，刘秋菊计上心头，立马离开了潭牛圩。她要演出一场大戏哩。

隔了两天，潭牛附近几个村子发现了刘秋菊的行踪，这一消息一传十、十传百，说得沸沸扬扬，传到韩狗肉的耳朵时，气得他直跺脚，嗷嗷大叫道："好个共产婆，竟敢跑到关老爷的地盘上耍大刀来了！你们都给我下去，捉不到刘秋菊，提头来见我！"

随即命令乡公所的乡丁到乡下围捕刘秋菊。乡丁们巴不得下乡去捞油水，假如捉到刘秋菊白花花的光洋装进口袋，如果捉不到刘秋菊也不至于空手而返，老百姓家里的牛呀羊呀还有鸡鸭鹅随便牵拉任意抓，谁敢阻拦不害怕吃子弹挨揍啊。听到指令，这些乡丁们天不亮就三五成群往乡下跑，找发财路去了。韩狗肉想不到这是刘秋菊的"调虎离山"计。

距农历大年春节还只有两三天。这天，潭牛圩里赶集的民众熙熙攘攘，摩肩接踵，刘秋菊他们假扮成挑柴火的，卖菜的，卖杨桃橘子的，还有卖豆腐脑的，随着赶集的行人直往炮楼前挤。这时刘秋菊暗地里使了一个眼色，王队长他们便打闹起来，公理婆理谁都说服不了谁，一路吵吵闹闹挤到炮楼底下："老总，你们给我评评理，吃豆腐脑不给钱，还要打人，我这生意还做得下去呀！"

炮楼门口前，值守的五六个乡丁对打闹的乡民看得眼花缭乱，看到簇拥过来的行人，早已不耐其烦。乡丁大队大部分人到乡下打家劫舍去了，最蹩脚的差事也被派到菜市场收租抽捐，少不了钱银进账，唯独他们倒霉，站岗在这里挨风吹日晒，因而说话火气比雷公还大："你们这帮穷光蛋，都给我滚远远的去！""谁有空管你们这东畦种萝卜西垄栽韭菜的闲事！"

炮楼顶层上，一边捧着茶壶饮茶，一边观赏着集市场景，韩狗肉好不开心。站在一旁的乡公所文书却忧心忡忡，焦虑地说："韩乡长，今天赶集的乡民好像比往日多了许多，是否共产党红军赤卫队假扮成乡民混进集市来，图谋不轨？说衰话嘛，今晨起来我的右眼皮老在跳。我们可不能大意失荆州，给红军赤卫队钻了空隙啊！"

"唔！"韩狗肉听到这话还真吓了一跳，揉着发红的双眼朝街面上仔细瞧了一会儿，满不在乎地说："年关既到，赶集的人当然多了一些！"又往前街方向望了望，接着说，"我说你这文书年纪轻轻的咋看花了眼，这太平景象还不是我韩某人镇压管束老百姓有功？自炮楼筑建起来后，共产党红军赤卫队就休想在老子的眼皮底下活动。刘秋菊在乡下串联乡民犯上作乱，离我们潭牛圩远着呢！过完年，你给老子摇摇笔杆子，写些太平政绩报功领赏去！"

文书愁眉未展，满腹疑窦。他阴森奸诈地说："我没见过刘秋菊，听说她可神了，任国民党军怎么追击，就是追不上，眼看她钻进了屋子，转眼间变成一个老太婆，这就是人们说的神仙啊！我们可得小心，说不准她就在我们身旁呢！"

这一说，让韩狗肉毛骨悚然，赶快转身细看了一圈，除了他和文书，未见其他人，心才安定下来。他假装不屑的样子，说："你就多喝了几瓶墨水，干吗胆子就越来越小了，不灭别人的志气，反倒刹了我们自己的威风。自从修筑了炮楼，这些日子你看到共产党红军赤卫队了吗？没有吧，要是看到他们，老子保证你就没命了！你说是不是？"

这个乡公所文书死心塌地为韩狗肉着想。他幽幽地献计说："现在一小队、二小队都派到乡下搜索刘秋菊去了，维持市面秩序的三小队又用去了不少兵力，我们的炮楼防守兵力空虚，共产党红军赤卫队若是探知防卫内情，乘虚而入，我们该怎么办？韩乡长，为安全保险起见，我看最迟明天要调整兵力重新部署。现在这种布局，总是我的一块心病，这个多事之秋，我们不慎重不行！"

韩狗肉想想也是。现在要是命令下乡了的乡丁撤回来，等到他们接到命令全部回防也已是傍晚时候，倒不如等到他们晚上回来明早再做布置省事。而且，听从文书的建议现时派人通知乡丁回防，这一讯息如果流传出去，还不让乡民贻笑大方。这时，一个乡丁爬上楼层来报告说"狗肉已炖好"，韩狗肉心里头早就爬满了馋虫，连说："这个天气好呀，不冷不热，先吃狗肉喝两盅，过年老子还要请戏班唱大戏呢！"

"噔噔"地，韩狗肉和文书扶梯下到炮楼底层，刚坐定干了两杯，炮楼门口传来一阵嘈杂声，韩狗肉正欲发问，突然从门口闪进一溜人影，他本能地呵斥："是谁？擅闯炮楼，你有几颗脑袋？来人，给我把他们捆起来！"

要是往日，韩狗肉的话音还未落地，早已有人行动了。可这一回，一点动静都没有。韩狗肉好生奇怪，瞪着一双布满血丝的眼睛，怯怯地往门口处张望。

冷不防，这时领头的人扬着手里的驳壳枪，威风八面地说："是谁？你睁开狗眼仔细看，我是刘秋菊！你不是整天遍地搜捕我吗？今天嘛，我自己找上门来了，你说该咋办？"

听说是刘秋菊，韩狗肉顿时腿脚瘫软，"啪"地跪倒在地，一边说着"我罪该万死"，一边把手伸向酒桌下摸枪，被眼疾手快的赤卫队员陈英一枪结束了生命。那个文书看到当家的被击毙，自知助纣为虐，罪债难逃，慌忙中用手向胯下摸枪，被刘秋菊一枪"啪"地击中，"啊啊"地倒下就呜呼哀哉了。随后，刘秋菊吩咐赤卫队员收走炮楼里乡丁的枪支弹药，把几箱手榴弹放置在炮楼的墙沿，全都打开了保险盖，再往炮楼里塞满柴草，点上火，关上了炮楼门。他们刚走出两里地，传来"轰隆"的手榴弹爆炸声，接着整座炮楼"轰"地倒塌。潭牛炮楼一倒塌，这一地区的党的地下交通联络工作和红军赤卫队的活动就又活跃了起来。

国民党琼崖当局企图从底层摧毁中共地下交通站，破坏交通线，他们利用民团乡丁设卡阻截，捕捉残杀，妄想吓退中共地下交通员，可是奸诈诡计始终未能得逞，闹茶壶里的风波。中共地下交通站主动开展活动，保持交通线畅通，适时打击敌人，展现了积极作为的斗争风格。

洋盈水井位于玉符村与博南山交界处，是博南山通往羊山革命根据地主要通道的一个歇脚点。当地村民习惯上说是水井，实则是一处天然水塘。洋盈水井自然泉眼旺盛，水质清净，且不停不歇地往外流溢，路经水塘乡民劳作之余，常常在此洗浴。自从国民党军"围剿"红军和革命根据地，这个水塘便被霸占，他们和玉符民团早上前往"围剿"博南山红军赤卫队，午后返回据点驻地时，途经洋盈水井都要停留在此休整，对正在洗浴的乡民射击点杀，同时严重影响苏维埃政府工作人员通过，特别是交通员传递情报。冯公坊党的地下交通站站长吴和更两次在洋盈水井路上埋设地雷，炸死炸伤国民党军兵士和民团团丁。因为连续遭到轰炸，国民党兵士和玉符民团把洋盈水井处视为高危地点，再也不敢在这个要点上恣意停留。

"围剿"红军和革命根据地的国民党军绝大多数是外来兵员，他们并不知晓在洋盈水井挨炸的缘由，以为这是共产党赤卫队的骚扰，而不觉得这是中共地下交通线来往于博南山的途中节点。可土生土长的"地头蛇"却对红军赤卫队的行动有所觉察，竭力截断共产党的这条地下交通线，而使出浑身解数。道美是联系羊山和博南山的一个小村落。玉符民团纠合成立时，特地指派一个分队驻守道美村，其企图便是切断人民群众和博南山、羊山中共组织联系的纽带。这些团丁异常卖力，白天设卡拦阻路人过往，夜间时常在路边设伏，目的是截击红军和苏维埃政府工作人员。吴和更也常常要走这条路径，给博南山和羊山党组织与红军递送情报文件。

"民团乡丁利用黑夜捕捉我们的人员，我们将计就计来一个'黑打黑'，也利用黑夜屏障，打断他们的脊梁骨！"吴和更与村里的交通员合计道。他说，拔掉玉符民团安插在这条通道上的楔子，交通员和过往红军及工作人员就少了一分危险。经过多次侦察，他掌握了团丁夜间活动规律，反复揣摩，确定了行动计策。

寒风呼号，冷雨霏霏。严冬的一个二更天，吴和更带领一区武装常备队埋伏在距离道美村两三里的隘道两旁。

"今晚我们要捉几个共匪，领赏上酒楼逛妓院啊，大伙儿都要卖力点！"民团分队长一个个叮咛乡丁。即使捉不到共产党赤卫队，能抓住老百姓也能榨出些许油水，逼迫这些老百姓交钱赎人，供自个享乐。三更天，他们吃饱喝足后，上路了。

道美这个民团分队果然故伎重演，派出10余名团丁沿着黑黢黢的小路摸索，妄想捕捉苏维埃政府的过路干部，或路过的共产党的地下交通员。当走到距离赤卫队埋伏地点还有一段路时，他们突然停下脚不走了，在路中间一阵子嘀嘀咕咕。原来他们也害怕遇上共产党的武装人员，黑天瞎地，偷鸡不成反蚀一把米，损了自己的性命。摸准了这帮团丁的心理，吴和更一脚踢上路面的一颗小石头，"窸窸窣窣"地故意弄出一些声响。

黑沉沉的夜幕里，团丁听到前头路面石子嘣嘣响，朦胧中突然看到前头有人疾步行走，立即改变保守主意，领头的在黑暗里做出追击的手势，像饿虎扑食，向前头的人影急步追去。

吴和更时走时停，和后头紧追的团丁若即若离，假装走不动的模样。团丁上当中计，以为前头的人真的走不动了，再追几步便可捉住人，奖赏钱银唾手可得。

"站住！站住！老子要开枪了！"团丁急功近利，以为马上可以逮到苏维埃政府的工作人员，不顾一切地一窝蜂地拼命向前追赶，个个气喘得像风箱，都捯不过气来了。

"沓沓"地，来到一个低洼地段，吴和更按预先约定，倏地跳下路基，随即喊声"打"，手榴弹顿时在团丁中间开花，紧接着又是一阵子弹猛射。这帮团丁不敢恋战，朝前头胡乱放了几枪便仓皇沿着原路退却。黑暗中，他们不知道这里埋伏多少共产党的武装人员，再不撤，恐怕一个也跑不掉。吴和更和赤卫队当场击毙团丁3人，缴获步枪3支。

经这一次打击，道美民团分队认为共产党已经掌握了他们的行动规律和企图，既然共产党的武装人员能够打埋伏，谁能料到哪一天不会端掉他们的狗窝呢！一夜辗转未眠，天刚放亮，道美团丁按照玉符民团的指令立即从村里撤走，向玉符民团驻地集中。从博南山到羊山的党的地下交通线再次畅通。

诸位：地下交通站把党的神圣使命扛在肩上，尽释智慧，勤勉躬行，圆满地出色完成党组织交给的工作任务；无论是在敌人驻守的咽喉重地，还是在广阔乡村，地下交通员斗争活动都游刃有余。侦探敌人动静，协助红军赤卫队惩办首恶，涌现出了许许多多的独胆英雄和敢于斗争敢于牺牲自己一切的优秀交通员。请诸位听我继续往下说。

第十一回　挺进城里秘密设点
山雨欲来传播先声

诸位：上回说到府海地区党的地下交通站在错综复杂的敌我搏斗中，机智勇敢，巧施谋略，依靠武装斗争打击敌人，严惩国民党的爪牙，为尚处于弱小的中共组织和红军、赤卫队扮演千里眼和顺风耳的角色。随着形势的突变，地下交通站的工作越发凸显重要。新形势新情况新挑战需要广大地下工作者施展新的作为。诸位且听我说来。

春寒料峭，一阵阵冷风沙沙地刮过街面，行人赶紧攥拢袖口，低头疾走，仿佛周边的一切与己无关。难得的是，天空清净如洗，太阳挂在东头，给人一丝暖意。

1937年1月的一天，海口市少史街月华鞋店里，中共海口市工作委员会宣布成立，林克泽任工委书记，林诗耀、傅周为委员。林克泽对大家说："从现在起，海口的地下交通工作进入一个新阶段。根据近日掌握的情况变化，近期我们的工作重点之一是国民党琼崖当局机关内部，掌握各个层面人员的思想行动变化。中共中央根据时局发表告全国同胞书，提出停止内战、团结抗日的号召。同志们要振作精神，全力以赴，把特委交代的工作任务完成好！"

少史街是海口市的一条小街，经营的鞋子袜子帽子属于中低档产品，木屐是民众的常用生活用品，因而来来往往的大多数是平民百姓。出了店铺门，往右就是通往海口大街的新兴街道；往左去，尽头则是博爱南街，交通隐蔽，出入便利。

天总有不测风云，革命斗争的时局变化有时比风云变幻更甚。当这种形势突然发生变化之时，最重要的是要抓住时机壮大自己的力量。当国民党军队忙着"围剿"中共琼崖特委和红军赤卫队，疯狂进犯革命根据地的时候，1931年九一八事变发生，国民党政府采取不抵抗政策，日本侵略军长驱直入，东三省迅速沦陷。日本帝国主义欲壑难填，妄图吞并整个中国，继续南进，中华民族岌岌可危。1935年8月1日中共驻共产国际代表团草拟了《中国苏维埃政府、中国共产党中央为抗日救国告全体同胞书》，提出了停止内战，全国一致抗日的主张。中共中央的这一主张指出了当前的紧迫形势，中国面临着灭种灭族亡国的危险震撼了四万万同胞，中华民族在中国共产党告同胞书中觉醒。同年12月9日，北平学生组织和发动了一二九爱国运动，发出了抗日救国的怒吼。

九一八事变的消息传到府海地区时，琼山各界人士请求国民党琼山县政府建造牢记国耻军耻、勖励国人抗日救国的纪念碑，并自愿捐助所需资金。这座在设计构图上颇具特色的爱国纪念碑，由爱国知识分子、琼山县建设局局长王尊荣负责设计，用钢筋水泥浇铸而成。纪念碑以中心红色、外圈灰白色圆形水磨石做底座，正中竖立六角形柱体，全高四米，主柱三侧分别附着形状相同的曲折构件，代表着东北三省。整个碑形巧妙地构成刚劲有力的"东北"两个大字，从任何一个侧面观看，主柱三面直铸的"毋忘九一八国耻纪念碑"十个大字都赫然入目。府海地区的人民群众把对日本侵略者的憎恨，凝聚到对国民党政府的腐朽统治上来，把反对殖民地、半殖民地和封建、半封建社会的斗争推向新的高潮。中共党的地下交通站斗争由此揭开了新的篇章。

1933年4月，中共琼崖特委书记冯白驹从母瑞山突围，秘密回到琼文老区后，以老区为依托，依靠人民群众继续坚持斗争。1935年，特委在琼山县演丰乡锦山村召开四届五次扩大会议，选举产生特委新的领导机构，成立全琼统一的武装斗争指挥机关，发展了党的组织和红军队伍。此后抗日救亡运动在府海地区迅速兴起，抗击日本帝国主义的侵略行径成为新的斗争浪潮。这时，特委领导愈加重视党的地下交通联络工作。一方面组织和领导人民做好抵抗日本帝国主义侵略的准备，另一方面积极恢复党在城市的基层组织，发动和组织各界群众参加抗日救亡运动。特委领导敏锐地认识到，倘若日本侵略者攻占琼崖，各个城市包括乡镇圩墟必定是他们占据的重点，府海地区和县城必然是他们盘踞的重要巢穴，要做好长期的抗战斗争准备直到最后胜利反击，必须提前布局设点，组织和壮大地下斗争力量，以有效保障根据地的斗争，配合武装队伍的斗争行动。因此，必须把恢复和建立城市党的组织工作视作抗击日本侵略者的先行工作，提前切实加以部署。1934年被任命为中共琼崖西南临委委员的林克泽于1935年夏回到特委汇报工作，被留在特委机关具体负责落实党组织的恢复规划。海口市是特委地下工作的重点城市，林克泽立即潜入到市内，找到了大革命时期在海口潜伏的林诗耀。然后，他们一起回到演丰中共琼崖特委驻地接受新的任务。

冯白驹向他们介绍了刚刚召开的四届五次扩大会议精神，分析了九一八事变以来的全国形势和琼崖党组织所面临的任务，剖析了琼崖国民党当局各派政治力量与态势，着重谈了府海城市工作的重要性。此时，1932年因电台损失和党中央中断了电讯联系的中共琼崖特委，还没有和党中央接上关系。

"九一八事变后，全国斗争形势发生了变化。在琼崖，虽然国民党陈汉光部已撤离，但驻琼崖的国民党保安团仍然向革命根据地实施进攻或围困，根据地的形势仍然十分严峻。我们在抓好反击国民党军进攻和围困的同时，必须重视做好城市中我们党的力量的积聚和发展。目前日本帝国主义对我国速战速决的企图日益清晰，恢复各地党的组织工作特别是府海地区党的组织，发挥地下斗争的威力，必将有利于我们今后对敌斗争的开展。对今后斗争形势的发展，我们要有一个清醒的估计。只有这样，我们的斗争才能克敌制胜而立于不败之地。你们的任务是潜入海口，做好长期潜伏的思想准备，力争尽快把原有的地下交通站恢复起来，同时根据斗争实际需要和任务要求，还须建立起新的地下交通站，扩大交通联络网络，发展新的地下交通员。要知道我们与敌人的斗争将是长期的、艰巨的，只有立足于此，我们的工作才能经受起暴风骤雨的考验。"冯白驹根据当前的斗争环境和对今后形势发展的估计，循循善诱地说。

"我们一定按照特委的指示，开展和做好岗位工作！"林克泽和林诗耀表示说。他们心情愉快地接受了任务。

林克泽旋即说："首先，我们要恢复被破坏了的或被迫停止活动的地下交通站，通过这些交通站完善我们的耳目系统。其次，根据形势需要、地点安全、人员可靠诸多情况建立起新的联络站，尤其要见缝插针，积极向空白地带延伸。总之，尽最大的努力积极开展工作，完成特委交付的工作任务。至于具体如何开展工作，从何着手，我们进城扎下根后进一步摸清情况再做决定。依靠党员同志，还有政治上可靠的先进分子，我们保证把任务完成好。"

冯白驹听完，点了点头，表示赞许。自琼崖四二二反革命政变发生以来，府海地区的党组织遭到严重破坏，地下交通站的创建和后来的被敌人破坏，或有的被迫转移或停止活动，都说明斗争的复杂和艰险。恢复和重建地下交通站，是中共琼崖特委着眼于琼崖斗争大局，对城市工作的重要部署。林克泽立场坚定，斗争性强，但在海口市里没有任何社会关系，较难于开展工作，这点冯白驹清楚；而林诗耀则不同，他曾任中共海口临时工委书记，负责工委的筹建，对市里环境较为熟悉，也因此积攒了广泛的人脉。现在他俩搭档，正好实现互补，有利于工作的开展。

"特委加强海口市党组织建设的决定很及时，临时工委已经恢复了一批基层党支部。依目前情况来看，党组织的恢复和发展对海口市的地下交通斗争尤为重要。我们一定按照特委的决定，加快工委成立的步伐。"林诗耀看了看林克泽，满怀信心地对冯白驹说，"请特委放心，我会全力做好林克泽同志工作的助手。"

冯白驹又点点头，对他们的工作态度表示肯定。他接着叮嘱说："城市的敌我斗争情况很复杂，比农村斗争危险得多，你们要善于驾驭时局，特别是面对敌特猖獗的局面要保持镇定冷静。首先要保障自身的安全，其次才是开展工作。环境险恶会影响党组织开展工作，也妨碍地下交通员开展活动，我相信只要我们紧紧依靠群众，特别是他们中的先进分子，就能改变环境不利因素为有利条件，调动更多的人为实现我们的奋斗目标而工作。你们要谨慎再谨慎，努力再努力。特委等待着你们的好消息！"

离开特委驻地，林诗耀掩护林克泽一起进城。这时成立中共海口市工委的条件已经具备，而且他们还开辟了秘密活动的据点月华鞋店。成立后的中共海口市工委，对外，林克泽为月华鞋店经理，主持鞋店日常经营；对内，担负起领导工委的实际责任。

海口市工委的成立，对党员和进步分子是强烈的精神激励，鼓舞他们投入到新的斗争。这样，经过一段时间的工作，海口市工委陆续恢复与建立起一批基层党组织。例如，1936年冬恢复的大样党支部、高坡党支部、道客党支部、薛村党支部、府城监狱党支部。1937年成立的海口电报局党支部，书记陈沪郎，党员力伯皖、杨明（杨文秀）、朱旦、黄桂；国民党军士教育连党支部，书记何君清，党员黄文明、文谦受等九人，他们活动于大英山；国民党机关内的共产党支部，书记张刚，党员符荣鼎、吴克之、陈石、辜汉东；不久，国民党机关内又成立一个共产党支部，符荣鼎任书记，党员符致铣、翁人强和昌江来的两位同志；"九八"行党支部，负责人郑昌运，党员冯尔茂等三人，活动地点在水巷口；茶店党小组，由一位乐东籍的党员负责，他们活动地点在新兴北路和长堤路交叉处；琼海中学党小组，书记郑昌经，党员王琼福、王绥兴、林诗铭等四人。海口市工委还和党员、省立第六师范学校童子军教员林庆墀，以及从上海返回海口的施正军等直接联系。

海口市工委建立了形式多样的各个联络点：阜成丰旅店，这是秘密联络点，由党员、店员林诗某负责，旅店老板虽然不是党员，但同情和支持革命，来往于海口、湛江和香港等地的革命同志，多数通过地下交通员联系，由市工委安排住宿于这间旅店。钟楼丁字街食店，店主是党员韩拓夫的堂兄弟，他拥护和支持共产党的活动，来往于海口和乡间的革命同志多数被安排在这个食店住宿。地下交通站开会或联系工作本来就需要活动经费，这些联络点利用旅社、饮食店做掩护，以营业积聚资金，对缺少活动经费的中共组织来说，是雪中送炭的极大支撑。海口市工委的成立，恢复和加强了城市党的组织活动，同时为党的地下工作提供了强有力的领导。这一期间，是府海地区地下交通工作较为活跃的时期。

时局飘摇，国弱民困，凡热血人士无不寻求救国救民道路。国民党琼崖当局机关也不是铁板一块。海口市工委循序渐进，通过接触和交往，逐步摸清国民党琼崖当局机关内部职员的思想动态，有计划地把国民党当局机关职员争取到共产党阵营这边来，培植正义民主的力量，共同反对国民党琼崖当局的腐朽统治。

力伯皖是海口电报局局长，陈沪郎是报务员，杨明是事务员，他们分别于1936年和1937年来到海口。地下交通员多方打探，暗地调查，了解到他们都是爱国人士，思想倾向进步，行为正派，却苦闷于无法为中国革命贡献微薄力量。掌握了这些情况后，林克泽利用日常生活接触，主动找到他们宣传马克思主义，宣讲中国共产党的抗日主张，并适时把他们吸收到中共组织中来。林克泽对他们说："你们的任务是利用自己的合法身份掩护刺探敌情活动，及时将敌情报告党组织，以便我们采取必要的应对措施。"

接受林克泽的指示后，力伯皖他们利用收发电报或工作联系机会，经常出入于国民党琼崖专员公署、海口海关、军用电台、邮政局、盐务局、银行等机关和学校，寻找时机，向机关职员、办事人员以及中下级军官宣传中国共产党抗日救亡的政治主张，宣传中国共产党的抗日民族统一战线政策，从而扩大了中国共产党在国民党琼崖当局机关组织里的政治影响。

一切以唤起广大民众觉醒为主轴。九一八事变后，日本帝国主义加紧侵略中国，形势愈加危急，这时日本军舰在东南沿海游弋，琼崖危在旦夕。海口市工委密切注视着局势的变化，按照中共琼崖特委的指示，积极在民众中宣传党的抗日主张和对时局的看法，鼓动民众坚决反对日本帝国主义的侵略行径。一场严峻的斗争摆在海口市工委的面前，他们果断地决定采取新的行动，以贯彻党在当前的团结抗日主张。

青竹路，二更时分，风云茶店里。林克泽约请力伯皖喝茶，他俩漫天海聊海口市景，眼神里警惕地注视周围的茶客。这些茶客里忧国忧民者有之，其中不乏国民党当局的侦探人员，市侩无赖也混在茶桌间，傍大款或权势者揩油水，他们时时窥视着茶客的一举一动，寻找蛛丝马迹，企图捕获共产党嫌疑分子，以便邀功请赏。这就增添了夜幕的神秘氛围。

"淞沪时局告急，不晓你注意到了没有？"林克泽借斟茶时轻声说道。

"我晓得。"力伯皖呷了一口茶水，"可用一触即发来表达。"

"局势紧张，什么事情都会发生。当前的工作任务是引导广大民众站在我们一边。"林克泽低声说道，"自九一八事变发生以来，连普通老百姓都看得很清楚，我们党坚持抗日，力促社会各界结成统一战线，共同抗击日本侵略者。国民党蒋介石集团却对日本侵略者一再退让，说什么'攘外必先安内'，同室操戈。我们要揭露他们对外投降、对内反共的阴谋，号召爱国同胞加强团结，一致向外，积极参加抗日救亡的各种斗争活动。目前全国斗争形势，可以说，团结抗日箭在弦上。"

"按市工委的工作部署，我们广泛接触各方面人士，宣传我们党的抗日主张，向他们宣讲当前的全国形势，特别是揭露日本军国主义的侵略阴谋，一大批爱国人士义愤填膺，纷纷表示绝不当汉奸。比如海口海关职员周立维就对半殖民地半封建的海口海关现状很为不满，说这是帝国主义披着合法外衣盘剥琼崖自然资源，他还积极主张坚决抗日，说'不抗日，则灭种'。这话震撼力很大，大家说不抗日离灭种灭族就不远了。"力伯皖说。接着，汇报了近期他们所开展的工作。

"从内地传来的消息表明，日本军国主义对我国速战速决的图谋暴露无遗，气焰嚣张。他们拉拢国民党政府里的投降派，分化国民党军队，短时间内很可能要发生大的变故，我们要做好这方面的思想准备。总之，我们反对日本军国主义的侵略企图，必要时要拿起枪杆子和日本侵略者展开面对面的斗争。"林克泽分析全国形势后说。他对海口市党的地下活动已做了初步安排，"假如发生重大事件，我们要通过报刊、传单等揭露日本侵略者的罪恶行径，让广大人民群众明了事件的真相。海口电报局是琼崖沟通同全国甚至国外电讯联络的枢纽，你们要把握斗争策略，充分利用这一阵地，发挥其他战线同志不可取代的作用。我相信，你们十分明确自己的地位和所处的重要位置，会最大限度地运用自己的智慧，为党多做些工作的。"

灯火暗淡，热浪蒸腾。啜茶的人摇着扇子，不时拍打着腿脚下的蚊虫，似乎兴头未减。

力伯皖听完林克泽的这些话，立刻感受到这是党组织对自己寄予的最大期望，也是党组织对自己的最大信任。他先是扫视了一下周围，灯火朦胧里没有发现异样的情况，然后信心百倍地说："请党组织放心，我们一定利用自己的有利条件为党多做一些有益的工作，把重心转移到当前的抗日救亡活动中来，保持敏锐的嗅觉，配合特委的宣传方针，鼓动更多的群众参加到抗日斗争的行列中来！"

林克泽微微点头，赞许力伯皖的工作，不忘嘱咐："一把筷子折不断，团结力量大。任何时候都要重视依靠同志们的智慧和群众的力量。同志们保持定力，团结在一起，群策群力，随机应变，没有克服不了的困难！"

1937年七七事变发生，当天上午海口电报局和国民党琼崖当局都收到卢沟桥事变的电报，国民党琼崖当局一片恐慌，借口避免民心动荡，军心动摇，封锁这一重大消息，严防在民众中扩散。

力伯皖紧急召集陈沪郎和杨明碰头，商讨对策。力伯皖认为这一重大事变必须及时告诉琼崖人民，我们正好利用这一时机宣传中国共产党的抗日主张，唤起广大民众的新觉醒。他说："国民党琼崖当局封锁这一消息，目的是继续愚弄人民，让民众当亡国奴。我们必须另想办法让民众及时知道这一重大事变的严重后果，向广大民众讲清楚共产党的立场和主张，激发起广大民众的抗日觉悟。你们看以何种方法最为稳妥和安全？"

"力局长，我们同意你的想法，要以最快的速度把卢沟桥事变的消息传播出去，这是关系到中华民族存亡的大事，绝不能犹豫。至于何种方法才不被当局抓住把柄，我认为以刷写标语或者散发海报的方法较好。我们不能将消息送往报馆或者举行记者发布会，难道告诉民众这一消息还不行吗？我们是中华民族的一分子，'天下兴亡，匹夫有责'，我判定当局不敢问罪于我们，民众现在的情绪是一堆干柴，一点火就着。就当前局势来说，他们还不至于引火烧身，自惹公愤。"陈沪郎说。因陈沪郎是报务员，接收到这一消息后，立即告诉了力伯皖，按照规定程序上报，等待当局的处理决定，没有想到国民党琼崖当局采取的是与人民利益背道而驰的立场和做法，极为愤慨。这时，满肚子气还没有消弭。

"陈沪郎说得甚好！在这个时候，当局不敢惹毛民众，何况日本军国主义侵略我国，这是中华民族的切肤之痛，眼下当局害怕被扣上'卖国贼'的帽子。我们就利用当局这个心理状态推进我们的工作。"杨明态度明确地说，"力局长，你说咋办就咋办，一点都不含糊！"

力伯皖本来想消息送不到报馆，就采用民间的渠道，陈沪郎和杨明说的方法正和他的思路吻合，从而坚定了他的信心。他接着说："我们采取散发海报的方法，立刻把卢沟桥事变的消息公布出去！至于后续的宣传发动工作，比如陈沪郎说的刷写标语，我们要积极组织民众参与，把广大民众的情绪引导到抗日救亡的轨道上来。我来拟稿，你们准备纸张、油印工具，立即着手！"

当天下午，海口和府城街头出现了卢沟桥事变的海报。它告诉民众：7日早晨，日本侵略军进攻卢沟桥，中国驻军二十九军吉星文团全体官兵在中国人民抗日热潮的推动下，奋起抵抗，抗日战争全面爆发了。此后，又用海报的方式宣传中共中央发出的《为日军进攻卢沟桥通电》，指出"全国同胞们！平津危急！华北危急！中华民族危急！只有全民族实行抗战，才是我们的出路！"这两份海报的消息轰动了府海地区，各界人士纷纷集会，号召海口和府城"工农商学兵，一齐来救亡"。

国民党琼崖当局迫于抗日形势和舆论压力，赶紧刊发号外，向外公布了卢沟桥事变真相。

府海地区抗日救亡浪潮汹涌澎湃，愤怒声讨日本军国主义侵华暴行。海口和府城市区集会不断，两天一大会，三天一游行示威，街头巷尾到处是抗日救亡的人流。

　　紧接着，海口电报局党支部以力伯皖职务的影响力，在职员中组织读书会，结合府海地区民众抗日救亡工作组织时事讨论会，提高职员思想觉悟。职员们自觉参与，他们中的许多人被日军的侵略行径所震惊，从九一八事变至七七事变，血泪斑斑，令人发指。力伯皖他们还深入到琼海中学，指导歌咏队排练抗日节目，教唱抗日歌曲，校园里抗日歌声嘹亮。

　　迫于全国抗日热潮高涨的局面，国民党琼崖当局对共产党的钳制有所松动。海口市工委通过合法手续，于1937年秋创办了《救亡呼声》杂志，主旨为宣传中国共产党的抗日主张。府海地区广大民众从《救亡呼声》进一步了解中共的抗日立场和观点，其影响日渐扩大。冯白驹、黄魂、李黎明等经常为该杂志撰稿，力伯皖以铁军的笔名在《救亡呼声》上发表《我们为什么要持久抗日》等文章。《救亡呼声》还刊载抗日漫画，立场坚定，旗帜鲜明，其发表的文章和漫画在读者中印象深刻，引起人们的共鸣。《救亡呼声》一时成为市民争相阅读的刊物。

　　至1938年年初，府海地区局势愈加紧张，海口港埠外停泊的日军军舰，不时炮击秀英炮台。日军飞机还经常轰炸府海地区，国民党琼崖当局和驻军保安团缺少防空设施，更没有防空能力，当日军飞机轰炸时，职员和市民只有被挨炸的份。

　　林克泽通过地下交通员传达市工委指示，要求电报局党支部组织周边民众防空。力伯皖他们走上街头设点立标，积极向市民宣传防空知识，指导市民组织防空执勤，派出防空瞭望哨，组织市民有序防空。这样，一听到空中传来飞机的轰鸣声，就禁止走动，就地隐蔽，职员和市民立即藏身于附近的丛林和地洞里。日军飞机虽然频繁轰炸府海地区，但电报局职员和附近市民未曾发现伤亡事件。这不能不算是奇特现象。

　　日军侵琼前后，日本商人胜间田善作利用在海口大街经营"健寿堂"商行，继续暗中从事间谍活动。海口电报局党支部怀疑胜间田使用商业电报盗取琼崖军事、政治、经济情报，抗日战争爆发后，力伯皖要求有关人员利用业务工作之便，刻意检查胜间田商行的商业电报，发现可疑迹象的不予发出；后来又指示他们即便未发现可疑点的电报稿，也借故推迟发出，让这些电报降低或完全失去使用价值。这些展现了地下党组织对敌斗争的智慧和才干。

"砰！砰！"这天三更时分，一派死寂的府城监狱里突然传出一连串枪声。周边的居民猜测，这是中共地下党组织在组织和发动新的斗争，或许发生了意外。

诸位：面对形势的急遽变化，中共琼崖特委做出了正确的判断，加快各级党组织的恢复和发展，迎接新的挑战和新的斗争考验，特别是对地下斗争的部署，尽快恢复与发展地下交通站，加强对城市敌我斗争的领导。中共党的地下斗争延伸到国民党琼崖当局的机关部门，场景更加广阔壮烈。这种斗争在继续。请诸位听我继续往下说。

第十二回　监狱斗争你死我活
壮士凛然视死如归

　　诸位：上回说到中共海口市工委结合斗争实际重建被敌人破坏的地下交通站，并以新建的月华鞋店作为市工委指挥活动中心，像一把利刃插进了国民党琼崖当局的心脏。海口电报局党支部打破封锁，以海报传单方式把卢沟桥事变的真相公之于众，民众怒涛沸腾。就在此时，府城监狱一批志士牺牲在敌人的屠刀之下。诸位且听我说来。

　　这天夜晚，府城监狱突然响起了枪声。市民的猜测不错，是中共地下党组织领导开展的一场生死搏斗。

　　当府海地区广大民众掀起抗日救亡热潮之时，国民党琼崖当局却强化统治，严厉镇压民众的反抗。府城监狱的斗争在这个时候也到了生死搏击的紧要关头。

　　1929 年年初，府城监狱党支部成立后，一直在坚持斗争。一些党员和骨干由于国民党当局查不出真凭实据而被释放，走了一茬又一茬，他们前仆后继，党支部活动没有中断过，与敌人的斗争或公开或隐蔽也从没停止。他们不怕牺牲，愈战愈勇，虽然屡被国民党当局镇压，但始终未曾屈服，迫使敌人妥协，最大限度地维护了难友的权益。这种可歌可泣的斗争，时而激烈时而松缓，却张扬了共产党人生命不息奋斗不已的抗争精神。

1933年，鉴于不满压迫剥削的民众越来越多，国民党琼崖当局搜捕共产党人和进步人士的行动愈加严厉，府城监狱人满为患。为此，当局决定扩建监仓，将羁押在府城监狱里的200多人暂时转移到府城高氏祖祠里关押。高氏祖祠并不宽敞，因为人多牢房少，一间屋子里睡铺搭成上下两层，难友们按编号分睡上下铺。屋子本就低矮，上下铺逼仄，难友只能坐，站立则要弯腰弓背，下铺的人稍一伸腰头便抵到上层板块，住在上层的难友一抬头便会撞到屋顶。铺子窄小，身子横不开、脚伸不直，像番薯芋子挤在一起。更甚者，难友连最起码的生活条件都不能保障，水不给多喝，澡限制洗浴，约束难友家属探望，每顿只能喝到一碗稀粥，还被驱使当劳工，挖战壕、做苦力，狱方不把难友当人看待。

这天放风，府城监狱党支部冯尔芳他们按照计划碰头。

"狗要吃屎，虎要吃人。我们被国民党反动派囚禁，这帮家伙总是在想方设法折磨我们，直到整死才拉倒。"冯尔芳对难友中的骨干说。高氏祖祠只有围墙，狱方还来不及架设铁丝网，而且警戒松懈，因此越狱的机会还是有的，便又说，"我们是否要组织难友们越狱呢？我想，只要保密越狱的目的还是可以做到的。你们怎么看，听你们的意见！"

冯裕琼抢先说："冯尔芳的想法就是我们党支部的想法。我觉得这个办法可行。祖祠的围墙没有铁丝网，而且也没有监狱的围墙坚固，把围墙悄悄挖开一个洞，趁着看守松懈，我们越狱跑出去是有机会的。我想决定了就赶快行动，等到那头的监仓扩建完成，难友们被押回去，就没有逃逸的机会了。"

"冯裕琼说得对，我赞成，我们要赶快行动。步调一致，才能保证行动成功，我们要坚决服从党支部的领导和安排，具体地说即听从冯尔芳的指挥。刚才他说的主意就代表我们党支部的意志。如果没有人提出不同意见，没有异议，我看就按照冯尔芳的布置去执行。"组织委员张承轩说道。

冯尔芳朝着身旁以做饭掩护讨论的党员难友说："你们有什么不同想法都可以说。"陈家清说"没有"，其他的人都说"党支部的决定很好"。这样，冯尔芳便接着布置任务："你们如果有家属来探望，或其他难友有人来探视的都要提前告诉我，我想好要做的几件事情需要他们协助。近段时间，对看守狱兵要避免正面顶撞，能忍则忍，即要讲策略，不能激化矛盾。还有，大家要注意绝对保密，防止不慎泄露我们的行动计划和打算。当然，我们的同志思想统一，行动还是很协调的。何时行动要等待时机，大家都要听党支部的号令！"

夕阳下，大家故作姿态又忙开了，摆弄着灶膛，一片烟雾腾腾。高氏祖祠里灰飞尘彰，火息呛人。冯尔芳趁机挨近冯裕琼说："我细致地考虑过，翻越围墙目标大，容易被发现，院子里没有登高材料，还是挖洞打通围墙的办法好。你暗地里物色几个身强力壮的同志，做好挖通围墙越狱的准备，现下尤其是搜集工具。物色好后，尽快把他们的名字告诉我。我在想，这些人政治上要可靠，而且嘴巴要严紧。如果泄露了行动的秘密，不但我们的计划要夭折，同志们还要遭到敌人的摧残，问题就很严重。"

"唔，这事的严峻性我明白，搞不好前功尽弃，我一定小心谨慎行事。"冯裕琼对冯尔芳诚恳地说。

此后几天里，冯裕琼把他心眼中认为较可靠的难友姓名告诉冯尔芳。根据这些难友在狱中的行动表现，冯尔芳逐一衡量甄别，筛选执行凿墙任务的骨干。几经辨别后，他筛选出七八名难友，然后通过他们的家属，以各种名义陆续带进几斤汽油、两把铁铲和四埕滃水，并秘密地藏匿好，等候行动的时机。

风儿再轻树梢也会摆动。尽管冯尔芳他们行动保密，还是透露出一些声息，吊诡的行动引起别有用心的人的注意。看守狱兵里也有颇具心计的人，他们暗中观察动静。

夜黑天高，万籁俱静，已经是三更时分。这时，高氏祖祠的西北角，时不时响着"咚咚"的微小声音，这是冯裕琼指挥难友在由内向外掏挖围墙。随着"嘭"的一块石头落地，从外头吹进一阵寒风，围墙被捅透了。难友们小心翼翼地把围墙洞四周扩大，直到一个人能够钻出去。难友们既喜悦又紧张。冯裕琼立即派一名难友报告冯尔芳，一边让难友们一个挨着一个钻过围墙越狱，一边小声地不断叮嘱："小心，不要弄出响动！快跟上！"

"集合！紧急集合！"就在这时，一阵急促尖利的哨声响彻夜空，随即枪声划破了雾气缥缈的天宇，高氏祖祠府城监狱监管室里忽地亮起灯火。紧接着，一队狱兵挺着枪向冯裕琼他们这里奔来。与此同时，围墙外头也传来"咚咚"的快速脚步声。很快，围墙洞口内，狱兵把冯裕琼他们包围了起来；围墙洞口外，一队国民党军士兵也已把外头封锁住，吆喝声此起彼落："把洞口把守住，钻出一个活逮一个！""共产党组织越狱，幸好我们掌握了消息！"

冯裕琼见事情败露，拍了拍手，直起腰，掸了掸身上的泥土，若无其事地直视着面前的狱兵说："猖狂什么？不就是给你们捉住了嘛，有啥了不起！装逼老子天下第一啊！"

围墙洞口一挖通，冯裕琼指挥十来个难友相继钻了出去，他却没有抢先逃出。这时在冯裕琼身旁还有五六个难友来不及逃脱。见到越来越多的狱兵围拢过来，冯裕琼很坦然地想，落在敌人的魔掌里，能逃出去一个算一个，这应该说是胜利。

监仓里的难友听到发生了不测，都朝人声鼎沸的西北边围墙奔来。灯火影里，冯裕琼看到冯尔芳和一群难友传递来的眼神。他知道冯尔芳是接到自己派去的难友报告后赶来的，可惜他们的行动被发现，暴露了事先制定的计划，功亏一篑。那么，他们的行动是怎么暴露的呢？这般情景似是敌人事先掌握了他们的行动计划。冯尔芳和冯裕琼心里狐疑。他们原先的计划是，冯裕琼他们挖通围墙后通知冯尔芳和难友们逃走，避免人员太过集中被敌人发现。

"冯裕琼，你的胆子可够大的了，你的同党还有谁，快说！"得悉惊讯的监狱长匆匆赶到，扭亮手电筒把围墙洞里里外外照了个遍，厉声喝问。他要挖出站在冯裕琼背后的指使者。印象里，冯裕琼是一个老实巴交的青年农民，怎么干出这种连想都不敢想的举动呢！他并不清楚冯裕琼是一名共产党员。

冯裕琼大包大揽，轻蔑地说："我没有同党！挖围墙逃跑，这是我自己想出来的办法。是人总得想活命吧，这样被囚禁还不是蹲活棺材！我一人做事一人当，和其他人无关！"

"哈哈，好一个和其他人无关！我问你，你身边的人怎么就和你走到一块来了？"监狱长找不出别的办法，眼下只有恐吓一条计可施，却张口走漏了嘴，"你自作聪明，妄想瞒天过海，以为自己的行动天衣无缝万无一失，不会有人发觉。告诉你吧，你们的行动早有人密报了我们，你还蒙在鼓里，咋不想想我们能够内追外堵是事先掌握了你们的动向呢？"

冯裕琼听了这话，仔细一想，照这个说法，是我们难友队伍里隐藏着内奸？哦，不得了！

监狱长当着众人的面，耍着官威，继续说："你再不说，碎尸万段，难道你就不怕死？"

"怕死？怕死我还敢在太岁头上动土吗！既然我的行动失败，就不怕下油锅蹚火海！"冯裕琼说后，朝监狱长那里蔑视地瞥了一眼。这下子，却无意中看到了躲闪在狱兵身后的一个熟悉人影。这个人就是叛徒严献谟。

严献谟曾是村农会干部，1928年春蔡廷锴部"围剿"琼崖红军和革命根据地时被捕，关押在府城监狱。一晃就过去了三四年时光，看到出狱前景渺茫，意志薄弱的他想起监狱长说过只要坦白就可获得宽大，便向监狱自首，以求得尽早出狱。哪知监狱长出尔反尔，另有图谋，把他继续留在监狱里充当鹰犬。幸亏严献谟只是村农会干部，不甚知晓党组织的底细，况且监狱党支部的活动严守保密规定，他无从获知府城监狱党组织的内部秘密，为此不少次被召到惩戒室受到监狱长的厉声呵斥。欲想人不知，除非己不为。难友们也从他的反常行动中窥见端倪，凡是秘密的行动对他封锁得密不透风。

冯尔芳的越狱计划虽然执行严格的保密措施，但还是让严献谟摸到一些行动的痕迹，便赶快把所怀疑的事项告诉了监狱长。譬如一些难友三三两两正说着话，一看到他马上戛然而止。老奸巨猾的监狱长斥骂他是蠢货，看只蚊子也少半两，可也不好过分斥责，如果没有人充当耳目，自己更是睁眼一片黑。他妄图放长线钓大鱼，表面上不动声色，暗地里联络了县兵，在监狱里加强哨兵值守，严令狱兵四时待命，以防不测。严献谟也支起耳朵探听异动，争取立功的机会。

这天夜里三更，严献谟突感内急，爬起身小解时，看到一溜人影贴着墙根悄悄摸出了监仓，躲躲避避。偷偷地追踪了一会儿，顿觉可能是共产党狱中有大的行动，猛然想到得看仔细才行，不然又得招惹臭骂。结果看到冯裕琼挖通了围墙，有的难友已逃到外头，这才立马小跑报告了监狱长。因而，才有了冯裕琼他们越狱被围堵的一幕。

这当口，冯裕琼揣测自己的猜想肯定无疑，必须除去后患，忽而心生一计，指着躲藏在狱兵里的严献谟接着说："你不是要挖我的同党吗？好，我告诉你吧，他远在天边近在你的眼前，严献谟就是你要找的人！"

"哎哎！"严献谟冷不防被吓了个六神无主七窍生烟，连忙跪倒在监狱长的跟前，忙不迭地说，"监狱长，冯裕琼一派胡言，含血喷人，小人是忠心耿耿为您监视他们的行动啊，祈望监狱长明察秋毫！"

"起来吧，咋把你吓成这个熊样，软骨头一副，枪未响你已经倒下啊！"监狱长不耐其烦地说。他明白，经这一露面，严献谟的人皮被扒得精光，真正成了酒囊饭桶，没了用场。然后，转向冯裕琼和被困难友，"你们不开口也罢，我自有办法撬开你们的嘴！来人呀，给我往死里打，看他姓冯的到底开不开口！"

当夜，冯裕琼被捆绑在监仓前拷打，"哧哧"喷火的汽油灯下，一鞭子甩下一声喝问"你说不说，谁是你的同伙"，冯裕琼却是一鞭落下一声怒怼"我是有同伙，我就是不说"。

监狱长想起要追捕逃犯，发出命令，连夜搜查所有监仓。于是全府城被搅得鸡犬不宁，从监狱里搜出了汽油和挖墙的工具。尽管当夜县兵在府城设卡盘问，连夜搜查可疑地点，甚至挨家挨户检查户口，可就是找不到越狱的人，在府城军政当局里头大失颜面。

到了次日，监狱长歇斯底里。冯裕琼被活活折磨至死，依然没有屈服。同时还把当夜和冯裕琼同时被拘的10多名难友全部杀害，对被认为是可疑分子的20多名难友重刑讯问，夜里加戴镣铐，连续三天不给水喝、不给饭吃、不给放风，企图逼难友屈服就范。可没有一个难友向狱方服软认罪，更没有人泄露当夜越狱的组织者。在监狱长那里，共产党组织的这次越狱事件成了无头公案。监狱长不再提起，狱兵们也不敢无事生非，因为这件事对他们来说，并不光彩。

林克泽担任中共海口市工委书记后，委派地下交通员到府城开展活动，通过探监难友家属捎送信息，很快和监狱党支部接上了关系。林克泽指示府城监狱党支部加强团结，开展有效的斗争，特别是要紧密结合当前抗日救亡形势，发动难友开展反对国民党当局的斗争，争取早日出狱，为抗日斗争出力。

那时，日军侵琼声浪甚嚣尘上，国民党当局对监狱物资管理时断时续，狱兵先照料自己，不管难友死活。虽有家属输送的一点食粮，难友们还是在饥饿中煎熬。监狱党支部组织秘密活动，抓好生活自救。首先，成立士兵运动工作组，负责人陈家清、陈如光、冯尔甲，重点是分化狱兵队伍，选择对难友抱有同情心的狱兵进行思想开导，以减轻平日对难友的管束压力。其次，组织政治研究会，根据当前的政治形势，积极组织难友学习时事，宣传与发动难友，统一思想，负责人吴应富、黎文锦。接着，又组织成立"一会""一组""一社"。即成立救济会，主要帮助狱中困难的难友，比如生病照顾、周济粮食等，发动难友间互相关照，尤其是生病的难友，以及家属较少探望的难友，体现同志间的温暖，负责人秦老一；医务组，照料生病难友就医治病，出主意想办法，负责人冯尔甲、李日居；手工业社，组织难友编织草鞋、制作肥皂、织造渔网，这些物品一些是自用，然后才是出售，比如肥皂，其他的如渔网则是通过探监家属带出，由地下交通员销售，所得款项再交给难友亲属购买生活用品带给难友使用，缓解家庭经济短缺所造成的困窘，负责人是一姓吴的难友。

惩治腐恶，凸显正义。监狱党支部组织难友惩治叛徒，镇住邪气，不但张扬了正气，也鼓起了难友的斗争风帆。惩办叛徒王昭夷就发生在府城监狱里。

1932年2月，接任冯尔芳的党支部书记周春雷被监狱释放出狱，经党员推选，由张开泰担任党支部书记，委员为符哥洛、林诗润，党支部的活动更为活跃。鉴于难友中人员情况比较复杂，他们的行动更加谨慎。

这一天早上，监狱放风，突然监狱大门"咣哐"一声响，走进一个特殊的犯人。这个犯人年约四十，身穿一套国民党军服，对监狱里的监管人员流露出藐视的眼光，完全不把他们放在眼里。

"唔！是王昭夷？"张开泰认得这人是王昭夷，立即通过地下交通员向海口市工委了解王昭夷这时的真实身份，恨得非生吞活剥了他不可。

原来这个王昭夷是共产党的叛徒。王昭夷是陵水县七弓峒保亭营（今保亭黎族苗族自治县保城镇）什聘村人。父亲王义曾任陵水县黎团总长。1917年11月进入乐会县嘉积觉民学校读书，后进入华美中学学习，毕业后加入陈继虞领导的民军，任陵水民军副司令。1923年到广州高等师范学校就读，1925年返琼进行社会调查，后写成《琼崖各黎区调查》。随即，进入黄埔陆军军官学校第四期学习。1927年年初返琼，在家乡拉起一支黎族武装侗兵。琼崖四二二反革命政变后，担任陵水县农民自卫军总指挥。因未能当上陵水县苏维埃政府主席，暗中和国民党崖县县长王鸣亚勾结，引兵袭击退入保亭营一带休整的东路红军和陵水县赤卫队，造成红军和赤卫队重大伤亡。此后，公开投靠国民党，被任命为琼崖南路"剿共"副总指挥、陵水县"剿共"总指挥。1932年国民党军陈汉光部抵琼"剿共"和"抚黎"，被任命为琼崖抚黎分署委兼课长。日军侵琼后，任保亭县抗日游击大队长。

利令智昏人无常，聪明反被聪明误。王昭夷擅长看风使舵，属于"墙头草"一类人，哪边风大倒往哪一边。眼看日本对中国发动侵华战争，他心里的小算盘又拨拉开了，心想哪头势力大就跟哪一头走准没错，图谋不轨。国民党的侦探人员可不是吃素的，这时觉察到王昭夷行动脱序，且国民党内部倾轧，一些人对王昭夷骄横跋扈早看不顺眼，煽风点火，推波助澜，国民党当局立即将其逮捕，押解到府城监狱审讯甄别。

冤家路窄，分外眼红。撞上了张开泰领导的党支部，这回有王昭夷倒霉的事了。张开泰对王昭夷的斑斑劣迹，不只耳闻，而且亲身感受。1928年国民党军蔡廷锴部对陵水大举进犯，中共陵水县委决定避敌锋芒，退出县城，县委书记许邦鸿率领的赤卫队被围困于彭谷园，已经投靠国民党充当内奸的王昭夷却按兵不动，拒绝驰援，致使被围困的300多名赤卫队员，包括许邦鸿和一大批领导骨干被敌军的大火吞噬。中共崖三区委领导藤桥起义后，琼崖南路"剿共"总指挥王鸣亚纠集队伍向藤桥疯狂反扑。1929年3月初，王鸣亚网罗各地民团2000多人，兵分多路再次围攻藤桥。红军和赤卫队陷入绝境，弹尽粮绝，兵疲马乏，竭力突围，撤出藤桥。那时王昭夷的叛徒面目还未暴露。于是，他设下圈套，先是派出心腹到驻保亭营近处的红军游说，还派其叔父王勋给红军送粮食，布置喽啰煮制炸药，摆出准备反击攻打藤桥的架势，迷惑红军和赤卫队。3 月 26 日，王昭夷布下伏兵，以商谈"反击藤桥"为由邀请中共崖县县委书记李茂文到他在什聘寨的家里做客，午时当李茂文和三区区委书记张良栋以及陈可源、交通员赖亚焕返回营地，走到七号河畔时被叛军射杀。而后，王昭夷又在保亭营诱杀了红军和赤卫队 100 多人，张开泰就是在保亭营事件中的侥幸逃脱者。

"我早料到你会有今天的，看我们怎样惩治收拾你，为牺牲的同志出一口气！"张开泰咬牙切齿地说。

俗话说，出来混，总是要遭到报应的。和几年前相比，这个王昭夷体宽变胖变白了。放风时，二人相遇，张开泰认出了王昭夷，王昭夷却认不出张开泰。这也难怪，当时张开泰是红军队伍系列，而王昭夷是陵水县农民赤卫队总指挥，权力职责只在陵水县的赤卫队之内。当王昭夷擦身而过时，张开泰恨得眼冒怒火，把拳头攥得紧紧的，要不是忧心暴露身份，他真的要一拳打出去才解恨，心里暗暗地说："等着瞧，要好好的'侍候'你一次，不然，你以为红军和赤卫队的血白流，还要胡作非为，制造新的血案！"

傍晚做饭时，张开泰找上符哥洛和林诗润商议，该如何惩罚王昭夷，既要让他尝到我们铁拳的滋味，让他长个记性，又不能暴露了党支部组织的秘密。监狱党支部很快地确定了执行任务的人选。于是，他们悄悄地行动了。

王昭夷虽说被关在监狱里，但他身份特殊，监管人员奈何不了他，相反，还对他退避三舍，因而他的行动是自由的，除非到监狱外，否则没有人干涉。狱方也探听到，当局之所以拘捕他，还只是要刹一刹他的威风，给他敲一记警钟，他仍是一个可被利用的对象。担心日后王昭夷出狱操有生杀大权，寻起旧债岂不受累！日常便管一管放一放，不正规管束。王昭夷虽然享有行动自由，但和其他难友一样，饭得自己做。因此，一日三餐要想不亏待肚皮必须自己动手，否则只有忍饥挨饿。

机会终于来了。王昭夷幼时是侗主的公子哥儿，自然没吃过苦，过着张口吃饭伸手穿衣的舒适日子，到拉起侗兵一呼百应更是专横跋扈，四时亲兵侍候。自担任陵水县农军总指挥，除对县委书记、农军党代表黄振士胆怯，不敢明目张胆白眼相对，其他人在他眼里根本是闲人，将侗兵私人武装旧军阀作风的那一套带到了农军队伍里，现在居然要自己做饭，于心不甘，可又不得不为之，否则就得饿肚皮，自己与自己的肚子过不去。这天傍晚，眼看很快就要过放风时限，他才懒洋洋地走出了监仓。寻水、淘米、烧火，一项都不能落下。晌午刚下过雨，堆放在露天之下的柴草被淋湿，这时湿柴烧不着火，呛人的烟气弥漫，王昭夷被呛得泪眼涕流。

站在监仓门边的张开泰见是时候了，把手一招，吴正桂和两个难友瞬间冲了过去，把一只麻袋将王昭夷从头上往下套。王昭夷正被烟火呛得连眼皮都睁不开，莫名其妙已被麻袋套住了半截身子，不由大喊一声："谁糊弄老子，不怕死啊？"

听不到回音，倏忽间反被一脚盘倒在地，身上"啪""啪"就连挨了数拳。王昭夷越挣扎，对方的拳脚捧得越紧。他干脆抱着头装死，不吭声，这下子对方才停了手。过了一刻钟，王昭夷才挣出麻袋，眼前一片灰蒙蒙，这回不是湿柴烟呛，而是眼皮肿得睁不开眼，摸了摸额头，已鼓起两个包包，火辣辣的疼。这时周围连人影都没见一个，就甭说那些看守狱兵了。

饭是吃不上了，王昭夷连爬带滚，落荒而逃回到监仓。抚着伤痕，细细一想，突然想到监仓里肯定有人认识他，如果不是共产党的人，也是他的冤家对头。这些年来得罪的人太多了，活着的被认定犯下罪孽，冤死的幽魂游荡，没一个不要他的命。自己也太麻痹大意了，以至不明不白吃了苦头。对这样的事，王昭夷不敢声张，落毛的凤凰不如鸡，报告狱方不只引来嘲笑，还要被当作笑料流传；如果狱方追查，他的对头冤家更不会轻饶了他，谁知道会不会被揍死在这座监狱里头，好汉不吃眼前亏啊！

瞅准时机，乘其不备，张开泰领导党支部用同样的办法惩治叛徒陈继凤。趁着上厕所的机会，众人指认陈继凤故意踩到难友的脚，无理欺负人，把他掀倒在尿屎堆里。陈继凤浑身沾满尿屎，臭气熏人，一副狼狈相。监狱党支部这一举动振奋人心，澄清了是非，大煞了反动派气势，难友也由此心情开朗，把"蹲监狱"演变成为与国民党当局斗争的"对抗战"，给国民党府城监狱套上了一副锁链。

诸位：府城监狱中共党支部领导难友开展艰苦卓绝的斗争，他们中有的遭受折磨光荣牺牲，留下了一段可歌可泣的史迹；有的幸存下来，不屈服、不气馁、不丧志，继续进行斗争。监狱这个群魔乱舞的阎罗殿成了勇士们大无畏搏击的战场。监狱党支部根据新的形势任务指向时代热点，把斗争引向滚滚抗日洪流。诸位请听我继续往下说。

第十三回　智送急信乡首归心
海边站点崭露锋芒

　　诸位：上回说到府城监狱里中共组织领导难友们开展的越狱斗争，尽管中途夭折，但抗争在新的形势下彰显了共产党人的崇高信仰和坚强意志。这时，日本侵略军攻占了广州，日本军舰在琼州海峡频繁游弋，飞机不时轰炸海口、府城，琼崖岌岌可危。在城市地下交通站鏖战的同时，乡村交通员神出鬼没，斗智斗勇。诸位且听我说来。

　　府海地区是琼崖革命的发源地，也是敌我双方争夺最激烈的区域，无论是战场上的，还是谍报战，惊心动魄。地下交通站的对敌斗争智慧在府海地区遍地开花，点石成金。

　　1929 年冬日的一天，琼山县冯公坊地下交通站站长吴和更接到紧急通知，说国民党军和民团要对博南山上的红军实行突袭。这一消息是党组织通过打入国民党琼山县政府的工作人员获得的重要机密。

　　那时中共琼山县委和红军驻在博南山。国民党军对中共琼崖特委和红军实施残酷的"清剿"，可是共产党和红军越"清剿"越多，斗志也越来越旺盛。"清剿"了一个地方，更多的共产党组织和红军武装队伍却在各地迅速地冒了出来，革命根据地也越"剿"越大。这些红军赤卫队主动出击，让国民党军和民团进退失据，猝不及防。他们不能理解，其压迫和剥削人民的制度永远得不到人民群众的支持，而共产党为人民大众谋利益谋幸福的宗旨赢得人民群众的赞赏，人民群众理所当然坚定地站在共产党的这一边。正是因为共产党的宗旨和奋斗目标区别于反动阶级统治者，所以只要是共产党组织发出的号召，广大人民群众都坚决积极执行，万众一心，团结在共产党组织的周围。

吴和更是 1927 年大革命失败后加入中共组织的党员，这时担任冯公坊地下交通站站长。在地下交通站这个岗位上，吴和更坚守党的机密，多次圆满完成县委重要文件和通知的递送。因此，他的日常行动也引起了国民党乡公所的注意，暗里加强了监视。在这紧急时刻派谁去执行送信任务呢？坐在厅堂里吸着烟叶的吴和更掂量再三，突然双手不由自主地拍着膝盖："唔，就是她，她一定能完成这个重要任务！"

吴和更说的"她"是美贤村的蒋妚四。蒋妚四是美贤村村民，丈夫是共产党员，儒贡村娘家是革命同志经常住宿的屋主，胞兄正义感颇强，曾经给共产党组织提供情报，智擒国民党的团丁队长朱鸿桃。在美贤村里，蒋妚四和丈夫兼做榨油行当讨生活。而且，蒋妚四经历过多次斗争的考验。

前不久，地下交通站根据琼山县委和红军坚持斗争的粮膳情况，让蒋妚四送两袋大米上山接济。接受任务后，蒋妚四立即上路。讵料，国民党的谍报人员强化了对博南山下周边村子的监视，声称把博南山上的中共琼山县委和红军困在山中，断绝其军民联系。蒋妚四一出村子，就给国民党的谍报人员盯上了。

走到博南山下一个交叉路口时，蒋妚四装作卷裤腿，低眼窥视，忽见丛林边一个人影闪晃，觉得有点眼熟，马上警觉。她直起身腰，大声喝问："鬼鬼祟祟，以为我不知道你是谁吗，要拦路抢劫呀？"

这个人以为自己已经被蒋妚四发现，便不再躲藏，扭扭怩怩站了出来。蒋妚四一看，原来是国民党龙塘乡公所文书蒋维之。蒋维之是冯公坊卜喜村人，略能拈笔涂鸦，在国民党乡公所谋了个一官半职，就死心塌地为国民党反动政权服务。蒋维之对冯公坊各个村子和博南山路径十分熟悉。这天他原本要捉个人证物证俱在，殊不知蒋妸四比他更机敏，一叱呼，原形毕露。这时，蒋维之见已被发现，马上放软身段，慢声细气地问道："哦哦，我说是谁呀，你蒋妸四撞上我了啊，好说好说，我们都是蒋姓人，我就算是乌鸡不识种，起码也晓得自己姓蒋吧！"

蒋妸四知道他手里牵线索，撒出来的是软圈子，要套她上钩，便冷嘲热讽地说："你那个蒋是当官的蒋，谁不晓你是国民党乡公所的大红人啊！而我是转灶台的种田农妇，除了煮饭种地啥都说不上，怎么能和你攀亲带故呢！有话你就直说，我听话向来是从右耳孔入左耳孔出，直来直去，不会拐弯的。"

蒋维之见她不上当，立马抛下佯张，换上一副凶狠的面孔，阴阳怪气地诘问说："你蒋妸四精灵伶俐，不是傻瓜，这我早知道。现时你挑着两袋大米要送上博南山给红军赤卫队，你以为我能看不出来吗？瞒过别的人，骗不了我！"

蒋妸四眼睛盯着蒋维之，心眼儿在转：这是蒋维之先发制人，企图逼我就范，如果自己不小心就会露出马脚，给他抓住把柄。蒋妸四遇险不惊，反而平静地说："昨天我到龙塘采买芝麻，你晓得我家开油坊，谁知道这几天大米便宜得很，我就买了几十斤。做生意嘛，哪件赚钱就做哪件，不像你们当官的穿鞋走路戴帽遮日，白白嫩嫩吃自在饭！"

蒋维之以为抓到了蒋妸四联络共产党的真凭实据，得意忘形地追问："你说得也对，做生意嘛图的是利，能赚钱的就得做。别以为走夜路没人盯着，我可就是夜耗子，专门盯那走夜路的人！我问你，你的婆家和娘家都不在前头的村子，你咋走这条小路，不上博南山找共产党找红军赤卫队，是干啥去，你能说明白吗？"

“哈哈！”蒋妚四一听，丝毫不惊慌，反而大笑不已，挖苦地说，“哎哟哟，俗话说得对，不多一副肠肚当不了官，也升不了官。蒋文书，看来你还要升官哪！我问问你，你自诩是冯公坊里的人，懂得往潭口走小路近些吧，若是走大路要多走一半的路程，我这不是在走小路！你若是走大路你不就是猪了？”

蒋妚四这番话说得蒋维之脸上挂不住了，红一阵子白一阵子。这时从路边丛林里钻出三个乡丁，他们是跟随蒋维之听差的，忍不住都掩着嘴巴窃笑。让一个村妇戏说是蠢猪，碰上谁谁都不体面，何况是国民党乡政府的文书。

蒋维之是能说会道的人，这会儿舌头打结，支吾结巴了一阵子，说：“你个蒋妚四，说我是猪的就你敢说。也罢，等到你跑进我的圈栏里，别说我这头猪咬人不认人！”

乡丁这回不小心笑出了声，其中一个挖苦地说：“蒋文书承认自己是猪，我们这些喽啰还是头次听说，平时训起人来，我们还说蒋文书是虎呢！”

蒋维之听罢，才知道一时脑子进了水，怎么承认自己是猪呢？这个村妇也太放肆了，可没办法抓到她的破绽，治不了她的罪。只能悻悻地说：“蒋妚四，你走着瞧，等到你落在我的掌心里时，休怪我无情！”

斗败了蒋维之这只狐狸。蒋妚四想，这担米现时是送不到博南山了，蒋维之这家伙多心眼，或许他会继续追踪我呢，何况他还带着三个乡丁，一下子是摆脱不了他们的。稍一思索，蒋妚四计上心头，改变了主意，大大方方爽爽朗朗地往潭口圩的小路上走去。

再说蒋维之受了辱斥，并不死心。他想，这个村妇以为瞒过了我，说把大米挑到潭口圩卖，只要我的眼睛不盯着她的脚后跟，她一溜烟拐个弯道便追赶不上。因此，蒋维之虽然躲躲闪闪，时隐时现，眼光就是不离开蒋妚四的人影，一直跟踪到蒋妚四走进圩墟里，他才心有不甘无可奈何往回走。蒋维之怀疑今天是否跟踪跟错了人，看蒋妚四一路前走不回头，她咋像要把大米挑上博南山的啊！跟随他听差的乡丁走了一晌的山径，这时连扛枪的力气也没了，直"唉唉"地发着闷气牢骚。

躲避到小巷里的蒋妚四探头窥见蒋维之不再跟踪，又看到他走远了，赶紧挑起大米上了路。她抄近道，踏着夜色，把大米送到博南山上的红军队部。当她摸黑回到村子里时，雄鸡已经啼叫了五遍，天快亮了呢。

吴和更想到这里，心说蒋妚四信得过，意志坚强，有勇有谋，堪当大任。冯公坊各个村落小，人口不多，邻村之间路程较近。吴和更赶到美贤村时，蒋妚四正在家里帮村民打芝麻油。一见来了交通站站长，蒋妚四猜想没有紧急事情吴和更不会到村里来找她。蒋妚四以同伙打油招呼吴和更，赶快忙完手上的芝麻打油活儿。吴和更简要地把任务交代完，特别说这关系到博南山党组织和红军的安全，责任重大，千万不能掉以轻心。

蒋妚四把工具收拾停当，把信件嵌入发夹里，连忙上路，当天晚上就把信件送抵博南山党组织。博南山的党政机关立即转移到安全地带，还派红军赤卫队在苍应山险要隘口截击国民党军和民团。国民党军吃了哑巴亏。他们想不到，偷袭博南山的情报经过中共地下党组织传递给地下交通站，又经一个农妇之手，迅速传送给红军赤卫队，使他们的诡计落空。地下交通情报让国民党军和民团尝尽了苦头。

博南山的党组织在策反国民党军政人员中，把地下交通员的威力运用得恰如其分。交通员勇敢地担当责任，利用自己的见识积极解开国民党军政人员心里的疙瘩，鼓励他们把立场转变到反抗压迫与剥削的斗争行列，和人民大众站在一起。

蒋妚四与蒋妚五是堂姐妹，蒋妚五的丈夫杜立建是国民党抱元乡乡长。中共党员、三民乡乡长蒋益忠了解到杜立建为人正派，曾是广东省立第六师范学校的高才生，毕业后被聘任为龙塘小学校长，眼看着国民党政府腐败无能，便弃教从政，奢想以一己之力改变这些现象。当上国民党抱元乡乡长后，他发现国民党官场腐败黑暗，自己的正当行为处处受掣，事事碰壁，以一己作为改变沉疴痼疾的社会现状根本是画饼充饥，真正体会到国民党政府的统治早已病入膏肓，不可救药。只有推翻其反动统治，彻底改造这个旧社会，广大人民大众才能寻找到幸福安康的道路。自知上了贼船，无回天之力，杜立建终日碌碌无为。他认清了国民党官场是个"大染缸"，稍为不慎，白布立时变成黑布，洗刷也洗刷不净，平日小心翼翼，明哲保身，在民众中没有血债和恶行。蒋妚五的娘家是革命村庄，现在站在娘家人的对立面，自觉无颜见村里乡亲父老，苦恼无适。中共琼山县委领导指示冯公坊交通站，适时安排蒋妚四通过蒋妚五细致了解杜立建的思想动态，及时进行思想引导。

由于蒋妚四热心奔走，还有中共组织的启发教育，杜立建逐步转变了思想立场，同意与中共组织建立秘密联系，和共产党合作，竭尽全力做对人民大众有益的事情。中共琼山县委大力拓展基层组织，根据抱元乡党组织活动情况，决定派蒋开贵到抱元乡担任苏维埃政府乡长。杜立建精心掩护，给予蒋开贵工作上的配合和支持，抱元乡党组织的活动很快开展起来，集墟和各村庄积极主动向苏维埃政府纳税和缴交公粮。国民党当局发布的政令或通报，杜立建都及时汇报给中共琼山县委。杜立建成为中共琼山县委打入国民党地方政权的一根楔子。国民党琼山县当局一有风吹草动，中共琼山县委都能及时掌握其动态，极大限度地避免损失。

沿海岸边交通站是中共琼崖特委建立地下交通站的重要一翼，陆地上的城乡和海边的交通站比翼齐飞，党的交通联络工作便占有了先机。中共琼崖特委对海边交通站的建立尤为重视。特委领导深知，反动势力在城镇盘根错节，地下交通站点的建立和活动容易被发现，特别是护送领导干部进出海岛和重要物资的输送更为艰难。国民党琼崖当局反共反人民，在城镇布下重兵，甚至地形较为关键的村落。海口、府城等城镇特务多如牛毛，遍地横行，地下交通工作要保证安全，避其锋芒是一种选择。因而，海边交通站点成为中共组织秘密工作的重点。事实证明了这一决策的正确。日军舰队在琼州海峡游弋，国民党琼崖当局加强了谍报组织机构，除了零星的信件情报走海口、府城这一交通线外，中共琼崖特委人员的接送和武器物资的运输绝大部分走海边的交通路线。

这是琼崖地理环境的特殊使然。琼岛四面环海，国民党军只要封锁琼州海峡，要想走广州至海口，或海康、徐闻至海口的交通线则很难。开辟和运作海边交通线点，并把它当作秘密交通的节点，多个站点灵活使用，从另一个侧面反映了琼崖党组织领导革命斗争手法的日趋娴熟。只要国民党军放松巡逻或者钻其巡逻的疏忽，远离海口、府城魔穴的交通员便可伺机完成上级所交付的各项工作任务。同时，中共组织还可利用海边交通站点开展各种斗争活动。

演丰山尾头交通站是中共琼崖特委建立的重要站点。这里地处海南岛东北面，沿海口东海岸线南下约30公里，很为便捷；山尾港左右两边海滩上长有茂密的红树林，是隐蔽的屏障藏身的秘点。而且，演丰地区村庄稠密，分布着大大小小90多个自然村。更难能可贵的是，大革命时期演丰地区的民众积极投入农民运动，是一块革命热土，涌现了许许多多的优秀分子，比如中共琼崖地委委员李爱春、琼崖革命先驱徐成章、徐天柄等。山尾头村的民众或半耕半渔，农忙时耕种土地，渔汛时下海捕捞；或完全靠海上捕鱼生活的，他们或将海南特产鱼类产品和收购来的皮货与山货运到湛江或广州、香港、澳门出售，或把在海上刚捕捞到新鲜鱼品即时新鲜上市，党组织利用这些机缘，通过沟通将某些军用物资由他们捎带回海南岛。因此说，山尾头民众是琼崖革命牢靠的坚定支持者。

1938年仲秋，忽一日，山尾头交通站突然接到中共琼山县委交通总站的紧急通知，称近日有一重要领导干部抵达山尾港，要求绝对保密，同时做好护送工作。站长林诗堂深感责任重大，根据往常的工作规律，接送革命干部或军事物资，一般是人到即接，货到即收，并按照要求将人员或物资护送到指定的交接地点，很少有预先通知的。县委交通总站这一通知表明，上级领导对这个接送任务极为重视，必须保证做到万无一失。

林诗堂立即召开交通员会议，商讨接送方法。不过，他并不明说县委总站通知的具体内容，名义上是总结前一阶段的海上交通工作，找出成功的经验，防止出现差错。同时，布置当前的工作任务，提出新的要求。

"自从交通站建立以来，按照上级的要求部署，大家平时工作都十分谨慎，至今未发生过意外，周经勇等还参与了从香港购买电台的秘密运送。我这样说，不是说我们可以粗心大意放松警惕，我只是想说明交通站的秘密保守得好。至目前为止，除了我们几个参与电台接运人员，外头没有人知晓山尾港还为特委和总队接运过电台。大家说，我们的工作还能信不过吧！"交通员陈辉云的话说得有根有据，条理分明，也透露出几分自豪。

说到交通站几年来的工作，交通员们话匣子打开，七嘴八舌气氛热烈，有的说"我们听从党组织指挥，布置的工作没有不完成的"，也有人从斗争的复杂性分析，说"形势严峻，要时刻防备敌人耍花招，坚决把任务完成好"。

"上级党组织是信任我们的。召开这个短会是要求大家戒骄戒躁，找一找工作中的不足，把今后的工作做得更好。"林诗堂解释说。他把话挑明，接着说，"零星同志路过，我们容易掩护，假如五六个人或十个人八个人呢？上岸即走还可以，如果是等待接送，这隐蔽工作如何做就成了问题。我们既要有更充分的思想准备，又要有缜密的具体行动计划。把准备工作抓紧做实，到时候假如遇到意外情况，我们就不会手忙脚乱，在任何时候任何情况下，都能圆满地完成上级党组织交付的任何艰巨任务。"

参加会议的交通员都认为林诗堂的分析透彻，多找些不足多做些准备，任务完成便做到天衣无缝。于是，交通员们把村里的隐蔽点都逐一比较。大革命失败后，地下交通站在新形势下凸显出更加值得倚重的地位。中共琼崖特委领导的红军把琼文地区作为重点活动的区域，建立根据地，琼山县委在山尾头设立了印刷厂，地点在北排村陈邦昌家里。陈邦昌把在庭院后挖的地洞延伸到屋子外的山林里，埋藏了八个大水缸，里头分门别类存放印刷用的纸张、油墨、印刷用具以及各种文件和宣传品。从陈邦昌家挖地洞事例受到启发，林诗堂发动堡垒户结合地质条件开挖地洞。交通站还协助红军设立战地医疗所，地点在海滩上的红树林里，搭起草寮和小木屋供伤病员居住。许多伤病员在红树林战地医疗所里得到治疗康复。

"路过的革命同志，三两个人没有问题，随便哪个农户家庭都可以居住，安全也不用担忧。眼下形势紧张，国民党保安团对我们这一带村子特别是海边的村庄格外警惕，怀疑我们暗地里协助红军赤卫队打击他们。接送有关人员和物资的消息要绝对保密，不能泄露，减少影响任务完成的各种不利因素。"郑青华说。

龙太莫打断了郑青华的话，插进话说："前天我到演丰镇上听到民众议论，说演丰据点的乡丁放话，山尾港一带的村子一定有共产党的联络点和歇脚港湾，不然红军赤卫队的人咋会越打越多，而且武器弹药越打越好，这些武器肯定是从外地偷运进来的。我们对这些传言不能不引起注意，趁早做防备。还有，我们交通站前一阶段护送工作成绩的确很大，群众保密的自觉性也很高，这一点要肯定，但还要加强，尤其是堡垒户的保密自觉性，一点都不能走漏风声。"

中共琼崖特委针对斗争的长期性复杂性，重视革命根据地的建设，把冯白驹说的"不是山藏人，而是人藏人"作为贯彻全民族抗战的战略支点，要求每个村庄都必须着意培养和建立堡垒户，掩护革命活动的开展。下塘村的下塘妈就是其中一个。下塘妈带领家里老少在自己家里挖掘地洞，把屋里屋外的各条通道串联在一起，总计约 30 米长，一下子能容纳 40 多人隐藏。地洞有多个出口，屋里房间有，屋外的竹林里也有，而且进出洞口都很隐蔽，如果不是熟悉内情的外村人，一下子都不会怀疑下塘妈的屋子里挖有地洞，更不会想到有多个出入口。这是斗争现实锻炼与培养了民众的才智，连普通农民的思想都有了进步。国民党琼崖当局绝不会想到一场大革命激发了中国民众的斗争智慧。

"龙太莫说的情况，我们必须认真对待。其实，国民党保安团时时窥视着我们的一举一动，不能让保安团和乡丁打听到我们的秘密。大家说的都很有道理，特别要警惕不能让他们钻了我们的空子。对出海的交通船只要全面检修，保持良好状态，不能到了出海时用不上，或不管用。"林诗堂总结后，就散了会。

"看来要有新的任务，不然，今天林诗堂不会把话说得那么严肃，领导就是领导！"

"名义是总结会议，实际上是要求我们做好行动准备，迎接新的挑战。在斗争中增长才干，这话不假，大家都有体会。"

交通员们边走边小声议论。有的交通员警觉提醒"我们现在不是在会场"，大家立即不再出声。

第三天，太阳刚从东海上露出半个脸儿，红霞满天，驻演丰据点的国民党保安团突然对海边沿岸村庄发起"清剿"，而且重点包围了山尾头村。林诗堂刚要出门，一个村民迎面走来，匆忙地从他跟前经过说了声"糟了，国民党保安团包围了我们的村子"。林诗堂立即快步通知了陈辉云他们。

"船只都隐藏起来了吗？"林诗堂悄声问道。前天散会时，林诗堂特别布置陈辉云到海边去了解情况，检查与预防意外事故发生时措施的落实，生怕由于工作不慎出现漏洞。

陈辉云点点头，回答说："该隐蔽的船只都隐蔽起来了，我们的行动走在保安团的前头，保证没事！"

"这就好！我们千万不能粗心大意！"林诗堂这才放了心。

驻演丰据点的国民党保安团这天是蓄意而来的。进村后，他们直扑海边，见到泊在港湾里的船只就洒上煤油放火烧，顿时海边一片火光，浓烟滚滚，渔民搭在海岸边的木屋和草寮全被烧个精光。大火烧到岸边的茅草丛，幸好被沿村边开辟的路径阻隔，不然还会顺势延烧到村子里的民舍。一些麻痹大意的渔民以为次日还要出海，昨晚泊在岸边的渔船和舢舨全被烧了。望着火光，这时急得直跺脚。

国民党保安团烧了港汊里面停泊的渔船，再闯入村子挨家挨户查人口，没发现异常情况，接着放火焚烧民舍，连带牛棚羊舍鸭笼鸡窝也不放过。国民党保安团撤走后，村民奋力扑救，灭了大火，但村子里大半屋子还是被烧毁。村民汲取了以往的教训，有地洞夹壁的躲进地洞夹壁，没有挖地洞筑夹壁的躲入村子边的竹丛或村外的山林。这天虽然房屋被烧毁，人命给保住了。

眼看国民党保安团撤走，林诗堂赶忙跑到港汊里查看，停泊在岸边的渔船和小舢舨被烧得七零八落。这时海潮还没退，他和赶到的陈辉云与郑青华用手泼海水，把还在燃烧的余火浇灭，又把一块散落的船舱板拖到深水里，以船舱板为依托用力划向前头的沙洲。

这条沙洲是海水中流的沙坝，经年累月长满了竹子和杂树，和海岸隔成了一条港汊，爬上沙洲钻过丛林，外头便是宽阔的海域。这时，外头岸边静静地泊有好几条渔船，有的还是渔民新造的，当中有好几艘地下交通站经常雇用的渔船和舢舨。更远处的海面还停泊着几艘大船，一些渔民知道国民党保安团经常到港湾里登记与检查船只，如果无故生起疑心，渔民不舍得破财用钱银打点，结局不是被打被抓就是被放火烧船。这些渔民也警觉学乖了，他们把船只停泊在港湾外头，自己划小舢舨上岸，力避船损桨毁事件发生。

看到经常雇用的船只丝毫无损，林诗堂放松了紧绷着的心弦。原来，按照林诗堂的布置，陈辉云把几艘弃用破旧渔船和小舢舨停靠在港汊的岸边，把那些雇用的船只驶向沙洲外岸。陈辉云还不忘嘱咐村里的其他渔民把渔船驶离港汊，说对国民党保安团的强盗行径我们要处处小心谨慎。保安团这天是有目的烧船，说烧了船，老百姓出不了海捕鱼，共产党红军也接济不上。保安团到了港汊，见船就浇油放火，岸边的木屋草寮都遭了殃，大火一烧烟气呛人，保安团和乡丁受不了火灼烟呛，赶紧撤离火场，顾不上港汊外还有没有渔船了。

乌飞兔走。细雨霏霏的一天夜晚，林诗堂和郑青华在岸边临时搭起的草屋里值守。上级交通站这次的通知说，这几天路过的干部需要他们接洽，具体到什么时候抵达，他们也捉摸不准。海潮影响或是否遇到意外，谁都猜测不透。所以，林诗堂他们得昼夜坚守岗位，随机应变，路过干部一到，他们就得按照上级护送干部的规定秘密执行，一点儿马虎不得。

夜过三更，雨点越来越密，阵风吹过丛林簌簌作响，海岸边的椰树拍打着沉重的羽叶，沙沙荡动。草丛里一度喧嚣的小虫呼叫已经平息，树林里的鸟儿刚才还吱吱喳喳鸣唤，现时寂寞无声，或许已进入梦乡。神秘的气息笼罩着细雨中的海岸。

林诗堂直盯着草屋外黑乎乎的海面，海浪推搡到港汊时已经没有了汹涌澎湃的勇猛，只有"啪啦""啪啦"轻声的呻吟。这时，戴着斗笠披着蓑衣的陈辉云弯腰走进草屋，说："没啥动静！今天是个好天气，村民早早入睡了，也没发现特别情况。"

"唔。"林诗堂回应了一声。他已经值守三昼夜，尤其是夜晚，不敢怠慢片刻。走到草屋外，他抬头望了望天空，心里头嘀咕，这样的天气有利于掩护我们的秘密行动。沉吟了一会儿，对陈辉云说："你来得正好，你就待在屋子里，我和郑青华到沙洲外头去探看动静。见到我发的信号，你赶快回村里做好安排，要小心行走，不得惊动了乡邻。如果发现特殊情况，你要及时发出警示。"

陈辉云答允。林诗堂和郑青华一前一后消失在蒙蒙的夜色里。他们来到海岸边，解开绳索，上了舢舨。

雨脚纷飞。他俩用划板拨水，黑暗里舢舨很快向沙洲驶去。到了沙洲外头，他们照样猫在舢舨里，眼睛仔细地向浩淼的海面搜索，不放过一个亮点。

雨点愈来愈粗，愈来愈急，落在舢舨的木板上，"啪啪"的响声比刚才明显，摸了摸衣裳，已经湿漉漉的。一阵海风吹来，海浪汹涌，舢舨剧烈晃动，天旋地转。

"你看，那准是船，向我们驶来！"郑青华指着东北方向，惊喜地轻声对林诗堂说。

林诗堂一手拉住郑青华的胳膊肘，轻声说："再仔细观察，沉住气！"他紧盯着黑黢黢的海面上移动的暗影，忽见一丝亮光，镇定地接道，"手电筒光！嗬，是手电筒光！"

"对，是手电筒光！准是陈大贵带的船。"郑青华肯定地说。

林诗堂俯身在船舷上，探头又细致地观察了一会儿，没发现别的异样情况，长长地嘘出一口气。接着，用手电筒光朝驶来的船打了一个小圈。然后，转身向岸上的草屋方向摁捺了两道短促的手电筒光。这是他们约定好接到来人的联络信号。陈辉云赶忙布置其他交通员暗地沿路警戒和做好带路工作准备。

负责海上护送任务的果然是陈大贵。他是本地人，对这一带的海岸线很熟悉。一会儿，陈大贵的船到了沙洲边。林诗堂爬上了泊下的木船，一见是陈大贵，就拍着他的肩膀问道："海上没遇到国民党军的巡逻舰？"

"还好，没遇到大麻烦。"陈大贵对船舱里一个中等身材的人努了努嘴，悄声说，"大领导，上头派来的，要保证护送安全，你们不得有任何闪失。"

林诗堂听说后，赶忙引路上了舢板，那个中等身材的领导同志右手携着一双木屐，看得出这位领导同志对这双木屐格外看重。在林诗堂看来，木屐在琼崖很普通，每一个成年人平常尤其是夜晚都习惯穿木屐。他估计，这位领导可能是海南人。

果然不出林诗堂猜测，这位领导同志就是林李明，当时叫李明。李明是海南文昌人，青年时代读书时参加学生爱国运动，1927年加入中国共产主义青年团，1933年转为中国共产党党员；先后担任中共上海市闸北区委组织部部长、闸北区区委书记等职，被国民党当局逮捕入狱；抗日战争爆发后，经党中央营救，李明从苏州反省院释放，不久被派回海南岛，担任中共琼崖特委组织部部长；冯白驹因与国民党琼崖当局谈判被捕，李明曾出任中共琼崖特委书记。

这五位同志被安排在下塘妈家的地洞里住宿。因为上岸时没发生意外情况，总体上是安全抵达。因此，下塘妈给他们煮了夜餐，这些同志就在院子里聊了一会儿，才进地洞休憩。

陈大贵把领导同志安全护送上岸后，算是完成了这趟任务，这时必须及时返回徐闻。临走时，他交代林诗堂尽快联系中共琼崖特委，把这些同志及时转移护送到特委驻地。林诗堂按照地下交通工作规定，连夜派出交通员报告区委，区委接着火速向县委汇报。第三天，中共琼崖特委派来一个驳壳枪班，趁暮色初上时刻，他们一行离开了山尾头村。林诗堂他们完成了这次重要的接送任务。

诸位：常言道，魔高一尺，道高一丈。国民党军队再狡猾缠斗，毕竟狐狸斗不过好猎手。中国共产党领导人民代表的是正义的不可战胜的力量，国民党反动派逆历史潮流而动的邪恶行径注定是要失败的。中共琼崖特委和琼崖红军赤卫队依靠海边交通站开辟了地下斗争的多条通道，拓宽了对敌斗争多种手段。请诸位听我继续往下说。

第十四回　虎穴申义慷慨陈辞
国共合作孤岛抗倭

　　诸位：上回说到乡村交通站和海边交通站大发神勇，情报传送和接送琼崖党政干部履险如平地。博南山下的交通员识别真伪善恶，斗智斗勇，赢得了斗争主动权。根据抗日救亡形势和琼崖面临日军侵犯的紧急局面，中共中央、广东省委相继派来领导骨干。琼崖革命斗争进入崭新阶段，地下交通工作开启了新起点。诸位且听我说来。

　　日军侵琼，时势危在旦夕。这天，林克泽接到府城监狱难友斗争的情况报告，在月华鞋店交通站的屋宅里焦躁不安。他思忖，斗争当然会有牺牲，但要力求避免敌人的摧残。"要告诉难友们，必须在新的形势下改变方略，坚持斗争！"林克泽心里在说。

　　这时的中共海口市工委虽然工作顺利推进，可林克泽一点儿都不敢松懈。他通过地下交通员经常给府城监狱党支部通报国内外形势，要求监狱党支部按照党中央关于形势分析的指示，根据形势变化，结合监狱现状积极开展斗争。监狱党支部组织的几次斗争，虽然也有过失败，战友遭到杀戮，但同志们愈战愈勇，对反动势力毫无退缩，始终保持着昂扬斗志。要利用这一大好时机争取尽快出狱，投入到抗日斗争中去。监狱党支部认为市工委的指示很及时，需要研究斗争新策略。

国民党统治黑暗腐朽，趁着日军侵华各地战乱各方人马都处心积虑大捞一把，当时坊间流传着谚语，说"千金散尽蝇逐臭，酱缸搅和算白捞""处处无钱处处有，官无大小要现管"。只要和现管沾上边的，官大的大捞，官小的想着法子小捞。

监狱看似少油水之所，可少油水也有抠捞的门路。府城监狱官林振武就是想着法子大捞的贪官污吏。他手下的狱兵，戏说他是"虾脚也要撕一条油炸"的主儿。看守狱兵调进来的要纳"见面礼"，外放出去的要交"放飞费"，心血来潮时就找看守狱兵的岔子，不请吃酒喝茶必定过不了关。压榨了狱兵，他的心思便盯向狱中的难友。他暗地想，这些抓进来的人个个穷得叮当响，打十棍也打不出一个响屁，该怎么办呢？只有拨错算盘珠子的，没有不发财的，再不狠抓一把，山猪过岭连毛也拔不到一根了。盘算来盘算去，一时找不到法子。对了！林振武双手拍着大腿，想到了难友的口粮。那时，府城监狱按县政府的规定发给犯人的口粮，每人一天大米六两。这六两大米已少得可怜，对一个成年人来说一顿勉强还能饱肚，均分两顿半死不活，吃三顿只能饭汤照见人影子，难友们编了个顺口溜，说："一瓢清水煮饭粥，三五粒米看得见；捧着粗碗喝米汤，人面随水进瘪肚。"难友家里如果接济不上，就只有挨饿的份了。

"就这么办！嘴边的肉不吃白不吃，过了此时，说不好就没了机会！"林振武打难友们口粮的主意，把每天六两大米减少到三两半，活生生地扣去了二两半。别看一人二两半大米不入眼，两三百号人犯一天扣下的数字还不大，十天半月的数量就可观了。

监狱党支部发觉了林振武的卑劣手段，立即通过被争取过来的狱兵往外头送信。这一情报经难友家属传送给地下交通员，又经过地下交通员迅速传递到林克泽手里。林克泽指示监狱党支部把反迫害斗争作为鼓动难友向敌斗争的重要抓手，既要揭露林振武之流的丑陋行径，斩断他们的黑手，又要争取到社会各界的同情，共同揭露国民党政府的腐朽统治，唤起全体民众的觉醒。

张开泰领导难友的反抗斗争随即在监狱里展开。其斗争方法是绝食，即拒绝进食。国民党琼崖当局对被关押的难友残酷无情，不择手段迫害，但在押的犯人如果因为拒绝进食而造成死亡，则在社会公众中难以交代，其假惺惺装扮成文明执法的国民党当局的伪面具就会被戳穿，"民主""人权"的谎言就会暴露无遗，酿成重大事件便会让他们在社会大众面前无法自圆其说。尤其是在日军对琼岛虎视眈眈之时，引起民众骚乱将无法控制局面。

发现犯人绝食，开始林振武还不以为然，以为犯人是在吓唬狱方。在林振武看来，这些犯人个个是愣头青，越当一回事，这些犯人越闹得凶，就当没看到、不理睬，看他们咋办。可是第二天中午，还不见犯人动箸的动静，这阵子林振武才发觉不对头，立即慌了神，跑到监狱逐个监号吼道："你们都给我进食，不然死了算是你们倒霉自受，和我林某无关，真的一丝儿关系都没有，你们知道吗？"

难友们躺在监号里的稻草铺上，闭着眼睛养神，对林振武的嚎叫充耳不闻。张开泰用眼神暗地告诉难友们，"狱头林振武抵挡不住了，坚持就是胜利"。

吼不动犯人，林振武回到住所。他想，不是每一个人都能忍得住饥饿的，古人就有搅酒馋酒虫的事例，我何不仿照炮制试试！

林振武立即招来看守狱兵吩咐了一番，要他们照着去做。当天晚饭时刻，监仓门前都摆好了饭肉，那诱人的肉香还真有人忍不住了。五号监仓的难友看着小门前摆放的一碗碗米糌，炒得冒着香气的猪肉片、小白菜，舔着干裂的嘴唇发愣。发觉这一情况后，党支部立即传递暗号，要求各个监仓加强难友的思想引导。五号监仓里共产党员尤待英、吴正桂艰难地爬行，对同监号的难友逐个悄悄谈话，希望大家千万守住这最后时刻，不然便会功亏一篑，鼓励他们“坚持就是胜利”。因而，全监狱的难友们意志更加坚定，他们低声传话互告：

“大伙儿说，监狱何时给我们吃过这样丰盛的饭菜？现在是黄鼠狼给鸡拜年了，我们别上当！”

“国民党这些看门狗根本就不把我们当人看待，不是拷打就是呵责，这会儿他们心慌了，害怕了，摸不到门栓了啊！”

“我们谁都不能屈服于国民党的淫威，即便死了也要争取权利争取自由，这回看谁笑到最后！”

大家坚定地表示“林振武不屈服，就不能停止绝食”。

林振武本想一手遮天，继续折磨狱中的难友。可是，府城监狱难友绝食的消息还是通过探监的难友家属和监狱看守狱兵泄露了出去，立刻在府城引起众人关注。很快地，这消息传到国民党琼山县县长云振中的耳朵里，他立时恐慌不已，恼怒难息。眼下日军屯兵琼州海峡，战火随时点燃。国民党政府风雨飘摇，犹如坐在火山口上，这时若是发生饿死被囚犯人，岂不是点燃起全琼民众不满的怒火吗，不论咋说保住头上的这顶乌纱帽要紧啊！这事迟疑不得，要赶快调处，忍痛割爱也要下快刀子了。

第四天下半晌，云振中急匆匆地来到府城监狱，貌似悾悾若痴，装作检查了解犯人伙食的架势，假模假样逐一走到监仓门前探视，然后当着监仓里难友们的脸面，训斥林振武：“我叫你管理监狱不是让你不给犯人饭吃，你怎么不让犯人吃饱饭啊？”林振武唯唯诺诺，诚惶诚恐，云振中这时的当务之急是平息犯人心里的怒火。他并不是傻瓜，他怀疑这是共产党组织在其中挑拨离间，可在这个节骨眼上他不敢说，那样反而会激起犯人的更大义愤，火会烧得更旺。看了看那些静悄悄的监舍，云振中明白这当儿要平息这场风波，只能学诸葛亮挥泪斩马谡了，于是，使出舍车保帅的绝招，装作义愤填膺的样子说：“我宣布，撤掉林振武的监狱官职务，听候发落。囚粮一两不减，如数发放。”接着，假仁假义当即嘱咐身边的狱兵，"我的决定你传谕让犯人周知！"

监狱党支部领导难友取得了绝食斗争的胜利。这一消息通过地下交通员传回到市工委。林克泽布置下一阶段的斗争时认为，日军妄图以琼崖作为侵犯东南亚国家的跳板和支撑堡垒，侵琼扩张图谋势必付诸实施，琼崖危如累卵。按照中共中央指示，当前民族矛盾已经迅速上升并远远大于国内党派的矛盾，团结合作、一致对外符合国家的整体利益。监狱里的难友要密切配合我们党团结抗日的号召，积极开展斗争，争取早日出狱，投入到全国抗战的斗争洪流中去。1936年下半年，中共琼山县第十二区区委传信给监狱党支部，指出当前党的工作是抗日救亡，建立抗日民族统一战线。同时指出，争取各阶层真诚团结，不分党派，摒弃成见，团结一致，共同抗日。并强调，抗日救国是当前我们党紧急的中心任务，党的一切工作都必须围绕这个轴心去开展。

监狱党支部根据这一形势变化，及时向新到职的监狱官提出订阅有关报刊，以学习政治，掌握时势，做好直接参与抗日斗争的思想与行动准备。新来的监狱官迫于形势，又有林振武的前车之鉴，只好答应了党支部的要求。党支部发动难友有钱的出钱，识字的阅读，帮助难友们了解眼前的国内外时局。这样，党支部凑钱订阅了《民国日报》等报纸和书籍，他们把这些报纸和宣传小册子放置在监狱凉亭的石桌上，供难友们公开阅读，凉亭石桌成了难友们的小书摊。难友们从报纸和宣传小册子上了解到，中国共产党领导的工农红军突破国民党军的重重包围追击阻截，经过二万五千里长征胜利地到达陕北，建立了陕甘宁革命根据地。通过这些书刊阅读和组织讨论，深刻了解到党在当前的抗日救亡政策。这在一定程度上鼓舞了难友们坚持斗争不胜不休的信心和斗志。

这是府城监狱党组织领导的重大斗争活动。党支部根据骤变的形势，相应地采取多种斗争策略。1937年9月，中共琼崖特委书记冯白驹从琼山县演丰乡前往塔市，就近指导同国民党琼崖当局的谈判，不幸被捕，被关押在府城监狱。这一事件犹如晴天霹雳，震惊全琼。为此，党支部紧急秘密召开会议，磋商确定营救冯白驹的办法：一是通过地下交通员把冯白驹被囚禁的消息立即转告海口市工委，向府海地区新闻报刊出版单位披露国民党琼崖当局无理关押冯白驹的消息，动员社会各界和民众营救冯白驹；二是做好万全之策，在紧急情况下采取非常规举措实施营救。那时，吴克之在国民党琼山县政警队担任排长，他思想进步，经常给监狱党支部传递社会上的有关情况，特别是府海地区抗日救亡的活动资讯，鼓励难友们坚持斗争。而且，被关押在监狱里的共产党员符哥洛和他还是黄埔军校燕塘分校第七期的同学，是情投意合的好友。

这天早上，吴克之借巡查府城监狱内务为名，刚走到六号监仓，恰好遇到符哥洛出仓放风。符哥洛立即把冯白驹被捕的消息告诉他："我们的特委书记冯白驹被国民党琼崖当局抓捕了，你晓得这个事情吗？听说冯书记就被关押在这里。"

"我也是刚刚获悉这个消息的，立刻赶过来探听消息的真假。"吴克之心中充满怒气，接着说，"日本人都打到我们琼崖的家门口了，他们不去商议如何抵抗敌人的侵略，反而处心积虑制造矛盾罗列借口，到处搜捕共产党人，这样的政府已经病入膏肓，我们不推翻它，必然为它所害！"

后来，他们了解到冯白驹为了指导和国民党琼崖当局共同抗日的谈判，在塔市一个农户党员老大妈家里，与妻子曾惠予一起被国民党乡丁逮捕，并押解到府城。为此，国民党琼崖当局欢欣若狂，以为这回可以从冯白驹身上打开口子，进而获得红军驻扎地点的信息，围而歼之，直到主导琼崖抗日谈判的筹码，逼迫中共琼崖特委就范。可谓蚍蜉撼树，异想天开。

"克之，我们要严密注视事态的发展，哪怕是一丝一毫的异动。"

符哥洛看着义愤填膺的吴克之，冷静地说，"我们要保护冯书记的人身安全，这是当前最要紧的压倒性任务。你看有何稳妥的办法，我们要谋定而后动。"

吴克之沉思了一会儿，权衡利弊，悄声说："当前国内抗日救亡的声势高涨，我估计没有最高层的特别指令，国民党琼崖当局不敢冒天下之大不韪加害冯书记。当然，我们要有备无患，防止国民党政府丧心病狂铤而走险做出伤天害理的事情。眼下我们要提高警惕，我已想好了应对行动的准备，如果真的发生这种情形，我带领几个铁杆兄弟拼死也要把冯书记营救出去。从现在起，我密切观察他们的动静，随时准备行动。这你就想办法转告中共特委的同志，请他们放心，有我在，就保证冯书记的绝对安全！"

监狱里，党支部对救援冯白驹做好万全之策；而在监狱之外，一场拯救冯白驹的行动也已经紧张地全面展开。中共广东省委接到琼崖特委的报告后，迅速报告中共中央，请中共中央设法营救。中共中央获悉冯白驹被非法拘捕的消息后，立即做出营救部署。中共中央副主席周恩来和叶剑英等多次找到蒋介石方面交涉。在海口，进步民主人士徐爱之、邱秉衡、郑昌运、陈铭祥等上书国民党琼崖当局，斥责其无理扣押冯白驹的可耻行径，要求无条件释放冯白驹和其他在押政治犯，共同抗日。琼崖各地工人、农民、学生和社会各界人士也都纷纷强烈抗议国民党琼崖当局破坏团结抗战的罪恶行为。海外琼籍侨胞、港澳同胞纷纷以写信、打电话、发表谈话、发表文章等方式，要求国民党琼崖当局以民族利益为重，立即释放冯白驹和政治犯，共商琼崖抗日大计，"一致枪口对外"。海口、府城以及各地民众还举行声势浩大的游行示威，要求国民党琼崖当局无条件释放冯白驹，恢复国共谈判，团结抗日。面对强大的抗日声浪和中共中央与全国民众的强烈抗议，1937年12月，蒋介石被迫下令国民党琼崖当局无条件释放冯白驹。

琼崖抗日形势，因为冯白驹获得自由而峰回路转。府城监狱党支部根据抗日形势和琼崖当前面临的危局，特别是全民族抗日战争爆发后在报刊上阅读到的八路军英勇抗日事迹，提出"勒紧裤带，捐款救国"的口号，全体难友节约 15 天的囚粮支援抗日，共捐款 50 多元汇往东北抗日部队。1938 年夏，党支部发动共产党员和进步人员 30 人联名写信给国民党琼崖当局，要求到抗日前线去，响亮地呐喊"宁上前线而死，不做亡国奴而生"这一鲜明呼声。呈文由张开泰、符哥洛拟写，由党支部通过地下交通站发往《国光旬报》《新琼崖》半月刊等报刊发表。由于国内抗日形势所迫，以及共产党人坚决参战的态度，国民党琼崖当局命令琼山县县长陈炜章将狱中难友 30 人集中进行军事训练。一个月后，集中训练结束，难友们期待着立即奔赴前线抗日杀敌，但国民党当局对抗日毫无诚意，致使这些参训人员立刻奔赴抗日战场的愿望无法实现。

　　1939 年年初的琼崖局势更加严峻。日军剑拔弩张，侵琼行动一触即发。中共琼崖特委多次派员和国民党琼崖当局交涉，要求释放在押共产党员和进步人士，未果。不久，日军飞机接连轰炸海口府城。惊惶之中，国民党琼崖当局把府城监狱里的共产党员和其他难友转押于定安监狱。在定安监狱，党支部当即成立学习会，继续组织难友阅读报刊掌握时局变化，学习马列主义书籍，以理论武装头脑。日军攻占府海地区后，党支部眼看依靠正常渠道不能出狱，决定组织越狱。他们指派难友吴克争取分化看守狱兵，帮助实施越狱计划。看守监狱的狱兵中许多人是贫苦出身，国难当头，十分赞成共产党的抗日主张。吴克原以剃头手艺谋生，他利用帮助看守狱兵理发的机缘，和他们的关系较为融洽。吴克将自己的想法向看守狱兵披露，看守狱兵都表示赞同，表示不当亡国奴，大家一起抗战，上山打游击，同心协力消灭日本侵略者。

　　1939 年 2 月 10 日午后，正当党支部紧锣密鼓准备越狱行动，国民党定安县县长吴雄狼狈地从海口逃回定安。监狱官赶紧通报吴雄，说傍晚犯人拒绝回到监仓，要求选派两个人作为代表面见他，申明抗日主张。

吴雄惊魂未定。这天他赶往海口联络监狱犯人的处置事宜，却被溃退的国民党军冲撞得六神无主。国民党琼崖当局大部分机关在日军侵琼前早已撤到定安县的翰林一带，只留下一些机关和单位虚虚实实装饰门面，以稳定人心。一打听，吴雄得知这天凌晨，日本侵略军从琼山天尾港至荣山寮一带强行登陆，国民党保安第十五团二营营长侯伯明率部乘日军半渡时予以猛烈阻击，终因寡不敌众而撤出战斗。中午12时，驻守大英山的第十五团第三营和海口政警队一个连，奋起抵抗步步进逼的左路日军第二联队。经激战，海口市区被日军步兵第二联队占领。右路日军步兵第一联队向府城进犯时，遭到驻守甘蔗园的保安第十一团第二营营长王武华部及旅部直属队顽强抵抗，日军进攻一度受阻，但最终因为国民党保安部队装备差、兵力少，而日军装备精良，且有飞机大炮助威，阵地防线被冲破，第十一团第二营等国民党保安部队相继撤往定安。欲拜佛可找不到庙门，待在府城郊外的吴雄弃魂丢魄，在枪炮轰鸣声中张皇返回定安。日军一边屠杀被占领的海口、府城居民，妄想以武力征服琼崖人民，一边驰兵指向南渡江南岸市县，这时地处琼崖中部的定安局势还算暂时安定。

翌日一早，吴雄刚喝了一口茶，监狱官便报告监狱犯人符哥洛和吴克求见，他俩是难友推选出来的代表，不由心里一怔，本想不见，可突然醒悟，不见不妙，在这个节骨眼上任何不慎都会招致动乱。外有日军压境，内部人心浮动，如果处理不当发生不测，这责任在肩不可推卸。因此，只得答允符哥洛和吴克进见。

符哥洛和吴克走进吴雄的会客厅时，吴雄勉强敷衍接洽，说："有何要求，你们尽管说。首先我得说，你们应该明白当前的时局，任何过分的奢求都不是本县府所能满足的。你们都是聪明人啊，我就不再明说了！"

"我们的要求不过分。全国人民都知道抗日救亡是当前每一个中华民族成员的神圣职责，我们的要求是出狱去，走向抗日的战场！"符哥洛铿锵朗声说道，他看向吴克，表示二人意志相同。"吴县长，你说我们的要求不失为一个中国人的本分吧！只有卖国求荣的人，才不允许我们抗日。据我们所知，吴县长至少眼前还不是卖国求荣的汉奸，对吧？"

"那当然是嘛！当汉奸万人唾弃，没有好下场的。"吴雄脸上猛然抽搐，断然说自己不是汉奸，心里头想，符哥洛他们的要求并不过高，现时大街小巷人人见面都在说着抗日的事，阻挠民众抗日大逆不道嘛，只是没有上司的指令，自己怎么操作？要是上司责怪，私放犯人责任不小。先推辞责任再作计较，便使了个缓兵之计，接道，"我们县监狱接管你们是职责使然，看管好你们是责任，放与关的职责在上头，上司要放人我们不敢不放，倘或上司不给放人我们可没有办法。地方官员嘛，我以执行命令为天职，你们说对不对呢！我还是那句老话，盼望你们体谅本县府的难处。"

一缕阳光射进屋里。吴雄一副疲惫不堪的样子，当初呼幺喝六的派头不见了。他心里明白自己眼下的去留，日军一到，他这个国民党县长就有"衔"无"府"，到时候往哪里去还都不清楚。这当儿的国民党琼崖当局兵荒马乱，人心惶惶，机关已经做好了撤向五指山腹地的准备，一些国民党高官的家眷已经在撤走的路途中，他这个县长干到何时连他自己都不能预测，当下必须小心谨慎才是。

眼见立即以正当途径出狱吴雄不敢应承，只有暴力越狱才是捷径了。符哥洛随即告辞，临走时说："抗日是光明正道，阻拦国人上抗日前线，最后的下场你自己要掂量清楚。我得说，你们不敢放人也罢，休怪我们到时果断为之！"

吴雄是个大精人，他明白和大多数人为敌，肯定没有好果子吃，何况国难当头，日本侵略军咄咄逼人，眼下琼崖国共两党已经达成团结抗日的协议，顺水推舟，做个人情，对自己今后的出路或许多少有帮助。符哥洛他们敢于当面顶撞，这是形势壮了他们的胆魄啊，现时自己何必以硬碰硬，自讨无趣！当夜立即具文将定安监狱的政治犯要求出狱抗日向上司报告。具文中，他故意渲染说政治犯计划绝食以死抗争，还侦探到县里民众密谋上街示威声援，说如果这两股力量一旦汇合到一起，定安县城局面将不可收拾。

吴雄这一着正好击中国民党琼崖当局的命门。国民党琼崖当局深知定安出现动荡的厉害，他们才从海口撤退到定安，屁股还没坐稳，日军步步进逼，往五指山腹地撤退的规划正在实施，定安如果出现动乱，将打乱他们的布局。而且，定安是进出五指山区、机动前往琼文一带的门户，失去定安这个门户的人心，对今后的出入不利，况且国共合作共同抗日已成定局，眼下多一个人抗日，对国民政府的地位巩固有利，何乐而不为呢？因为人心涣散而导致定安沦陷，等于自掘坟墓！不得已批准了符哥洛他们出狱抗日的要求。

次日天刚亮，吴雄就赶到监狱召集所有人犯开会，当场宣读上司命令，宣布释放所有人犯。

"我们出狱了！自由了！天是蓝的，地是绿的，抗日战场任由我们纵横扬鞭驰骋！"符哥洛他们面对湛蓝的天空，由衷地感叹着，欢呼着。

斗争的胜利来之不易啊！众人相拥而泣，相互道贺。吴雄传达的这道命令，使所有难友获得自由，符哥洛他们持续斗争，实现了出狱抗日的夙愿。

"哎哟哟，我该好好地睡一觉了！"吴雄当即长嘘了一口气。这一命令的宣布，使他暂时不和共产党人为敌，也可能因此共产党人不发动暴动越狱，不至于他的乌纱帽被摘掉，宦海潜行还会延续一段时日，他怎么不舒心释怀！看着这些犯人欢欣鼓舞，没有一个人理睬他，自讨无趣。吴雄快快地溜走了。

　　出狱后的符哥洛等共产党员和志愿加入琼崖抗日独立队的进步人士由地下交通员引领，前往驻在琼山县道崇乡的中共琼崖特委机关。自此，他们加入了抗日的滚滚洪流。

　　诸位：府城监狱党支部坚持斗争不息，难友们巧妙的斗争方法方式迫使国民党琼山县县长做出让步，撤换了压榨难友们的监狱官；而后，根据海口抗日救亡形势，难友们争取出狱加入抗日斗争行列成为现实。事实证明，正义终究要战胜邪恶。中共地下交通工作随着斗争继续深入，其重要性已日益凸显。请诸位听我继续往下说。

第十五回　传递情报潭口阻击
抗日烽火燃遍琼崖

　　诸位：上回说到中共海口市工委根据新形势新要求，指示府城监狱党支部开展紧急营救冯白驹的斗争活动。根据抗日救亡形势和琼崖面临的紧急局面，以团结抗日为立足点，进行合法合理的不懈斗争。国民党琼崖当局黔驴技穷，被迫同意难友们走出监狱，奔向抗日战场。由此，中共琼崖特委领导的抗日斗争威武地展开。诸位且听我说来。

　　中共琼崖特委和琼崖抗日独立总队将地下交通工作视为对敌斗争的第二条战线。斗争实践已经告诉各级党组织，地下交通站发挥了刺探敌情以及分化敌人的功能，特别是护送重要党军政干部、接洽军火和收集敌特情报方面，是其他人所不能替代的。抗日战争爆发后，地下交通站在土地革命的基础上，继续扩大工作网点，在建立与开拓广州湾和徐闻等地交通站的同时，精心谋划新的交通站点布局与发展。海口包括琼山县委的主要领导和各级党组织清醒地认识到，作为琼崖革命斗争的重点区域，必须全力开展情报刺探，把交通站点的建立和交通员的选拔纳入重要工作范畴，根据斗争形势和要求，布置好交通情报传送和保密事项。对交通情报人员的工作任务作了具体规定，既明确了交通情报人员的职责要求，又保护了他们工作的隐秘性。把控地下交通绝密事项的实施和进展，严格交通情报工作纪律，给一些交通情报人员配备枪支，保护他们在遇到紧急情况时能够脱险和安全，在隐秘战线上最大限度地施展拳脚。

抗日战争全面爆发后，中共琼崖特委积极主动谈判，鉴于日军侵琼咄咄逼人之势，国民党琼崖当局被迫同意了中共琼崖特委提出的红军改编条件。同时，按照中共中央指示，中共琼崖特委也做出相应的让步。1938年12月5日，琼崖红军赤卫队集中在琼山县云龙圩二月婆庙前举行改编暨抗日誓师大会。红军改编后的部队番号为"广东民众抗日自卫团第十四区独立队"，简称为"琼崖抗日独立队"，队长冯白驹，队附为马白山、刘振汉。

云龙改编后，虽说国共联合抗日是大势所趋，但国民党琼崖当局仍然把共产党及其所领导的抗日独立队视为异己，其军警驻扎在府城、海口等重要城镇，抗日独立队的驻营地则被限制在琼山县云龙圩一带，尤其担忧抗日独立队抗日救亡主张的扩散，增强在民众中的影响力。

1939年2月10日，日军相继攻陷海口和府城，消息迅即通过海口和府城党的地下交通站传递到云龙抗日独立队队部。

琼崖抗日独立队队长冯白驹密切关注着琼崖抗日时局的变化。他想，日军侵犯海口、府城，其最终目标是侵占全琼崖，因此日军必定挟占领府海地区的锐气，妄想迅速打垮琼崖抗日武装，达到一举占领全琼崖的目的。而且，日军这天的进犯是早就预谋好的，他们会以为琼崖抗日军民不堪一击，进而长驱直入，一鼓作气向南部延伸攻击，以展示他们不可一世的军威，炫耀其武力。我们要积极阻击，拖延和阻止敌军的进攻，挫伤日军的狂妄气势，向日军表明琼崖人民是不甘愿做亡国奴的；同时向全琼崖人民宣示，只有万众一心抗击日军侵略，才是救亡图存的唯一正确道路。

冯白驹立即召开军事会议，分析了当前面临的形势。他说："潭口渡口位于南渡江下游，是海口至文昌、嘉积公路重要的必经渡口，距海口 30 里，距云龙圩约 20 里。我判断，日军打算今天从潭口一带渡过南渡江，向东突袭文昌和嘉积，向南将威胁定安等地，企图从陆地打开抵达陵水、崖城的通道。我决定在潭口渡口设伏，阻击日军，挫其锋芒，并以此振奋琼崖人民的抗日决心，表明我们共产党领导的人民军队抗日的勇气！"

这时，副官匆匆走进来报告说，据侦察和地下交通情报人员报告，海口、府城相继被日军占领，从城里涌出大批难民，他们在向潭口一带移动，向南渡江西岸逃难。日军在突破府城甘蔗园国民党军防线后，其中一部绕过府城向潭口一带推进，咄咄逼人。

听了副官的情报汇报，指挥员们怒不可遏。冯白驹的拳头向条桌上一击，果断地说："我们的阻击战场就摆在潭口渡口。我命令：第一中队立即赶赴潭口渡口构筑工事，严阵以待。其余中队原地待命，做好驰援准备！"

"是！"三个中队队长一个个响亮回应，大家都摩拳擦掌。这是中共琼崖特委领导的抗日独立队成立后，对日军作战的第一仗，要打出独立队的威风。

第一中队中队长黄大猷、队附符荣鼎刚走到大门口，冯白驹招手喊道："你俩等一等！"

冯白驹快步走到黄大猷、符荣鼎跟前，脸色冷峻地再三叮嘱说："你们一定要记住，这是我们独立队成立后第一次和日军作战，其意义重大。完成预定的阻击任务，达到拖延日军进犯，展现中国共产党领导的抗日军民钢铁般的意志目的后，你们不能恋战，要主动撤出阵地。要知道日军的武器精良，而且有飞机掩护，更何况他们刚刚突破国民党保安团守备部队的防线，甚嚣尘上，不可一世。我们的战略是打游击战，而不是和日军拼阵地战，打消耗战。"稍停了一会儿，又接着说，"我们是抗日的人民队伍，也就是人民的军队。据地下交通员报告，大批逃难的府海民众向潭口一带涌来，你们要全力掩护民众渡江，暂时不能渡江的，引导他们向两侧山林退走，尽最大的可能减少民众的伤亡。"

"是！我们第一中队保证完成作战任务！"黄大猷和符荣鼎情绪高昂地回答，迅即赶往部队驻地集合队伍。

日军侵琼前，国民党保安团和所扶植的民团曾驻守在潭口两岸渡口，对付共产党领导的革命活动，他们构筑炮楼挖掘壕沟，自设关卡，随意检查扣押财物，大发国难财，民众叫苦连天。日军即将攻占琼崖的消息传来后，国民党琼崖当局自知兵寡力薄，不足以和日军对抗，便收缩兵力，撤走了军队和民团。原先的炮楼和哨位成了"空岗"，所以留下了一些战壕和掩体。

黄大猷和符荣鼎按照冯白驹的要求精神，对战士们作了简短的战前动员。一切准备妥当后，琼崖抗日独立队第一中队战士以急行军姿态，跑步赶到潭口渡口时，从府海方向传来的日军的枪炮声越来越清晰了。他们立即抢修工事，把原先的战壕加深挖大，以便于队伍运动隐蔽，同时在正面路口加固工事，增挖藏身掩体，沿着江岸构成一线形的防御阵地。附近村落的乡民听说共产党领导的抗日独立队在潭口渡口构筑工事阻击日军，扛着锄头铁铲赶到阵地帮忙，挥汗如雨；有的村民甚至把家里的门板卸下来，直接送到阵地做掩体挡板，帮助抗日战士构筑防御工事。一时，阵地上锄镐磕地，尘土飞扬。很快地，崭新坚固的阵地呈现在蜿蜒的江岸上。

这时，从府海方向来的大路上出现了大批逃难的民众。他们是从海口和府城逃出来的。黄大猷立即命令第一小队战士泅水过河，指挥逃难民众尽快离开大路。

逃难的民众中，有的背着行李包袱，有的拉着幼小的孩子，也有一家子的，他们瞻前顾后，神色慌张，一看到抗日独立队战士就号啕大哭，诉说道："日本鬼子在海口、府城放火杀人，我们是冒死逃出来的！"

"抗日同志不把日寇赶走，我们就没有活路了，救救我们吧！"

战士们扶老携幼，把逃难的民众引领到渡口边，上船的立即开船送走。因为没有多少船只，来不及过河的，战士们就指挥他们沿着渡口两侧行走，躲进丛林里，秘密藏匿，能走的继续向两边的隐蔽地段遁去。战士们嘱咐他们说："这里很快就要打仗，你们赶快躲避，不要给日本鬼子发现行踪！"

从海口、府城逃出来的人们不熟悉潭口一带的地形环境，踯躅不前，竟不知道该怎么走。老人和小孩子相拥而泣，哭闹声搅和一片，大人们无可奈何，急得不知所措。迷茫间，这时从渡口边跑过来五六个人，他们高声喊道："我们是玉仙东、玉仙西村共产党组织派来带路的，你们赶快跟我们走！"

逃难的人们听说是共产党组织派来的，立即平静下来，跟着他们急忙向丛林里隐去。

中共琼崖第一次代表大会召开后，民众都知道琼崖有了共产党组织，特别是云龙改编后，他们更知晓琼崖有了一支共产党领导的抗日武装队伍。这会儿，逃难的民众听到共产党组织派人来为他们带路逃逸，像乌云里透出一缕阳光，看到了生路，继而按照自己的意愿跟着他们走。这些带路的人中就有地下交通站的交通员。逃难的人们不知晓眼前对岸的抗日独立队正在构筑工事，日军向东进犯的情报是交通员传递的。这里一场鏖战即将发生。

正午时分，潭口渡口前的大路上出现了打着膏药旗的日军。这些日军警惕性蛮高，走到距离潭口渡口不到一公里地时便蹲下身来，一个日军军官用望远镜反复地瞭望渡口前的动静，发现了河的对岸新构筑的工事，这说明共产党领导的前头防守部队已经有了准备，便号令停止前进。

日军的谍报机关很厉害。早在日军侵华前，日本的谍报人员已经以商人的身份或以游历山水的名义，深入中国内地，河流的走向、山川的位置、矿产资源等都被绘制成秘密地图。他们熟知云龙红军改编的内幕，也清楚今晨在天尾港阻击和大英山、甘蔗园截击他们的是国民党保安团的队伍，更知道中国共产党领导的抗日独立队驻扎在云龙一带，这支独立队对日军侵犯决不会坐视不管。抗日独立队之所以不能参加天尾港阻击等战斗，是缘于国民党琼崖当局对抗日独立队的偏见和仇视，他们害怕共产党领导的抗日独立队参战占据了他们的地盘，扩大在广大民众中的声望和影响。这是国民党琼崖当局所不愿意看到的。那么，共产党领导的琼崖抗日独立队战斗力如何呢？这支日军未曾领教过，他们显然是认为应该采取谨慎的行动才能避免重大损失。

几个日军军官头对着头嘀咕了一会儿，决定采取稳妥的战术，立即向侵琼日军司令官安藤利吉中将报告，请求作战支援。只一会儿，巡逻在琼州海峡上空的两架日军飞机飞抵潭口渡口上空，侦察了一阵子，然后俯冲，随即机枪朝渡口独立队工事扫射；接着，拉高机头，在渡口工事阵地上倾泻了一连串的炸弹。"嗒嗒""轰隆"，机枪声、炸弹轰炸声此起彼落，独立队的工事阵地上硝烟弥漫，泥土飞腾，被炸裂的石头和树干漫天飞舞。落到南渡江中的炸弹随着撕天裂地的爆炸声，溅起一个个巨大水柱。这时，江面上早已没有了渡船和人影，人和船都隐蔽起来了。战争的残酷，从炮弹轰炸声和子弹呼啸声里可见一斑。

"日本鬼子的飞机屙'羊屎'了！"战壕里，有的战士探出头，风趣地喊道。指战员中，大多数人还没见过飞机，更没有见过飞机打机枪和掷炸弹的场景，这会儿都惊奇地观看日军飞机表演呢。

黄大猷和符荣鼎指挥战士们悄悄地隐蔽着，炮弹炸成一个坑，战士们就像练习跳跃一样，跳进这个坑；又一颗炮弹炸出一个坑，他们又纵身跳入那个坑，和日军飞机斗气般地玩起了捉迷藏。战士们掌握了日军飞机投扔炸弹的惯性规律，即所扔的炸弹直线向前排开，它们是来不及即时按照刚才的投弹路线很快重复轰炸的。战士们利用日军飞机这种投弹规律规避炸弹，大多皮毛不损。

"轰隆！""轰隆！"已飞出10多公里的日军飞机耍花招，突然掉转机头朝独立队的阵地重复轰炸。

"快！卧倒隐蔽！快！"第二小队四班班长李文启把身旁的战士推进弹坑，自己来不及隐蔽，被横飞的弹片击中，胸口立时渗出鲜血，左腿被炸得血肉模糊。

当硝烟散去，战友们发现李文启倒在血泊中，着急地喊道："班长！班长！"

李文启艰难地睁开眼皮，缓慢地说："我不能和你们一道打击日本鬼子了，同志们……准备战斗……"

"为李文启班长报仇！"李文启的牺牲，激起战士们的极大愤怒。战士们的呐喊声震荡在阵地上空。

狂轰滥炸后，日军以为潭口渡口的抗日独立队阵地已在炸弹猛烈轰炸和机枪俯射中被摧毁殆尽，独立队战士非死即伤，完全丧失了战斗力。因此，日军飞机一飞离潭口渡口上空，随着一声令下，原先蹲在地上的日军立即发起地面进攻。一队队日军由膏药旗领头，一个个凶神恶煞，手持上了刺刀的三八式步枪向岸边阵地挺进。渡船是找不到的了，他们有些人乘上皮筏子。因为时值隆冬季节，是江河枯水期，一些懂水性的日军便企图涉水过河，直扑向对岸。

"打！"黄大猷大喊一声，驳壳枪一甩，半渡中的当头日军应声倒下。紧接着，战壕里战士们打出一排排子弹，扔出一个个手榴弹。躲在江岸丛林里的预备队战士像猛虎下山，迅速在战壕里找到自己的战位。枪声、手榴弹的呼啸和爆炸声，犹如天崩地裂。战士们的呐喊声掀动着江面。

激战中，江水里的皮筏子被击沉，日军跌落水中，尸体淌着污血被卷向下游，还活着的日军叽里呱啦地赶紧往后撤退。日军不曾想，琼崖共产党领导的这支抗日队伍火力还是颇猛的，而且战术的运用娴熟。

几经冲击，日军始终不能登上潭口渡口南岸半步，他们被截在渡口东头的对岸。战斗延续到雾气铺满渡口江面，又洇浸到江岸物状不清。黄大猷看了看天色，认为阻击作战任务已经完成，趁着日军畏葸不前时果断地撤出了阵地。

中共琼崖特委重视地下交通站的使用，以交通员传送的情报作为斗争方略和制定作战方案的重要参考。这次日军侵占府海后继续南下，企图采取突击作战的策略，就是府海地下交通员侦探报告琼崖特委的。地下交通站和交通员的独特作用在军事斗争中得到印证。事实说明，地下交通员现场观察掌握的第一手材料，或从敌人机关内部窥探到的情报往往八九不离十，相差无几，因而成为各级指挥员打击敌人消灭敌人的耳目。

日军占领海口、府城，扶植和建立起各级维持会，以为伪政权巩固后，便迅速向周边扩张，相继攻占乡镇建立据点，企图将海口、府城建成向东、南、西延伸辐射的牢固桥头堡，在被视作重要区域的乡镇建成据点并驻扎重兵，形成乡镇处处有据点，一处异动各点联动的防卫网络。

1939 年 8 月，琼山县道崇乡滨洋村突然闯进一队日军，他们驱赶民众拆掉房屋、卸去梁柱，用石砖和木料在村东头建起了据点。而后，陆续在周边村落的高地筑起岗楼，监视各乡村的抗日军民活动。一开始，民众对日军筑建据点尚摸不清何意，待到据点建成，当地的民众突然醒悟到日军的狠毒用心。原来滨洋村地处周围村落的支点位置，日军在滨洋村建立据点派驻兵员，便扼制了咸来、道崇一带的民众抗日活动。滨洋村的交通员迅即将日军在村旁筑建岗楼的消息传送给咸来、道崇乡党组织。咸来、道崇乡党组织又派出交通员将日军的活动情况汇报给中共琼山县委，以及活动在这一地区的已升任为琼崖抗日独立总队第一大队大队长黄大猷。

中共琼山县委制定"骚扰敌军、打击敌人"的斗争方略，指示咸来、道崇乡的党组织开展各种干扰破坏活动。咸来、道崇乡的党组织领导游击队和民众伺机而动。每当到了夜幕降临特别是夜里三四更时，日军据点周围每每响起乒乒乓乓的零星枪声，有时候还很激烈，日军害怕游击队摸进据点，个个如临大敌，彻夜不得安寝。他们不知道除了个别声响是货真价实的枪声外，绝大多数是游击队员把鞭炮装进铁皮桶炸响，远远听起来还真像机枪射击骤响的枪声。游击队骚扰日军，农民也忙着行动，他们由党支部和抗日青年救国会领导和带领，破坏乡间或村间道路，剪断敌军的联络电线，致使日军的摩托车和军车不能快速机动，消息传送被阻。更让日军难堪的是，一夜之间滨洋村里的水井全被填平了。这样，滨洋村据点的日军不但道路不通联络通讯不灵，甚至连水都没得喝。

这天早起的日军曹长山本惣练了一会儿武士刀，忽听到报告，顿时暴跳如雷。他立即集合士兵闯进村里，逼问村维持会会长："你的什么的干活？道路被挖得坑坑洼洼，电线被剪断，水井被填掉，为什么的不报告？你和共产党游击队站到一块儿去了！"

"皇军你错怪了老朽啊！"符姓维持会会长是个60岁年纪的老人。日军进村时，村里的民众听说要推举一个维持会会长给日军做事，打死都没有人愿意承担"汉奸"这个臭名声，还是村党支部出面好说歹说，推出这个"白皮红心"的维持会会长，和日军应酬周旋。这时，符姓会长挑着两只空木桶刚好走到门闩，便指着水桶接着说，"我老朽也正要出门到村外的水塘挑水，皇军你能说我不急，别雷打好心人行不？谁知道村里的水井一夜之间全没了呢，我不是神仙能知天下事？"

"哟西！"山本惣懵懂了，摸着鼻尖底下那撮仁丹胡子，眼珠子骨碌碌地转。道路遭毁，电线被剪，水井被填，连村里维持会会长都不知情不报告，可见"填平水井的人准是抗日武装人员的干活"不疑。

刚才一怒之下，他原本想要一刀捅了这个维持会会长，但捅了他甚至把全村的人都杀光，谁还敢为皇军办事，这岂不暴露了皇军的侵略者本性啊。于是，他连忙安抚说，"你的召集村民开会，重新把水井清理出来，皇军要喝水，你们的良民也要喝水。没有水喝，皇军待不下去，你们村民也活不了啊。你说对不对？快去！"

水是生活之必需，须臾不离。山本惣把村里维持会会长打发走，但缺水问题一时不能解决，眼下如何马上解决饮水的问题呢？他想了想，只有用车运水这一途了。于是，他赶紧派出军车到附近的三江圩拉水，现在是等"水"下锅了。没有了水，立时就得断炊断食啊！

清理水井需要时日。此后，驻滨洋村据点的日军，一连数天，每天都得往三江圩去拉水。拉水烧饭、拉水饮用、拉水洗浴，没有水，日军就待不住了。

村里的交通员自日军拉水的那天起，每天埋伏在村边东头高坡的丛林里，观察日军军车出动情况，摸清了日军外出拉水的规律：每天早晨约6时，日军拉水的军车便出动，车上站立着押运水车的日军士兵约10人，每趟都携带一挺轻机枪，那挺轻机枪架在车前头的顶盖上，两名士兵分外警惕，做好发现目标随时射击的准备，其他士兵则分站在车厢两侧，负责监视周边的动静。交通员立即把这个每天几乎不变的日军运水行动信息，报告给抗日独立总队第一大队大队长黄大猷。

黄大猷知悉这一消息后拊掌大笑，乐开了怀。抗日独立总队正寻机打击日军，牵制日军，以振奋全琼抗日军民斗争的士气，同时，对国民党军队抗日也是一种督促办法呢。他再想，事不迟疑，如果等到村民把水井清理好，日军或许不再拉水，战机就会失去。根据交通员所侦探到的情报，黄大猷随即召开各中、小队队长会议，讨论行动策略。大家主张趁日军运水时半路截击，全歼日军。并根据日军在滨洋村岗楼的驻军人数，做好截击敌援兵的战斗准备。黄大猷派出侦察员选择伏击日军地点，把截击日军运水车作战方案报告总队部。总队部指定第二大队第五中队临时归黄大猷指挥，以保证集中兵力全歼日军作战方案的实施。

9月2日，黎明时刻。黄大猷根据地下交通员"日军行动依旧"的情报，率领第一大队和第二大队第五中队悄悄地摸黑进入到滨洋村附近的罗板铺公路两侧高地，神不知鬼不觉地埋伏好，就等滨洋村据点里的拉水日军军车进入伏击地段。

全歼这股日军，打击日军的气焰，是罗板铺这一役的作战目标。黄大猷在具体布置兵力时，特别指定两个班分别从两头一前一后阻击日军车辆，使战斗一打响，日军军车前进不得后退不能，防止日军军车仗着行驶速度从两头逃逸。这一招，犹如瓮中捉鳖。

滨洋村据点的日军暴戾恣睢，这天果然像往常一样，天刚亮拉水的军车就出了据点，朝三江圩的方向驶去。东边的太阳露出红彤彤的脸庞时，日军拉水车进入到罗板桥黄大猷他们的阵地。战士们一阵兴奋，持枪等待疾驰的越来越近的日军军车。

"打！"黄大猷大喊一声，手里的驳壳枪向着日军打出了第一枪。随即，战士们从东西两侧一齐向日军开火。

日军毫无准备，听到袭击的枪声来自东边，迅速跳下车来，以车厢和路边的高点为依托，向东头的独立总队战士顽强开枪。他们想不到这时一排子弹和手榴弹从后头袭来，打得他们措手不及。日军这才明白他们的对手采取南北两头阻击，从东西两侧夹击战术。一个日军军官的指挥刀向前一指，军车突然向前冲去，可前头遭到阻截，枪声炽烈；旋即命令军车后退，但路面狭小倒不过车身。日军军车忽地大吼一声，"呜呜"地一阵急似一阵，欲进枪弹如雨，欲退车辆被阻，活生生被卡在公路上，动弹不得。

"冲呀！"黄大猷看时机已到，站起身，挥着枪，呐喊着。战士们从两侧高坡像猛虎下山，向日军扑去。

　　日军遭到突袭，这时已死伤过半，直挺挺地倒毙在路沟里。剩下的四五个日军躲在车厢底下顽抗，被独立总队战士点射子弹击中，无一活命。

　　半个小时，独立总队便结束了这场伏击战斗。战士们清点战场，击毙日军 11 人，缴获轻机枪 1 挺、三八式步枪 5 支、撸子枪 1 支、子弹 150 多发。独立总队两名战士负伤。焚烧了日军军车，独立总队战士迅速撤出战地。

　　后来，独立总队从地下交通站的情报中得知，被黄大猷他们击毙的日军里，曹长山本惣也在其中。这天山本惣起了个大早，练了一套武士刀，看到军车外出拉水，便把押车的部属喊下，他自己爬上了副驾驶座位，结果撞上了独立总队战士的枪口，也算是他这个侵略者命里注定该死。

　　罗板铺伏击战，琼崖抗日独立总队创造了集中优势兵力全歼日军的先例，还缴获了第一挺机枪，极大地提高了中共琼崖特委和琼崖抗日独立总队的威望。这是琼崖抗战中的一大捷报，中共琼崖特委和琼崖抗日独立总队部给参战指战员予以表扬奖励。国民党琼崖守备司令王毅于 9 月 9 日传令嘉奖琼崖抗日独立总队参战部队，并向国民政府报告了作战经过。随即，国民政府通令嘉奖琼崖抗日独立总队参战部队，特发给琼崖抗日独立总队 8 箱 4000 发子弹。

　　罗板铺伏击战以我方胜利日军惨败，再一次凸显了交通情报工作的重要。地下交通员提供准确的日军活动情报，使中共琼崖特委和琼崖抗日独立总队在军事斗争中抢占了制高点，为克敌制胜创造了先机。兵士未动，情报先行，确保斗争的胜利，规避了因情况不明、敌情不清造成的损失。这是地下交通站工作的业绩之一，多少年来都为人们所赞赏。

　　诸位：潭口阻击战，是中共琼崖特委领导抗日独立队打响的抗击日军侵占琼崖的第一枪。地下交通站情报工作功不可没。在后来的罗板铺伏击战斗中，地下交通员更是把情报侦察和情报传送做得准确及时，从而大获歼敌全胜。斗争无穷期，交通站被敌人视为眼中钉肉中刺，交通员付出了莫大的牺牲。请诸位听我继续往下说。

第十六回　惊涛骇浪智斗日军
地下交通抵至港澳

　　诸位：上回说到中共组织琼崖地下交通站智送情报，继潭口渡口阻击日军后，抗日独立总队采取集中优势兵力、巧打埋伏的战术，在罗板铺取得全歼日军的胜利。对敌斗争四处开花，明争暗斗展现的是没有硝烟的战场。地火在琼崖广阔的大地上运行。沿海岸边地下交通站因反抗国民党反动统治而生，其斗争形式因日军侵琼而传奇曲折。诸位且听我说来。

　　琼山县云龙圩。中共琼崖特委和抗日独立总队在驻地召开党政军领导干部会议。

　　"日军侵琼，我们的斗争面临新的考验。我要告诉大家，就新形势而言，抗日斗争将是长期的持久的，而且也将是最残酷的搏斗。同志们务必做好坚持长期抗战的思想准备，包括经济的各方面准备。除了发动广大民众参军参战，壮大我们的队伍，地下交通工作担负更为重要的任务，必须适时秘密拓展。"琼崖抗日独立总队总队长冯白驹说。他讲述了全国抗战形势，分析了琼崖抗日战场敌我优劣势，制定了抗日斗争的战略战术。接着，部署新形势下党的地下交通工作。列举了各市县地下交通站的斗争实绩后，他接着说，"潭口阻击日军和罗板铺伏击战，情报传递很及时准确，为抗击日军和歼灭日军立下了功劳！"

中共琼崖特委高擎抗日大旗，激励了广大琼崖民众的抗日斗志，青壮年踊跃参军，加入到琼崖特委领导的抗日队伍。随着人员的迅速增加和队伍的快速壮大，1939年3月间，"琼崖抗日独立队"扩编为"琼崖抗日独立总队"。中国共产党领导下的琼崖抗日队伍获得广大民众的大力支持，迅速成长为琼崖抗日军民的中坚力量，各族民众的中流砥柱。

面对日军侵琼后琼崖的抗日斗争局势，中共琼崖特委敏锐地认识到抗日斗争情势错综复杂，敌我双方的斗争较量不仅体现在明枪实火的战场上，你死我活的瞬息格斗之间，而且情报的沟通输送、敌情的侦探传递、分化敌军营垒的秘密斗争都将更加激烈。随着斗争日渐白热化，地下交通站的活动内容也必将日益扩展，不光是信件和情报的传递，譬如革命同志的护送和接洽、物资器械的转运经手等，都需要地下交通站发挥其他人不能替代的作用。中共琼崖特委和所领导的琼崖抗日独立总队对地下交通站高度重视，对各个部门厘清关系，做出特别安排。尤其是考虑到地下交通站斗争的独特性，避免多头领导造成不必要的混乱，保证其秘密性，防范泄露行动机密，琼崖特委和琼崖抗日独立总队分别指示所属的民运科和军需处具体负责，对土地革命时期所建立的地下交通站工作，或者职能和任务合一，或者人员交叉各司其职，分别执行所承担的秘密任务。庞大的交通站织成的一张巨大而缜密的网络更加完善。这其中海口包括琼山县的地下交通斗争最为活跃，成为地下对敌斗争的热点和焦点。

日军侵琼后，加强了对海南岛的海空封锁。海南岛四面环海，在地理环境上是一座孤岛，只要封锁住琼州海峡，就等于截断了琼崖中共组织和大陆党组织的联系，特别是人员来往和物资器械的运送。因此，日军的舰艇昼夜在琼州海峡里游弋，看到可疑的船只就开炮开枪阻截，飞机巡逻一看到以为是运送物资的不明舟楫就狂轰滥炸，用尽一切血腥手段阻止琼崖中共组织和琼崖抗日独立总队的有关人员北上，或北来的疑似运送人员和物资的船只南下，而军事物资的支持和领导干部的指导，正是中共琼崖特委所必需的。日军的企图很明确，困住孤岛，中共琼崖特委及其所领导的抗日武装就会枪损弹绝，无还手抗击之力。

局势瞬间万变，考验领导者驾驭斗争的智慧。根据已经发生了的形势变化，中共琼崖特委和琼崖抗日独立总队经过反复讨论和分析后认为，开辟海上交通就是琼崖抗战"救亡"的通道，关系到琼崖抗战的前途与命运。要打破日军的黄粱梦，必须以"变"应对日军的围困伎俩。针对日军加紧对海口、琼山东北沿岸港口的封锁和监视，中共琼崖特委暂时回避从海口港出海联络的打算，开辟新的地下交通联络点，改从其他市县港口寻出路，把临高县的昌拱渔港作为对岛外联系的地点加以筹建。这是因为临高县远离日军占据的海口这个统治中心，地形以丘陵丛林为主，便于出海和进岛中共人员活动和隐蔽。而且，昌拱渔港来往的渔船较多，有本埠的也有外埠的，人员混杂，也便于中共人员来往及进出。尤为重要的是，昌拱渔港的渔民国仇家恨思想感情强烈，眼看中国被日军侵犯肆无忌惮掳掠烧杀的行径，奇耻大辱早已充盈于胸，亲眼所睹琼崖人民被日军屠杀的血淋淋的惨状，他们把支持琼崖人民的抗日斗争当作自己拯救自己的正确行为，视作天经地义的唯一途径。如此，昌拱渔港便和海口地下交通斗争结缘，并肩作战，演绎了海上智斗日军的传奇故事。

1939 年 4 月，接到中共琼崖特委指示后，临高县委雷厉风行，派出王乃策、符英华和三区区委书记王锡珠来到昌拱渔港。他们的任务是置船雇员，组建"琼州海峡航运站"，以航运站为幌子，建立地下交通站，掩护南来北往的革命活动，由王锡珠担任站长。

昌拱渔港是一个居住几十户人家的小渔村，绝大多数居民以捕鱼为业。因为避风条件好，外地渔船遇到台风或缺少粮食和淡水，都会进港避风或补充粮品和饮用水。昌拱渔港渔场富饶广阔，北去可抵广东徐闻西岸，西往可达广西海岸和北部湾海域。

临高县委缺少活动经费，组建"琼州海峡航运站"必须自筹资金。王锡珠发动渔村里的党员王命珍、王必成等人筹集光洋1100元，购买到船只后立马开业。他们拥有船只最多时达到9艘，其中货运帆船3艘、渔船6艘，经营项目一是出海打鱼，二是搞货物航运。捕捞到的鱼虾产品被拉到周边墟集出售，或运到附近的市县推销。货物航运船只主要是把临高的农产品和鱼产品运到广州湾出售，把大陆的货物包括布匹、铁器、用具、煤油等运进来销售。同时，也做旅客搭乘事务，把要过海进入海南岛的人接过来，把要往内地去的客人送出去。经过反复斟酌，他们以"三友庄公司"作为海运站的对外经营商号。这样，就为抗战时中共琼崖特委和琼崖抗日独立总队接送了大批干部和运进大量的军用物资。

那时，进出海口港的商人与旅人忌惮日军检查严格苛刻，深恐惹是生非，于是一些人为避免不必要的惊吓，舍近求远，取道临高港口出岛，昌拱渔港由此热闹了一阵子。

忽一日，日军发觉从海口港出海前往广东的旅客锐减，且携带贵重物品的商人几乎不见影踪，怀疑这些人从沿岸各个港口走漏，特别是琼崖北面沿岸的港口，立即加强了对徐闻县东南部海面的警戒封锁，即便是正常航行，没有发现任何蛛丝马迹，日军舰艇也突然变更航向横出水道拦截，强行登船搜查，而且这种事态愈演愈烈。此时琼州海峡航运站已秘密运作了一个阶段，王锡珠他们对种种不测早有准备，却也虚惊了一场。

帆悬风正，船疾似飞。一次，王锡珠刚从海北接回一批枪械，船驶到中流水道时，天色微暗，十几米外便看不清对面人脸。王锡珠正庆幸没遇到日军搜查时，突然传来马达声，日军一艘快艇"嘟嘟"地快速追了上来。来者不善，善者不来。这突如其来的敌情令船员顿时紧张。王锡珠胸有成竹，不愧是常闯鬼门关，敢在阎王殿上斗魔法的好汉。他立即让贴身的船工按照他的安排行事，其他船员按部就班忙着自己的活儿。王锡珠告诉他们："你们谁都不用惊慌，要像没事的样子，天塌不下来，出了岔子由我给顶着！"

刚布置妥当，日军的快艇已逼近王锡珠的大帆船。站立在快艇上的日军个个如虎似狼，端着枪，说着日语，叽里呱啦地狂噪。日军快艇绕着木帆船巡视，溅起的水浪冲撞得木帆船东晃西荡，王锡珠趁机暗示船工转舵，让木帆船绕着日军快艇旋转。过了一刻钟工夫，一个曹长模样的日军朝着王锡珠喊道："你们的，共产党抗日独立总队的干活？停下检查！"

"回皇军的话，我们纯粹的良民，是生意人的干活！"王锡珠嘱咐船工稳舵停航，脸上露出平静的神色，心里暗地在说：狗日的吆喝壮胆，你们若是认准我们是共产党抗日独立总队，早就开枪开炮了，能这般逼停我们啊！遇上了狐狸莫慌张，我们要扎牢篱笆，不给这帮狗日的钻了空子。他镇静地准备应付日军的任何挑衅。

"噔噔"地，日军曹长攀上了木帆船，紧接着又上来了四五个日军士兵，一个个横眉竖眼。日军曹长"嗖"地抽出东洋刀，恶狠狠地指向王锡珠，嚷道："你们的要逃跑，和皇军捉迷藏？都是共产党抗日独立总队的干活，死了死了的有！"

"皇军，我们是大大的良民嘛，全都领取了良民证。你是说我们的船在漂，皇军费了好大的劲才赶上吧？"王锡珠掏出口袋里的良民证晃了晃，装作一副恭敬的样子，不慌不忙，挖苦地继续说，"其实是这样的，我们一听到皇军的喊叫，马上就落帆了，只是船在水道中流，要停下来一下子也停不住，我们的木船不能和皇军的快艇比，靠风行驶嘛。何况皇军的快艇一直绕着我们的船转圈，这船被海浪一推一拉，可受不了啊，也得随着水浪的旋转而漂荡。我们哪敢怠慢皇军的检查，那不是找死！皇军你说是不是？"

"哟西！"日军曹长一双眼珠向上一翻：唔，这话中听，说得还蛮有道理，皇军的快艇冲击力大，你们这一小小的木帆船还不在波浪中乱转？日军曹长得意地"嘿嘿"冷笑，云里雾里找到了感觉，喝问："你说是良民，良民证的我要看看！"

王锡珠看到日军曹长放松了警惕，紧绷着的心弦稍为放松，但丝毫不敢马虎，赶快又掏出良民证，递了过去："这良民证不掺假，我们是货真价实的顺民啊！"

日军曹长一丝不苟地注神瞧着良民证，找不到疵点，仍然不死心，又把船头船尾全扫视了一遍，向士兵命令道："你们的给我细致搜查！"

跟随着的日军一听号令，立即逐个舱位搜查，船上只听到"嗖嗖"的物品挑落声和海浪的呼啸。过了一会儿，这些士兵相继走到日军曹长的跟前："报告，没有发现特别情况！"

"哟西！"日军曹长哼了一句，眼光却在王锡珠的脸上反复地扫来扫去，企图寻找什么密码似的。他不相信天已经快黑，一只孤零零的木船在海峡漂流，不负有特殊任务，图什么？但王锡珠脸色自若，毫不惊慌，像啥事都没有发生。日军曹长疑心重重，狡黠的眼光直在王锡珠身上打转。他小心翼翼地踩到船舷上，望着黑黝黝的波涛，正欲探身船舷外头向下头看去，冷不防船身向右边倾斜，幸好被紧跟着的日军士兵伸手拽住，不然没准他会被晃倒到海浪里喂鱼虾去。日军曹长被吓了一跳，尴尬地拍了拍手，回头瞪了王锡珠一眼，很不情愿地朝其他日军挥了挥手，然后回到了他们的快艇，"嘟嘟"地往东头疾驰而去。

并非日军仁慈，日军曹长眼看搜不出禁运物品，而且西边的夕阳已经沉到海底下，夜色铺覆了海面，如果这时在海上和这些船工发生搏斗，当然这艘木帆船终究会被轰击沉没，但这群不要命的船工要拼个鱼死网破，说不定自己的士兵也得赔上好几个才能得手。他想，先把这艘木帆船记牢，在海上或许还会撞上脸打交道，要找他们的碴，何愁没有机会呀。现在放他们走，那是放长线钓大鱼，好戏在后头。这个日军曹长自以为这一着是高招，暗暗自鸣得意。

王锡珠虽然躲过了日军曹长的无意疏忽，身上还是冒出冷汗。好险，若是被日军曹长发现悬挂在船舷外头的枪支，少不了要来一番搏击较量。日军最终不会放过他们，快艇枪炮轰击，木帆船毁损事小，枪支损失事大。王锡珠他们避免了这一事故发生，当下要防备日军快艇杀回马枪，赶快扯满风帆，顺着潮水方向朝昌拱港湾驶去，后头犁开的一道飞溅水花在暮色中哗哗喧闹。

敢打虎，定有打虎艺。原来，王锡珠看到日军快艇气势汹汹而来，立马暗想须预防不测，立即吩咐身边几个伶俐的船工把成捆的枪支用绳索绑好，挂在船舷外头，日军快艇绕着他们的木帆船绕圈子的时候，他们也尽可能和日军快艇兜圈子，加上暮色朦胧，波涛汹涌，浪花飞溅，日军视线模糊，看不清船舷外头悬挂着的枪械。最惊险的一幕是日军曹长行走在船舷上，欲探头船身外边时，守候在舵位上把舵的陈老伯身子趁势往舵把上一压，木帆船偏左迎头撞上了汹涌而来的巨浪，船身剧烈颠簸，差点就把日军曹长掀倒到海里。陈老伯这一招令日军曹长魂不附体，悻悻地，最终断了继续探看的念头，况且天色已黑。

王锡珠他们接洽的这批枪械平安地运回到昌拱渔港，上岸后赶紧派人送往琼山县云龙圩，如数交给琼崖抗日独立总队。要知道，那时的琼崖抗日独立总队枪械十分简陋，队伍组建时，大部分枪支是从民间人士那里收买来的，杂七杂八，甚至长短参差不齐，就不要说子弹奇缺了。不少战士手里的武器是大刀、铁鱼叉，要武装自己全靠战场上缴获敌人的枪支。这些由中共广东省委通过东江纵队拨来的枪械到了琼崖抗日独立总队战士手里，如虎添翼。

日军侵占海南岛，琼州海峡被封锁，海上交通被切断。琼崖军民绝不束手待毙，他们千方百计另辟路径。中共南路特委经过多次讨论，决定开辟一条秘密交通线，以沟通琼崖党组织与党中央及八路军驻香港办事处的联系。那时湛江也称"广州湾"。1939年3月间，中共琼崖特委在湛江市建立琼崖抗日独立总队驻广州湾办事处，谢李森任主任，张刚任副主任，陈玉清任秘书。初时，办事处设在湛江霞山贝丁街头益智中学（今霞山第一小学斜对面）近旁的一间木屋里，后搬迁到海头港，不久又搬迁到霞山村黄继虎家。这年秋季，琼崖办事处建立琼崖到湛江市的"前哨"站，在硇洲岛设立交通联络点。接着，和广东省赈委会救济总队第八分队在霞山海边街合办"而信行"作为交通站。中共琼崖特委先后派出交通员张瑞民、符儒光、陈大贵、郑道春、郑菁华、翁圣渭、许坚、龙大英、林鸣魁等人来往于这条交通线上。八路军驻香港办事处通过中共香港海员工委派遣符铁民、陈香钊加入到这条交通线的斗争中。

从持久抗战着眼，中共琼崖特委和琼崖抗日独立总队把与广东省委的重要联络点设在广州湾，即湛江霞山一带。这是明智之举。这里商船进出频繁，不只是中国船只而且常常看到挂着外国旗帜的商船进埠，许多交易甚至在海上洽谈交割，日伪军看在眼里，明知他们彼此之间猫腻，或越轨出矩，却只能束手无策。

这时的广州湾是法国的租界。据史料记载，秦始皇统一中国后，湛江辖地属象郡。汉元鼎六年（公元前111年），南部的徐闻、海康、遂溪三县属交趾部徐闻县；北部吴川、廉江两县分属交趾部高凉县和合浦县。而后，南部三县先后属交州、合州、南合州、东合州。至唐贞观八年（634年），改东合州为雷州，直至清代，属雷州府；北部两县先后属广州、罗州、化州，至明清时属高州府。1894年中日甲午战争前，西方列强侵略中国，一步步蚕食中国国土领海；甲午战争后，凭借《马关条约》，资本主义列强掀起瓜分中国的狂潮。清光绪二十五年十月（1899年11月），法国胁迫清政府签订《中法互订广州湾租界条约》，将雷州府的遂溪、高州府的吴川两县属部分陆地、岛屿以及两县间的麻斜海湾划为法国租界，统称为"广州湾"，划入法属印度支那联邦范围，设广州湾行政总公使署，受安南总督管辖。法国殖民当局为达到永久占领广州湾的目的，以最早进入广州湾的法国军舰"白瓦特"号相炫耀，将广州湾城命名为"白瓦特城"。妄图以此长久割裂中华民族的血脉脐带，其强盗狼子野心路人皆知。日军出于侵略东南亚国家和扩张领土的目的，暂时还不敢触动法国人的既得利益。

敌我斗争犬牙交错。坚持长期斗争必须依据斗争的特点和环境做出正确的判断。这样，方能稳操胜券，化险为夷。中共琼崖特委和琼崖抗日独立总队根据秘密战线斗争的复杂性和隐秘斗争特点，建立多个地下交通联络站点，互为犄角，相互支持，以防不测，保持交通线的畅通。俗话说，兔子还有三窟呢！

1939年5月，琼崖抗日独立总队派出副官陈玉清前往广东徐闻县，沿着海边地形和村落细心考察，反复权衡后，选定迈陈镇打银村设立地下交通站。打银村距琼州海峡较近，运送物资和护送有关人员进出海南岛便利。有了徐闻党组织的协助，陈玉清从站点交通员政治觉悟、政治面目到地下交通站设立地点的隐蔽程度，逐一甄别比较，最后决定联络站设在村民梁玉阶家里。

梁玉阶是个地地道道的农民，平时兼做小本生意，家道殷实，农闲季节外出购货运回镇圩上销售，同时收购地方的一些特产运到县城或广州湾一带去推销。家里盖有一进三间的两层小楼，左侧建有三间廊屋，以楼房后墙为边线，左右两头向前延伸收拢筑建围墙，右侧围墙中段辟有进出的小门，形成一个独立院落。宅院四周长遍灌木林，颇为静谧隐僻，便于开展活动。梁玉阶性格耿直，对日军侵略中国怀有刻骨仇恨，同情和支持中国共产党领导人民抗击日本侵略军。因为生意方面的关系，王锡珠和梁家还有过交往，有时在梁家落脚住宿，梁家可靠是梁玉阶给王锡珠的深刻印象。且打银村的群众基础好，民众拥护共产党，村子里有的青年农民或参加东江抗日纵队，或参加徐闻县共产党领导的抗日游击队。

陈玉清谨慎细致。他深知选准一个点撑起一片天，事关琼崖抗日斗争大局。他扮作商贩在梁家住上了一段日子，又看见和了解到梁玉阶的儿子梁步孔年轻力壮，思想进步，早就有参加徐闻县抗日游击队的想法，便决定由梁步孔担任打银村党的地下交通站站长。打银村交通站建立后，途经徐闻县西部运往琼崖的各种物资都先送到打银村交通站贮存，然后转运；中共中央和广东省委要渡海往琼崖特委的各方面人员，包括军事领导干部都先在这里集结，等待过海的恰当时机。梁家住宅宽敞，中共中央和广东省委派往琼崖的领导干部路经打银村交通站时，大多住在梁家，是琼崖特委和琼崖抗日独立总队的重要交通站。打银村也由此成为红色村庄。

中共琼崖特委和琼崖抗日独立总队总结了开辟秘密交通站的经验。他们认为，要建好秘密交通站起码要具备三个条件：一是要选择好交通站的所在地点，即设立交通站的地点除了较为隐蔽、方便运输，还要有一定的群众基础。群众拥护革命，交通站就能深深扎下根，执行任务时就比较安全。二是要选好带头人，即交通站的领导，既要有坚定的政治立场，还要有灵活的斗争技巧，以保护好过往人员安全和物资完好。三是要提高警惕，严守保密工作规定。保密规定既然重要，就要加强对交通站交通员的思想教育，自觉把保密工作视作自己的性命，绝不能泄露党的秘密，保障过往工作人员和物资的安全。

这一年的冬天，琼崖抗日独立总队驻广州湾办事处主任谢李森、副主任张刚根据特委和总队斗争形势发展的特点，决定扩展秘密交通站点。他们从湛江秘密潜往徐闻东部地区的前山和龙塘沿海一带，以创办店铺经营生意为由，深入到附近的圩墟选择创建联络站的地点。在圩墟建立交通站的好处有二：第一，有利于了解民情和日伪军的动态，及时输送情报。日军占领广东时，圩墟被列为盘踞的重点，他们以为占有了圩墟就能控制了一方天地。中国的民情是圩墟为周边农村物资交易和民众购买商品的集散点，把交通站设在圩墟更容易掌握舆情和消息。第二，有利于人员的护送中转和物资的运输。乡村消息闭塞，道路不通，有些物资运到乡村后，再往第二个联络点运送因为无路可涉，泄密的可能性较小，即使消息走漏，敌人也因为道路不畅不能迅速赶到。况且，交通员可以利用山林掩护，迅即转移物资和有关人员。当然，事物总有两面性，在圩墟建立交通站亦然。虽说便于掌握敌人动向，机动性强，但也容易把自己暴露在敌人的眼皮底下，敌人利用公路的便捷可以短时间内赶到事发地。可见保密工作须臾不可松懈。不可否认，制定突发事件的应对措施，可以变不利为有利，关键在于交通站工作要绷紧弦，提高警惕，有备无患，准备好事件突然发生时的执行预案。

"良友茶店开张啦！"噼噼啪啪的鞭炮炸爆了龙塘圩的西北街道，人们从鞭炮声里听到了圩墟信息。

和谢李森、张刚前往徐闻前山、龙塘选址的吴必兴，与龙塘的革命青年苏君育在龙塘圩西北端创办的"良友茶店"终于开业了。他们购置铺面地皮面积一亩，建起铺面四间，左右厢房三间和厨房一间。茶店开张这天，吴必兴他们邀请当地镇长和乡绅做客。中共琼崖特委交通员陈大贵装扮成客商从海南岛赶来道贺，假戏真唱。茶店开张装潢气派，门口两旁贴着大红藏头对联，左联是：良朋高客济济来四海；右联是：友谊长久融融润三江。老板吴必兴头戴大红圆帽，身穿长袍马褂，站在大门口，双手作揖恭迎宾客，倒腾得热热闹闹。

良友茶店，对外顾名思义是货真价实的招徕良朋好友的茶店，白天从天一打亮到天黑才打烊，中午不歇业，茶客到店必有茶水侍候，和别的茶楼没有二致。同时，兼营住宿业，旅客时有来往，不致引起日伪军的猜疑。谁都想不到，暗地里良友茶店是中共党组织的秘密交通点，中共党政干部和军事干部因北上南下路途遥远且往来广州湾便利，往往在这里落脚，再赶赴各地。他们由地下交通员引路，进住店里，和其他旅客没有任何不同之处。交通员在良友茶店与上下级组织完成交接任务，南下北上的党政军干部或者补充盘缠由交通员带领继续上路，或者从这里转往别的交通站；遇到困难，他们可在良友茶店交通站获得各种帮助，包括沟通联络、带路的方便。若是货物，则暂且藏匿等待转运。

良友茶店由吴必兴担任董事，苏君育任店主，常时在店里面行走的店员，包括从琼崖来的革命者陈赞义、陈赞华、莫良范，以及徐闻当地的革命群众林诗福、林麻湖、苏君瑞等，也酌情雇佣少量杂工，他们都是党组织的基础群众。由此，中共琼崖特委和琼崖抗日独立总队地下交通线，构筑成为以菉塘特委联络站点、广州湾办事处为中心，面向琼崖东西两翼分别为良友茶店交通站、打银村交通站的态势，即广州（菉塘）—硇洲—良友茶店—打银村—临高县昌拱渔港的琼雷地下交通线正式建立并运转。它是中共琼崖特委和琼崖抗日独立总队沟通与外界的物资输送、人员来往的大动脉，通过香港、澳门，拓展到上海等地的中共中央机关。

琼雷地下交通线的开辟和建成，拓展了原先的海上通道，也拓宽了琼崖党组织对地下交通工作的视野，从徐闻前往琼崖的海上交通也不再单为临高县昌拱渔港的联络点。除了可直接抵达海口秀英港口外，还有从徐闻港口绕过海口秀英港口，沿着东海岸线南下，抵达琼山县演丰镇山尾头村海边交通站。许多从中共中央和广东省委派到琼崖特委和琼崖抗日独立总队的领导干部，大多数从良友茶店经海康雷州海边渡海登陆琼崖，或前往其他交通站，再渡海向琼崖进发；或从这里北上前往内地。

烈火见真金，历险铸忠诚。琼山县演丰镇山尾头村中共组织的地下交通站是一个可靠稳健的秘密交通点，从徐闻等地过海的中共领导干部，大多从这里上岸，分赴琼崖各地。

　　诸位：根据剧变的斗争形势，中共琼崖特委和琼崖抗日独立总队展现智慧，有效地保护自己、打击日本侵略者，拓宽地下交通站点的布局，形成了北出广东的"钳"形交通联络站网。地下交通员尽职尽责不息奋战，为北上南下的战友安全分忧，为护送党政军干部和抗战物资夜未能寐，他们把个人生死置之度外。请诸位听我继续往下说。

第十七回　广州湾里刀光剑影
谍战搏击九死一生

　　诸位：上回说到中共琼崖特委和琼崖抗日独立总队根据抗日斗争形势，在广州湾和徐闻设立党的地下交通站，迎接抗日斗争高潮的到来。交通站的同志们紧紧依靠基层组织和群众，开展各种形式斗争活动。国民党右派假抗日真反共面目暴露无遗，斗争险象环生。地下交通员审时度势，攻坚克难，圆满完成工作任务。诸位且听我说来。

　　俗话说，外行看热闹，内行看门道。说到地下交通斗争这一阵地，同理亦然。

　　在局外人看来，地下交通战线的斗争死水微澜，实际上角力波诡浪谲，灭顶之灾死亡威胁每每都会降临到那些坚持斗争的勇士们头上。交通员们心怀崇高理想和远大目标，即便前头是刀丛火海万丈深渊，他们也都奋不顾身勇往直前，战胜各种艰难险阻，直至圆满地完成上级党组织的嘱托。然后，又精神抖擞义无反顾地接受新的战斗任务，活跃在各个斗争场合。

　　中共琼崖特委驻广州湾办事处的地下活动要数智运电台最为惊险，这犹如攀登万仞之峰峦，粉身碎骨就在一瞬间。一旦失手，损失的不仅是电台机械，后果波及的还有今后地下交通线运作的艰险。

那是 1940 年 5 月，八路军驻香港办事处主任廖承志利用各种关系，绞尽脑汁，购买到一部大功率电台，严肃地交与交通员张瑞民，殷切地叮嘱说："这是中共琼崖特委和党中央联络的重要通讯工具，你要想尽一切办法安全押运到海南岛，亲自交给琼崖特委，千万不能发生丝毫疏忽啊！"

"请上级领导放心，我保证完成护送转运电台任务，把电台完好无损地交给特委领导！"张瑞民严肃而又紧张地回答说。他知道这个担子的分量，接着立即张罗电台启运工作。

1939 年 8 月，根据廖承志的指示，中共琼崖特委和琼崖抗日独立总队副官谢李森、张刚与中共广州湾支部成员林熙保、陈以大取得了联系，在霞山附近建立了交通中转站，作为琼崖办事处的秘密立足点。征得广州湾党支部上级领导林琳的同意，使用菉塘交通站作为中共琼崖特委驻湛江市的中转交通站。林琳是海南临高县人，幼年时便前往广州读书，毕业后投身到反帝反封建斗争的洪流中。作为海南人，林琳深深地体会到琼崖特委孤岛抗战的艰难险境，指示林熙保、陈以大全力协助谢李森、张刚在广州湾开展各项联络工作。张刚搬到菉塘边山村住下后，广州湾党支部又派党员林琪材利用人熟地熟的便利，包括带路和介绍联系人员，使用广州湾原有的联络点，协助他打开交通联络工作局面。这样，中共琼崖办事处地下交通工作得以顺利迅速展开，相继在霞山市区设立"而信行""珊瑚咖啡摊""黄继虎住宅"等联络站点，与广州湾党支部在市区设立的"公泰隆""林吕记""德昌银号""天和堂药店""林海住宅"等连接，一张严密的党的地下交通网迅速建立。

这些站点的建立和沟通，为中共琼崖特委和琼崖抗日独立总队在广州湾地区对外秘密联络开枝散叶，极好地支撑了琼崖的抗日斗争。经过各方艰辛努力，特别是中共琼崖办事处同志的不断拓展，形成了以湛江为中转站的上下连贯、左右贯通的联系网络，而且各条交通线都指定了较为稳定的地下交通员。他们根据党组织的安排，奋战在各自的岗位上。

湛江中转站主要有三大干线，即湛江至香港、马来亚，交通员符儒光；湛江至香港，交通员张瑞民；湛江至琼崖，东线为湛江霞山—硇洲岛—琼山县演丰山尾，西线为湛江霞山—海康—徐闻—临高。三大干线中，湛江至琼崖的交通员队伍最为庞大，先后有陈大贵、陈灼利、郑菁华、郑道春、许坚、蔡煌、龙大英、林鸿魁、翁圣渭等。此外，由香港至湛江、琼崖，交通员有符铁民（符气岱）、陈香钊等。交通员各司其职，单线联系，除非共同执行任务，否则其身份保密。他们中的许多人为保守党的秘密和保护党的物资财富牺牲在岗位上，或献身在敌人的监狱里，或捐躯在交通线上，包括陆路上和大海里，甚至同志们只知道其牺牲的日期，不知晓牺牲的场地，连尸首也无知所踪。

这时，法租界广州湾是中共琼崖特委北上联络的交通枢纽，是琼崖特委与广东省委联系的门户，至关重要。且广州湾毕竟海阔船多，许多船只皆有来头。一些奸商黑道懂得这个年代军火是赚大钱的门路，他们搭上国民党大官僚的肩膀，挂上冠冕堂皇的旗号，这些船只便在这里或贩卖军火或行销烟土，五花八门，乌烟瘴气。琼崖共产党组织的船只趁此机会，以贩卖琼崖特产或购买外埠货物为名，在广州湾和广东省委的联络站沟通联系，从事秘密活动。

日本侵略军攻占广州后，野心勃勃，虽竭力扩张占领版图，但遭到广东民众的合力抵抗，东江抗日游击队等中国共产党领导的抗日武装神出鬼没打击日本侵略者，让日军一时无暇染指雷州半岛。再者，法国殖民者是老牌的帝国主义，广州湾为法国殖民者最早占据，他们不甘心放弃口中的这块肥肉，日军顾忌和法国殖民者发生内讧，削弱自己的军力，延缓建立"大东亚共荣圈"战略的推进。1941年12月

25 日香港沦陷。因此，直至 1943 年日军才强力夺取法国殖民者控制的广州湾。中共琼崖特委和琼崖抗日独立总队利用帝国主义之间的利益矛盾，趁着国共合作结成共同抗日统一战线的有利时机，建立自己的地下交通站点，通过隐蔽的工作方式开展活动，利用广州湾这一短暂平静时段从事革命同志的接送和军事物资偷运，筑就抗日的大后方，壮大抗日斗争队伍。

日本侵略者深知要扑灭琼崖的抗日烈焰，割断中共琼崖特委和中共中央、广东省委的联系是致命一击。中共方面没有空中运输，琼崖特委和内地联系只有海上一条通道。侵占海南岛后，日军对琼州海峡实行严密封锁，中共琼崖特委和琼崖抗日独立总队与中共中央、广东省委的联络被迫中断。要保证与中共中央和广东省委的正常联系，必须依靠无线电台沟通联络。中共中央于 1940 年 1 月致电广东省委称："琼崖至少要有三部电台，并以一部与中央联络。"

那时香港还是英国殖民地。英国统治者对日本侵略中国，一开始抱着隔岸观火的态度，只要不损害自己的既得利益，便坐山观虎斗，宣布对中日战争保持中立，因而 1941 年 12 月 8 日前的香港得以免遭战火涂炭，仍然呈现升平景象。同时也给八路军驻香港办事处购置电台提供了便利。张瑞民有了同志们的协助，很快把电台分装打包完毕，并把电台从香港运抵广州湾。

这部大型电台由发射机（发话功率 50 千瓦，发报功率 75 千瓦）、收报机和发动机组成，重约 400 公斤，分装在六七个木箱里，紫红色皮箱里装的是精密的机器部件。这天，张瑞民刚把电台木箱卸下码头，便和急匆匆赶来接运电台的谢李森接上头，旋即把电台包装箱装上板车。正欲拉走时，突然几个法国海关官员朝他们走来，谢李森没想到会在电台包装箱装车时遭遇检查，回头时法国海关官员已走到身边，顿时难掩慌乱。谢李森这一神色变化虽在顷刻之间，但还是被法国海关官员发觉。这些海关官员的目光比猎犬还锐利。

"你们这是什么货物，沉重得很，是不是武器军火？"其中一个带队模样的人操着生硬的中国话问道，目不转睛直盯着谢李森。

情势突变，谢李森急中生智，一激灵，他坦然问张瑞民说："这批货物不是在下船时已经检查了吗？你就把检验单给海关的先生们过目吧。"

张瑞民点点头，慢吞吞地翻开了口袋，可口袋里压根儿就没有检查单，又往皮包里头搜索。下船时，接上内线关系，电台包装箱没有走正式通道上岸，哪来的检查单啊。他左搜右觅拖延时间，目的是想让这几个海关官员不胜其烦自己走开。让他想不到他们吹着口哨打着响指，漫不经心地斜睨着自己，一个个玩世不恭的模样，眼里流露着贪婪的神色，仿佛不给个满足，就要把脚上的皮鞋踩穿了似的，不再挪步了。

"哦哦，先生们是这样的。"和谢李森一起来到码头接运电台的吴必兴见状立即趋步上前，套近乎，神色飞舞地接着说，"这些包装箱里装的都是新式农具，先生们或许不太了解，日军占领海南岛后，田园荒芜，老百姓都逃荒走光了。没人种田打粮，是人总得要吃饭吧，我们从商做生意的讲的是赚钱，啥赚钱我们就干啥。这些农具是运到海南岛去开办农场用的，都检查过了，再开箱检验，还不是脱掉裤子放屁嘛，多麻烦啊！"

法国海关官员充耳不闻，照样吹着口哨绕着电台包装箱转，眼神里毫不在意，好像箱子里装的什么，和他们并不相干，他们在履行公事，嘴里嘟囔地说："货物是要检查的，这是规定。先扣下来，待会儿再说吧！"

听锣听音，遇事要看头瞧脸。吴必兴从这些海关官员的话里听出话来，他们分明是伸手要钱，只是装作执行任务不明说罢了。这些电台机器在码头多停留一刻就多一分危险，必须想办法尽快离开这是非之地。灵机一动，吴必兴立马便说："先生啊你们都等等，我去去就来，就一会儿，千万别走啊！"

这些海关官员果然都不走开，还溜到码头的栏杆旁装作观察海湾里各艘船只，窃窃地交谈着。

吴必兴朝谢李森和张瑞民丢了个眼色，意思是小心处事，想法子拖延时间，保护电台包装箱，不让那些海关官员打开检视，否则，就露馅了。吴必兴看透这些法国海关官员心里琢磨个啥，他们只顾捞些钱财好玩乐享受，至于包装箱里装的是什么机器完全不放在心上，中国人是和日本人打仗，谁活谁死他们根本不上心，那是国家上层大人物考虑的事情，自己只是小民啊。

吴必兴离开了码头，脚步急匆匆地走，他要去借钱。开始吴必兴曾闪过一个念头，即赶到徐闻良友茶店取钱，可是远水解不了近渴，最快来回没有一个昼夜不行。他清楚办事处资金紧缺，有时同志们连吃饭都周济不上，哪来的钱解此处燃眉之急呢。

吴必兴急步赶往九八行，打算找熟人想办法，走得满头大汗时，忽然身旁有人叫他"吴老师"。吴必兴一惊，定睛一看，是徐闻县龙塘槟榔园村人黄世泳，他在锦山小学教过的学生。一问，知道黄世泳运送甘蔗糖到西营销售，刚刚售罄。吴必兴告诉他，自己办急事需要钱，问能否借用。在锦山小学教书时，吴必兴为人正直，爱护学生，关心学生成长，家长学生对他口碑甚好。这会儿，吴必兴如果不是遇到棘手的要事，是不会轻易张口借钱的。黄世泳二话未说，立时掏出 100 块光洋借给他。

这时那几个海关官员已经等得不耐烦了，欲要发作，见吴必兴大步流星赶到，立即转怒为笑，心里话：还是这小子善解人意。吴必兴逐个打点，还赔着笑脸说："让先生们久等了，整天在码头当差够辛苦啊！这些是茶水费，先生们都歇歇去，日后找机会请先生们喝酒，一醉方休！"

这几个法国海关官员看着手里白花花的光洋，个个笑逐颜开，巡视码头还是有门路捞钱的嘛，今晚可有钱上馆子喝酒玩乐了。看着吴必兴他们，把手一挥说："放行放行，你们都快走！"

这样，装载着电台包装箱的平板车顺利地很快离开了广州湾码头，当天又用牛车拉往菉塘交通站藏匿。

菉塘交通站的张刚、林琪材深感责任重大，一心想着要保护这部电台的安全，特别是要防止广州湾电台上岸时的波折可能引起日伪人员注意而出现意外的变故。

保护电台安全是他们眼下的重大责任。张刚焦虑不安，对林琪材说："吴必兴他们费了好大的劲才摆脱了法国佬的纠缠，我们决不能让电台在菉塘受到损失！"

"对！夜长梦多，我们要想办法尽快把电台运走。"林琪材同样感到形势紧迫。他清楚电台对中共琼崖特委的重要性，"为啥八路军驻香港办事处的领导亲自为琼崖特委置办电台，明摆着琼崖的同志急用电台啊！"

"我们赶紧打探徐闻那边的同志是否有船过来，即便是老百姓的船也好，我们想办法说服他们租借使用，尽快把电台送到良友交通站。"张刚说，"这两天我们分头行动！"

到了第二天，林琪材兴冲冲地回到菉塘交通站，满面喜色地对张刚说："大塘村唐国珍的船要返回徐闻，我已经和他说好了，真是天助我也！"

"好！我们立即着手准备起运。"张刚仔细询问了何时能走后，兴奋异常地说。

原来，前些日子，大塘村唐国珍的船运货到广州湾，现在船泊菉塘旁边的码头，打算即使没有回头货近两天也要回去，林琪材找到唐国珍说要租船，唐国珍知道缘由后，一口答应下来，说："抗日救国，匹夫有责。琼崖同志的货物也是我们徐闻人的货物啊。"这一下子，问题迎刃而解。

张刚、林琪材赶紧张罗，布置并督促将电台包装箱如数搬上船，由吴必兴、陈玉清和从琼崖来的交通员押运到硇洲岛，顺利地抵达北腊港上岸。他们转移目标，分散人们的注意力，把装有精密机器部件的紫红色皮箱藏匿在大塘村唐家朝家里，大木箱装的发动机等大部零件则运到锦山村石洞里隐藏。不几天，大塘村党支部分派村民林厚星、黄崇美、苏周材等人用牛车把电台包装箱运到朋寮站下船，再搭木船经迈陈西海边转运到打银交通站。这次运送大功率电台的斗争最终以胜利收尾，有惊无险，彰显了交通员的大智大勇。

中共中央和广东省委派到琼崖任职的许多领导干部，大都路经良友茶店交通站，包括林李明、庄田、李英敏等。后来担任中国人民解放军琼崖纵队副司令员的李振亚是1940年2月间从广州湾来到良友茶店的。他们这一批渡海干部共六人，其中四男二女，女子中王超是李振亚的妻子。这批同志是良友茶店地下交通站建立后接送的第二批领导干部。他们从广州湾到硇洲岛，然后乘船至龙塘镇的北腊港，上岸后走了20公里路才到良友茶店。一路上都由地下交通员引路当向导，一站接过一站。李振亚在茶店里住了两个晚上，因为担心逗留时间太长暴露身份，便转移到锦山村小学暂住。

李振亚从徐闻渡海经历了一番波折，不像别的同志那样顺利。他足智多谋，随机应变，带领其他同志智渡了琼州海峡。

李振亚原名李荣，是广西藤县人，1929年参加邓小平、张云逸等领导的百色起义。在中央苏区时，曾担任红军学校教官，参加过第三、四次反"围剿"斗争；长征中曾任红色干部团第一营营长、红十三军参谋长，参加了土城战斗、再克遵义时的老鸦山战斗，以及巧渡金沙江后的奔袭通安州战斗。1940年受党中央委派，前往琼崖参加革命斗争。琼州海峡是他从东江抗日游击队奔赴琼崖必须跨越的天堑。

李振亚他们转移到打银站时，心里很焦急。他们已经在锦山小学住了10多天，携带的货物中包括从菉塘运来的大型电台。如果在海边逗留的时间过长，被日伪情报机关探知消息，在徐闻的这支党领导的20多人的武装游击队，是很难抵挡日伪军追击的；即便徐闻日伪军不追击，琼崖的日伪军严密监视海上，进而封锁海岸线，打银站的船只要抵达琼崖的风险也甚高。而且这部大型电台是中共琼崖特委和中共中央沟通情况的重要联系工具，琼崖特委急着要使用。但是眼下中共琼崖特委方面的船只过不来，或许是日伪军全面封锁严密的缘故，或许是风不顺向水不顺流不适宜的原因。

梁步孔心里很焦急，这是职责使然。他从李振亚他们的言谈中了解到急于过海的情由后，决定立即找船出海，尽快把李振亚他们和电台运送到中共琼崖特委。他把自己的打算告诉了李振亚。驾船偷渡的准备工作紧锣密鼓。

7月中旬的一天黄昏后，天色渐渐地黑了下来，北腊港湾里停泊着一艘渔船，船上的乘客是商人打扮的李振亚、罗文洪他们，电台机器设备也已经搬抬到船舱里隐藏好。浩瀚的海面上墨黑一片，凭借着天上星星的亮光，这艘大帆船启航了。

开始，大帆船走得很顺利，伸手试试风向，海上正吹着西南风，帆借风势，船仗潮力，像野马般疾驰，船上的人都露出快慰的神色。正当大家兴高采烈地期待快点抵达琼崖彼岸时，突然大帆船的速度慢了下来，甚至还在原地打转。看了看风帆，人们发现刚才的西南风已经转向，这时吹的是西北风，船靠着风力走"之"字路，绕来绕去，在海面上徘徊不前，不见前进反而后退，这可急坏了全船人，特别是护送李振亚他们过海的地下交通员。这时可说是，火欲旺而大雨至。大家焦急之时，大海的左前方隐约传来一阵"轰轰"的马达声，紧接着探照灯的一束光柱横空射来，掠过大船帆上空，反反复复，不离不即，船工是个老"做海人"，知道是日军的巡逻艇来了，立刻大喊道："落半帆！返航！"

"哧溜……"一串风帆跌落声。与此同时，船头已对准来时的航道。返航时是顺风，潮急船快，不多时就回到打银站。一场偷渡行动戛然而止。

李振亚他们白天到打银村村后的林子或棘丛里躲藏，午饭是梁步孔趁别人不甚注意时送过去的；到了夜晚，更深人静，李振亚他们才回到梁步孔家的小楼上住宿。过了两天，梁步孔又组织第二次偷渡。这次刚出海不远，前头突然枪炮声轰响，接着火光冲天。船工根据往常出海的经验，说是日军发现了目标，向怀疑的海上船只开枪开炮。按照枪炮声爆响的方位，大家推测这船只是从海南岛那头过来的，被日军巡逻艇截击，大海茫茫，波涛汹涌，落水的人凶多吉少。于是，他们的船只不得已掉头折回，等待顺风顺水的好日子。

两次偷渡失败，引起了李振亚的深深思考。这位参加过二万五千里长征的红军指挥员认为，要成功跨越琼州海峡，一是要看准风向，顺风顺潮，便能用最短时间登陆琼州；二是要掌握日军巡逻艇的活动规律，避免和日军巡逻艇直接正面冲撞。在此后的几天时间里，李振亚每天黄昏后便到海岸边的高处观察海上的动静，甚至到天快亮时才回来。同志们担心他的安全，梁步孔总是默默地跟在他的后头，保护着他。

这天晚上，李振亚把罗文洪、吴必兴、张瑞民、梁步孔和老船工召集到一起，把他这些天来观察到的情况告诉他们："日军夜晚海上巡逻有两个特点，一是他们认为偷渡的人总是利用月黑星稀的黑夜出海，因为这样的天气易于隐蔽，因而日军的巡逻频繁；反之，月明星繁的夜晚，偷渡的人会觉得容易暴露目标而不出动，日军巡逻就较为麻痹大意。二是日军舰艇巡逻也有规律，一般情况下是上半夜巡逻的次数较多，到了下半夜巡逻的次数就较少，尤其是黎明时刻。当然，反常情况发生也要充分考虑。知彼知此，百战不殆。我们要根据日军的巡逻规律制定我们的偷渡行动方案。"

大家都点头赞成李振亚的观察见解，明白他这些天每天黄昏往海边去的原因。他在侦察海上敌情，琢磨何时出海最为顺当。都表示说，我们要偷渡成功就得避开日军巡逻艇的巡逻时间段，避免和日军巡逻艇正面冲撞。

李振亚听了同志们的发言，细心地问道："琼崖特委在琼崖北头沿岸有几个联络站点？哪个登陆点航程最短？谁熟悉海南岛情况，你们说一说。"

"据我所知，特委在东北沿岸的联络站点主要有文昌县的翁田、铺前及琼山县的演丰，西北沿岸的联络站点有澄迈县的盐丁，临高县的新盈、昌拱。"张瑞民一口气地回答，"还有一些小的联络点，只要能够登岸就会找到乡村党支部，就能潜伏下来。到了岸上吧，我们就好比蛟龙游进了大海，人民群众拥护共产党啊！"

"那好！"李振亚十分兴奋，接着细致地询问船工，"如果是东南风，我说的是正常性大小的东南风，到达最近的登陆点需要多少时间？对，哪个登陆点离我们最近？"

"若说哪个登陆点距离我们最近，我认为应该是澄迈县的盐丁港，临高县的昌拱港稍远一些，如果是东南风，又没有遇上特别麻烦的敌情，三个钟头就足够能登岸了。"老船工凭着多年的行船经验，快捷地回答。

李振亚征询了大家的看法，最后说："我们就以昌拱港作为登陆的模拟点，出海的前提必须是刮东南风，月朗星光。如果没有特别的情况，大家就按照原先的分工准备！"

农历六月十四日夜晚，一轮明月挂在天宇。这天从下午三四点钟起，一直刮着东南风。大家认为是偷渡跨越琼州海峡的好日子，即刻准备行动。一更天时，他们早就待在海岸边，对着琼崖的方向，把眼睛瞪得大大的，等候启航的通知。

午夜过后，一艘载重十多吨的小帆船悄然从港湾启航。这是梁步孔为了缩小海上目标，特地选择的小帆船。船上乘坐六人，另有一名老船工和两名水手。

李振亚嘱咐船上的人说："我们一定要把各自负责看护的电台零部件保护好，如果遇上日军的巡逻艇，一口咬定说是自己的行李，不得泄露电台的任何秘密。同时，要做好随时战斗的准备，人在'货'在，'货'失人亡，无论如何我们也要把电台安全送上岸！都听明白了？"

"誓死完成任务！"船上的同志们人人表态，异口同声地回答。

果然如李振亚所料。这一夜月皓星明，宽阔的海面上还真的没有日军的巡逻艇出现。海上一夜刮的都是东南风，小帆船顺风顺水，在海浪中颠簸，尽管波涛翻滚，小帆船时而被掀上波峰浪谷。东边还没露白，他们的小帆船就在昌拱港靠岸了。

昌拱地下交通站的同志们，还有临高县委的负责人一见到他们，凫趋雀跃，说"特委领导正等待着你们的到来"。稍作休憩后，中共临高县委立即派出武装分队，护送李振亚他们和电台抵达中共琼崖特委和琼崖抗日独立总队驻地。

诸位：吃一堑长一智。共产党人找到了斗争成功的秘诀，支撑抗战领导干部和军用物资以及华侨援助抗日的物品，源源不断地进入琼崖，增强了琼崖抗日斗争力量。环境艰险莫测，地下交通斗争须时时提防敌人侵袭，警惕避免自身壁垒被从内部破坏。这就决定了地下斗争惊心动魄。真是一波未平一波又起。请诸位听我继续往下说。

第十八回　良友茶店沟通南北
打银交通舍生忘死

　　诸位：上回说到李振亚他们和大功率电台几经周折终于登陆临高县昌拱港。以良友茶店交通站、打银交通站为重心的中共琼崖特委和琼崖抗日独立总队获得中共中央和广东省委在军政领导干部和军用物资方面的鼎力支持，抗日反顽明争暗斗取得了重大进展。这当中的经历惊心动魄，扣人心弦。斗争在继续延伸。诸位且听我说来。

　　世上的事情总是说说容易做起难。琼州海峡当时的形势是，广州已经沦陷，琼岛被日军占领，在琼岛日军控制的城乡建立中共组织的地下交通联络站，在广东徐闻一带及广州湾设立秘密联络点，这是很危险的行动，等于在敌人的身边安插暗哨，充满着诡谲色彩，假如秘密泄露，走漏风声，随时都会遭到毁灭性的打击。在这样咄咄逼人的形势下和环境中，共产党人追求真理，坚持正义，不计身家性命，迎难而上，利用敌人组织和防守的空隙，与敌人斗智斗勇，不但为中共琼崖特委和琼崖抗日独立总队运送了大量的军用物资，而且护送大批的军政要员过海，出入琼岛。地下交通员以党的神圣事业为自己的人生目标，即便赴汤蹈火也在所不辞，他们把对革命理想的尊崇和对党的忠诚，写在党旗上，融入到琼岛这方热土里。

1939 年年底，良友茶店在徐闻县龙塘圩开业后，利用合法经营掩护党的活动，海上通道顺畅，南来北往的信息传递快捷。看到这些景象，吴必兴甚为兴奋。毕竟良友茶店这个交通枢纽选址确定，是他向中共琼崖特委和琼崖抗日独立总队驻广州湾办事处负责人谢李森提出的建议，现在又担负着交通站运作的重责，既光荣又深感责任重大。一个人在初心与职责的交融中奋起，必定勇敢前行，追寻远大目标。吴必兴就是在这样的氛围中遨游搏击。

吴必兴是琼山县塔佳村人。年幼时家境贫寒，三岁丧父，母亲性格倔强，说"人穷也得争一口气"，要让他出人头地，节衣缩食供他在小学读书，后难以为继而辍学。学校见他勤快诚实，雇他在校里当伙夫，为教职员烧水做饭。吴必兴是个有志气的人。生活虽困苦，但他不忘学习，趁工作空余偷听老师讲课，学问大有长进，终于被塔市小学聘请当教员。这使他有机会接受进步思想熏陶。1927 年琼崖四二二反革命政变时，已是共产党员并担任中共琼山县第十二区党支部书记的吴必兴，带领农协会员夺取国民党盐警队枪支，组建赤卫队与敌人周旋，从村里藏匿地洞逃脱后，前往湛江硇洲岛避难。吴必兴精明敏锐，海南话和徐闻、海康一带的语言本有相通之处，一两个月后，他居然能说出地道的徐闻话来，村里的父老喜欢他，便让他在村里小学教书。不久，法国巡捕闻知他是共产党人，将他逮捕投入监狱。他在狱中受尽酷刑。当地望族曾介臣认为这个后生哥勤勉诚信，侠义正派，在民众中甚有人缘，原本就器重有加，这时便为他担头出面保释。出狱后，吴必兴回到海南岛。那时琼崖国民党地方当局到处打探他的行踪，企图捕捉他，吴必兴便再潜到徐闻，携带仁丹散在海安、白沙圩等地行医度日。1930 年吴必兴受聘于徐闻锦山小学任教，在此办学十年，并娶妻生子。

琼崖被日军占领后，吴必兴服从党组织安排，从徐闻前往广州湾办事处参与党的地下活动。这时，因日军攻占，海口至广东的地下交通线已被切断，情报的交换和物资的运输困难重重，斗争形势需要中共琼崖特委和琼崖抗日独立总队重建地下交通线，他们指示广州湾办事处立即在徐闻等地选址，物色合适人员，尽快建立起地下交通站点，以适应抗日斗争的形势发展。具体的筹建工作便由吴必兴和交通员陈大贵负责张罗。

党组织的活动经费短缺，而建立地下交通站需要资金，特别是经营茶饮业兼营旅店业需要房舍和购置必要的器具。早日恢复从琼崖至广州湾的交通线是当务之急。吴必兴的妻子曾莲香深明大义，他俩商量后变卖了自己家的耕牛，店主苏君育先后卖掉家里的七分田地和祖上传留下来的三分税田。至此，良友茶店便筹备开张。地下交通站的隐蔽性十分重要，既要巧立名目对外张扬，又要做到公开中保持隐秘。那时日军尚未占领雷州半岛，吴必兴明里暗里隐瞒身份，只道是生意人而已。万事俱备时，还须开张得体面，借钟馗打鬼。良友茶店开张的前两三天，吴必兴手持请柬，发遍当地乡绅，甚至找上国民党的乡镇长，欢迎他们赴宴打赏，借他们的外衣掩护自己的行动。无论何方神圣，上门便是客，也许是吴必兴人缘甚佳，这一天近邻街坊和宾客把茶店挤得满满当当。茶店堂堂正正地告示经营品正行端，给地方乡镇长和豪绅蒙上了障目迷雾。这或许是良友茶店一个时间段里经营鼎盛的缘由。

茶店分工明确，避免出乱子，被敌人找岔子。吴必兴主持全面工作，与上级沟通和各站点联络，掌管茶店运转。苏君育担负茶店具体经营业务和外勤调派，是茶店日常管理人；党员蔡煌负责内部联络事项，主要是接洽各联络点的交通员；全线专职交通员有陈大贵和张志东，他们负责路过人员接送和货物交接；负责物资押货的联络员是李有忠。良友茶店建立后，锦山、排尾寮、姜园、前山等联络分站随之相继建立，其目的是及时把抵达良友茶店的路过革命人员和货物疏散出去，避免路过人员过于集中，"树大招风"，引人注意，从而降低敌伪人员对茶店交通站的关注度。他们的斗争策略奏效，随着琼崖抗日斗争的推进，抗日党政军干部和军事物资进出频繁，敌伪人员和地方反动势力对茶店的地下交通工作却丝毫没有察觉。这说明吴必兴领导的良友茶店交通站斗争艺术的高超和其过人的胆识。

吴必兴居留无踪，经常秘密来往于良友茶店与广州湾，沟通和上级机关的联络。那时中共琼崖特委和琼崖抗日独立总队驻广州湾办事处是个半公开机构，除主任谢李森以琼崖抗日独立总队副官身份和法国海关打交道外，办事处副主任张刚、秘书陈玉清等人的身份则是隐密的，对外是商人经商的职业，后来日军占领了广州，办事处随着张刚撤到菉塘中共琼崖特委交通站，他们的行踪更为神秘，来往也更加飘忽不定。

"吴老板，恭贺生意兴隆，你们可是名声在外了！"一天中午，太阳挂在头顶上，良友茶店突然来了张志东。张志东是客商身份，他不常住店里，扮演的是路过商人的角色。

吴必兴正从茶店大门走出，抬头见了张志东先是一喜，赶忙双手抱拳，大声说："众人帮衬啊，全赖各位屈尊光临！"等到张志东走近身旁，瞅四下无人，低声说，"有情况？等会儿屋里说。"

"哎哎，讨一杯咖啡喝提提神，再赶路！"张志东点点头，便朝店铺里走去。

良友茶店交通站建立后的次年，即1940年5月，张志东从海南岛来到良友茶店，对外身份是牛贩子。张志东转告吴必兴中共琼崖特委给他的通知，说过几天，让他带领苏君育和牛车到锦和三门下港，接洽从广州湾来的符克及梁文墀等六七人。符克是琼侨回乡抗日服务团越南团团长。

符克是文昌县人，1927年开始参加革命活动，1935年考取上海暨南大学师范部；同年12月，与同学一起参加抗日救国宣传活动，发动群众抵制日货，还在暨大刊物上发表抗日救国文章。1938年春入陕北公学学习，并加入中国共产党；这年秋参加中共中央海外工作团，被派往越南开展华侨工作。

这日期说到就到。吴必兴按照规定时间赶到锦和三门下港，顺利地接到符克他们。交通员一看到接送的人员多，且还有医药、医疗器械、衣服、货物等，装了20多辆牛车，面露难色。国共合作是表面玲珑、里头肮脏，国民党军警时常使绊子，要往琼崖只有经过徐闻县城一条大路，担心遭到徐闻县国民党军警盘查，不予放行。符克知道后，安慰这些地下交通员说："我自有办法，你们都不必担忧。把牛车套好只管上路，你们跟着我走就行。"

符克和吴必兴他们理直气壮地在前面走，牛车"咿嘎""咿嘎"组成的车队浩浩荡荡地跟在后面。前头的大路旁是国民党徐闻县政府，一群军警正盯着他们。人们正疑惑符克如何闯过国民党军警的哨岗，只见他昂首阔步已朝着国民党徐闻县政府走去。

还赖在床上要睡个自然醒的国民党徐闻县县长陈桐被马弁唤醒，急忙赶到大门口，见一大早来了一溜人，为首的人年轻英俊、西装革履，身后是一队牛车，正不知所措，却见这个年轻人步履稳健"噔噔"已走进县府，大方地自我介绍说："我是琼侨回乡抗日服务团的符克，我们要到琼崖去协助民众抗日，现在经过你们县城，贵县不会为难我们吧？"

陈桐听了符克的自我介绍，才知道琼侨回乡抗日服务团已进入徐闻县域。自中共琼崖特委领导的抗日独立队在潭口打响中共琼崖抗日第一枪，消息传到新加坡、马来西亚等地后，爱国华侨纷纷响应，他们发表谈话、自发募捐支援琼崖抗日斗争，年轻的爱国青年还自己酝酿组团回到琼崖参加家乡抗日。符克后来促成琼侨回乡抗日服务团香港团、星洲团、越南团三团合并，成立总团，并担任总团长，兼任琼侨总团救济部驻琼办事处主任。陈桐心里头嘀咕，怎么一听说这一消息人就到了？真是迅雷不及掩耳啊！当下正是国共合作共同抗日时期，自己总不能抛头露面去破坏联合抗日吧，谁不晓得国民党政府反复无常，翻手为云覆手为雨，如果出手不慎，自己不但没功还要受到惩处呢。

"敝人不会为难，咋会为难呢！抗日一家人嘛！只要是抗日队伍，在敝人的属地自由行走没问题！"陈桐赶忙说。符克的名字是在上峰的通报里看到的，想不到如此年轻，而且这么快就进入他的辖地，没本事怎如此神速，便又恭维地接道，"敝地偏远，消息闭塞，假如不嫌弃，本县长要尽地主之谊恭请符先生小斟指教啊！耳提面命赐教，一日胜读十年书嘛！"

"全国民众都在艰苦抗日，有钱出钱，有力出力。徐闻也做好了延缓日军进犯的准备，公路的路面被破坏得坑坑洼洼的，我们走了三天才抵达县城，这已经够慢的了，再说我们还要赶路，眼下没有这种闲情逸致。告诉陈县长，我们带回一批爱国华侨捐献的物资，要运到琼崖抗日根据地，听说徐闻地方不甚太平，盗匪多如牛毛，他们依山据险，扼关守隘，冷枪时发，杀人越货，肆意妄为。我们请贵县能派人护送我们到下一个站点，再另做安排，怎么样？"符克单刀直入直截了当地说，一点都不含糊。

符克这一要求并不过分，道正理足，冠冕堂皇，让陈桐没有推辞的任何理由。陈桐不知道符克心里还另有想法，即县长在地方是一方诸侯，有了县政府的武装护送，那些乡镇的地头蛇就不敢轻举妄动找麻烦。现在日军侵华，人心浮动，地头蛇趁火打劫，发国难财，一些人睁一只眼闭一只眼，都懒得较真。

听了符克这话，陈桐心里一怔，暗地想这符克咋地就把徐闻的情况摸得那样透彻，广州已沦陷，湛江危在旦夕，徐闻虽偏远了点，可在日军攻占琼崖后，更是动荡不安，土匪以山林为障，出没于路途，打家劫舍，民众不得不防，这是事实。但他大言不惭，说得天花乱坠：

"那是某些刁民胡说八道！如果真的那么糟，我这顶乌纱帽还能戴在头上啊，早就给国民政府给摘了，接洽符先生的也不会是本县陈某！徐闻虽然民风彪悍，也不至于那般胡来的。"

符克晓得揭到了陈桐的疤块，现在我们是借路行走，先不必和他计较，得给他一个体面的台阶下，便一言封喉，说道："不管咋说，社会治安要维持好，当下日军压境，民心不安，如果再让土匪搅得乌烟瘴气，国民政府政令咋通畅？把抗日物资安全送达琼崖是我们的责任，还是请贵县派人护送一程为好，假如抗日物资在徐闻丢弃，陈县长你可不好对民众交代！"

符克这一番半是劝说半是深明大义的话语，着实让陈桐此时嘴里好比含着一口滚烫的热火，吐不出咽不进，"唔唔"地摸着下巴，脑子里却在乱转，眼光朝符克身上扫来扫去，想着歪点子。

眼下要迅速摆脱陈桐的纠缠，赶路要紧。符克主意已定，坦坦荡荡掏出归国护照和琼侨救济会证件，说："假如陈县长还不放心，我这里持有相关证件，请过目。"

"哪里！哪里！"陈桐嘴里说着，手还是伸过去接过证件，细细地溜了一遍，脸色羞赧地还回去。这时，吴必兴也递上了《徐闻县国防情报员身份证》，陈桐看完吴必兴的身份证，不忘盯了他一眼。暧昧态度逐渐明朗，难掩愧疚地说，"哦哦，不必认真嘛，都是抗日志士，敝人还信不过吗？这事敝人马上吩咐照办。"

陈桐悻悻地走回到案桌前，挥笔写了一纸便笺，命令县警察局派一个中队负责护送，并务必把他的亲笔信交给迈陈镇保长，不得刁难阻拦。

县警察局局长一见县长文书，不敢怠慢，当即派中队长带领一个中队警员全副武装护送符克他们和牛车队到了迈陈。这个中队长把陈桐的话当令箭，把迈陈镇的保长叫来，当着符克和吴必兴的面，板着面孔说："这是琼侨救济会的货物，运送到琼崖支援民众抗日的。你们要绝对保证符团长人身和物资安全，沿途不得有任何闪失，不然本队长唯你是问！"

符克他们顺利平安地到了打银交通站。这 20 多牛车的物资也毫无损失地交到了打银交通站站长梁步孔的手里。不久，符克和这批抗日物资安全地渡海到了琼崖抗日根据地。

地下交通员的斗争环境恶劣，随时都会牺牲自己的性命。许多交通员就牺牲在战斗的岗位上，共产党员陈大贵就是其中的一个，他献身于琼州海峡的海上交通线上。陈大贵是琼山县演丰人，从日军攻占琼崖时起，他就成为中共琼崖特委的地下交通员，具体负责湛江霞山至琼山演丰山尾头的交通线，两次闯过日军的鬼门关，成就了他地下交通员斗争岗位的传奇。

日军侵琼后尤其重视对府海地区共产党地下交通的防范，对琼州海峡的封锁重重叠叠织密，天上飞机巡逻，海上舰艇巡航，甚至看到船只就炮轰，一时还真的把琼州海峡控制得连飞鸟也不见一只。可这不是长久之计，明明是吃人的恶狼，却要打扮成弥勒佛，到处标榜"日中友善"，共建"大东亚共荣圈"；况且，平民百姓总得有人来往于大陆和琼岛，还有经商的公干的，渐渐地，到后来只得允许商船、渔船出海。中共地下交通员见缝插针，利用一切机会从事党的工作活动。

一次，陈大贵搭乘的平底木船刚挨近琼州海峡的中间线海域，突然从两侧方向冲过来两艘日军巡逻艇，把平底木船前后截住。这只平底船搭乘的都是过海的旅客，日军登船检查，搜寻不到他们所想要的人员和物品：一是中共琼崖特委和琼崖抗日独立总队的党政军要员，以及谍报人员；二是军火，船上的客人没有一个被搜查出携带枪支弹药，包括可疑物品等。日军不甘心，把所有的人员全部扣押在海口的监狱里。陈大贵肤色长得黑，个子又瘦削，这样的人过海干什么去？被日军列为重要审讯对象。

"你是中共琼崖特委谍报人员的干活？"日军军官恶狠狠地斥问，

"不承认，皮肉的吃苦，杀头杀头的，你懂的不懂？"说着，把东洋刀架在陈大贵的脖子上，"你说！"

陈大贵常年在琼州海峡行走，可是见过大风浪的人，岂能被吓到啊。这次他完成了从海北往琼崖护送军用物资的任务，现在身上没带任何可疑物品，日军抓不到把柄，何以害怕呢！便坦然地回答说："我是行船的人，打工过活。我要到海北打工填饱肚子，不是共产党的谍报人员。你们要是不相信我是普通的老百姓，去问问我的邻居就清楚了。"

日军军官没辙，陈大贵不承认自己是共产党琼崖谍报人员，还让日军去找他的邻居了解，上哪去找他的邻居啊！此话激怒了日军，堂堂大日本皇军怎能咽下这口被挖苦的气。接着，皮鞭像雨点般落下。只一刻钟，陈大贵已体无完肤。

陈大贵是铁打的汉子，咬紧牙关，誓死不泄露他此行的目的和自己的身份。日军接连又审问了两次，依然一无所获。动刑抽打，陈大贵满天呼号"冤呀冤"；不动刑拷打时，陈大贵蹲在地上连打着呵欠喷嚏，口水鼻涕一把把，咋看都像一个典型的烟鬼。日军拿他没办法，后来看到问不出啥，反而赔了每天养活他的粮食，就把他给放了。日军当然不晓得这些状态都是陈大贵伪装出来的。这是临近1939年年底的事儿，他要往海北去接受新的任务。

另一次是陈大贵从徐闻返回琼崖。时近黄昏，木帆船行驶在浩渺无垠的海面上，因为风势突然减弱，船行的速度很慢，有时在海上直打转，日军舰艇发现了他们的船只，加足马力很快就追上了他们。这次日军登船不搜身不检查，或许认为搜也搜不出何物和嫌疑人，日军军官抽出东洋刀嚎叫道："都通通死了死了的有，八格牙路，格杀勿论！"

登船的日军不问青红皂白，见人就杀。陈大贵一看日军来势汹汹，个个凶神恶煞，但他临危不惧，急中生智，赶忙卧倒在船舱底下。这时被日军刺杀的两个人相继倒在他身子的上头，殷红的鲜血流淌在他的脸上身上。日军杀人杀得昏了头，竟然没有发现被压在下头装死的陈大贵，忙着追杀别的船客去了。过了一会儿，登船的日军撤回到舰艇上，临走抢光了船上存放的食物，倒掉贮藏的淡水，再放火烧起木船。幸好，大火只烧了船帆和船舱上头的木板便熄灭了。这只没帆缺舵的木船在茫茫海上漂流着。

海森森波涛连天涌，风潇潇血腥漫瀚宇。太阳落下海底，星星闪亮；又一天太阳从海平面升起，依然没人发现这只在苍茫大海上漂泊的木帆船。陈大贵从船客的尸体下头爬出来时，挨个叫唤，没有一个回应，船上只剩下他一个人活着。大海上，烈日暴晒，波推浪颠。船上没吃的，淡水也找不到一滴。口渴了，没有办法，陈大贵只能喝自己排出的小便。四天时间木帆船就这样在海上漂荡，待到木帆船随着潮水涨落漂到徐闻近海时，才被出海的徐闻渔民发现。这时陈大贵已经奄奄一息，只有出气，没有回气了。经过徐闻渔民的悉心救援，陈大贵终于缓过气来。可只在渔民家待了几天，身体还没恢复元气，陈大贵又赶往广州湾交通站，接受新的护送任务。过了几个月，他从琼崖前往广州湾执行任务，渡海时木帆船被日军的巡逻舰发现，立时遭到炮火轰击，整艘渔船火光冲天，船毁人亡。陈大贵就这样牺牲在琼州海峡的航线上，忠骨也无从寻觅。

虽然是国共合作抗战时期，但国民党右派假抗日真反共、假联合真反"独"面目暴露无遗，中共琼崖特委和琼崖抗日独立总队建立的地下交通站随时都会被破坏，交通员的性命随时受到死亡的威胁。那时国民党军队在徐闻县迈陈镇也设立一个后方办事处。一天，打银地下交通站交通员李有忠因重感冒到镇上的中草药店铺看病取药，在十字街口被一个国民党军官撞见。原来他们少年时曾经是同班同学，这个国民党军官知道李有忠是共产党员，也早有风传说琼崖共产党的交通站设在迈陈镇。这样，打银交通站的秘密被发现，国民党侦探人员看到时有不明身份的陌生人进出梁家，认定偷运物资嫌疑。1941 年农历正月十四日，乘着民众准备欢度元宵节，思想松懈未及提防，国民党徐闻县县长陈桐派兵数十人，手持一挺轻机枪、20 多支长短枪包围了打银站，掳去正在屋子里筹划偷运物资渡海的蔡煌、李有忠、翁良仁和船工王玉、孟叔、裕占等人，还扩大搜索范围，搜去藏匿在密林子里的数车军用物资。

这天梁步孔因事到了雷州，不被牵涉。次日，回到家里的梁步孔知晓了事件原委，赶紧到徐闻县城探监。梁步孔从事地下交通，深知其环境艰险，多了个心眼，遇事尽可能留下一手。对外，梁步孔明里不参与打银站的地下交通活动，凡事由他父亲以做生意为由打理，瞒过了国民党县政府。

探监时，李有忠写了一封密信放在饭碗里，趁看守狱兵不留意，把这封信交给了梁步孔。眼看情势危急，离开镇圩时梁步孔急踩自行车赶到龙塘圩，良友交通站的同志已获悉打银站被破坏，也很着急，告诉他说吴必兴在西营，梁步孔又马不停蹄赶到西营，把蔡煌、李有忠、翁良仁等人被捕的消息告诉吴必兴。

看到李有忠的密信，吴必兴踌躇了一会儿，安慰梁步孔说："你要隐蔽好，保守秘密。我们会想尽一切办法营救李有忠他们，总有一天我们会翻身的！"

按照吴必兴的布置，梁步孔经常派人去探望被捕的同志，找镇子上的头面人物担保，被捕的船工后来被陆续放回。而对蔡煌、李有忠的担保却遭到国民党县政府拒绝，他俩被押往合浦，过了约一个月又从合浦押回到徐闻囚禁，不久被枪杀。福不双降，祸不单行。此事过去了十余天，国民党徐闻县政府突然拘捕了梁步孔的父亲梁玉阶，罪名是以自家屋子作为基地窝藏共产党，和共产党明来暗去，扰乱社会秩序。

梁步孔找到国民党县政府，利用合法条件驳斥说："琼侨救济会的物资是你县长派兵护送，后来又陆续送抵，现在倒怪罪起我们平民百姓来了，世上岂有这样颠三倒四不讲道理的县政府？"

"你，你……我是县长，一阵子是一阵子的事，前一码后一码，过去的事情一笔勾销，人不能抓了放！"陈桐理屈词穷。他派遣县警察局护送琼侨救济物资的事儿还历历在目，现时翻脸不认人，竟然蛮不讲理，强暴硬拘梁步孔的父亲，"来人，传我的口谕，给我将梁玉阶先打入监牢！"

梁玉阶年事已高，梁步孔忧心父亲受不了这般折磨，自愿代替父亲坐牢。后来，经党组织竭力营救，延请颇有正义感的律师麻雀仔找到县政府讲理辩驳，陈桐害怕事情闹大，对自己不利，才将梁步孔从监狱里释放出来。可是县里一些官吏流氓以为这当儿是勒索的好机会，一个外号"四眼"的县保安大队大队长经常上门敲诈勒索，恫吓要交1080元大洋，否则将重新抓回监牢。梁步孔不服，据理反驳，最后还是被勒索了50元大洋。梁步孔怒火中烧，要继续上告打官司，一些亲近人劝说"算是花钱消灾"，他才作罢了。

经这一折腾，打银站被暴露，考虑再三，党组织决定对打银站有限度使用。此后，国民党徐闻县政府隔三岔五故意找碴破坏刁难该站运作。至当年6月，打银村地下交通站被迫停止使用。

诸位：地下交通时时潜伏危机。抗战初期中共组织和武装力量还比较弱小，对敌斗争既靠勇敢还要靠谋略。中共琼崖特委和琼崖抗日独立总队在广州湾和徐闻等地交通站适时建立，面对刀山火海，交通员始终保持着乐观向上的奋斗精神，与敌人赤手过招，精心护送大批党政军干部和军事物资渡过琼州海峡。请诸位听我继续往下说。

第十九回　三县联络畅通无阻
经受烈火百炼成钢

　　诸位：上回说到抗日斗争环境日益残酷，中共琼崖特委和琼崖抗日独立总队建立的地下交通线在斗争中传递情报，侦探敌情，护送大批党政军干部安全抵达抗日根据地，抗日武装如虎添翼，民众广受鼓舞。地下交通站凸显的潜伏功效和突出贡献，愈益受到各级党组织重视。地下交通站成为连接抗日军民的战斗纽带。诸位且听我说来。

　　地下交通站在对敌斗争时期，毋庸置疑，完全处于秘密状态，而且他们都是单线联系，上头是谁，下头是谁，即便某一环节发生了断裂异变，也很少影响到整体工作，纵使发生某个人泄密，受牵连的或许只是上头和下头的交通员。在一个村子里，除了党支部书记包括兼职担任的地下交通站站长，别的人根本不知道谁人是交通员，甚至夫妻、兄弟、婶嫂之间也都互相保密。地下交通员活动的隐秘，在一定程度上保证了地下交通线的完整与安全。

　　琼山县党组织的地下交通站，要数第十六区三门坡圩福兴村地下交通联络站的斗争最为艰险。这个交通联络站是中共琼崖特委抗战初期建立的"三县"交通联络站。"三县"是指琼山县、文昌县、定安县。抗战初期，琼山县、文昌县、定安县是抗战的重点县，中共琼崖特委领导的抗日独立总队主要活动在这些县域。那时，国民党琼崖守备司令部扎营于定安县翰林圩一带。福兴村正处在"三县"重要的接合部，"一声鸡啼三县闻"。如此重要的地理位置，"三县"交通联络站便成为中共琼崖特委和琼崖抗日独立总队的骨干站点。

1939 年 8 月底的一天，琼崖抗日独立总队总队长冯白驹来到福兴村交通联络站。站长严安国见到冯白驹，立即向他汇报了交通联络站的筹建过程和眼下开展的活动："按照特委和总队的指示要求，我们如期建立了交通站，一是注意保密，二是保证安全，三是积极掩护抗日斗争活动。"

冯白驹说："自从'三县'联络站建立以来，你们的工作积极主动，配合抗日部队打击日伪军，抗日救国有你们的功劳。将来全国抗战胜利了，人民要给你们记上一功！"

"我们在尽一个琼崖人、中国人的职责，把日本鬼子赶出琼崖、赶出全中国是中华民族的战斗目标和责任。我们一定按照党组织的要求，严守交通联络站的秘密，保证交通线的畅通，还要保护我们交通员的人身安全。请特委和总队领导放心，决不辜负党组织对我们的信任。"严安国满怀信心地回答。

严安国是琼山县塘头村人，他按照党组织的安排，日军侵琼前已在福兴村开办日用品店铺，从事党的地下活动。日军侵琼后，中共琼山县委指定由他以经营小店铺为掩护，建立党的地下交通联络站，是"三县联络站"第一任站长。交通联络站暗中传递情报和护送革命同志路过，秘密开展搜集情报的地下活动，沟通三个县的信息联系。杜昌仲是第二任站长。

冯白驹仔细察看了福兴村的地形环境。这里距离日军据点三门坡较远，同时进出村子的山路都是小径，丛林密布，敌人即使发现了行踪，也不容易机动，恰好有利于掩护我们开展活动。想到不能因此而麻痹，要从最残酷的斗争现实去思考问题和做好对敌斗争的准备，临走时冯白驹嘱咐说："我们切莫轻视了敌人，地利、人和是我们做好地下交通工作的基础，假如遇上'天时'不利于我们的行动呢？这对我们的地下交通工作提出了更高的要求。人们常说'千虑必有一失'，我们能否做到'千虑没有一失'呢？地下交通工作是血与火的斗争，任何不慎必然导致流血牺牲，我们要尽最大的可能避免这一情况出现。你们要结合地理环境优势准备好两手，做好多个行动方案。有备无患，才能保证我们的交通安全工作，遇到任何棘手的情况都能够做到万无一失。"

听了冯白驹的话，严安国意识到地下交通工作的大敌是麻痹大意。就当前的情况看，如何做到慎之又慎呢？保密是最要紧的事情，万一发生不测怎么办？例如敌人突然进村，我们如何应对？严安国暗地里推敲着。

日军渡过南渡江后，向东部推进，沿途凡认为是交通要道的地方都设立据点。三门坡圩是南来北往的交通枢纽，日军在三门坡设立的据点规模比周边的据点要大。筑起炮楼，哨兵昼夜在楼顶上瞭望，侦探可疑的人和怀疑的目标，时不时打冷枪，生活在附近村落的民众整天提心吊胆，战战兢兢。日军还驱赶民众在炮楼的外围挖了三道壕沟，沟沿边上架起铁丝网，提防琼崖抗日独立总队和地方抗日武装袭击。据点常时驻有日军一个小队。驻扎在据点外围的伪军为一个中队，他们随时攻击发现的目标，还要负责巡逻，保持据点安全。日军据点杀气腾腾，显得格外阴森恐怖。

琼崖抗日独立总队武器装备简陋，不和日军打消耗战和对垒战，他们纪律性强，行动敏捷，经常来无影去无踪。日军明明接到报告说发现抗日武装在某地活动，当他们火急火燎赶到时往往都扑空，连个人影都没有看到。遇到这样"乌龙"的事渐多，日军越发怀疑有一支地下谍报人员在为中共琼崖特委和琼崖抗日独立总队行动指引路径，提供情报，处心积虑要寻找和摧毁这支力量。他们时时收集各乡镇维持会上报的抗日活动信息，特别注意从中筛选出有关的共产党武装队伍的行踪。发现可疑迹象，立即刨根问底，要把抗日组织彻底摧毁。

天刚放亮，日军小队长在炮楼里焦躁得像一只无头苍蝇，东撞西奔，不得安生。自占领琼崖以来，日军和汉奸、伪军经常遭到琼崖抗日独立总队袭击，尤其是琼文地区，袭击日军的活动频繁，譬如在罗板铺日军遭到伏击，10多人毙命，这噩梦令他们没睡过一个安稳觉，生怕啥时有命出得了门没命回。驻海口日军司令部电告他们要尽快剿灭琼崖抗日独立总队，保障府海地区治安环境安定。否则，建立"大东亚共荣圈"只能是一句梦幻的呓语。

"报告队长阁下，我发现了共产党的行动！"进来的是伪军中队长，姓符。他在乡公所当乡丁时，下乡征税和共产党赤卫队撞了个面对面，逃跑中像一只癞蛤蟆摔了个嘴啃地，被突起的石头磕掉了两颗门牙，自此说起话来满嘴漏风。因为在家里排行第二，背地里老百姓都称他为"瘪嘴二"。日军来了，瘪嘴二摇身一变，成了日本人的走狗，还当上了中队长。这时，他满头大汗跑进日军小队部报告。他的士兵都以为他发现了共产党的极大秘密，不然，他今时的神态不会如此亢奋。

日军小队长一愣，不甚相信。因为瘪嘴二报告的消息十有八九是子虚乌有的事情，譬如他报告说琼崖抗日独立总队进了乐来村，他们紧急出动，到了村子里狗毛也没抓到一根。或者往往是马后炮，他报告说抗日武装进了谭文村，他们连忙赶到谭文村时，人已走光，连气味都嗅不到。这样的消息报告多了，日军小队长听得耳朵发麻，便不当一回事。但他不能惩办瘪嘴二，原因是日军占据琼崖，刚站稳了脚跟，如果惩治愿意卖身投靠的汉奸，谁再敢为他们充当傀儡呢，没有了这些地头蛇的带路和情报，出门两眼一片黑呀。日军小队长不时地瞪了他一眼，又摸了摸仁丹胡子，不作声。

瘪嘴二晓得日军小队长不相信他的原因，光打雷不下雨，情报一箩筐，没有一条兑现，说多了等于不说，脸上就没了颜面。不过，这一次他拼了，向前紧走了两步，咧着嘴说："报告队长阁下，嘻嘻，我真的发现共产党抗日人员进村了，这一回绝对不会出差池的！"

"哟西！"日军小队长这才回过身，倚在桌子边，托着下巴，盯住他问道，"真的亲眼看到，还是道听途说编造来的假情报？用假情报诳皇军，骗取奖赏，小心你的脑袋！"

"队长阁下，真的是我亲眼看到，而且是一溜人马。对对，有几十个人吧，反正是黑乎乎的一大片，天还没亮，我看得不太清楚啦！"瘪嘴二诚惶诚恐地说，只怕错过了立功领赏的机会。他懂得此一时彼一时，机会稍纵即逝。

当伪军的日子不好过，说是"扫荡"简直是闯鬼门关，生死未卜。琼崖抗日独立总队在琼文一带活动频繁，经常神出鬼没打击日伪军，令日伪军很头疼。他们正行进在路上时，抗日独立总队或抗日武装人员突然从两侧袭击，当他们回过神还击，抗日独立总队或抗日武装人员已经沿着山林遁走；"进剿"时，一个人影都没见，他们刚回到据点，四周便响起枪声，时热时冷，尤其是夜晚，枪声就响在驻地边上，要想睡个囫囵觉实为奢望。这些让瘪嘴二伤透了脑筋，日军豢养他们是让他帮助维持治安秩序，如果不能为其出力，谁保证何时不被主子给宰掉呢。瘪嘴二带领伪军不遗余力地打探琼崖抗日独立总队和抗日武装人员活动的信息，但老百姓认定他们是日军的帮凶，没有不仇视他们的，若要从村民嘴里探听到共产党和抗日队伍的行踪，简直比登天还难。可是，要撞见共产党和抗日队伍得等到猴年马月啊！瘪嘴二求功心切，只好亲自出马了。他常常带领五六个贴心随从穿着老百姓的衣裳，轻装潜入到认为可疑的村子里探听消息。他猜测，抗日队伍的人员来自民众，如果没有民众提供的消息，抗日武装怎么接连发起袭击行动，相继发生了罗板铺伏击战、薛村桥之战等日军挨打的事件呢。

这天四更时刻，瘟嘴二带领贴身随从直扑福兴村。他曾听坊间传说，琼崖抗日独立总队的人常常从这里通往定安县翰林地区，和国民党琼崖守备司令部沟通联系，协调行动。来到了福兴村路口边，他们便隐身在丛林里，瘟嘴二要趁着黎明时刻看一看福兴村究竟有没有驻扎抗日工作人员。他认为这些抗日人员要让外人捉摸不定，肯定要趁着天不亮或天刚亮时出村的。今天能否碰上好运气，关系到升官发财哩。

大半夜奔走，瘟嘴二一伙早就困得连打呵欠，他担忧挨抗日武装的枪，严令不准抽烟暴露目标，蜷缩在草丛里，只一会儿一个个都闭上了眼睛，有的还打着鼾音，呼噜呼噜地响。山野里的蚊子像乌鸦，他们刚蹲下身子，蚊子便接踵而至。一只蚊子正好叮在瘟嘴二的鼻尖上，奇痒难忍，他猛击一掌，却把自己拍醒了。他揉了揉干涩的双眼，透过棘丛的缝隙往路径上一看，吓得差点屁滚尿流。这时路径上人影幢幢，他晃了晃脑袋，提了提神，拼命把眼睛睁得大大的，看到的还是移动的人影。

这回，瘟嘴二可不敢声张，万一被发觉，不是自己一伙消灭了这些人，而是被这些人消灭了自己一伙。他又仔细地看了看路上移动的黑影，个个动作敏捷，步伐矫健，只听路面上"沙沙"地响，向前奔去，不缓不急。瘟嘴二想，前头的路口就是福兴村，这些人肯定是琼崖抗日独立总队的，那么他们摸黑走夜路来到福兴村，必定和福兴村的人有干系；倘若不是，他们干吗天还没亮就赶到福兴村来呢？看来，这回该我立功了。真的是运气来了，想挡也挡不住。他想，能否悄悄地跟着这些人进村，探个究竟呢？不对！他马上自我否定了这一想法，若是被他们发现给吃掉了咋办？好，我动弹不了他们，就让皇军来收拾他们，自己立了功，人身又保险。瘟嘴二拿定主意，就挨个叫醒他的兵。这时，他的这些贴身随从还在梦乡里呢，还说什么包抄抗日人员啊！

　　日军小队长的眼光在瘪嘴二身上溜过来溜过去，下不了决心，这情报是真的还是假的呢？如果是真的，那倒好，皇军就是要剿尽抗日武装；倘若这情报是假的，那不空走了一趟？这些日子走的冤枉路可不少，这当中大多是听了瘪嘴二的假情报。

　　瘪嘴二见日军小队长眼露凶光，心里头早已发毛，报告共产党抗日武装活动情报不获赏反受罚，那不是得不偿失了啊。立功的机会切不能错过，要抓住这难逢时机。他干咳了一声，给自己壮了壮胆，便又接着说："队长阁下，我说的情报完全是真的，不信，队长阁下你可亲自去看看！"

　　"去看看？"日军小队长嘟囔着说了一句，瘪嘴二这才发觉说错了话，"亲自去看看"不就是要去嘛，这还不是逼着日军出兵啊，害怕皇军怪罪咧。这会儿，日军小队长焦急地在屋子里团团转，如果不出兵，共产党抗日武装真的到了福兴村，那就失去了消灭他们的战机；假如情报不实，共产党抗日武装没到福兴村呢，出兵岂不是空走了一趟！日军小队长对着窗口停住步，揣摩了片刻。他想，皇军正要消灭这些抗日军民，寻找他们的行踪，得到情报不果断决策，将失去消灭抗日军民的时机；纵使瘪嘴二这情报不实，白走了一趟路也无所谓，不能冷了瘪嘴二的良苦用心，日后还得依靠瘪嘴二这样的地头蛇刺探共产党抗日武装的情报哩。宁信其有，不信其无。于是他说，"你说的情报既然千真万确，皇军必定要跟踪追击。你的带路，前头走！"而后，转身招呼他的传令兵，"集合，目标福兴村！"

　　日军急速奔袭，到了福兴村路口边，天色已经大亮，晨雾中村里炊烟袅袅，偶尔传来鸡啼狗吠，此外不见别的动静。瘪嘴二从前头折回，快步走到日军小队长的跟前，躬身说："报告队长阁下，前头就是福兴村，我们攻击进村，还是悄悄的打枪的不要？"

　　这时，日军小队长眉头拧成了疙瘩，满腹狐疑。如果说村子里有共产党抗日武装活动，他们应该提高警惕才对，怎么一点动静都没有？或者他们已发现了皇军的行动企图，等待皇军进村时实施阻击？眼珠子一转，他立即确定了行动步骤，不管咋说先把村子包围起来，鱼儿在筌里怎么也跑不掉。日军小队长对瘪嘴二边打手势边下达命令："你的两面的包抄，皇军的从路口直接进村，顽抗的格杀勿论！"

瘪嘴二也正为共产党抗日武装不抵抗，自己报告的情况真假而犯愁，如果情报不实而遭到斥责扇耳光还是轻的，严重的是这个日军小队长呼幺喝六，一声言枪毙准把人吓得魂飞魄散。这时，听到让伪军包围村子，说明福兴村里还真的藏着共产党抗日武装，皇军的判断不会错。他把手里的驳壳枪一晃，狐假虎威，喊道："分两路左右快速包围村子，逃跑的通通枪毙！要快！"

日军小队长看着伪军往村子的两头包抄过去，觉得村民如果不是早出村子，现在一个也跑不掉。他随后抽出东洋刀一指，命令日军："攻击！"

听到命令，日军迅速地调整队形，二人一伍，排成长蛇阵势，挺着三八式步枪向村口走去，皮靴磕得路面上的碎石"啪啪"蹦跳。进到村口，再向里面，日军连人影都没见一人，只有村街上觅食的鸡一愣一愣地望着他们，或许发现是一群恶煞，才急速地扑腾着翅膀，连跑带飞瞬间不见了影踪。村街上再有的就是几只家养的黑狗黄狗，它们看到一群身穿黄色服装的人突然闯到村子里，立时怒瞪着这些来历不明的人，摆出准备随时搏击的姿态，不约而同地狂吠了一阵子，再退到隐蔽的屋门口或竹林脚下。日军看不到丝毫异样的迹象，他们的到来打破了山村早晨的宁静。

"报告！"日军小队长刚在村中央的小叶榕树下站定，瘪嘴二连喊带跑地来到跟前，继续说，"我们完成了对村子的包围，下一步行动，请队长阁下指示！"

日军小队长犯疑。按照常规，假若村子里隐藏着抗日武装队伍，他们会趁着皇军尚未形成合围之势冲出包围圈，或锚定合围链上的薄弱点冲击逃逸。可从进入村子到现在，除了鸡狗不见一个村民，说明这趟为追寻抗日武装而来的行动，完全是反应过度了。正没好气时，瘪嘴二伸过来一张嬉皮笑脸，日军小队长猛喝一声"八嘎"一个巴掌猛扇过去，瘪嘴二没防备，也因日军小队长用力过大，瘪嘴二一个趔趄便跌倒在地，头上的帽子飞出了好几尺远，手里的枪也摔落在地。这时他可不敢赖在地上，连忙爬起来，捂着火辣辣的嘴巴，念叨着："请队长阁下明示！"

"全村的统统的集合！"日军小队长暴跳如雷，起了个早赶到福兴村，不要说听不到枪响，连个人影都没见。村里的老百姓到哪去了呢？他心里咋想都理不出个头绪来，现在要搜查也不会搜出共产党和琼崖抗日独立总队的人马来，这是他多次的经历。

瘪嘴二连连后退，忘记了刚才挨的那一巴掌，向跟在他身后的伪军吆喝道："挨家挨户搜查，都到皇军这里集合，大人小孩一个都不能漏掉！"

霎时，福兴村里一阵阵门响声喧，砸门声中夹带着喝斥声，还有被惊吓了的小孩子的哭闹声。福兴村里一片乱哄哄的，一会儿村民都被赶到村子前的开阔地上。这里往前去是村沿边的一排排杂树竹林，穿过这些杂树竹林便是一望无边的田洋。对这些赤手空拳的村民，日军不敢小觑，在四周高地上架起了机枪，士兵都挺着上了刺刀的三八式步枪，如临大敌。

日军小队长瞪着血红的眼珠，仔细看清楚了被赶到面前来的村民，不是老头子老太婆就是几岁的小娃娃，青壮年一个都不见，他们都跑到哪了？是否躲起来了，还是参加琼崖抗日独立总队去了？他一个手势把瘪嘴二招到跟前："你的问他们，青壮年都上哪了，是不是都跟上共产党和抗日独立总队，要和皇军对抗？"

瘪嘴二屁颠屁颠地小跑到村民跟前，操着沙哑的嗓子说："皇军问话啊，村里的青壮年都到哪去了，他们是害怕皇军躲起来了呢，还是跑到共产党那边去当抗日独立总队了？你们是人都得说明白，不然都杀头的有……"

"唔！"日军小队长手一举，制止了瘪嘴二继续往下说。皇军要建立"大东亚共荣圈"就是要安抚民众，把皇军说成是杀人不眨眼的恶魔，民众怎么肯当顺民呢。他伪装和善的样子说，"老百姓的说明白了就行，不为难你们！"

"哦哦！"瘪嘴二点头哈腰表示听懂他的话。日军要在民众面前表现亲热和善，而他得扮演黑脸的角色，才能博得日军的欢心。瘪嘴二重新走到村民的跟前，喝问说："皇军问你们，村里的青壮年都干啥去了？谁先说谁就是皇军的良民！"他在人群里头逐个瞧，没有一个人吭声，当然晓得民众对汉奸是没有好感的。瘪嘴二欺软怕硬，当走到一个六七十岁老人跟前时，觉得可以下嘴了，猛地一把揪住了老人的胸襟，喝道，"你说这是咋回事？还有，凌晨时刻共产党明明进村，他们现在都躲到哪里去了？我不相信你不知道，说！"

这个老者姓竺，村里人叫他竺老伯，是村里德高望重的老人。竺老伯不卑不亢，对着瘪嘴二说："有人甘心当汉奸，以前只是听说，从古书里知道，我今天算是亲眼看到，当汉奸的是这样的。本来是人却不被当人看，那滋味也只有当汉奸的人才体味到啊！"瘪嘴二气得眼里冒烟，可看到日军小队长直瞪着他才没有立即发作，耐着性子听竺老伯发泄。"实话对你说吧，自从日军侵琼，青壮年都外出打工逃命去了，剩下的是老头子老太婆，要宰要杀随你们的便。至于说凌晨有共产党的人进入我们村子，实话对你说吧，我们是人看不到，只有狗眼才看得见，狗是看门咬人的吧，你说呢？"

竺老伯这一说，分明是骂瘪嘴二是汉奸是走狗，还否认了共产党和抗日武装人员进入村子。瘪嘴二被骂得狗血淋头不说，堵死他输送情报邀功领赏的路子是最要命的。他一把拔出驳壳枪抵住了竺老伯的胸口，唾星子乱飞，咆哮道："看老子一枪崩了你才解气！"

"八嘎！"日军小队长眼勾勾地注视着瘪嘴二和村民。对瘪嘴二的情报，他在心里头已打折扣。这个瘪嘴二卖弄聪明，虚报情报，骗功骗赏是他真正的目的。就这个日军小队长眼下而言，当即杀个鸡犬不留才是他的心头想法，但他暂时按捺住邪念，杀光了老百姓，共产党和抗日队伍就不再出现在福兴村，皇军到哪里去"清剿"他们？中国人有句谚语，说"放长线钓大鱼"，这次追击不到，还有第二次、第三次嘛。可不伤一草一木撤走太有损于皇军的声威，而且要给这些老百姓一个厉害看看，才能让他们服服帖帖当顺民。眼珠子向上翻了几个来回，唇上的仁丹胡子抖了几抖，他终于发狂："房屋统统的烧光，猪牛羊鸡鹅鸭、粮食的统统的抢光！"

福兴村顿时成了火海，房屋被烧得一间不剩，猪牛羊鸡鹅鸭、大米稻谷番薯几乎被掳光。老人和孩童呼号声一片。

那么，瘪嘴二是否真的看到共产党抗日武装进入福兴村了呢？这确实是真的，共产党抗日武装进入福兴村还真的被瘪嘴二看到，而且进村的人是琼崖抗日独立总队总队长冯白驹和他的警卫员。三县交通联络站是琼崖抗日独立总队和国民党琼崖守备司令部沟通的主要通道，抗战初期冯白驹经常通行于三县交通联络站，前往翰林和国民党琼崖守备司令王毅沟通联合抗日事宜，了解日军行动情报，领取国民政府发放的抗日军饷，协调国共双方抗日的行动。这天夜晚，乘着黎明前他们到了福兴村，进入地道然后直往村前，又马不停蹄上了路。冯白驹他们无声无息进出福兴村，本意是不打扰村民。

福兴三县交通联络站的警惕性颇高，冯白驹他们走后，严安国马上派出交通员监视各个进村路口，三门坡据点日军一抵村口已被交通员发现，他们立马报告站长严安国。接到敌情报告后，严安国当即组织民众上山或进入地道隐蔽。这便是日军进入村子后未曾发现一个青壮年的原因，日军和瘪嘴二稀里糊涂还以为村里的青壮年真的出门逃难去了呢！

　　这里需要说的是，三县交通联络站成立，冯白驹开始使用该站后，曾经叮咛严安国要提高警惕，地下斗争不比明枪实火的战场搏击，斗争的方式还要更隐秘、更保密、更重视安全。此话让严安国深刻领悟了交通联络站的工作内涵，如何保证路过同志们的安全成了严安国思考的重点。严安国反复琢磨，不久，就结合村里的地势环境，秘密组织抗日积极分子，在距村西头祠堂不远处挖了一条 30 多米长的南北向地道，直通村前的小路，若发生紧急情况或避开路人的视线可随时进入地道通行、躲避。这天日军从村子东侧突然袭击进村，来不及撤出村外逃走的青壮年就快速藏身于地道里，躲过了日军的追击搜捕。1947 年，共产党员北石婆、云塘姊等三人被村里汉奸出卖遭到杀害，她们至死也不泄露地道的秘密。这条地道除了村里人，外头人甚至村里的汉奸都不清楚，直至海南岛解放，村外的人们才知晓福兴村里头隐匿着这样重大的秘密通道。

　　诸位：抗战初期，三县交通联络站是中共琼崖特委和琼崖抗日独立总队与国民党琼崖守备司令部联络的主要交通枢纽。与此同时，文昌、琼山、定安县的交通站也通过这个联络站加强与中共琼崖特委、琼崖抗日独立总队联络，来往频繁，可谓"一站开通，全盘皆活"。从这窥见了三县交通联络站的重要地位。诸位请听我继续往下说。

第二十回　交通站点星罗棋布
玉仙村里生死较量

　　诸位：上回说到福兴三县交通联络站联结琼山、文昌、定安三县的秘密地下交通工作，成为琼崖抗战初期一条繁忙的地下交通线。日伪军枉费心机，曾幻想破获这个交通站，又怎奈村民深明大义，严守秘密，即使实施"三光"政策也毫无所获。这些根据地、堡垒村的民众已经把中国共产党的奋斗目标当作自己践行的誓言。诸位且听我说来。

　　中共琼崖特委领导人民群众高举全面抗日斗争旗帜，极大地激发了人民群众的斗争热情。地下交通工作虽说是秘密的，但同样受到全民族抗战形势的鼓舞，他们的斗争意志坚如磐石，尽管承受着流血牺牲的突然变故，也在所不辞。因而，地下交通站展现出来的工作局面更为活跃，斗争奇招迭出。这其中也潜伏着各种危机。日伪军肆无忌惮地袭击和搜捕，威胁着交通站和地下交通员的安全。他们面临着前所未有的斗争考验。

　　神奇的大自然，把大地裁剪成一幅幅绚丽的美景。滔滔的南渡江水把玉仙村分割为两个村子，玉仙东、玉仙西两个村子的村民隔江守望相助。

抗日战争时期，玉仙东村地下交通站工作人员迅速扩展。据粗略统计，至1950年海南岛解放时，全村参加地下交通工作的有20多人。交通员前仆后继，有的人员在斗争中牺牲了，很快地，新的同志又补充进来，就像南渡江水涌流不息，奔腾澎湃，始终保持人心不散、队伍不乱、人员不减，坚忍不拔。

玉仙东村党的地下交通站站长先是冼因忠，后为冼保日。他们领导地下交通站团结民众共同抗日。因距离府城、海口较远，村子又隐蔽在山林里，日伪军鞭长莫及。人们抗日斗争情绪高涨，一走进玉仙东村，远远近近都会听到青年抗日救国会、妇救会、儿童团给民众教唱抗日歌曲，比如揭露日军暴行、歌颂抗日军民奋起反抗、不怕牺牲的抗日宣传歌曲："血！血！血！中国人民流的血！火！火！火！日本鬼子放的火！冲！冲！冲！杀日本鬼子我是先锋！"一阵阵歌声唱得人们热血沸腾。广大人民群众集合在中国共产党的旗帜下，向日寇展开勇敢顽强的斗争。日伪军和国民党保安团都认定玉仙东村是共产党村，无奈这里丘陵起伏，上长林木，下是沟涧，抗日武装人员一转身钻进林子，隐匿沟壑，不甚熟悉当地地势的外地人一时是找不到其行踪的。

1941年，日军强行拆掉玉仙东村的两间祠堂，把石砖和木料拉到潭口岸边盖起了炮楼据点，严加监视玉仙东村和潭口一带村庄的抗日活动。

一天，驻潭口据点的日军闯入玉仙东村，强迫村民把附近的山林全部砍伐光，包括远到北历、迈宏、那英村范围内的林木。日军做着美梦，只要把山林砍掉，周边环境地貌便一览无余，就像人剃成光头虱子无处藏身一样，共产党和抗日军民就无法开展活动，或者一有行动就会暴露被发现。当然，这是日军的黄粱梦。

村民被赶到村前的旷坡上集中。看着日军架起的机枪，冼因忠装作畏惧的模样，蹋蹋地走到日军曹长的跟前，说："自有了村子，山林可是我们村民的命根子，村民靠种田和砍柴火出卖过生活，一下子把山林全砍掉，我们老百姓靠什么过日子？不说卖柴火，村民还要用柴木自己烧水做饭呢！皇军，这万万使不得嘛！"

驳斥皇军的行动计划，算这个中国人有种！日军曹长盯住冼因忠在想。他用生硬的中国话说："你的什么的干活？"

"良民！皇军不是喜欢良民吗，我是地地道道的农民，不是良民能是啥！"冼因忠不冷不热地回答。

"山林里藏匿着共产党和抗日武装人员，砍掉山林，共产党和抗日武装人员就没有了藏身之地，他们一出现皇军就会发现，就会马上被消灭掉。至于你们的日子怎么过，"日军曹长"嘿嘿"地冷笑了几声，接着说，"你们自有办法，不会被饿死的！"

日军曹长虽说凶暴，但也懂得绥靖策略，杀戮是一种恫吓手段，诱逼也是手段之一。因而，一进入到村子里，他既命令部属把机枪架起来，做出随时屠杀的架势，又不忘使用欺骗的手法，企图变换手段，逼迫民众就范。

"老百姓命长着呢，瘪谷养穷人，日子总要过下去的！"冼因忠一语双关地说。他心里想，日军要砍光山林，目的是防止抗日军民以山林为屏障打击他们，还妄想以此截断琼崖抗日独立总队和人民群众的联系，岂知共产党和人民群众的鱼水关系是任何邪恶势力都撕不开的，更不是外来侵略者用暴力杀戮所能左右割裂的。那些异想天开的幻想，都注定要失败。

"你们给听清楚了，皇军命令你们一个月内把村子周围的山林全部砍光，两个月内把到北历、迈宏、那英村的山地清理干净。皇军说，如果不按时把山林砍光清净，你们全都死了死了的有，一个不留！都知道了吗？"伪军队长被日军曹长喊到面前说了一阵子，站到村民面前装腔作势喋喋不休地说了一通，末了，还不忘秀了一句日本话，让日军曹长冷笑出了声。

村民被赶到村边砍伐山林，冼因忠派出交通员暗地里转告他们，日军在场监视时装作干活，日军一走开就撒手不干。即便日伪军在场，村民也有办法抗拒砍山伐林。趁着日伪军走神不注眼，或走到一起抽烟吞云吐雾贪图安逸，村民就使用"绝活"对付，砍刀伐木的声音很大，"嘭嘭"地直响，实际上进度寸步不移。原来，村民是用刀背砍伐，刀背落到莽藤上声音蛮响，砍刀被藤条反弹回来，藤树上只留下刀痕，一天半晌砍伐清理出来的山地就那么一两亩，与日军的进度计划落差太大了。

毕竟潭口岗楼里的日军兵力不足，顾得了东头顾不了西头，只能驱使伪军去督促。平心而论，甘心情愿去当伪军的大都是社会上的流氓烂仔，他们平日无所事事，国民党当政时投靠国民党为虎作伥，混食骗喝，或在乡公所里当乡丁听差，欺压百姓；日军侵琼，枪炮一响，国民党琼崖当局逃到五指山区，各市县的国民党机关改旗易帜，这些乡丁无赖摇身一变，穿上灰黄的军服，便成了伪军。这些人的命运谁都明白，打仗时被迫走在日军的前头挡子弹，撤退时被甩在后头当殿后护卫，一仗下来死伤的大部分是他们，更甚的是被驱赶去蹚地雷，为日军进攻开路。有些伪军不以当汉奸为耻，还以为日军当走卒为荣。老百姓都不把他们当人看待。

冼开章是玉仙东村的地下交通员，性格刚强，敢把铁钉当作牛筋来啃。这天，正在山塘边砍伐山木的他见到日军走开，趁机停下来歇息，冷不防从树荫底下闯过来伪军队长，劈头盖脸就是一皮鞭，往冼开章的头上揢去。冼开章生性机警，听到脑后一阵子冷风，本能地举手一挡，用力一搅，皮鞭条索被卷在手臂上，再用力一拉，伪军队长架不住往前倾倒，差点儿跌到地上。伪军队长的这一副尴尬相被旁边的村民围观，一阵子哄笑，脸色顿时涨成猪肝色，无地自容。他想遮蔽往地下钻，可脚下没门，这下子面子没地方搁啊。

"好你个刁民，胆敢惹老子，看我不抽你个皮开肉绽！"伪军队长嚷嚷得两边嘴角泛唾沫，说着上前要抢回皮鞭子。

冼开章哪肯放手，仍然端坐在树桩上，像一尊铁塔，不屑一顾。他轻蔑地讥讽说："这是你的皮鞭呀，你的皮鞭咋的缠到我的手臂上？你得说个明白。假如你承认打了我，这好办，你咋做的我咋奉还，给我照样的抽你一皮鞭，我当即把鞭子送回，你这个队长算是体面不赚不赔吧？倘若你不承认打了我，那也罢，鞭子就是我的了，你休想拿回去。这道理说到哪里，你都说不赢！"

"你！"伪军队长急得搔头挠耳，连跺着脚。冼开章年轻力壮正当年，如果让他这顾壮汉子抽一鞭子，不说会被打飞到哪里去，说不定只这一鞭小命就没了，还逞啥强啊。可是在众目睽睽之下，我这队长的面子得挽回嘛。明明是豆腐渣硬要充作铁疙瘩，便硬着头皮说，"你抗拒皇军砍伐山林行动计划，分明是私通共产党和琼崖抗日独立总队。告诉你，这个后果你要想明白！"

冼开章坐着纹丝不动，屁股都不挪动一下，依然如故，悠然地说："我就想不明白，好端端的人你不做，偏偏要当走狗！当走狗是啥滋味？我告诉你，认贼做父，欺压同胞，总有一天民众要彻底清算你的罪恶！到那个时候，你还想着吃香喝辣可没了喝人血吸人膏的嘴。汉奸走狗，你还有何面目活在这个世界上！"

冼开章的话捅到了他的痛处，好比做婊子的还要让别人给立牌坊，当伪军的人对别人说他当汉奸讳莫如深，顾及别人贫嘴，揭他的短处。可是，说什么眼下他也要维持自己的身份。这个伪军队长勃然大怒，歇斯底里，咆哮地说："好你个刁蛮子，今天我要看你的嘴巴硬还是我的枪子硬！"掏出驳壳枪，可这时他突然僵住了，因为围观的民众越来越多，个个都怒视着他，手里执着明晃晃的砍山刀，不要说每人给他一刀，就是一刀他也吃不消。他泄了气，不敢来硬的，一边说一边往后退，急着脱身，"你等着，你……给我等着瞧！"

"哈哈！"村民一阵子讪笑。"当汉奸走狗脸皮还是有的，不过，那是张狗皮！""看来这个汉奸没脸面了，想着开溜啊！"人们冷言冷语说着。

"你们的不干活，统统的和共产党抗日独立总队站到一块了！"日军曹长看到山塘边聚集着一群村民便急步赶了过来，正好解了伪军队长的围。

伪军队长看到日军曹长像见到了救星，忙指着冼开章说："报告太君，他不干活不砍山，还说皇军的坏话，煽动村民闹事！"

"说坏话？说皇军什么的坏话，你说个明白！"日军曹长用怀疑的眼光瞪了伪军队长一眼，侧目看到了绕成一团的皮鞭子被丢到草丛里，又看了看满脸怒气的冼开章，似乎明白了其中的原委，"你要说个明白，统统地说！"

"是的，太君！"伪军队长捞到了救命稻草，舔了舔嘴唇，继续说，"这帮人不砍伐山林，反而说鬼子……不不，反而说皇军的衰话，诅咒皇军！"日军曹长一双贼眼滴溜溜地紧盯伪军队长，"他说日军赖在中国就像兔子的尾巴长不了，迟早要滚出中国去！说日军好比秋后的蚂蚱，挣扎不了几日！"

"八嘎！"日军曹长被激怒，敢挖苦日军是"兔子尾巴""秋后蚂蚱"的人肯定是共产党和抗日分子，不找出几个共产党抗日分子，杀鸡儆猴，皇军的砍伐山林计划就没法推进。再看一看横眉冷对的冼开章，咋看都不顺眼，他那眼神活脱脱就是共产党抗日队伍里的人，他肯定是共产党抗日队伍派到村子里来破坏皇军行动的人。没有共产党组织指导鼓动，一年到头脸朝黄土背朝天的老百姓咋敢抵制皇军砍伐山林的行动计划！他胁迫地说："你的共产党抗日分子，承认不承认？"

冼开章站起身子，掸了掸衣裳上的草屑，给了日军曹长一个软钉子，坦然地说："我像共产党抗日分子吗？你说我是那我就是，你说我不是即便我是也不是！对吧？"

"你是共产党抗日分子！"日军曹长对冼开章不硬不软的回答简

直没辙，找不到破绽，这会儿不知如何是好，说他是共产党抗日分子他说不是，说他不是共产党抗日分子他说是，这是变着法子戏谑皇军，根本不把皇军放在眼里，不让他尝尝皇军的厉害，以为皇军说话不算数哩，"带走！"

日军士兵如狼似虎一拥而上，把冼开章押向潭口炮楼。伪军队长见日军一走，他的脚底下也抹了油，赶快溜往别处，他知晓继续留在这里凶多吉少。冼开章被日军扣押，一定不能活着回来，玉仙东村村民肯定饶不了他。民众是要把他给撕碎的。一个村子亲七分，不是一家人胜似一家人啊。想到这里，这个伪军队长脑子并不糊涂，当下溜走是精仔。

这时，天下起毛毛雨。冼因忠赶了过来，刚才他接到通知，说琼崖抗日独立总队一位负责同志晚上要渡过南渡江，到西边的队伍去传达中共琼崖特委最新的反"扫荡"斗争指示，待他赶回到山塘林边时，冼开章已被日军押走。村民们没了主意，有的人主张回村去，不干了，看日军怎么办；有的主张围攻日军炮楼抢回冼开章。村民们争论着，谁都拿不定主意。看到冼因忠，都拥了过来。冼因忠是村里人的主心骨，便有村民说："我们要救回开章，看因忠是否有啥好办法？"

冼因忠听了村民的诉说，马上有了想法，说："眼下我们的力量弱小，还不是找上门去讨公道的时候。砍伐山林的事即使大家心里不愿意还是要出工，不给日伪军镇压的借口。斗争的方法多得很，我们来个明从暗抗，明从即表面上听从他们调遣，而且要表示出积极主动，让敌人找不到破绽，心里窝火却找不到发泄的理由；暗抗即暗地里反抗，反抗的方法方式多种多样，比如出工不出力，出力不着点，'磨洋工'。日伪军在场时大家出力，日伪军一走大家就歇下来，遇到天上刮风天黑下雨就借故不上工地。还有头疼身热肚子痛，谁没有这个毛病，借口很多。大家说，这样好不好？"

众人都说："灯一挑，亮一片。我们就用这两手和日伪军斗法，不相信斗不过这帮强盗和汉奸！""眼下最要紧的是，我们要想办法把开章尽快给救出来才行，日本鬼子不会放过他的！"

冼因忠稍略思索，心情沉重地说："看来开章兄弟要受苦了。"众人听了这话，一时都沉默无言，冼因忠扫视了一眼村民，坚定地接着说，"我会想尽一切办法把开章兄弟救出来的。我们村里的秘密谁都不要泄露，团结一心打击敌人！"

雨越下越大，天色渐渐地暗了下来。冼因忠马上对村民说："我们现时就收工回家，日伪军要是问咋的提前收工，就说雨大天黑看不清，干不了活。这是堂堂正正的理由，日伪军他们都要躲雨去了呢！"

二更天，村东头传来了两声狗吠，冼因忠和交通员冼保华借着农历初里微弱月色来到村东头的路兜簕（俗称野菠萝）丛边，接到区委交通员和琼崖抗日独立总队的两位同志，他俩一高一矮，一个三十来岁，一个不足二十，冼因忠猜测年长的那位是领导干部，另一位是警卫员。他不便多问，热情地把他们领到家里吃了一顿热饭。区委交通员交代说："我们赶快走，不能泄露了行踪，连累了村里的乡亲们。而且，首长使命在身，不能久留。"

冼因忠知道，即便再艰险也不能耽误上级领导的行程，这是交通站必须完成的护送任务。他立即通知了两名交通员高元进和冼开礼跟进。

来到距潭口渡口约一里的芦苇丛里，只听江水"嘭嘭"地奔腾。这会儿，芦苇丛已被上涨的江水淹没，冼因忠他们拴在芦苇根上的小渡船已无影无踪了，后悔怎么没想到雨大江水上涨，小船被荡走。现在怎么过江去？冼因忠点子颇多，往岸堤望了一会儿，立刻有了主意。他把高元进和冼开礼叫到跟前，嘀咕了几句，末了说："要快，人多力量大，叫上陈子德，越快越好，不要耽搁了时间！"

南渡江水陡涨，上游传来轰隆隆的波涛翻滚声响，近处江面上水流奔腾哗哗地喧嚣。过了约二十分钟，四个黑影飞奔而至，他们每人肩上扛着两根香蕉杆。陈子德也是村里的地下交通员。放下香蕉杆后，他们火速捆绑，香蕉杆立时被捆扎成了杆排，不一会儿推到江水里，三五个人坐在上头，香蕉杆排也不会沉下水去。冼因忠嘱咐高元进和冼开礼："你们即使丢了性命，也要保证上级首长同志安全过江！"

琼崖抗日独立总队领导握着冼因忠的手，说："谢谢你们！有了你们的支持，琼崖革命一定成功！"

高元进和冼开礼一人一边推着香蕉杆排往深水处走去，总队领导和警卫员坐在上头。只一刻钟，他们已消失在滔滔的江水中。

冼因忠回到村里，又找了几个交通员了解白天山林砍伐情况，除了冼开章被日军抓走，没有异常情况发生。冼因忠回到家洗了澡，刚上床迷糊了一会儿，公鸡已"喔喔"报晓。

"啪啪……"冼因忠刚翻了一个身，正要睡去，突然听到敲门声急促地响起。侧耳听了听，他赶紧穿好衣服打开门，一阵风把交通员朱运芳吹了进来。还未站稳，朱运芳喘着大气说："不好了！潭口据点的鬼子兵把我们村子包围了，看样子像发生了什么大事！"

究竟发生了何事？冼因忠一时也理不清头绪，难道渡河的领导同志发生了意外，暴露了身份？不会是，我们都在江边长大，泅水的本领个个了得，经常风里来雨里去，暴风骤雨中在江浪里行走是家常便饭。每逢台风季节或者发大水，他们都会泅到江流里去捡拾"水流柴"，有的时候还捞到上好的木料呢，何况高元进他俩个个都是游泳强手。那么，发生了什么事情呢？他让朱运芳赶快通知党支部的人分头尽快告诉村民："村子被日本鬼子包围了，不要慌张，要做好和日伪军斗争的准备！"

朱运芳走后，冼因忠悄悄地摸到村子北边的路口，透过朦胧的雾气，看到打着膏药旗的日军已把村口堵住。他想，日伪军围而不攻，是打算等到天亮才进村子，如果以此来推断，或许外头发生了非同小可的大事，怀疑玉仙东村有人参与相关活动。他又摸到正南边村口，把守村口的人低声嘀咕，操着海南话，发牢骚说怪话，这个说"前世作孽喂了一夜蚊子"，另一个接着话茬说"你是走狗的命嘛，这还是轻微的惩罚，说不定明后天就叫你丧命，死无葬身之地"，马上有人劝阻"别再嚷嚷啊，咋净说衰话呢"。分明这是伪军，飘动的火点时隐时现，认定这是伪军在抽着纸烟。

这时，冼保华赶到，冼因忠赶快叮嘱说："你马上告诉乡亲们沉住气，先看看发生了啥事再说，不要给日本鬼子抓住把柄，日本鬼子就没有办法。"

清晨，阴霾笼罩，玉仙东村雾气茫茫。村民要出村去赶集或趁早下地，都给日军和伪军挡了回来，村民驳说"你们扛枪吃枪，我们种田的不准下地，找你们给饭吃"。这些伪军里也有脑残的，他们吆喝中无意透露，这次包围村子是要搜查共产党和抗日分子，说"玉仙东村是共产党的窝子，个个都是抗日分子"。村民们这才知道日伪军黎明时刻包围村子是要抓捕共产党和抗日武装人员。村党支部和地下交通站的领导想到，昨天除了护送琼崖抗日独立总队领导和警卫员渡过南渡江，并没有外头人到村子里来接头联系啊！既然日伪军进村，我们就得小心应对，防止出岔子。

日伪军把村民驱赶到村子后坡上的大榕树下，然后逐户入屋搜查。柜子被掀开，谷围子被挑破，水缸子被砸碎，却找不到一个可疑分子。折腾到中午时，日军曹长才从口袋里掏出一张纸条，按照纸面上的姓名逐一点名，可村民中没有一个人响应，直到念完，也没有一个人应答站出来。日军曹长转而恶狠狠地说："周修禄，你的快点过来，这是怎么搞的，没有这些人？"

周修禄是村里"白皮红心"保长。他走过去，接过纸条一看，立即明白是怎么回事，赶紧说："我们玉仙东村没有这些人，不晓这些人是干吗的，玉仙东村的村民个个都是良民啊！"

日军曹长没了主意，和身边的日军军官说了一阵子日语，接道：

"你们村民一个一个走过来，皇军要检查'良民证'。周修禄你逐个看好，人对名，证对人，隐瞒真相死了死了的有，先拿你开刀。皇军说话算数，你的明白？"

周修禄赶忙站到伪军队长身边，盯着村里登记本上点到姓名的村民走过来，日军逐一检查"良民证"。周修禄虽然对村民个个熟识，可还是挺认真地看人对证，忙着说"不错"，被点到姓名的村民才得以走过去。这样，场上到了只剩下一个村民，也没有日军曹长纸条上要找的人。周修禄胆子似乎壮了许多，朗朗地说："皇军多心了，我们玉仙东村没见过纸条上列名的这些人，也没有这些人名。谁的吃饱了撑着，没事找事乱划一通呢！"

原来，前些天云龙据点日军截击枪杀了共产党琼山县云龙乡乡长，从其身上搜出一张青抗会和运粮队人员名单，其中上面一部分人名姓冼。云龙乡范围里的村庄只有玉仙东村的人有姓冼的，因而云龙据点日军联合潭口据点日军包围了玉仙东村，要搜捕纸张上这些姓冼的人。刚才，潭口日军曹长和那个商讨搜捕办法的日军军官就是云龙据点的小队长。他们或许都不知道，共产党云龙乡乡长纸张上的这些人名都是假名或代号，即便名单失落到日伪军手里，他们也分别不出谁是谁，结果竹篮打水一场空。日军曹长不知道为他们忙前忙后的村长周修禄"白皮红心"，是共产党派出来维持局面应付他们的人员，他们理所当然也不清楚哪些村的保长是"白皮红心"的农民骨干，这些人是和共产党站在一起共同抗日的。

这事件过后不久，中共琼崖特委送来一封紧急信件，要求玉仙东村地下交通站第二天必须把信件送达玉仙西村联络点。那时洪水暴发，泅水过不了江。冼因忠急中生智，当夜赶快张罗。次日一早，玉仙东村一支娶亲队伍吹吹打打涌向潭口渡口。那时，从玉仙东村至玉仙西村，潭口渡口是唯一通道。当值的日军据点炮楼岗哨日伪军见是娶亲队伍，毫无戒备，检查后，只得放行。冼因忠假扮娶亲鼓乐队的二胡手，顺利地把急信送到了玉仙西村党支部，完成了任务。

再说，冼开章被日军抓到据点后，受尽了酷刑，鞭打杠压、灌辣椒水、铁烙悬吊、狼狗撕咬、禁水断食，逼迫他承认是共产党抗日分子，引诱他说出玉仙东村谁是共产党和抗日潜伏人员，冼开章除了叫骂，死不泄露村里共产党和交通站的秘密。

周修禄受冼因忠派遣，利用"维持会会长"的招牌，多次到日军据点里找日军曹长，说愿意以身家性命担保冼开章是平民百姓，都无济于事。日军妄想杀一儆百，威吓村民，加快推进他们砍伐山林阻断共产党联系民众的计划。直至将冼开章拷打到鼻孔没了气息，以为死了，才传话让周修禄领人把冼开章抬回到村里。以此警告村民，不得和共产党和抗日队伍发生联系。

算是冼开章命格子硬，经过灌药救治，终于缓过气来。身子调养稍为好后，冼开章又投入到抗日斗争的行列，只是耳朵被打聋的后遗症始终没有得到治愈。

日军以为靠武力就能征服玉仙东村的村民，没想到适得其反。玉仙东村的地下交通工作愈益神出鬼没，继续在日伪军的鼻子底下多次护送抗日干部和情报渡过南渡江。日军砍伐山林遏制抗日军民活动的阴谋也未能实现。村民"磨洋工"成为对敌斗争的技巧。

诸位：玉仙东村地下交通站大战群魔，交通员们彰显大智大勇，迎战日寇，痛斥汉奸丑陋面目，以"磨洋工"方法，阻止日伪军"扫荡"图谋。交通员以"香蕉杆排"为渡河工具，安全护送中共琼崖特委和琼崖抗日独立总队领导干部雨夜飞渡南渡江，展现了对敌斗争的自信睿智。地下交通斗争呈现多姿多彩。请诸位听我继续往下说。

第二十一回　掩护总队秘密过江
新娘房里瞒天过海

诸位：日伪军以及国民党顽固派对琼崖人民残酷杀戮，欺诈不择手段，人民的反抗斗争持续加强。广大抗日军民森严壁垒，众志成城，把巧施谋略克敌制胜作为对敌斗争的手段。地下交通员凭借民众的抗日怒火，在交通线上施展本领。日军貌似强大，实际是泥牛过海自身难保。广阔乡村，处处摆开了对敌斗争的战场。诸位且听我说来。

日军实行灭绝人寰的杀光、烧光、抢光"三光"政策，企图用残酷的杀戮镇压人民的反抗，实现长久占领琼崖的目标。自侵琼后，连续制造了多个惨案。譬如1939年3月上旬的一天，日军步兵第一联队一部包围龙发圩，当天杀死烧死民众200多人。同年夏，驻三江、土桥日军300多人"扫荡"苏寻三、云龙、道崇、咸来乡，72个村庄被日军杀光、抢光、烧光，树德、赤历、龙发等5个圩墟被夷为平地。8月15日拂晓时分，驻那流日军400多人由汉奸带领，循着血迹追到儒显村边，硬逼村民交出在五源河长桥与日军激战时负伤的抗日独立总队战士，全村199人被杀害。1942年10月，侵琼日军最高司令官伍贺中将指挥日伪军5000多人，疯狂"扫荡"道崇、树德、咸来、大昌、南阳、苏寻三等地，咸来乡的福禄、白水塘、龙群等 13 个村庄成为"无人村"，日伪军杀光 300 多人，烧毁房屋 300 多间。据统计，抗战前琼山县总人口 37 万多人，抗战胜利后，仅剩下 27 万余人，减少 10 万多人。被日军烧毁房屋 2 万多间，37 个村庄老百姓被日军杀绝，317 个村庄房屋全被烧光，被掳耕牛数万头，被毁农田数万亩。日军罪行罄竹难书。

海口是日军统治的重要区域，宪警特等重要机关和伪政权都集中在市内，府城沿线是日军驻兵重地。此时，国民党琼山县政府控制着永兴、十字路、东占、抱元等地；永兴乡南、北边则为中共琼崖特委的控制区，建立了乡村的民主政权。敌、顽、我三方力量相互钳制，形成了你中有我、我中有你的错综复杂的斗争态势。不言而喻，地下交通员肩上的担子更重，工作任务更加艰巨。琼山县二区党的地下交通站从 1937 年起在泳沃村设立总站，下设托村、涵泳、儒万山、二遵乡等分站。总站相继经历了五任站长，他们中有的积劳成疾病故在工作岗位上，有的牺牲在与敌较量的前线，有的则被叛徒出卖而流尽最后一滴血，个个都铁骨铮铮。他们和日伪军斗智斗勇，巧妙地履行与完成地下交通站的职责和任务。

1940 年初春，寒风逼人，冷雨霏霏。琼崖抗日独立总队第一支队第三大队急行军，从儒万山根据地赶到南渡江边，要立即过江执行紧急任务。当他们抵达江岸时，只见江水滔滔，波涛嘭嘭拍岸，却没见一只渡船。可臆测不到的危险情况是，当天国民党保安第七团活动在江东云龙镇一带，驻在美城村和儒林村，如果第三大队贸然过江，或许会和保七团发生遭遇战；假如延误时间过江，得到消息的椰子头据点日军不用一个小时便会赶到，从椰子头到江岸边不足 10 公里的路程。不管咋说，眼前的紧迫局势是第三大队随时都会有陷入前有阻击后有追兵危险境地的可能。

托村地下交通站接到第三大队要渡过南渡江的通知后，立即派出交通员联络附近村庄党支部封锁消息，防止第三大队过江的行踪不慎流传。接着，派遣交通员泅水过江侦察保七团的驻扎状态。次日，拂晓时刻，泅水过江的交通员游回来报告说，保七团已撤离东江岸的美城村和儒林村，去向不明。世上事犹如俗话所说，无巧不成书。交通站正苦于没有渡江船只护送第三大队过江之时，从定安方向顺流而下的五只货船驶近托村，交通站领导当机立断找到货船船主商量，对船主宣传抗日救国道理，又动之以情，请货船船主无论如何都得搭载第三大队过江。一场紧张的第三大队官兵过江的护送工作随即展开。登岸的第三大队接获国民党保七团撤离驻防地区后，解除了心头之患，不然，或许会发生一场鏖战。

墙外有耳，水舔留痕。这是世人对客观事物变化的认识，也是偶然中的必然。琼崖抗日独立总队第三大队尽管过江行动隐秘，其消息还是风言风语传到椰子头日军据点。日军接报后立即纠集邻近据点兵力，分五路气势汹汹扑到江边，望见第三大队人马已经上岸，鞭长莫及。日军小队长狂嚎道："给我开枪！"

一排三八式枪弹的"叭叭"声在空旷的江边显得分外微弱，犹如村里小童燃放的鞭炮，无济于事。日军小队长心里盘算，走得了和尚搬不走庙，找老百姓去，便恶狠狠地命令："包围托村，刨地三尺也要把抗日独立总队的人挖出来！"

日军士兵怒气无处发泄，听到命令，立即枪尖转向，"噔噔"地奔向托村，旋即将托村团团包围。挨家挨户把村民全部驱赶到村中央的旷地上，逐一拷打。砸下一枪托一声喝问："共产党抗日人员都在哪？说！"

"共产党的队伍从你们托村旁边的路上经过，难道你们一点儿都不觉察？还说是什么'良民'！掩护共产党的抗日队伍过江，里应外合，统统的良心坏了！"日军小队长叫嚣道。

日军小队长说的这些话恰好反映了托村民众的抗日斗争活动。日军残杀无辜，企图用武力征服琼崖人民，琼崖人民就在斗争中和日军打起了"太极"，想出了许多办法。村民对日军表面上顺从，而且经常和日军捉迷藏，伪造情报，诓骗日军，比如抗日武装人员进入村子活动，等到他们出村远离，认为消息有可能泄露，"白皮红心"维持会长才急急赶到据点报告情况，日军接到报告赶到村里时，已寻不到抗日武装人员的踪迹。"白皮红心"维持会长遇到情况必报，日军每每派兵追寻可回回落空。日军修岗楼派苦差，托村的民众按照党支部的安排，都派些老人、小孩凑数，出工不出力。日军还以为托村是个"模范村"，处处与日军的号召相呼应呢！

这时，日军审问村民，无论是哪一个村民都找到托词，他们好像都看到抗日独立总队，说："共产党琼崖抗日独立总队来的人太多了，黑麻麻都是人，都挎着步枪，有的还扛着歪把子机关枪。他们人未进村，先派人把守路口，不让一个人出村，就像皇军包围村子一样不给我们出去，我们是平民百姓，又不是神仙，不长翅膀能飞天，情报怎么送给皇军啊！"

日军小队长听了村民的话，哭笑不得，连说"哟西哟西"，他们包围村子时岂止只准来人进村、不给村民出村，发现可疑的行踪还立马枪杀呢！琼崖抗日独立总队封锁消息，采取"封村"行动，也是情理之中。但是追不上琼崖抗日独立总队的人马心里不是滋味，起码不能在老百姓面前丧失了武士道精神，于是命令部属在四周架起机关枪，要在村民中搜逮共产党和抗日的可疑分子，哀嚎道："不交出同情共产党和抗日分子的人，皇军的不收兵！"

"叭！叭！"日军小队长话刚说完，从江岸边传来一阵三八式枪声。他不由得心头一震，莫非是琼崖抗日的大部队知晓他们在托村，要来个反包围，像包粽子似的把他们这支队伍吃掉？更让他震惊的是，这些都是三八式枪声，在琼崖这块土地上，只有中国共产党领导的武装队伍战胜过他们这些"不可战胜的神话"，琼崖抗日独立总队截击歼灭过他们。那么，眼下自己的队伍是否会被琼崖抗日人马包围呢？他在迷惘时又传来"叭叭"的一阵枪声，还有"嗒嗒"的轻机枪声，而且枪声一阵紧过一阵，时密时疏。听这枪声，抗日武装人员好像就在江岸边。假如是琼崖抗日队伍策划攻击行动，他们的兵力一定比自己的多。不然，他们咋会公然开枪呢？这个日军小队长想到这里，心虚了。他还真的上过战场，尽管心里头焦急万分，脸上却没啥变化，表现得格外镇定，过了一会儿，认为没人发现他的恐慌，只见他把手一挥："撤！统统的撤！"

日军一窝蜂地涌向村边路口，把正在拷问的五个村民也押回据点里。日军小队长在想，假如能从这些村民身上掏出信息，何愁逮不到抗日分子和同情抗日分子的老百姓！

已渡过南渡江的第三大队大队长张世英深知托村民众所面临的险境，在过江时悄悄留下一个班，还面授机宜。听到托村里响起枪声，根据日军劣行，猜想日军又在使用惯用的伎俩，拷打老百姓，胁逼老百姓，妄想从老百姓嘴里挖出共产党抗日分子。于是，他们决定敲山震虎，在江岸边向托村方向开枪扫射，佯装围而歼之的态势，让日军虚惊一场，解了托村的围。

被日军押到椰子头据点的村民遭到酷刑折磨，皮鞭抽打、竹签扎指、捆绑悬空、灌辣椒水，无所不用其极，可他们没有一个人屈服于日寇的淫威。他们所说的话完全一致，不是推说"不知道"，就是编造谎言胡说一通，一点儿和抗日军民活动都沾不上边。有的村民不知是装傻卖巧还是有意张冠李戴，把国民党军的暴行也扣到日军的头上，让日军小队长想了半天也不知其所以然。幻想拿到的情报却拿不到手，日军要收买人心，伪装友善，维持他们的占领，只好把这些村民放回家。

那是琼崖抗日斗争的第二个年头。一天早晨，一阵锣声从演丰山尾头村头响到村尾小巷："村民们注意啰，日本人说近日发现共产党重要干部从海上登陆，从我们这一带村庄上岸，接送者杀，藏匿者杀，各家各户要小心啊！"

喊话人是村里的维持会长，是村党支部派出的"白皮红心"的抗日积极分子。正好遇到要往水井挑水的林诗堂，看四下没人，赶紧说："演丰据点里的伪军说，海北那头派人到琼崖游击区，这两天可能要在这一带上岸。你们要小心！"

林诗堂点点头，表示知道了。他心里在说，日军的情报晚点了，我们的护送任务已经完成，还来一个马后炮，实在太蠢了。不过，林诗堂可不能掉以轻心，既然日军探知我们有军政要员从海北抵达琼崖，说明他们的谍报工作还是厉害的，我们千万不可丧失警惕性。中共琼崖特委和琼崖抗日独立总队在演丰地区活动频繁，是抗击日本侵略军的重要根据地，中共琼崖抗日军政人员经常路过，地下交通站和交通员要精细做好保障工作。大意是要酿成灾难的。

过了五六天，村头传来"汪汪汪"一阵狼狗狂吠，扰乱了村民的生活秩序。驻演丰据点的日军和伪军突然包围了山尾头和邻近的几个村庄。先是把守路口，凡进出村子的人严格检查，对持有"良民证"的老幼村民也不例外。然后，日军和伪军大队人马挨家挨户搜查，翻箱倒柜，敲缸砸瓮，决意要搜出共产党抗日人员，可是希望落空，搜不出一个可疑的人。

"报告队长阁下，发现了抗日武装人员挖掘的地洞！"伪军队长急步走到日军小队长面前报告说。

日军小队长立刻牵着狼狗来到村西头竹丛旁，果然是地洞，但这两个地洞单体，都很浅短，洞口用木板掩盖，上头是草皮，地洞里头摆放一些衣服之类的物品。一个村民被押到地洞前问话，这个村民搪塞说，演丰这个地域土匪强盗多如蝗虫，经常打家劫舍，一些稍微值钱的物件必须藏匿好，以减少损失，因此就挖了地洞。日伪军半信半疑，他们都知道琼山县山多丛林密，土匪是琼山地区的祸患，乡公所乡丁和不少伪军就是从土匪窝里过来的。既然发现地洞，就得弄个水落石出不可。但因地洞浅短，又未发现意外之物，往里头放了几枪，不再深究。

这下子，可愁煞了村党支部和交通站领导。原来，昨天晚上活动在这一带的琼崖抗日独立总队第一支队的五名工作人员，进入山尾头村了解敌情，因为夜已深，而且近日路上经常发生日伪军的夜袭队拦路截击或捕捉抗日的零散人员，决定暂宿山尾头村，次日清晨才撤出，不承想日伪军嗅到了共产党抗日队伍活动的气息，趁夜色包围了山尾头村。日伪军对侦探得到的情报谨慎对待，丝分缕析，随后立即实施老一套搜捕步法，先封锁包围，后逐户搜查，全村篦梳，不留任何一个角落。

多次交锋，互探秘径，林诗堂他们对日伪军的阴谋诡计了如指掌，也清楚日伪军对村子里是否挖有地洞心怀狐疑。为防莫测，趁着夜深更静，他们已把支队这些工作人员秘密转移到村东头的棘竹丛里隐蔽起来。

村东头的棘竹丛长百余米，宽约二十米，崴蕤茂盛。竹头虬根绕匝，竹杆枝叶稠密，从外头别指望能看清里面，竹杆连着竹杆，枝叶遮掩，密不透风，里头是否藏有猪鸡猫狗无人知晓。竹林唯有南边辟有一个出入口，人半蹲着身子方可进入。且出入口也较隐蔽，平日只须堆放些犁耙农具就鲜有人关注。很少人知悉竹林里头空地四五平方米，可供人活动，并挖有地洞，可藏匿十个八个人，若是备足干粮和饮水，完全可以坚持五六天。过往除了小孩童捉迷藏偶尔跑到里头藏匿外，大人很少进入到里头。对大多数人来说，也无须关心里头的神秘。

日伪军封锁山尾头村两天，不见陌生人出入村子，又进村搜查，这一次把村子里里外外全搜了个透，连建在村边已废弃的牛棚都不放过。当他们搜查到村子东头时，日军小队长突然对长得修茂苍翠的竹子产生了兴趣，驻足观看着。

"队长阁下，这是竹子。琼崖的大多数村庄都栽种竹子，竹子品种很多，要说不是一时半刻能说清的。竹子繁殖力极强，今年种下一株竹苗，明年就可长出一丛竹子，过了三五年吧，就会长成一堵棘竹墙。琼崖的一些乡村把它当作围村护寨的篱笆，阻挡匪盗入村。"伪军队长恭维卖力地说。他像突然想起似的，紧接着说，"对对，竹笋！哦，就是冒出地面的长得白白嫩嫩的那一截，老百姓趁着它还嫩生生时割出来腌制，市面上经常摆卖的那种，拌上猪瘦肉或牛肉爆炒，酸溜溜的，是顶好的竹笋佳馔。"说着，嘴里大口咽着唾沫。

日军小队长阴沉着脸，瓮声瓮气地说："吃不可没有肉，居不可没有竹。中国的先人说的，你说对还是不对？"

"队长阁下还是中国通，嘻嘻，太了解中国的民情了。我可不晓是哪个圣贤说的，但不影响我对牛肉炒竹笋的食欲。"伪军队长卑躬屈膝奉承地说。

日军小队长刚才说的话语是逢场作戏，他并不十分在意，这时继续说："村子里这么多的竹林子，狐狸鹧鸪应该的有！"

"那是！哦哦，队长阁下说得对，这么大的竹林子，不光是狐狸鹧鸪飞禽，还会藏人！"伪军队长忙不迭地说。

"哦！"日军小队长一愣，他并没想到竹林里能藏人，伪军队长这一说倒勾起他的疑心，竹林子能藏人并非不可能，立即吆喝说，"搜！竹林子也不能放过！"

日军小队长一边说一边在先头走，绕了大半个竹林子也找不到缺口进入，只听见阵风吹拂竹林"咿咿呀呀"的喧哗。走到南边的竹丛时，一阵猪屎臭味扑面而来，日军小队长用鼻子嗅了嗅，赶忙脱下白手套掩住鼻子。放眼朝竹林边看了看，那里搁置着几张犁耙，再就是村民晾晒的准备施放到田地里做基肥的猪牛屎，臭烘烘的，其他的没发现一点异状。臭气熏得实在受不住了，日伪军一个个掩着鼻子。日军小队长这时显得很无奈，手一挥，说："撤！"

当天傍晚，日伪军撤出山尾头村。村子被折腾了四天，林诗堂确认日伪军离开了村子，赶忙钻进竹林里通知支队工作人员转移，返回支队部。山尾头交通站林诗堂胜利完成掩护任务。

或许人们不甚了解日军围困山尾头村四天，开始还行，时间一长，竹林里的人如何解决吃饭问题呢？这就展现了地下交通员的斗争智慧。他们早已选择了一杆长得颇高的竹子。这竹子的尾梢用绳子系住，拴在竹围子外头的一个绝密点，交通员拉下竹子把饭菜筐子捆在上头，慢慢地松开，饭筐子便被弹回到里头。假如被挂在半空咋办，他们也有办法，即用钩子钩住竹杆，便可把饭筐子接住，解决了躲藏时间长的饮食问题。

1942年至1943年是琼崖人民抗日斗争最艰难的岁月。日军多次发动对中共琼崖特委和琼崖抗日独立总队"扫荡"，采用"铁壁合围"战术，企图置抗日军民于死地。琼崖抗日根据地和中共琼崖特委与琼崖抗日独立总队受到严重冲击，形势严峻。地下交通站有的被破坏，交通员有的被捕牺牲。面对残酷的斗争现实，交通员们不屈不挠坚持斗争，前仆后继。交通员产生及成长于人民群众之中，他们的斗争代表着人民大众的利益和出路，因此，他们的行动得到人民群众的庇护。每当危难时刻，人民群众总是勇敢无畏地站出来，用自己的性命和身家去保护他们。

一天傍晚，托村交通站站长林尤金完成上级文件转送任务后返回。这时，暮色苍茫，山林遮掩，山路迂回。他觉得夜色降临，按照以往的经验，日军"扫荡"队伍早已撤出阵地，回到据点或驻地。因而，也是颇为安全的时光。林尤金脚步轻松，一路小跑，可当他拐过一堵棘竹丛，走到坡佐村边的小河汊时，突然和"扫荡"的日军迎面相遇。他们相距只有十几步，已经没有了回旋余地，林尤金急忙钻入路边的丛林，借着初上的雾气遮掩，朝坡佐村里奔去。日军开始也被吓到了，一愣神，看清了对方孤身一人，便一边开枪一边吆喝："共产党交通员，快追，抓活的！"

"叭叭"的枪声惊动了坡佐村的民众。村民们知道这个时候被日军追捕的人一定是共产党组织的人。惊愕之时，林尤金已经跑到村口边，正好一家农户在操办娶亲酒席，他一激灵，马上决定混进喝喜酒的乡民里，躲闪这一难。不用说，喝喜酒的人全都明白了林尤金的身份。他们中有的人认得林尤金，有的人未曾谋面，但眼下的场景谁都看得明白，林尤金假如不是共产党抗日队伍里的人，也必定是日军所仇视的人。

这时急急走过来一个村民，穿戴新鲜，很明显是这家农户的主人。林尤金赶紧把眼前的危险处境告诉他："大伯，日军就离村口边不远，我要找个地方躲一躲！"

"你们该干吗的干吗，该喝酒的喝酒，该行令的行令，一切照常！"操办酒席的农户主人显然明白此刻的险境，思索片刻，转身对贺喜的乡邻说。然后，镇定地对林尤金说道，"外头危险，你跟我来，千万不要作声，听我安排！"

门闼院子里，酒席上的人们又恢复了正常，碰杯碗的"叮当"声和行令"天地合哟"的吆喝声搅和在一起。坐在路兜簕（俗称野菠萝）地席上吃饭的女人也很聪明，故意放声哄着幼儿稚女，一片闹哄哄的场景，比男人们的喝酒行令还要热闹三分。这情景看不出曾经有陌生人来过这座院子，打扰过这屋子里的人们。可从眼神里窥见这些乡邻都竖着耳朵，聆听着院子四周每一个细微的动静，警惕着或许到来的暴风雨。

"你们的都统统的站立起来，一个都不许动！"只一会儿，一队日军已闯进院子，日军曹长对着人们狂嚎，接着逐张酒桌审视着每一个村民。正在喝酒吃饭的乡邻已经晓得了发生的一切，个个脸色平静，冷眼相对。日军曹长绕了一个圈，走到最后一桌，左看看右瞧瞧，找不到所要找的人，莫非这人遁地跑掉了，便像被霜冻的禾苗耷拉着的叶子，脸上显得沮丧无奈，"哟西，都不是？"

这家操办喜宴的农户男主人还是有点胆量，他若无其事，赶紧走上前来，亲热地招呼："皇军，这些人都是我的邻居，我家办喜酒啊，不过没什么好吃的，全是一些酸菜竹笋芋头杆红豆，外加自家养的猪肉，杀了一头，穷人啊没有什么好菜，喝的是番薯酒，不是龙宴佳肴，皇军米西米西的有？"

"唔！"日军曹长用手一摆，对这家男主人的热情，很不耐烦。共产党地下交通员觅不到影子，何来的好心情？他双手撑着东洋刀柄，这时的东洋刀成了他的一条"腿"。一双鼠眼朝四周扫视了一遍，狡黠地眨了眨，立时对着士兵喝道："给我搜！不放过一个角落，飞天了不是！"

日军士兵端着明晃晃的刺刀，把前庭后院甚至连猪圈都搜了个透，见物便挑，结果一无所获。刚才的人明明跑进村子，这家院落就在村口边，怎么一眨眼就不见人了？日军曹长又把周遭细细看了一遍，蛛丝马迹全未发现。他冷笑了一声，"噌噌"踏入厅堂，也没发现可疑之处，见右边的厢房门上贴着大红"喜"字，上前一脚踹开虚掩着的新娘房门，里头一对穿着新婚衣裳的年轻人坐在床沿，这时一脸惊诧，睁大恐惧的眼睛，向后头畏缩。日军曹长回头看了看身后跟着的众多村里父老，感觉无从下手，便退了出来。或许这当儿他想起追捕可疑人的要务，喝问："你们看到一个陌生人跑进村子里没有？包庇共产党抗日分子，统统的枪毙！"

这时，一个村里父老走到日军曹长的面前，捋着白花花的胡子，不慌不忙地说："原来是追捕共产党抗日分子，怎么不早说呀！太君，你一说老朽倒想起来了。刚才一个外村人慌里慌张地跑到了院子门闼，看到里头一大群人，他掉头就往外跑。这人长得怎么样，是高是矮是胖是瘦，老朽来不及看清，原以为是村里的邻居啊。老朽猜想，这个外村人就是太君要找的人吧？"

"你的怎么知道这个人是皇军追捕的人？你是什么的干活？"日军曹长一把揪住这位村里父老的胸襟，厉声喝问。他以为这个老人在诓他。这样的事情，他上当受骗多了，不得不提防。

"老朽说的话十句成五双！全没有半句假话，不信？问问乡邻就可。"这位村里父老分外冷静地说，"那时老朽也刚好走到门阃，看得一清二楚，绝不是信口雌黄。要说那个共产党抗日分子，年轻嘛腿脚长，来一阵风去一阵雨，快得很！至于老朽是何人，全村乡亲知晓，是个私塾教书先生！"

"私塾教书先生！跑了？"日军曹长的眼珠子简直急得要掉下地来，不管这人是不是教书先生，劈头就问，"往哪跑了？"

"哦，你跟我来！"这个村里父老把日军曹长带到门阃外头，指着东边的方向说，"他是往东头去的，至于跑到哪，老朽可就说不明白了。"

天色渐渐暗了下来，已经朦胧脸面。日军曹长气急败坏，狼嗥般地说："追击！"

看到日军远离了村子，坡佐村的村民才嘘了一口气。日军曹长料想不到林尤金就躲在新娘房里的喜床底下。一场有惊无险的斗争以人民智慧的胜利宣告结束。

诸位：在对敌斗争中，地下交通站和交通员施展本领和展现智慧。尽管敌人凭借武力横行于一时，终究要在人民大众面前铩羽而归。残酷的对敌斗争锻炼了交通员，长勇气、固信念，奋勇向前。交通员在广袤乡村，为党组织和抗日队伍铸就永不中断的交通线。他们不分老少，豪女强男抗日军中竞风流，一路奋进。请诸位听我继续往下说。

第二十二回　巾帼智慧不让须眉
　　　　　　英勇前行不惧牺牲

　　诸位：上回说到广阔的乡村，是地下交通站和交通员为党和人民建功立业的大后方。他们掩护革命同志从事抗日活动，在敌人眼皮底下传送情报，日寇敌顽成为"瞎子"和"聋子"，月侵日蚀，磨灭敌人锐气，把"后方"演变为"前方"。在交通员队伍中有一大批女交通员，她们按照党组织指示，积极开展斗争活动。诸位且听我说来。

　　地下交通站和交通员智送情报的事迹在民众中广为传诵，让人们津津乐道。日伪军常常摸不着头脑，怎么也想不通，中共琼崖特委和琼崖抗日独立总队的行动总是比他们快一拍，抢在他们的前头，他们的"扫荡"企图都往往落空。日伪军和汉奸流氓或许不知道，抗日军民胜于一筹，能够化险为夷，是地下交通站和交通员在暗送情报或紧急时刻挺身而出，挽救局势于危难，而其中活跃着一众妇女，她们是地下交通线上的娘子军。

　　出奇制胜，以智赢敌。地下交通员深知当下敌强我弱，必须以大智大勇才能置迂腐于困窘。1942年冬的一天，中共组织打入伪军内部人员，获悉日伪军两三天内要对中共琼崖特委驻地进行"扫荡"，当时特委机关驻在树德乡一带村庄。接到这一紧急情报后，琼山县委意识到如果不能及时把情报送抵特委，在仓促应对的情况下，尤其敌特兵强武器精良，特委将遭受巨大损失。这时，县委领导为完成这个情报送达感到为难。原因是县委的交通员都派出去了，这次的情报危急重大，没有百分之百的把握的确不放心。

已经担任琼崖特委妇委书记的刘秋菊正在演丰发动群众，听到这个消息后找上县委领导，说："把这个任务交给我吧，我来完成！"

"秋菊姨母，你……"县委领导一时语塞，为刘秋菊主动请缨急得直搓手。

刘秋菊笑了笑，说："信不过我吗？这个重要关头，女同志更能迷惑敌人！"

刘秋菊是老交通员，对敌斗争经验丰富，善于随机应变。1932年冬她乔装打扮，率领区赤卫队巧拔国民党潭牛炮楼，严惩地头蛇乡长的故事为根据地的百姓长久传说。刘秋菊说的女同志出门更容易麻痹敌人，这是事实。

县委领导举棋不定，犹豫不决地说："不是信不过你，秋菊姨母！现时你是琼崖妇委书记，我们得考虑你的安全。出了事故，我们负不起这个责任啊！"

"特委妇委书记也是战斗员！"刘秋菊拢了拢鬓发，果断地说，"不要再说了，就这样定下来。我一定把情报准时送到特委！"

日军用"三光"政策残酷杀戮和推行殖民文化的两手加紧对各地区的控制。还把各个村庄分列为"安全""一般安全""敌区"三个等级，对可疑村庄严加监视，发现异常情况马上包围搜捕查对，真可谓是"日伪横行豺狼笑，万户萧条鬼唱歌"。这时，琼文地区大小道路已被严密封锁，大路上时有日军和伪军的巡逻队巡视，见到可疑的人不肯轻易放过，押往炮楼严刑拷打逼供。山雨欲来风满楼。眼下这种异常情景让民众猜测，日伪军又要开始拉网"扫荡"了，民众要遭受践踏蹂躏了。

刘秋菊接受送信的任务时，这一地区的气氛已经令人窒息。村民向她反映，从昨天下午开始，日伪军的巡逻队已经定时在大路上巡视，好像有什么事儿要发生。前往树德乡，必须通过演丰日伪军炮楼这一关卡。一个女人形单影只在大路上行走，闯过日伪军的岗哨实在危险，当地老百姓都知道演丰圩据点炮楼的日伪军嗜血成性，无事生非，紧盯着审视过路人，何况是日伪军马上要"扫荡"中共琼崖特委驻地的时间段，其危险性就更大。

演丰圩日伪军据点炮楼是前往树德乡的必经之路，闯过这道关卡，就能确保准时把情报送到特委。送信的任务一定要完成，纵然是刀山火海也要蹚过去！虽说刘秋菊分外冷静，但大半宿还是睡不着，一会儿想着如果遇到日伪军盘问怎样回答，一会儿想起丈夫林茂松战死，怎样去完成他的遗愿。突然她捶了一下额头，暗地说：这不是好办法吗？拿准了主张，刘秋菊立即翻身下床，去找演丰村里的党支部配合行动。

第二天，五更夜雄鸡鸣叫此起彼落。这时，一阵悲切凄凉的啼哭声从村子里飘出，紧接着是一支十来个人的送丧队伍，他们身上的粗麻布衣外套着素白的褂子，头上扎着白布条，手里举着白色的魂幡，四个壮实的汉子合抬着一副棺木踽踽行走，后头紧跟着一位披麻戴孝全身泛白的中年妇女，一把鼻涕一把泪水，哭得天昏地暗，使人听之动容。看到这个架势，明目人都明白，是村里有人死后出殡。当地人习俗，这是避之犹嫌不及的白事，谁人愿意多看一眼，害怕晦气沾身呢！

黎明的夜色里，这支送丧队伍踩着灰蒙的土路，悲怆欲绝磕磕碰碰向演丰炮楼的通道口走去。

"哎哎！你们站住！"站岗的两个伪军老远已听到哭泣声传来，这时看见朦胧的晨雾里来了一队穿着麻布白衣撒白色纸钱的人，早就猜出了缘由，心里十分不快，猛喝了一声，还呸了一口，嘟嘟囔囔地说，"今天是咋回事，一大早沾上霉气了！"

两个伪军正眼都不敢看，其中一个愤然吼问道："你们是干什么的？家里死了人，还怕别人家不晓得是不？啼哭声音比雷公还响呀！"

"谁叫你们死人！不知道现在是什么时局吗？吵得我们好心烦！"另一个伪军斥说着。

行走在前头的壮汉是村党支部书记。他说："老总你以为我们想死人啊，想留人留不住呀。老话说，死了比不上赖活着。活着总比死了有指望的吧。死者这病说出来准吓到老总，实话说昨天死的这个邻居，害的是霍乱，我们都害怕哩。老总行行好，死者为大嘛，我们要赶上时辰，让逝者入土为安啊！"

一听说死者是因染上霍乱而亡的，这两个伪军吓得连退了三步，面面相觑，愣了好一会儿。那时霍乱是绝症，而且易于传染人。他们害怕霍乱传染上身不治而亡，赶忙用手掩着鼻子，唠唠叨叨说着话，不知道要不要检查。

"你们嚷嚷的，什么人的干活？"正犹豫间，炮楼顶上传来了站岗日军的喝斥。

透过浓浓的雾气，两个伪军听到日本人喝问，霎时吓破了胆，仰着脸面抢着回答："报告太君，是大大的老百姓，他们村里有人患病死了，是染的霍乱病。这病呀可吓人了，一染上身，针石不进，只能等死。太君，你看……"

这日本兵也知道霍乱的厉害，一染上身时冷时热，上吐下泻，死不死活不活，折腾到人不人鬼不鬼，拖到油干灯灭。又听得凄凄惨惨的悲泣，或许早不耐烦，望了望微亮的东头，伸了伸懒腰，连打着哈欠"沓沓"地无言走开。炮楼下的伪军看到日本人厌烦，巴不得送葬的乡民早点离开，立即动手搬开阻拦着的横木桩，然后快步跑到炮楼门口边，老远地看着这支送殡队伍通过了炮楼关卡。他们连送殡多少人，男几个女几人都懒得看清。

急急走了两三里路，这支送丧队伍避开大路，隐入路边的山林。他们迅即脱下粗麻白衣裷子，露出了真容。披麻戴孝的人是刘秋菊。这时，刘秋菊对村党支部书记说："你们配合得紧密，任务完成得很好。找偏僻的草寮存放好棺木，待一会儿，你们就沿着老路回村子去。这样，才不至于引起敌人怀疑。还有买棺木的钱要一分不差送上门，不能失信。"

安排妥当后，刘秋菊便继续赶路。她专拣小径抄近道，攀山径涉恶水，走走停停，躲躲避避，天色近黄昏时终于赶到树德乡中共琼崖特委驻地。特委机关里的人没有不认得刘秋菊的，忙着打招呼问候。刘秋菊从发髻里取出情报信件，交给特委书记冯白驹。

给刘秋菊递上一碗开水，冯白驹打开秘件，仔细看了两遍，连说："这情报来得很及时，特委的情报员也传来日伪军近日可能有特别行动的消息，敌人久静必动嘛，日伪军如果长时间按兵不动岂不白白糟蹋了粮食，日本本国就没有多少粮食长期支撑侵华战争啊！"

诙谐的话语，说得周围的同志笑个不停。冯白驹详细询问了刘秋菊怎样闯过演丰圩日军据点，刘秋菊把如何伪装丧葬的经过叙说了一遍，冯白驹接着说："秋菊姨母足智多谋，是我们地下交通工作人员学习的榜样。日伪军千方百计绞尽脑汁要消灭我们，那是他们的一厢情愿。当前敌我力量对比悬殊，我们坚持的是游击战争，能打赢我们就打，打不赢我们就走，不给日伪军拖住，不和敌人打消耗战。我们现在就准备转移，让敌人再次扑空。"他转头向刘秋菊说，"秋菊姨母，你就跟特委的同志们一起行动！"

地下交通员不只送信送情报，根据上级和交通站领导的要求，他们还担负宣传发动民众的任务。这些交通员置生死于度外，把自己的韶华岁月甚至性命，融入到中华民族伟大的抗击外来侵略和解放事业之中去。而且，女交通员一马当先，不让须眉。

琼山县树德乡文林湖村的吴爱联是地下交通线的英勇战士。1938年 5 月，吴爱联加入中国共产党，也就在这个时候开始担任文林湖村党的地下交通员，日军侵琼后，被选为乡妇女救国会主任。日军为长久占领琼崖，加紧"扫荡"琼崖抗日根据地和抗日队伍，占据乡镇，修筑炮楼，建立各级伪政权维持会。日军的战略意图昭然若揭，攻占府海地区后，企图速战速决占领全琼崖，对抗日根据地连续发起进攻，妄想彻底摧毁抗日军民的抵抗意志。因而，到处寻找琼崖抗日队伍，持续发动攻击。此时，对广大抗日军民来说，斗争的环境更加艰难。

1939 年 3 月一天晚上的二更时刻，文林湖村地下交通站站长找到吴爱联，让她把上级传递来的紧急情报送到驻在树德、中税的琼崖抗日独立总队。原来，这份紧急情报上说，日伪军将于次日早晨"扫荡"树德、中税，目标是袭击和消灭驻在这一带的琼崖抗日独立总队，希望总队早做准备，及时转移。

看了看天色，要赶到树德和中税，在天亮之前抵达尚来得及，假如遇到干扰则无法完成任务。时间紧迫，吴爱联毫无犹豫地说："交通员走夜路是常事。请领导放心，我现时就动身！"

天公不作美，吴爱联正要出门时，天突然下起了小雨，寒风挟着冷雨，像利刀般刻骨寒冷。她毫不迟疑，戴上了竹笠，披上了蓑衣，就消失在茫茫的雨幕里。雨时大时小，路滑泥溅，夜色黑乎乎的一片。路上吴爱联不知摔了多少跤，终于在五更天赶到树德、中税，找到了独立总队领导。总队领导快速地把情报传送给各个大队，部队火速撤离驻地，向安全地带转移。接着，吴爱联又按照独立总队领导的嘱咐，脚不停步，将情报送到文昌县南阳乡，传达给活动在这一带的中共文昌县委。

待到完成情报传送任务，一轮红日从东方冉冉升起，吴爱联才感觉到双腿似铅般沉重，每迈开一步都感到艰难。这时大路上传来一阵马嘶声，接着是急促的脚步声，她扒开丛林枝叶向远处眺望，晨曦中是一溜子日军和伪军，他们还以为抗日独立总队对他们的奔袭毫无警觉呢。

琼剧是海南剧种，大凡老百姓都能哼上几句。吴爱联从小受到邻里的熏陶，也很爱吟唱琼剧。随着抗日斗争形势的高涨，1939 年三四月间，中国共产党领导的琼崖抗日武装队伍亟需及时扩充，各个乡村党组织迅速行动起来，组织有关人员深入到民众家里，动员青壮年参加到抗日武装队伍中来。乡村党组织的工作人员登门入户，广泛开展思想发动，军民气氛融洽。

吴爱联是个爱动脑筋的人。她想，动员青壮年参军参战必须激发起他们的抗日斗争热情。她又想到，青壮年中有的已经结婚成家，尤其是壮年农民上有父母下有妻儿，把他们之间的亲情鼓动起来，并变成相互之间的激励，就能有效地张扬他们的民族心爱国情。"对！我就用琼剧演唱的形式，宣传父母送儿子参军、妻子鼓励丈夫上战场杀敌的情景！"吴爱联略识文墨，推敲再三后，开始动手编写小琼剧。

在那些日子的夜晚里，村民们常常看到吴爱联住宿的小屋子窗棂里透出的微弱灯火，一直到东方欲白，还经常听到屋子里飘荡着轻轻的琼剧中板唱腔。吴家究竟发生了什么事情，村里的人一时都猜不透。这一奥秘，直到一天歇晌时，村里大榕树底下，吴爱联落落大方地站在一条长凳上扯开嗓子唱了起来，才明白是咋一回事。哟！是吴爱联在清唱一曲名为《侬送侬郎上战场》的琼剧，满动听的，人们才解开了这个谜团。

戏文是这样的："女：侬送侬郎上战场，嘱郎时刻握紧枪。枪枪打死日本鬼，胜利才返乡。男：抗日救国上战场，誓杀日寇保家乡。劳你关照爹和娘，莫挂我路长。女：为了团聚才分离，不用挂家想妻子。作战大胆心要细，杀敌保自己。男：句句叮咛我牢记，喜报红榜见高低。你做军属模范妻，我当英雄儿。女：送郎抗敌回头望，只见脚印排两行。离别泪满眶，似刀剐肚肠。"

　　这些琼剧中，还有父母送儿子参军参战的小剧目。情深意切，慷慨高昂，颇受乡民欢迎。

　　此后，吴爱联走到哪个村子就将自己编写的琼剧唱到哪个村子，不仅吴爱联唱，各村党支部也都组织工作人员唱，连儿童团的团员也在唱，抗日救国宣传热火朝天，树德乡一时成了青壮年农民积极报名参军参战的先进乡。据当时统计，全乡一次就有75名青壮年参军。农民家里的青壮年劳力参军后，有的家庭出现了农时劳力短缺的困难，吴爱联记在心上，及时找到各个村子党支部了解具体情况，然后，发动各个抗日组织特别是妇女抗日救国会成立"替耕队"，即把妇救会的女同志组织起来，抽出时间帮助军属家庭春耕土地冬收粮食。抗日战士的家属一出现某种困难，妇女抗日救国会的工作人员立马上门了解，帮助其解决。树德乡军爱民、民拥军，子弟兵在前线英勇杀敌，在家父母妻儿生活欢乐，树德乡被中共琼山县委评为拥军优属模范乡，在根据地里传为佳话。

　　地下交通员是时刻把性命系在裤腰带上的斗争岗位，他们随时准备迎接"出得去回不来"的生死考验。血与火的锻造培养和成就了许多优秀的地下交通员，却也让某些意志薄弱的人吓破了胆，当了可耻的叛徒。1943年1月，由于叛徒告密，日伪军悄悄地埋伏在文林湖村村口，将出门正要赶往乡里开会的吴爱联逮捕。

　　驻树德乡据点日伪军捉住吴爱联后，弹冠相庆。过往寻找琼崖抗日独立总队决战找不到其行踪，刚侦探到独立总队的消息却又被掐断，眼看琼崖抗日军民的斗争烈火越烧越旺却束手无策，日军指望能从吴爱联的身上探悉中共琼山县委的驻地，以及活动在树德乡一带的中共琼崖特委和抗日独立总队第一支队的活动消息，在拨拉着将中共琼崖特委、琼崖抗日独立总队和琼山县委一网打尽的算盘珠子，三下五除二，打得"叭叭"响。

　　一场巨大的严峻考验无情地降落到了吴爱联的头上。吴爱联犹如烈火中的金凤凰，坚贞不屈，映红了满天霞光。

早晨，日伪军树德乡炮楼外，布满岗哨，如临大敌。炮楼里，被押上的吴爱联正气凛然，横眉冷对日伪军。

"皇军知道你的身份，你是树德乡妇女抗日救国会会长，还是共产党的地下交通员，脑子里藏着许多的共产党和抗日分子的机密。这你要一个不漏地说出来，像竹筒子倒豆一样。不然，死了死了的有。你的听明白了没有？"日军小队长杀气腾腾地发问。

"狗急跳墙就是这个样子吧！"吴爱联一言不发，脸上流露出轻蔑的神色。心想，落入你们这帮豺狼窝，奢求活着出去等于与虎谋皮。抱定了为保守党的机密随时准备牺牲的决心。

日军小队长心机骨碌碌地转，还不打算一下子把场面搞僵，妄想峰回路转，让吴爱联屈服，便朝侧边的翻译官使了一个眼神。翻译官心领神会。

"你呀就不要嘴硬了，还是个青年女子，今后的人生路还长着呢。人常说，到什么山唱什么歌，就不要再逞强了。聪明的人是识时务的，你不看看现在的中国是谁人的天下，我明白告诉你，这是日本人的天下，不错吧！在琼崖，皇军来了，连装备不差的国民党保安团都吓跑了，躲到五指山里，去做'山大王'了。共产党的抗日独立总队也没有好日子过，东躲西藏，成不了大气候。你还傻乎乎地给共产党看家护院，跑交通送情报，当什么妇救会长！"日军翻译官喋喋不休卖力地说，看见吴爱联连眼睛都不眨，不动声色，以为有所心动，进而接道，"你瞧我吧，穿着光鲜，不受日晒雨淋，养尊处优，醉生梦死，你说是你的人生值得，还是我走的路子对头……"

"呸！"吴爱联骂了一声，接着说，"明明是一堆狗屎还说自身香，恬不知耻，琼崖这块土地怎么出了你这样认贼作父的民族败类！等着瞧，等到了全中国把日本鬼子赶出去的那一天，看民众如何剥你的皮抽你的筋！"

"你……你！"日军翻译官擦着脸上的汗珠。麻子脸最忌他人说芝麻，当汉奸的人尤忌别人说他认贼作父，还要剥皮抽筋，真的是哪壶不开提哪壶，这话把他吓呆了。霎时身上泛起了鸡皮疙瘩，冒出的全是冷汗，凉到了脊背。"不识好歹，让皇军收拾你就晓得我说的话是为了你好！"说罢，后退了几步，给日军小队长行了一个叩头礼，卑躬屈膝，嘴里在说，"报告太君，这个女人不喝敬酒要吃罚酒，不可救药。"

"八嘎！"日军小队长勃然大怒，胆敢抗拒皇军就是诋毁大日本帝国的尊严，一个女共产党地下交通员都征服不了，咋能征服整个树德乡的老百姓，还有那些抗日死硬分子。于是咆哮道，"给我打！看她招还是不招！"

话音未落，两个日军士兵如豺似狼上前按住赤手空拳的吴爱联，接着用鞭子抽打，吴爱联不屈服，又用上压杠子、灌辣椒水、竹签钉指甲等酷刑。吴爱联被折磨得死去活来，昏迷了过去。日军士兵见状，用冷水浇醒，继续拷问。日军小队长原以为一个女子好对付，这时暴躁地在刑室里走过来又折回去，毫无办法，时不时声嘶力竭地喝道："你的说！不说，死了死了的有！"

昏迷醒后的吴爱联依然如故，昂起高傲的头颅，咬紧牙关，忍受全身剧痛，怒目迸火，一字一句地说："在侵略者的酷刑面前屈服，我就不配做中国人！"

日军士兵把烧得通红的烙铁摁在吴爱联的手臂上，顿时"嗞嗞"地冒出一股白烟。吴爱联牙唇咬得冒血，又一次昏死过去。

不晓过了多久时间，屋子东墙上的铁窗射进了金黄色的阳光。吴爱联记得日军是昨天上午审问她的，这样算来，她已经昏死过去一个夜晚了。她将了将零乱的鬓发，可就是这么一动，却钻心地疼痛；瞧了瞧身上，已成破布条浸透了鲜血的衣衫这时呈现着暗红色。她试图挪动脚腿，可就是挪不动。这时，吴爱联想起受刑时的情景：日本鬼子把我往死里打，我就是要往活里挣扎，和日本鬼子继续抗争，不折不挠，宁死不屈。为抗日救国牺牲了自己算什么，一人牺牲唤起更多的人走向抗日战场，比平碌无奇再活几十年都值得。想到酷刑里保守了党组织的秘密，令日军大失所望的窘态，吴爱联倍感骄傲，心情突然开朗，豪情澎湃。为琼崖抗日斗争而死是无上的光荣，今日的琼崖有多少志士仁人为抗日救国在牺牲。于是，她轻轻吟唱起曾经在乡村里宣传时唱过的抗日戏文，还有抗日歌谣："侬送侬郎上战场，勇敢杀敌逞英豪；前方后方一条心，不杀尽豺狼莫回还……"

吴爱联吟唱的琼剧从铁窗里传出，这一下子把日军吓得魂飞魄散。一个平凡的琼崖妇女竟然在严刑拷打中始终昂首挺胸，从没有丝毫示弱，这是琼崖的奇女子啊！如果对眼前一个小小的地下交通员都束手无策，还会有千千万万的琼崖人接踵而来，这如何谈得上占领琼崖了呢，只能说占领一个地方是给自己套上了一副枷锁。日军小队长越想越惧怕，低头沉思，又要起老把戏。

那天，树德乡据点的日军把周边村庄乡民驱赶到岗楼前的一面山坡上，还在四周高地上架起机枪，防止乡民暴动，乘机劫走吴爱联。随着一阵狼嚎虎吼，吴爱联被押出囚禁的屋子。尽管遍体鳞伤，行走艰难，她还是意志昂扬，蔑视着日伪军，一步一步地艰难踉跄前行，没有丝毫怯色。

伪军队长梦游未醒，妄想在日军面前立一功，装作一副悲天悯人的面孔，走到吴爱联的跟前，假惺惺地劝说道："你说出琼崖抗日独立总队的活动地点，还有你们地下交通站的秘密，谁是站长，交通员还有谁，就饶你一死！眼下是生是死，就一念之差。唉！我倒替你想一想，生命可贵啊，人来到世间就要灯红酒绿享受一回，才不枉了这一生。像你这样的人年轻有为，图的什么为共产党丢了自己的性命？我百思不得其解，反正就是想不通！哦，你吱一声，动动嘴啊，我和皇军说一说，放你一条生路！"

"呸！"吴爱联用不屑的眼神盯住伪军队长，轻蔑地说，"一个反抗外来侵略的革命者即使死了，那也是光荣的。像你这样乞怜敌人施舍，甘愿做走狗的人，活在世上遭冷眼，比死了还要难受。我问你，在日本人面前，你敢大声说话吗？你能挺直自己的腰杆吗？不能吧！日本鬼子现在不杀了你，是因为你是一条只咬革命者的断了脊梁骨的癞皮狗！告诉你，小心了，坏事做尽，恶歹行绝，将来终有一天要受到人民的严正惩罚！"

这个伪军队长目瞪口呆，唾面自干，羞耻得急速地躲到一旁去了。虽是料峭天气，脊梁上的衣布还是湿了一大块。

"女共产党，你说的不说？你们的地下交通站在哪里？琼崖抗日独立总队又在什么地方？说出来，皇军放了你！如果继续执迷不悟，皇军活宰了你不成！"日军小队长说着，"唰"地抽出东洋刀挥舞，以武力加重恫吓气势，"你的说话！"

吴爱联撩了撩鬓发，藐视地说："你们这一套不是早就用过了吗？拷打、逼供，逼供、拷打，吓不倒真正的共产党员！小日本，告诉你们，用武力是征服不了中国人民的。你们如果聪明那就想一想吧，自从你们的铁蹄踏上中国的大地，哪一寸土地不是你们葬身的坟墓！别白日做梦了，即便砍下我的头颅，也休想获悉我们地下交通站的秘密，也休想从我的口中得到琼崖抗日独立总队活动的地点。告诉你们，死了这条心吧！"

"乡亲们！"吴爱联旋即转身，面对肃立的乡民，接着说，"日本鬼子为什么疯狂？这是因为侵略者遭到抗日军民的正义反抗，受到了毁灭性的打击！日本鬼子幻想割断共产党与琼崖抗日独立总队和人民大众的鱼水关系，摧毁军队和人民的根基，这是痴心妄想，白日做梦！乡亲们，抗日斗争已经到了最危急的关头，挺过了这艰难的岁月，胜利就是我们的！这好比黑夜过后就是黎明一样的道理，我们的正义斗争是永远不可战胜的！"

"八嘎！"这会儿日军小队长才回过神来，脸如土色，大口地喘气。本想杀鸡给猴看，哪想到遇到了一颗铁钉子，想吞咽不下。他把手一招，立刻跑过来几个日军士兵，把吴爱联捆绑在长凳上，用东洋刀剐她身上的肉，吴爱联面不改色，斥骂声不断。日军小队长又纵狗撕咬，把吴爱联折磨致死。吴爱联始终毫不屈服。

地下交通员吴爱联用生命写下了自己对党组织的忠诚，以热血书写了自己人生的光辉。

诸位：英雄不问出身，勇士不问男女。地下交通员在党的革命事业中奉献的是忠诚与赤胆。这是一个特殊的战场！一旦被捕，他们几乎没有逃生的机会。危急关头，地下交通员只能从容应对。因此可以说，地下交通员与敌人的斗争，好比一只脚踩在门槛内、一只脚踩在门槛外，随时随地都要做好牺牲的准备。请诸位听我继续往下说。

第二十三回　澳门受命运送电台
稳操胜券智勇兼备

诸位：上回说到女地下交通员巾帼不让须眉，不仅出色完成传送情报、侦探敌情的任务，即使被捕受尽严刑拷打也矢志不渝，直至献出宝贵的性命，她们是琼崖人民的英雄与勇士。在抗战最艰难的岁月，中共琼崖特委因为电台丢失，中断了与党中央的联络，恢复和党中央的电讯联络，地下交通员又经历了一次严峻考验。诸位且听我说来。

从澳门接受电台运到琼崖抗日根据地，涉海履险，突破敌人的封锁线，其艰险经历触目惊心。这不仅是智慧的角力，还是对忠诚于党的事业的一次检验。

琼崖国共联合抗日，是国民党琼崖当局迫于当时全国抗日怒潮高涨的形势，而不得不响应中共琼崖特委倡议做出的决定。待到局势稍为缓解，国民党琼崖当局附随蒋介石统治集团的"反共"浪潮，其"灭共"和打垮革命武装的狼子野心暴露无遗。特别是吴道南就任广东省第九区行政督察专员后，眼看在抗日斗争中琼崖抗日独立总队的队伍迅速壮大，实力逐渐增强，内心极为恐惧，因而积极配合与推行蒋介石统治集团"消极抗战、积极反共"的方针，处心积虑地破坏琼崖抗日民族统一战线，掀起反共逆流，挑起事端，加剧磨擦。1940 年 12 月 15 日，国民党琼崖当局顽固派制造"美合事变"，中共琼崖特委和琼崖抗日独立总队撤出美合根据地，特委和总队部领导机关重返琼文抗日根据地坚持斗争，其他部队或就地发动群众、打击敌人，或按照特委和总队部安排，撤向临高、儋县（今儋州市）、昌感（今东方市）等地，转移敌军目标，继续坚持斗争。

然而，树欲静而风不止。国民党琼崖当局继续制造磨擦。1941 年 6 月 7 日，国民党保七团副团长林荟材率领保七团和保六团两个营及琼山、文昌两个县游击队各两个大队约 3000 人，兵分五路向琼文根据地进攻，其中一路潜入中共琼崖特委领导机关驻地潭田等村庄。特委领导机关在仓促中应战，立即分成三路分别由武装分队掩护突围。独立总队部管理科科长陈玉清带领后勤人员和电台，由女子警卫排掩护快速转移，途中和国民党顽军相遇，陈玉清在突围时中弹牺牲，电台收发机被顽军掳去。因此，琼崖特委与党中央的电讯联系被迫中断。而且这一中断就是五年多时间，以至于 1945 年 8 月 15 日日本天皇宣布无条件投降的消息也全然未知。直至 8 月 23 日，琼崖抗日独立纵队挺进支队进军毛栈、毛贵，在什统黑战斗中击溃国民党保六团，从缴获的顽军文件中，才悉知日本侵略者已宣布无条件投降。

损失了电台收发机，和党中央失去了电讯联系。这意味着党中央的工作指示和战略部署不能直接传达到中共琼崖特委，中共琼崖特委也不能就某一重要事项及时向党中央请示报告。这时的中共琼崖特委好比汪洋大海里的一叶孤舟，要保持正确的航向，就得依靠自己的正确判断和决策，或渡海和广东省委与东江纵队联系，从广东省委和东江纵队那里获得党中央指示和有关信息。坚持斗争的处境是何等的艰险和诡谲。

中共琼崖特委和琼崖抗日独立纵队一边依靠自主判断，打击日本侵略军和国民党顽固派，一边采取多种形式和渠道向党中央报告，并想尽一切办法筹建电台，渴望早日和党中央恢复电讯联系。几年间，相继派出交通员和特委干部，前往香港寻找中共中央南方工委和中共广东省临委汇报，寻求解决电台问题。日军掌握了中共组织的海上行动规律，对琼州海峡封锁毫不松懈，军舰昼夜巡逻，不放过任何可疑目标，陈大贵、陈琴等交通员和南北往返的琼崖党政干部都牺牲在琼州海峡的航线上。琼崖抗日独立总队政治部副主任王均接受任务到省临委汇报工作并商讨恢复建立电台电讯联系，在潜渡琼州海峡时，所搭乘的船只被日军军舰发现，立时遭到猛烈轰炸而牺牲。1945 年春，中共琼崖特委派出第二支队副支队长云涌，潜渡前往广东省抗日东江纵队联络；抗日战争即将迎来胜利曙光之时，又派出陈乃石、林树兰、张创等人偷渡琼州海峡，抵达中共广东省委和东江纵队驻地，请求广东省委和东江纵队协助购买电台，以恢复琼崖特委和党中央的电讯联系。周恩来副主席在接到东江纵队转告党中央的报告后，立即指示广东省委设法尽快帮助琼崖特委重建电台，派员协助琼崖特委恢复和党中央的电讯联系。中共广东省委书记尹林平接到周恩来副主席的指示，紧急派人想尽一切办法从香港购得电台并运到澳门，等待琼崖特委的交通员接洽转运回琼崖。这样，琼崖特委交通员就演绎了智运电台的传奇故事。

中共琼崖特委接到派员从澳门转运电台回琼的通知后，后勤部门立即行动，思考与策划接运电台的路径和交通员的遴选。能否顺利接运电台回琼，关系到是否能及时恢复琼崖特委和党中央正常电讯联系的大问题，尤其是当前抗日战争已经胜利结束，国民党右派企图挑起内战的关键时刻，琼崖特委更需要及时听到党中央的工作指示，把握党中央的战略部署，以便适时地做出政策的制定和方针的调整，因而要做到接运电台万无一失，必须选拔优秀的押运电台交通员。对党忠诚自然不必说，还要机智勇敢足智多谋，才能驾驭瞬息万变的斗争环境。若则不然，不只造成交通员牺牲，损失了好不容易购买到手的电台，还会让敌特提高戒备，提升后续斗争的艰难程度。对此事的决定必须慎之又慎。

中共琼崖特委书记冯白驹连续召开了三次会议，专门讨论接运电台的交通员人选。根据后勤部门提供的人员名单逐一讨论，他要求选派一位较为熟悉香港、澳门情况而又勇敢机敏的富有斗争经验的交通员，以承担和完成这一艰巨任务。大家各抒己见，细致比较选拔，最后大家的视线焦点集中到陈香钊。

"你们说说，在琼崖抗战最为艰难的时候，特别是既缺少弹药打击敌人，又缺乏药品拯救负伤同志性命时，是谁将雷管和药品藏在鱼肚里，从澳门运回琼崖的啊！而且还在海上逃过了日本鬼子巡逻舰的追击，这需要胆量，还要有智谋。这个同志真的不简单，可以说是以一抵十，藐视千军如草芥！"有的领导同志在会上说。

经这一番话启发，与会的各位领导接连众口同声地说："对，是陈香钊！完成这次接运电台的艰巨任务，非陈香钊莫属。我们看就陈香钊了！"

陈香钊原先就是冯白驹意想中的满意人选。大家的意见统一后，他立即指派特委驳壳班的三位同志黄夜赶往文昌，通知文昌县委书记符思之，命令此时活动在文昌一带的陈香钊务必在三天之内赶到澳门，和当地党组织和地下交通站的同志接头，想方设法将电台安全无损地运回到琼崖特委，不得耽误。

陈香钊是文昌县东阁镇封后村人。因为家庭贫困，他很早就到东南亚一带去谋生，曾辗转于欧洲一些国家当产业工人。1938年年底，日军占领广州，次年2月攻占琼崖。那时，陈香钊在英国伦敦参加了工人为"减少工时，增加工资"的斗争，后被英国政府当作共产党人遣送到新加坡。不久，又被新加坡当局遣送回到香港。此时，香港各界正在掀起轰轰烈烈的抗日救亡活动。中国共产党是抗日救亡活动的中流砥柱。中共海员委员会组织工人罢工、市民罢市、教师罢教、学生罢课，揭露日本军国主义的侵略扩张罪行，极大地唤起了民众抗日救亡热情。陈香钊热血沸腾，主动自觉地参加到这些斗争活动中去。同时，他也目睹了由于日本侵略者的占领，香港同胞挈妇将雏逃亡、栖身无所的悲惨情景。爱国热情激发他毅然决然加入到香港海员俱乐部"余闲乐社"领导的抗日救亡活动。陈香钊除了参加街头游行示威抗争活动，展示中国人民的不屈精神，还利用海员俱乐部人员的身份登上海轮发动乘客捐献，支援国内的抗日斗争。经党组织的考察、帮助和引导，他从此走上了革命的道路，并逐步走向成熟。1940 年 6 月，经香港中共地下党负责人梁觉民介绍，陈香钊加入了中国共产党。自此，陈香钊的人生走向新的天地。

鉴于陈香钊对香港、澳门情况较为熟悉，梁觉民代表党组织委派他为地下交通联络员，来往于香港、澳门、湛江之间，任务主要是负责转运抗日物资、接送人员和传送情报等。陈香钊深感担子不轻，他对梁觉民说："请党组织相信我的忠诚和智慧，我一定完成党组织交给的各项工作任务。哪怕是刀山火海，我也要把任务完成好，决不辜负党组织和领导对我的期待！"

陈香钊十分机警，看到自己经手转运的物品大多数是抗日军用物资，心想长途运输必须有个中转站。这样，既能避免敌人怀疑，途中又便于分散隐蔽。经请示批准后，他在湛江寻找一家商店作为中转站的落脚点，且以商店的名义前往香港、澳门购货，以此为伪装，遮人耳目，从香港、澳门往湛江捎运军用物资也不容易引起敌人的觉察。陈香钊把几年间所认识的人逐一细致推敲，觉得"裕泰行"（亦称"九八行"）的经理黄守绪拥护中国共产党的抗日主张，痛恨日本军国主义的侵略行径，而且在言行中表现出倾向中国共产党的热情，为人机警，善于周旋，便直截了当地表明身份，把建立中转站的意图向黄守绪说明。黄守绪正想着为抗日斗争做些有益的事情，很乐意为中国共产党抗日斗争出力。

陈香钊胆大心细，这是从事地下交通工作必须具备的素质。确定建立这个军用物资中转站后，警惕性颇高的他又进行了数次试探。派黄守绪往国民党特务活动猖獗的东营东北区传送文件。黄守绪凭借对外公开的生意人身份，巧妙周旋，任务完成得很好。陈香钊这才放心使用这个中转站。

中转站正式启用后，军用物资转运和人员接送任务十分繁忙。因为组织严密，敌人秋毫不觉，这个中转站因而成为中共琼崖特委倚重的重要地下交通枢纽。一次，特委根据琼崖疟疾横行，急需阿司匹林等药品的情况，指示陈香钊尽快买到这些救命药。陈香钊不辱使命，迅速把这些药品弄到手。然后，他把一批雷管、铜片和急用药品藏在鱼肚里，安全地通过了码头关卡的检查。即为此事，琼崖特委和独立总队的领导同志一说到雷管、药品藏在鱼肚里"瞒天过海"，便会想起交通员陈香钊。1941 年 12 月香港沦陷，日军侦探无孔不入，陈香钊按照党组织的安排返回琼崖抗日独立总队部，担任庶务长（供给科员），干的还是老本行，负责为总队部购买军火。1944 年独立总队部任命陈香钊为贸易科代科长，为购买军用物资经常往返于香港、澳门等地。香港、澳门的敌情和社会风情，对于陈香钊来说，好比家里使用的物杂，再熟悉不过了，甚至于连经常往来的商船、渔船停靠在香港、澳门几号码头，陈香钊都能一一准确作答。

中共琼崖特委决定由陈香钊执行澳门接运电台的任务，真正是好钢用在了刀刃上。陈香钊接受任务后，深感责任虽重大，但他自己好比一匹骏马，盼望着出圈驰骋的那一天。现在箭在弦上，不得不发；明知山有虎，偏向虎山行。他立即整装出发，于 1946 年夏的一天赶到澳门，和中共琼崖特委驻澳门办事处负责人林树兰、张创等人接上头，旋即开展运送电台离澳返琼的紧张筹划工作。这时，陈香钊当然是肩上的担子沉甸甸千斤重的感触。

日本投降后，国民党军接防了琼州海峡，他们毕竟比日军更加熟悉共产党和人民军队的活动规律，对码头、海上巡逻检查更为严格，特别是在内战一触即发之际，要越过琼州海峡，把电台安全护送到中共琼崖特委，组织必须更加严密，行动必须更加谨慎。陈香钊分析敌情后认为，和敌人的斗争须以智胜之，尤其是地下交通线的斗争。在海上躲过敌人巡逻舰巡查艰难异常，这是因为海面宽阔，敌人的巡逻舰机动性强，而我们的运输工具仅是人力帆船。但只要选准时机便有避免被敌人发现的可能，菩萨还有打瞌睡的时候呢！现在关键的是要想出办法从澳门码头顺利出港，这是电台能否运抵琼崖的第一难题。只有将电台从澳门接出，下一步的行动才成为可能。

在澳门，从琼崖来的木帆船大都停泊在7号码头，由一个葡萄牙人具体管束，也就是说，琼崖来的木帆船何时进出7号码头都必须经这个葡萄牙人同意，否则将被强力阻拦。运送电台是一件秘密工作，发生管理纠纷将不利于保密规则的遵守。陈香钊反复思考如何接近这个葡萄牙人的办法，因为只有接近这个葡萄牙人才能摸透他的心思，想出如何将电台从澳门码头运出的窍门。

这天一早，陈香钊就来到码头，晨雾还没有完全散开，那个葡萄牙人颇忠于职守，早已端坐在码头的一个石条椅上，腰板挺得老直，注目码头内外的船只，时而起身走到堤岸边探看靠岸船上人的动态。陈香钊笑吟吟地走过去，掏出一盒黑猫牌香烟递了过去："先生你辛苦了，请抽根烟！"

那个葡萄牙人连看都没看连想都没想，顺手抽出一根烟叼在嘴唇上，陈香钊赶紧给他点火。这个葡萄牙人深深地吸了一口，又惬意地重重地呼出，烟气在他面前连打了几个圈儿。连吸了好几口，或许是过了一把烟瘾，这时这个葡萄牙人才看了看卷烟上的标记，慢条斯理地赞许说："哦，是好烟，黑猫牌，顶好的烤烟啊！能抽上这种卷烟的都是有钱的人上人！"

"先生可是个识货的主儿。既然说是好烟对口味，那你就拿着抽吧！"陈香钊得体大方地说罢，把烟盒递了过去。这个葡萄牙人连推辞的话语也不说，把烟盒捏在手中，向上连抛了几下，像玩耍似的，然后装进了口袋。烟盒里只抽出了两根，还满当当的。陈香钊接道，"我可不是人上人啊，跑生意嘛手头上总得有几个钱，不然咋吃得开，四处花钱到处求人，这世道需要打点的地方多得很，赚几个辛苦钱吧！"

"你这个朋友很会说话，很会做人，肯定生意兴隆啦！用中国人的话说，舍不得孩子套不了狼。不舍得小钱，咋来的大钱？好一个赚钱的诀窍，想想颇有道理！"这个葡萄牙人说着，又打起了烟圈来。看来他今天心情不错。

见风使舵，顺风扯帆。陈香钊往亲热里说道："先生的粤语说得相当的棒，不止说得流利，我说即便是澳门本地人吧，都比不上你说的地道！"

"哦哦，你说的不是夸张，说得太对了！好些跟我来往过的广东人都称赞我的粤语说得比他们还强。"这个葡萄牙人兴致勃勃，高兴得手舞足蹈，"要说吧，我来到澳门也有好几年了，对！是10年了。你们中国人不是说入乡随俗嘛，既然到了澳门我就得说澳门话吧，久而久之，我就说起了粤语，算是除了葡萄牙语外又学会了一种地方语言。或许你不知道，大家都说我是'广东通'啊！"

"这说明先生你很有语言方面的天赋。"陈香钊抓住机会，继续说，"我是生意人，到广东来也有好几个年头了，粤语老说不好，一开口说话，广东人都说我是外地人，'内候'常常说成'耐猴'，'你食左饭未啊'更说不好。还是先生你聪明伶俐，智力胜人一筹，是走南闯北有出色的人，比我强不知多少倍。用我们中国人的话说，先生你是'人杰'哩！"

"哈哈！"这个葡萄牙人纵声浪笑。他又抽出一根烟点着火，猛地吸了一口。这时，兴许醒悟了过来，他才问道，"这些日子，我看到你天天到码头来，不会是来看风景吧，生意人嘛三句话离不开生意经。

有什么事情要办，能信得过我，给我说吗？"

　　抓住这一机会，陈香钊立即敏捷地说："我们生意人哪有闲暇去观风赏月，我从海南岛到澳门来，是把海南岛的一些特产椰子、椰油、花生还有一些山货运过来卖，再从澳门买些外埠货物拉回去，赚些钱过日子。可是我租用的运货船已过了约定日期还未见船形，就得天天过来看看，心急呢。唉，误了时间啊！"

　　"唔，我懂得你的心情。生意嘛，一天是一天的行情。不只是你们中国，在我们葡萄牙也一样的抢时间。货先到一步是钱，迟到一步说不准是草。"这个葡萄牙人若有所思地说。

　　陈香钊觉得时间不能逗留过久，招惹人眼，说："我们是好朋友，说了半天，我该怎么称呼你呢？"

　　"哦哦，"这个葡萄牙人迟疑片刻，放声说，"你就叫我密斯彭，改个中国姓，哈哈！"

　　他们话说得投机，混了个熟脸。陈香钊便隔三岔五地溜到码头来和这个葡萄牙人聊天，天南地北神侃。陈香钊到过一些西欧国家，总能了解那里的一些风情景观，说起来滔滔不绝，口若悬河。这个葡萄牙人他乡遇知己，自然聊得更加热火。陈香钊每次到码头，或带来香烟，或拎来一两瓶美酒和下酒菜，找个没人的隐蔽地方，二人对饮，喝到脸红耳热时，他俩便无话不说了。这个葡萄牙人把陈香钊当成了好朋友。

　　一天喝罢酒，这个葡萄牙人拿起黑猫牌香烟点火吸了起来。这时陈香钊不经意地轻轻叹了一口气。这个葡萄牙人以为是出了大事，好奇地问："朋友陈你遇到不开心的事情了？既然是朋友，你就说给我听听倒也无妨，看我能否帮你做点什么！"

　　"密斯彭，你知晓我是跑生意的，生意做不成钱赚不了，家业是要衰落的。你看码头上关卡重重，检查严格，若是海关查出是禁运物品予以没收，岂不是招致破产吗？"陈香钊说这话时，显得忧心忡忡，愁肠百结的神态。

"禁运物品？既然是禁运物品，你为什么还要贩运呢？那是要犯罚的！"这个葡萄牙人皱起眉头，似乎不解地发问。

陈香钊找到了说服这个葡萄牙人的理由。他说："密斯彭，世界上物以稀为贵，我有别人没有，吊起来卖，待价而沽，才能卖出好价钱；相反，我有别人也有，那货物就显得一般了，东西只能贱价卖，赚不了钱的，甚至还会亏本。"

"哦，你说的有道理。物以稀为贵，越稀少的货物价钱越高。"这个葡萄牙人点头称是，然后大大咧咧地说，"密斯陈，既然我们是朋友，你的事就是我的事，不管是什么货物，你都可以从我管辖的码头启运。"压低声音继续说，"这个你不可声张！等到货物启运的那天，你带上黑猫牌香烟和高级糖果，我领你去见验关人员，给你疏通说明原委，他们肯定会放行。这些人都是我的好朋友，互相帮衬嘛，有了朋友这一途，走遍天下无阻挡！"

陈香钊办事谨慎，趁空到验关处观察，果然见到一些人给验关人员贿赂后，所携带的物品只装模作样地扫一眼就给出关。他将自己与那个葡萄牙人的交往过程以及在验关处所见，汇报给林树兰和张创。他俩都认为运送电台事关琼崖革命斗争大局，上级领导费了九牛二虎之力才购到电台机件，我们要谨慎、谨慎、再谨慎，要做到万无一失才能决定启运。张创提出要到验关处察看情况，陈香钊便以朋友身份带他去见了那个葡萄牙人，亲眼看到验关处检验货物过程果然如陈香钊所说。这样，经中共琼崖特委驻澳门办事处批准，陈香钊大胆地执行运送电台的任务。

时机稍纵即逝。事不宜迟，陈香钊赶紧找船。他的妻子是演丰人，一些演丰人也见过这个常到妻子娘家串门的演丰女婿。当时，7号码头停泊着好几艘从演丰来的货船，开始船主一看到他都设法找借口避开，认为他是共产党的地下交通员，所运物品理所当然是国民党当局禁运物资，若是被国民党军警查获，船只被没收或烧毁，家产被掳自不必说，如果倒霉还会家破人亡，得不偿失。陈香钏对此心知肚明，他想到推翻国民党的反动统治是全体中国人民渴望的目标，把道理说透，把海上预防措施谋划好，船主还是乐意帮忙的。尽管碰壁，陈香钏毫不气馁，找到近日要返回琼崖演丰的船主晓以大义商说，把事故预防措施说足，这位船主痛快地答应了下来。他们加紧各项工作准备，只待启程的日子了。

这天早晨，由那个葡萄牙人监督，陈香钏把分装两部电台零部件的三只皮箱和上装青菜下藏匿马达的箩筐搬到船上货仓，再由那个葡萄牙人带领，他携着黑猫牌香烟和几盒高级糖果去找当值的海关验关员。正应了那句老话"拿人家的东西手短，吃人家的东西嘴短"。两个验关员到了船上，只对那些货物瞄了瞄，连手都没动，就盖上验关印章，给包装箱贴上验关的标记，放行了。

陈香钏他们这回好运气。也许是海上天气恶劣，时有大风刮过，波浪滔天，竟没遇到国民党军巡逻艇的盘查，第二天中午便顺利抵达文昌县翁田乡抱虎港。陈香钏就近找来两个可靠的石匠当挑夫，当他们走到祥敦村时，突然迎面走来了一队国民党军士兵。陈香钏随机应变，赶紧招呼挑夫把担子藏匿到路边的丛林里，又把装有电台零部件的皮箱用绳子悬吊到高大茂密的树上，假如不格外留意，行人还真不会发现这些物品。做好这一切，陈香钏正欲走上前去应付这队国民党军士兵。这时，隔着山坡丛林突然响起"砰砰"的枪声，这队国民党军士兵来不及盘问狭路相逢的陈香钏他们，惊惶之中急忙转身向枪声响起的方向奔去。陈香钏他们借这一时机，迅速从大树上解下物件，挑起电台担子和皮箱，朝岔路疾走。

赶到冯坡乡时，陈香钏遇上中共文昌县县委书记符思之带领的武装人员。琼崖特委估计陈香钏近日将回抵琼崖，通知文昌县委做好接应准备，加紧巡逻，警戒沿海驻防的国民党军士兵追击。不想，在冯坡接到陈香钏。原来，在祥敦村符思之接到民众报告，说一队国民党军士兵在巡逻，符思之立即率队监视，那一阵子枪声就是符思之他们放的，打乱了国民党军巡逻的步骤。

不久，陈香钏又为中共琼崖特委第二次运回电台。他利用澳门海关管理的漏洞，为电台运抵琼崖赢得了时间。

1946年下半年，随着形势的发展，琼崖独立纵队要给各支队配备一部电台，以加强纵队总部和各支队的通讯联系，陈香钏第三次前往澳门接运电台。当返程船驶到马骝洲附近时，海上刮起大风下起暴雨，船前行不得，只在原处打转。国民党马骝洲海关巡逻艇发现他们后强行阻拦，登船检查。匆忙中，他们忍痛把两个发报机的发动机扔到海里。国民党军士兵在船上没有查获到可疑之物，仍强行将船押回澳门港，等候盘查。

过了两天，国民党当局派员相继数次登船检查盘问，均无功而返。虽然查不出任何破绽，国民党当局仍然将船只和人员无理扣押，幻想发现新的线索，考验这些人的耐性。中共组织时刻关心着陈香钏他们的人身自由安全，后由梁觉民以"余闲乐社"出面担保，陈香钏他们才脱离虎口，回到琼崖。

诸位：地下交通员舍生忘死，即便遇到危险时刻也从不计较个人的得失和安危，心无旁骛，勇往直前。因而，奋斗的征途中，凝聚着他们的才智与果敢。智慧和艰险相伴成长。电讯联络是中共琼崖特委和党中央沟通信息联系和接受指示的重要手段。琼崖特委接获电台，犹如虎添翼，斗争随之掀开了新的一页。请诸位听我继续往下说。

第二十四回 "白皮红心"甘尝苦涩
摒弃前嫌援手抗敌

　　诸位：上回说到地下交通员前往澳门，尽释智慧，将电台运抵琼崖，居功至伟。中共琼崖特委恢复了和党中央中断了五年多的电讯联络。琼崖革命斗争既有地下交通员神出鬼没的活动，还有公开露面与敌周旋的"白皮红心"斗智斗勇的搏击。这种斗争的层面是复杂多变的。他们互相配合互相支持，展现了超人胆识。诸位且听我说来。

　　琼崖抗日战争的最艰苦岁月，即 1941 年至 1943 年间，中共地下交通工作没有停滞，而且越发向纵深发展。经过各方上下齐心协力，府海地区建立了庞大的党的地下交通情报网。就琼山县来说，县设交通总站，区设交通站，乡有交通员，保（即村）有联络站、情报点，甚至偏远的自然村也设有交通哨。可以说，只要有党组织的地方就有党的地下交通站点，只要有抗日斗争的村庄就有地下交通员的情报活动。据不完全统计，这一期间琼山县建立的地下交通站有云道、岭大、中禄、文林湖、演丰、玉仙东、玉仙西、干桥、石桥、冠亚和海边等交通站。交通员遍布城乡，活动在敌人的心脏里，日伪军的重要举动都能够迅速传达到中共地下组织的领导，下线的交通员又将获得的日伪军活动信息，尽可能快地报告县委或中共琼崖特委和琼崖抗日独立总队。然后，根据敌人行动特点和活动范围采取相应的斗争策略。那时，为掩护党组织的抗日活动，便于保护村民的性命财产，自然产生"白皮红心"保长、甲长这类特殊的人物，他们的言行关系到百姓的身心性命安全。

日军侵琼时，控制民众的抗日活动、监视民众的抗日行为是日军处心积虑的目标。除了武力残酷镇压，特务追踪迫害，从上至下实行制度性控制，设立各级组织机构强制执行，"维持会"便是日军当局精心设计的一种严格管控的组织形式。海口市、琼山县直至乡、村各级均设立维持会，对民众钳制其口、阻遏其足，实行法西斯统治。这时，一些地主恶霸、地痞流氓纷纷乘机列阵，成为镇压和欺侮民众的鹰犬，共产党组织一活动、抗日队伍一进村、抗日民众一有风吹草动，这些地主恶霸、地痞流氓把持的维持会立即报告日军、伪军实行"扫荡""清剿"。在一段时间里，日军的统治暂时占了上风，"维持会"会长成了民众口中诅咒的"地头蛇"和"卖国贼"。他们得志于一时，死心塌地为侵略者卖命。

保、甲长，往简单里说，就是村长或村坊头头。国民党统治时期，为加强对各个村庄的控制，加大管控力度，把住户按户数划分，组成一个个管理单元。例如每五户编为一甲，十甲编为一保，采取"连坐"监控，规定一户滋事，五户"连坐"；一甲生事，一保遭殃。目的是防止共产党发动领导民众闹暴动。土地革命时期，国民党军蔡廷锴部、陈汉光部利用保甲制控制乡村一级，民众人心惶惶，曾一时压制了乡村革命的烈焰。到了日军侵琼时期，日军发现这一统治形式有利于巩固其统治地位，管制民众，便换汤不换药，只不过把保、甲长换成了"维持会"会长的名称而已。

"水来土掩，兵来将挡"。中共琼崖特委针对日军的侵略阴谋采取针锋相对的斗争，迅即制定相应的策略，"白皮红心"保、甲长即村级

"维持会会长"便应时出现。

按照日军的侵略策略，不论村庄大小、人数多寡均得成立维持会。因而，各乡镇出现了大大小小的一摞子的维持会会长。在众多的村子中，也有日军鞭长莫及的地域。这些村子或因距离太远，日军影响力不逮，或因这些村子少了一帮无赖及流氓，中共党组织便抓住时机，选派村子里民众公认的人充当维持会会长，以变阵方式对抗日军的渗透。一些日伪军统治环节较弱的村庄，也有中共组织派过来担任维持会会长的，实里则在开展和领导抗日斗争活动。老百姓心里都明白，这些人表面上为日本人办事，那是敷衍塞责，应付敌人；实质上是为老百姓自己遮风挡雨，他们随时为中共组织和抗日队伍通风报信，以另一种方式抗日。在组织形式上，地下交通员是这些"白皮红心"维持会会长和上级党组织联系的纽带，他们把上级党组织的指示和要求传达给"白皮红心"维持会会长，又把"白皮红心"维持会的活动和所猎取到的情报及时报告中共组织。

日军加强了对民众的法西斯统治，对统治区域的民众发放"良民证"。一方面利用发放"良民证"加紧对民众的控制监视，即掌握所在地的人口、户籍、人员出入等情报；另一方面利用发放"良民证"恫吓民众，从管控和思想上逼迫民众规规矩矩接受奴役和压迫。中共琼山县委针锋相对地，根据琼崖特委"退一步进两步"的斗争策略，让民众到伪维持会领取"良民证"，由此保护民众，同时鼓励民众以"顺民"的身份刺探日伪军活动，收集日伪军情报，掌握日伪军动向，及时报告，服务于琼崖抗日独立总队和抗日武装队伍的抗日斗争，打击"蚕食""扫荡"的日伪军。

中共琼山县委利用地下交通员所掌握的日伪军组织衔接漏洞和薄弱环节，以多种方法将党员骨干打入敌人内部，甚至把控村一级的维持会。"白皮红心"维持会会长起到了乡村顶梁柱作用。

驻道崇乡日军对道崇乡地区人生地不熟，两眼一抹黑，眼看以"良民证"无法查出抗日人员的行踪，也看不到其家属的破绽，于是绞尽脑汁，变换诡计，把以前曾经出现代领"良民证"管理不严的做法推翻，重新布置，改为民众个人到场领取"良民证"，即邻居、亲戚不得代替他人他户领取"良民证"，明令领取"良民证"的住家要一家一户集中办理。日军的图谋在于如果是抗日人士或者其家属，他们不会出面办理"良民证"，那么这些人就有抗日嫌疑，便可借机追捕，老百姓就无话可说。日军占领琼崖也要博取民心，他们懂得"得民心者得天下"，即使是血腥占领，也要装出悲天悯人的模样。

道崇乡党支部通过地下交通员从吉井村"白皮红心"保长陈昌光那里获得这个消息后，紧急磋商寻找对策。其磋商结果是，不能让日军的诡计得逞，否则，将损害中国共产党在民众中的威望，村民的抗日行为也将受到限制。他们决定采取冒名顶替，以"老保青，青保老"的方法，保护抗日人员及家属不受伤害。指派地下交通站做好抗日家属领取"良民证"的行动安排，特别是重点保护抗日家属的安全。

一天中午，日军"良民证"领取办理小队突然来到了吉井村。各家各户民众猝不及防，在日军的刺刀下排队登记。这时，队伍后头一个年过五旬的村民扶着怀孕妇女蹒跚而至，村民看到这一情景都暗暗吃惊，担心日军追查酿成惨案，眼里流露着恐慌的神色。

村民都知道，这位老人是抗日干部吴位丰的父亲，村里人都称呼他叫吴叔，而跟随吴叔领取"良民证"的正是吴位丰年轻的妻子，只有二十出头年纪，虽然脸上抹着锅灰，还是掩盖不住秀气。倘若日军刨根问底，问出他妻子和他父亲的真实身份，那么，吴位丰的身份就会暴露，吉井村就是抗日村，他的妻子便成了抗日人员的家属，其父亲也脱不了干系。邻居再暗地细细窥视吴叔和吴位丰妻子的脸色，他俩若无其事，不见一丝惊悚，感到诧异，但心里也有了个谱。这时日军看到吴叔和吴位丰妻子的模样也很觉奇怪，一个农村老头竟然还有如此年轻俊逸的娇妻。日军开始惊奇，接着是怀疑，到后来用一双双凶光毕露的眼睛像狼狗般地在他俩的身上转来转去，企图嗅出异味看出破绽来。

到吴叔和儿媳妇领取"良民证"了。日军小队长在他们身前身后转了几个圈，像狐狸盯着鸡仔，寻找下口的时机。村民们都屏住气，一口粗气都不敢喘。场上的空气顿时凝固了似的，人们的眼光聚集在他们两个人的身上。

"你们是什么人？说真话，皇军饶了你们的性命，说假话死了死了的有！"日军小队长发起心理战攻势，一边说一边打着手势。

在这个日军小队长眼里，吉井村是个"模范村"，可是侦查人员都说抗日分子一进了吉井村就变得毫无线索，怀疑吉井村存在着共产党领导的抗日组织。挖出吉井村里的抗日分子，是他日思夜想的渴望，现在捉不住抗日分子，至少要逮住几个抗日人员家属，借以警告民众的抗日活动，便从民众到场领取"良民证"入手，搞突然袭击。吉井村的青壮年人少，村民统一口径，都说到城里打工寻生路去了。但这个日军小队长不以为然，认为吉井村的青壮年人上了山，和皇军唱对台戏，可就是找不出证据。

吴位丰的父亲不慌不忙地拉着儿媳妇的手腕，不紧不慢地对儿媳妇说："嗨，皇军是问我们啥关系，嘿嘿，明眼人一看都明白，女人挺着个大肚子，明摆着是我老汉的老婆嘛！"而后，才对日军小队长说，"我是她老公，她是我老婆。皇军你假如是人眼，早应该看出来了，还用问话呀！"

日军小队长遭呛，却不恼不怒。他自称是半个"海南通"，和中国人友善，发火则会撕去伪装的面具。老百姓说的海南话瞒不了他，但对吴位丰父亲说的话似懂非懂。眼前这对老头少妇，说是老公老婆吧，他们两个人的年纪相差太大，像一对父女；说不是吧，他们还手拉着手，一副亲热的神情。在琼崖百姓中父辈和儿媳妇是绝对不能手拉着手的，更何况是在大庭广众之下，有伤风俗人伦。对这一习俗，他是了解的。现在这个日军小队长龇着牙皱着眉，一脸疑问，显然不甘愿这是真的，定要问个水落石出。旋即，咄咄逼人地对吴位丰的父亲说："唔，你们是老公老婆？不是吧！老公老婆你的年纪咋比她大那么多，至少有二三十岁吧，你能说清楚！"

"这太君就不懂了！"吴位丰的父亲缓了一口气，睥视了日军小队长一眼，"人比人，气死人。贫苦人家比不得富裕人家啊，我们乡村老百姓家境贫寒，本来就没有隔夜米，皇军侵占了琼崖，我们更是吃得了上顿没了下顿，皇军理应看见野菜都挖光吃净了……"

"闭嘴，不准说这话！太君不是来听你诉苦的，太君是问你和老婆之间咋的一老一少不像夫妻？"道崇据点日军翻译官是新近调来的，他对琼山的乡情风俗知之甚少，见日军小队长面露愠色，立刻趋前拍马屁，打断了吴位丰父亲的话，斥责地说。

吴位丰的父亲猛然愣住，做醒悟状，认真地点了点头，说："嘿嘿，我明白了，太君你是问这个啊，我以为太君是问我们村民咋的吃不上饭，连年灾荒加上人祸，咋有饭吃。这样吧，我说不上太深的道理，孔大圣人的'三纲五常'说，无后为大，人是要传宗接代的，包括你们日本人。早年我家里穷得叮当响，米袋子挂在钩子上，养家糊口难嘛，我是去年才娶的老婆，我和她的年纪相差就远了。甭管咋说，老夫少妻日子过得甜蜜，生子传宗接代呢！"

"哟西！"日军小队长的眼珠子骨碌碌地转，心里头就是不服气，这个老头子太会说话了，口若悬河滔滔不绝，让他说下去于事无补。这时他声嘶力竭地喊道，"陈昌光！你是维持会会长，你出来说个明白！"

站在人群外围的陈昌光眼光未曾离开过吴位丰的父亲。地下交通员已经给他传达了乡党支部的指示，不只保护抗日干部，还要保证抗日干部家属不被侵害。他立时赶快挤了过来，说："呵呵，太君你是在招呼我啊，刚才我在想村里领取'良民证'的事儿很快就要结束了，今后皇军对我们村可要放心了，大伙都是顺民了嘛。一走神，太君就喊我，没啥事情吧？"

　　陈昌光是个四十来岁的壮汉。在村民里头，陈昌光是个能说会道的好邻居，为人颇有正义感，常为不平事打抱不平。村里没人愿意担当维持会会长这个职责，整天想着应付日军的事不说，背后还要被不明就里的人说成汉奸，稍有点良心的人都不情愿出面担任这个职务。村民都说陈昌光当维持会会长行，他就是不答应，说"啥官都可以当，当牛做马累死累活都要干，就是这个维持会会长不能当，打死也不干"。村民们没辙，乡党支部书记找上门去，说"你不干谁干"，他硬邦邦地说"谁干我不管，汉奸的乌纱我不戴"，死硬不听。乡党支部书记只得说"这个担子没人挑，村里的民众都要遭殃挨宰，我保证说你不是汉奸，也担保民众不会说你是汉奸"。这句话让陈昌光听入耳了。日本鬼子声言"没有维持会的村子通通是共产党抗日村"，共产党抗日村子都得"扫荡"，实行"三光"政策，人不留头，树不留根。他已经听到村民暗地里传说，琼山县全县被日军夷平杀绝的无人村已有好些个，民房被烧毁，被杀害的民众好几万人，数万头耕牛被抢，数万亩土地被占被毁。日军一天就在福泽村溪圯杀害民众二百多人，河水被鲜血染红。日本鬼子杀害乡民兄弟姐妹，谁人忍看呢！千不情愿，万不合意，陈昌光一想到自己一人能系全村人的安危，只得服从乡党支部的安排，找到村里的交通员表态把这个担子应承下来，以保护村民的利益。

　　"哟西！"陈昌光的话，日军小队长听得顺耳。他以为陈昌光说的是真话，盯住陈昌光，指着吴位丰的父亲和妻子问，"你的说，他们两个真的是老公老婆？"

　　"是啊，老夫少妻，村里的人都说这吴老头命里好艳福，是前世积德地下修的福分，黄土埋了半截的人还娶了个黄花姑娘，羡煞人呢！"陈昌光对吴叔眨巴了一眼，嘴里说得一丝不苟，脸上流露着羡慕的神情。末了，挨近一步，对日军小队长说，"太君，吉井村里的人全是农民，只会种田，和黄泥巴打交道，往土里扒食，是啥就说啥，教他们说假话他们都不会说，把猫说成虎他们绝对不认账。太君你看我如果说假话，我能舌头连滚都不打一个吗，还不信啊？"

时而盯着陈昌光，时而紧盯吴位丰的父亲，全看不出异样，日军小队长顿时傻了眼，他俩还真是老夫少妻呢！可是不相信吧却又找不到缘由，突然一个转身，"咣"地抽出东洋刀，架在陈昌光的脖颈上，吼道："说假话，对皇军不忠诚老实，我一刀把你给宰掉，死了死了的！说！"

"哦哦，我说的都是大实话，谁敢对皇军说假话，他不害怕掉脑袋啊！"陈昌光面不改色心不跳，没有丝毫慌张。他平静地侧头看了看阴森森的东洋刀，半是戏谑半是认真地说，"太君连最忠诚的维持会会长都杀掉，今后还有谁给皇军做事呀，若是有抗日武装人员到村里来活动，谁去给皇军报告呢？我说假话是死，说真话也是死，总之都是死，谁还会再给皇军跑腿啊！"

"哟西！"日军小队长无奈地抽回东洋刀，轻轻地嘘了一口气，那是谁都看不出来的神态。这回他彻底认输了，挥了挥手，带着贴身日军撤出了吉井村。吉井村完成了村民"良民证"的重新登记领取，也成了共产党领导下的道崇乡抗日斗争活动颇为活跃的村庄。这是日军所料想不到的。

在抗日根据地，共产党领导的抗日斗争活动影响日渐扩大。每当日伪军进村，"白皮红心"保、甲长便出面周旋，让日伪军蒙在鼓里；日伪军一出村子，情报立即报告到乡区那里。日伪军进出根据地的行踪，都在中共组织和抗日武装人员的掌握之中。在敌占区，即便中共组织暂时控制不了的乡村，同样通过乡村的维持会会长打探日伪军的活动情况，掩护抗日军民开展宣传发动、收缴税捐等活动。中共琼山县委利用严密的组织形式，"打进去""拉出来"，把党员与抗日积极分子安插进乡村维持会，掌握了乡村一级维持会的日常事务，日伪政权或日伪军的行动都能及时反馈到县、区、乡的党组织。即使有时遇到紧急情况，也往往能化险为夷。

云龙乡和永秀乡一带是中共琼崖特委和抗日军民活动频繁的区域，各种形式的斗争奇招迭出。

筑碉堡、建据点是日军占领琼崖的军事设施部署。每侵占一个地方，日军便在重点乡镇、集圩和交通要道上筑起碉堡或者岗楼，用于检查行人的反日抗日行为，监视抗日军民的举动，可谓用心恶毒。当地民众表面上顺从，暗地里组织人力破坏。当日伪军修建碉堡岗楼时，白天"白皮红心"保、甲长迎合日伪军的现场监督，卖力督促。到了夜晚，日军撤岗后，这些保、甲长则发动民众把白天刚砌上的石头砖块扒掉，报告说是夜里遭到抗日武装人员的破坏，村民手无寸铁，抵挡不住抗日武装人员的攻击，日伪军也没有办法。他们深知到了夜幕笼罩大地的时候，辽阔的琼崖大地就是抗日军民复仇、袭击、消灭他们的战场，夜间出动他们只能送死。这样，此消彼长，敌我之间的斗争来来回回地反复较量，云龙乡和永秀乡的碉堡、岗楼最终虽修建起来，但修筑完工日期一拖再拖，日伪军没有一丝儿办法，干扰了他们的"扫荡"计划。抗日军民乘此机会频繁活动。

"白皮红心"保、甲长给中共琼崖特委和琼崖抗日独立总队传送情报，协助他们打击和消灭日伪军。就在这时，国民党琼崖叶丹青游击大队与日军偶然相遇，被日军追击，情况危急。

当琼崖抗日斗争进入最艰难阶段时，国民党驻琼崖保安团仍然不顾抗战大局，忧心抗日军民队伍在斗争中扩大，影响其统治地位，按照蒋介石集团消极抗战、制造磨擦的策略，打击中共琼崖抗日独立总队。特别是偷袭中共琼崖特委的"美合事变"发生后，国民党琼崖驻军保安团虽然仍打着抗日的幌子，实际上干的是"反共"磨擦的勾当。琼崖民众在斗争中，逐渐认清了他们同室操戈、兄弟残杀的反共反人民的"庐山真面目"，不再支持他们。

一天，国民党琼崖叶丹青游击大队移防琼山县一区，驻扎在北丛村。"白皮红心"保长林志礼确认这一消息无误后，立即告诉地下交通员，嘱其向云龙乡党支部汇报。

与此同时，日伪军的谍报人员也获悉了这一动向，迅速向云龙日伪军据点报告，不过他们张冠李戴，以为是共产党领导的抗日队伍，说"共产党的抗日独立总队在向南撤退途中，突然驻扎在北丛村，未知目的地在何处"。日军得到报告后认为，近期日军对琼北抗日根据地拧紧"铁壁合围"圈子，派出多股部队"扫荡"琼崖抗日独立总队，抗日队伍突然移驻北丛村，正是受到日军追剿狼狈逃窜的迹象，正好可乘势围而歼之。这时，受日伪军控制的北丛村周边的两三个维持会会长也急匆匆赶到据点，报告说"看到一支队伍偷偷进了村，驻在村子的西头，看样子随时都会撤离"。两个密告相吻合，证实这情报准确无误。日军便确认这是共产党的队伍，必须立即追击，不让抗日队伍有喘气的机会。

云龙据点日军紧急集结，联合附近几个据点的日军，从四面包围了北丛村。此时，正是朦胧雾气重重包裹住山村的时刻，仿佛下起洒脸细雨，几步之外就看不清人面。

叶丹青游击大队的游动哨兵警惕性还是蛮高的，听到老百姓拴在村头荔枝树下的一头黄牛甩头驱蝇，脖颈上的鼓匣子"咯咯"地响，好奇地探看一眼，发现一溜灰影迎面而来，喊道"什么人"，未等对方答话，慌乱中扣动扳机，"啪"的一声，枪声惊动了黎明前寂静的村子。随即，村子内外枪声像鞭炮响成一片。

游击大队虽说进了北丛村，叶丹青自认为神不知鬼不觉，但他时刻提防琼崖抗日独立总队，害怕把他们像蒸煮薯头芋仔，一口锅给煮熟了。叶丹青心里明白，国民党琼崖当局对中共琼崖特委和琼崖抗日独立总队的确不仁不义，制造各种磨擦，捕捉共产党的抗日人员，无理杀害共产党抗日干部。因此，即便是夜里也加强了警戒，共产党武装人员擅长于夜间作战嘛，这战术他再熟悉不过了。果不其然，独立总队乘夜来袭，我也有了准备呢，他们占不了多大便宜。

"给我顶住！"叶丹青命令部下迅速反击。他的打算是，先把对手挡住，等到天亮再作计较，上司如果不派兵援手，日军会前来侦察，到时琼崖抗日独立总队便会不攻自退，一夜徒劳。他的部下拼命死守，把攻击者阻挡在村子外。

这期间，村外的日军对村子发动了几次冲击，可是北丛村只有三四个路口内外相通，其余棘竹环绕，叶丹青只要用机枪封锁住路口，日军的火力再凶猛，一时也无法进村。况且，雾重路障，盲目冲击只能招致死伤，这是兵家大忌。日军当然讲究策略战术，布置兵力把北丛村包围后，只时不时发起佯攻，企图十分明显，即拖住村里的抗日武装，等到天亮再做决策。只要天亮了，这些抗日武装肯定逃不脱。如此，日军的决断正和叶丹青的计谋相佐。枪声时冷时热，时断时续。双方不进不退，僵持着。

东头放白，树丛竹影逐渐清晰，甚至看到老百姓的家鸡在村道上穿行。

"轰！轰！"日军连发了几通六〇炮弹。旋即，对村里发起猛烈攻击，枪声"叭叭"不断。扼守在路口的叶丹青部机枪也不示弱，"嗒嗒"响个不休。双方对射了十来分钟，游击大队明显感到兵力不支，叶丹青急得喉头直冒粗气，如果这样对峙下去，最终会被共产党的队伍吃掉。他正彷徨间，突然左右两翼响起激烈的枪声，正面攻击火力却骤然减弱。"三十六计，走为上策"。天赐良机，现时不撤退更待何时！叶丹青急令部队撤出村子。于是，游击大队趁着枪声稀落快速撤出村去，不知去向。

后来，村子里的村民才知道日军进攻时，借助早上渐露的晨光，看见了村子里抵抗士兵打着的青天白日国民党旗。村头狙击的叶丹青部也看到村口涌进来的是日本兵，领头的日本兵枪尖上挑着日军的太阳旗。这当儿，日伪军的左右翼突然出现了琼崖抗日独立总队的队伍，还有区乡的抗日常备队，他们向日军发起猛烈攻击，日军赶忙收拢兵力，对付左右两头的攻击队伍。

叶丹青撤走就瞅准了这个空隙。叶丹青是个精细之人，久在沙场拼杀，此时多了一个心眼，他担心反复无常的日本人会突然改变主意，重新发起进攻，自己遭到冲杀而兵伤弹损。琼崖抗日独立总队这一行动很清楚是解救他们。但是人心叵测，如果日军撤兵，琼崖抗日独立总队会不会抽出手来，突然转身进攻北丛村，乘势收拾了他们也捉摸不定。反正种种预想不到的不可能也许会成为可能。这时，赶快撤出北丛村才算是万全之策。他们慌慌张张狼狈不堪地撤出了村子，那些被遗弃的伤病员可就惨了，呼天抢地悲怆凄凉，真的是逃命不顾父子兄弟了。

当然，叶丹青是不知道琼崖抗日独立总队和区乡抗日常备队是如何伸出援手的，但救援他们是确确实实的行动。活动在儒万山的琼崖抗日独立总队第一支队第三大队，接到云龙乡党支部报告叶丹青游击大队移驻北丛村的消息时，又接到日伪军包围攻击叶丹青部的情报，立即联络区乡抗日常备队紧急救援叶丹青部。都是中国人嘛，尽释前嫌，一致对外才是人间正道呢！

敌人是从不承认自己愚蠢无能的。事后，日军确认上了假情报的当，但在大日本皇军的眼里，是不会承认行动失准的，败绩经过粉饰也能作为战果加以吹嘘。教训一下国民党军，让他们尝试到皇军的厉害，那也是真正的敲打警告呢！至于遭到琼崖抗日独立总队和共产党区乡抗日常备队的冲击，则不予提及，因为那是决策失误啊。

不管如何，对中共组织地下交通线的斗争来说，是一次胜利。

诸位：环境险恶和敌人狡诈，决定了琼崖革命斗争是多棱面的。地下交通员观察斗争时局，帮助各级党组织有效地了解掌握敌情，为中国共产党领导的武装斗争克敌制胜提供了有力支撑。这种斗争在广阔城乡上演。乡村里和敌人斗智斗勇，城市中秘密战线上不息争斗，明争暗斗的较量展现着地下交通员的睿智。请诸位听我继续往下说。

第二十五回　稳固琼北交通支点
兄弟二人甘洒热血

　　诸位：琼北地区是中共琼崖地下交通的重要支柱，准确掌握敌情，对渡海输送情报，护送中共党政军人员和接运军火器材，作用举足轻重。中共琼崖特委重视琼北地区地下交通站组建。北至滨海村庄，东西沿线重点村落，地下交通布局力求站、点成网，四通八达，以应对复杂多变的对敌斗争。交通员不辱使命，一往无前。诸位且听我说来。

　　中共府海地区的地域斗争依托广大地下交通站布局，时刻保持对敌情的敏锐了解和对敌人行动的准确窥测，因而显现着斗争的机动性和灵活性。日伪军以为是机密的行动，其实早已被交通员悉数掌控，通过一站接着一站的传送，把敌情报告给各级党组织，使日伪军的"蚕食"和"扫荡"每每落空。侵略者及其帮凶夜不能寐，犹如惊弓之鸟，表面上看似平静，其实底下暗流汹涌，时时感觉面临倾覆之虞，苦受煎熬。

　　因为地理原因，琼山县那流圩潭旧村是中共组织领导斗争的重点活动村落。潭旧地下交通站的建立，有力地撑起琼北地区抗日组织和民众对敌斗争支点。自从1928年年初博南山中共组织地下交通总站建立后，各个交通站点的建立便迅速向四周乡镇延伸。国民党右派的大肆屠杀，激起了广大民众奋起反抗，农民运动的兴起孕育了潭旧村中共地下交通站的诞生。

潭旧村民李之球是乡间的能人，虽家有薄田一二亩，但不足以养家糊口。于是，他利用剃头的技艺走村串寨为普通百姓民众剃头，赚点小钱周济日子。在琼崖乡村，剃头是一个比较活跃的行业。头发长了每一个人都要剃，尤其是男人，接触的人也多，老叟稚幼。跨村走镇的剃头匠不少，历来有"剃头匠，走四方"之说。剃头匠的行当简单，一个推子一把剃刀一张披巾，再就是一两把毛刷子。走到圩墟或某个乡村，摆一条板凳便可开张。剃头匠接触的人众，乡间父老，三教九流，上至族长下至无赖，无不接触，消息亦颇灵通。李之球是个多面手，除了剃头，集市上打银修锁头也来一手。

夏日里的一天。早上，李之球在那流圩西头一棵小叶榕树下，刚把凳子一摆，就来了两三个老年人。李之球忙乎了一阵子，正想歇手抽一口烟解解乏，一个壮年男子已坐到凳子上，微笑着说："给我推个平头。阿球手艺不赖，我看一天能剃十来个吧？"

"呵呵，说不上手艺高明，是乡亲们帮衬啊，这个年月能赚几个零花钱补贴一下家里开销，买几斤盐巴打一瓶醋酱购两斤煤油，就谢天谢地咯。哎，运气好才行，碰上倒霉日，来了个征收税捐的说不定连个儿都没了！"李之球像遇到知心人一样，亲热地说。不经意间往后头一瞄，惊慌地说，"不好了，怕来的人真的来了！咋办？"

壮年男子头刚剃了半圈，若再剃下去，肯定给征收税的人逮住，那就是说，今天的忙碌白费了；若是收拾行当走吧，客人才剃了半个头，多窝囊！李之球局促不安，壮年男子见状，毫不介意地说："我们先躲一躲再说。"说罢，捡起身边地下的草帽往头上一扣，"我们赶快走！"

李之球给愣住了，好一会儿方觉醒过来，急忙说"那好"，抓起凳子和装着剃刀的草兜就走。他们一阵子小跑，躲进了胡同，避过了收税的人。

等到收税人走远，李之球和壮年男子才又重新回到小叶榕树底下。李之球忙不迭地说："真难为了你啊兄弟！这收税的人是'刮民党'的收税员，市民都说他们是'瘟神'，走到哪里，哪里就冷落败市。乡亲们说税捐宁愿给共产党的人，也不给'刮民党'这帮混蛋，说'刮民党'别的本事没有，就是打杀共产党人不留情，盐罐长虫，同室操戈！"

那是1927年琼崖四二二反革命政变发生的前夜。社会萧条，市面冷落，经济凋零，街头上只要三五个人聚集在一起，国民党特务侦探立马赶来搜查监视。中共琼崖地方委员会的成立，引起国民党琼崖当局的警惕和恐惧，特务侦探千方百计打听共产党人的信息，搜集工人运动、农民运动、学生运动的情报。在乡村，特务军警和恶霸流氓对农民协会实行严密的监视，防止共产党往农村渗透。他们雇用无赖阿飞充当耳目，甚至随便封个收税员兼作谍报的角色，这些人有了头衔壮了胆，便在乡镇圩墟横征暴敛，还搜集共产党活动的情报，搅得市面乌烟瘴气。

"这样的日子熬到何时才是头！我的同伴做牛市中介的也做不成了，没有市场咋来中介！若做买卖吧凑不到资本，若真的做了生意，有卖没有买，那叫'生生死'啊！"壮年男子愤愤地说。瞅住没有别的人时，他想把话说得透彻些。

这个时候没有要剃头的人等待，小叶榕树底下只有微风荡漾，李之球的手工活随之放慢了点，话继续说下去："国民党靠不住，乡下人说看它的现在就预测到它的将来。如果让它统治中国，老百姓真的会越活越艰难，甚至国将无国。我听说琼崖成立了共产党组织，这话不知道是真是假，据说共产党是为人民谋幸福的政党。要是如此，贫苦人就有救了！"

"我见过共产党的人咧！琼崖成立了中共地委组织，这是真的。中国共产党的宗旨是解放全人类，说通俗一点即让人民群众过上没有人压迫人、没有人剥削人的幸福生活。再说容易听懂一点，即人人平等，打个比方吧，我和你无论贫贱都是平等的。"壮年男子说得很诚恳。多方打听和了解，这个壮年男子知道李之球是个正直的农民，在潭旧村子里颇得民众拥戴，于是把话说得更明白，"我跟共产党那边的人说，如果你们认可我，那我可以为你们做些有益的工作，我愿意成为你们中的一员。他们说可以，但要通过自己的努力，经得起考验，得到党组织的批准，还得有介绍人，履行入党手续。共产党组织不是说想入就入，想走就走。这样说吧，能够进入这个组织的人，个个都是优秀分子，为大多数人谋利益。你听明白了？"

"我听懂了。"李之球惊喜地说。他想得很多，共产党既然是一个组织，那么便是一股力量，这代表先进方向的力量是任何邪恶势力都战胜不了的。霎时，眼光放亮。他问道，"像我这样的人能加入中国共产党吗？我可是要钱没钱要粮没粮的穷光蛋啊！"

"阿球，这你就想偏了。据我所知，共产党并不是有钱人的组织，他们是无产者的先锋队伍，代表着先进的社会力量。共产党组织以工人为主体，联合农民以及知识分子，组成一支浩浩荡荡的工人阶级大军，以推翻一切剥削阶级和剥削制度、解放全人类，在全世界实现共产主义为最终目标。你说你是不是包括在其中呢？我觉得我也在其中啊！"壮年男子耐心地解释说。他见李之球全神贯注地倾听，接着说，"凡事总得讲规矩，加入中国共产党不是说报个名就了事，而是得看符合不符合标准，看他的具体表现如何。具备了条件就会吸收为党员；假如不符合标准，谁要想加入也没门。因此，共产党员个个都是先进分子。"

这个壮年男子说得一点都不含糊。李之球心里想，这两年来所见不虚，传闻也应是真的。1926 年 1 月，南下的国民革命军第四军第十一师和第十二师黄琪翔及云瀛桥独立团、王鸿铙新编第九旅自雷州半岛分三路攻琼，赶走了盘踞琼崖的军阀、广东南路八属联军司令、琼崖善后处处长邓本殷，琼崖的社会风气像吹过了一股东风，最让人注目的是赌博风有所收敛，过往大馆小店挂着吸食鸦片的招牌被摘掉了不少，偷吸鸦片的人也都像鬼祟，被视作无赖之徒。乡村掀起了组建农民协会的风潮，"一切权力归农会"的口号响彻乡村。农会威力所及，昔日和官府勾结不可一世横行乡里的土豪劣绅威风扫地，再不敢呼幺喝六勒索欺凌百姓。减租减息运动让困窘的农民舒了一口气，日子开始抹上了一道明亮的色彩。李之球也投入到这股清新的社会行动之中，潭旧村的地主老财眼看农会风潮乍起，正与农民商讨减少地租呢。共产党来了，社会变天了，地主老财老实了，农民吐气扬眉了！这是看在眼里的活生生的事实。

"兄弟，你是不是共产党那边的人？"李之球怀着疑惑的心情小心地试探说，"我看你是，不然咋说出这么大的道理！嘿嘿，我越看你越像是共产党人！"

"哈哈！阿球察言观色认准了啊！"剃好头，壮年男子站起身掸了掸肩膀上的发屑，情绪蛮高，解答李之球的提问，"实话说吧，眼下我还不是共产党员，我在努力争取啊。听说潭旧村的农民运动生气勃勃，在酝酿成立农民协会，减租减息工作也有了眉目，大家伙都说农民运动好。我知道你是村里的农民运动积极分子，只要是共产党的号召，你都走在前头，是共产党依靠的骨干力量。对了，我叫吴宗蕃，云龙坡仑村人，云龙镇应该听说吧，我们那里的农协活动搞得热火朝天，老百姓都说农民运动好得很！"

李之球和吴宗蕃第二次见面，是1928年2月间。

夜里，寒气逼人。屋外霪雨霏霏，寒风一阵紧接一阵。时已三更，潭旧村里除了偶尔听到的狗吠声，笼罩在如烟似雾的夜色里。死气沉沉，整个村子犹如荒野里的一片丛林。

"啪啪！"在厅堂里烤火取暖的李之球突然听到院子柴门轻轻的敲打声，心里一惊。这夜半三更是谁在敲门呢？他立即起身，悄悄地拉开门栓，蹑手蹑脚走到柴门边，打开门："你是？"

"我是吴宗蕃，不认得了？"吴宗蕃头戴竹笠，身披蓑衣，脚下粘着泥污，冷静地回答。说着，往身后观察了一会儿动静，"许久不见面了，难怪给忘记了呢！"

"哦，是你，吴宗蕃！"李之球认出了吴宗蕃，惊喜地说，"其他同志呢，就你一人？"

"没其他人，我们屋子里说。家里的人呢，他们都在家？"吴宗蕃边走边说。

到了堂屋门前，李之球转身走向庭院，静心凝神地听了一会儿，又走到柴门处往外头观察了片刻。柴门外，只见乌蒙蒙的一片，寒风吹过，丝雨纷纷，屋子旁的杨桃树枝叶簌簌作响，邻居的屋子和树丛连成一体，黑黢黢的。回到屋里，他说："快烤火，暖和一点。"

吴宗蕃摘下竹笠和蓑衣放在门角落里，往后门走去，一会儿回来，对李之球说："四周环境挺安静的，少有外人来吧，村子的情况怎么样？村里民众对国民党右派反革命政变反应如何？你慢慢说。"

"好！我说。"李之球沉默了片刻，接着说，"去年4月22日国民党右派在府城、海口大肆屠杀共产党人和进步人士，我们当天就知晓了，民众非常愤怒，说国共两党本来是兄弟，现在兄弟阋墙，残杀骨肉同胞，自己不革命还不准别人革命，这就是党阀，是朝腐朽没落迈出的第一步，以后别指望国民党能给穷人带来福祉。现在村子里人心惶恐，自反革命政变发生后，国民党乡公所加强了对民众的监视，每三五天那流乡公所的乡丁便会来到村里巡视，走到哪里哪里鸡飞狗跳。这些人耀武扬威地说，都看到了吧，你们前阵子搅得轰轰烈烈，说什么'一切权力归农会'，农会算什么？泥腿子梦想坐金銮殿，想得可美啊！那些伪装老实的地主老财以为冬日已过，像洞里的蛇蝎爬出来反攻倒算。原来的农会积极分子能躲的躲了起来，躲不了的就谨慎些，暗地里和这帮家伙较量，等待云开日出。当下村子里还较平静。哦，忘了说，我加入了中国共产党，是去年6月入党的。宗蕃，得感谢你给我指引道路！"

"这我知道。祝贺你加入了中国共产党！在白色恐怖弥漫中，你主动申请加入中共组织，说明你的立场是坚定的，信仰是明确的。正因为你是共产党员，今晚我才特地赶到潭旧村来，找你商量一件大事。"吴宗蕃烤着火，眼睛里流露出依赖的神色。

李之球正往火堆里添柴，听说"商量大事"停住了手，看着吴宗蕃，说："我可惦记着你啊，想不透干吗找我剃头的宗蕃兄弟好久不见面了啊！你说，是啥事？"

"我们琼山酝酿着新的革命高潮，这需要各方努力。近日中共琼山县委制定了新的工作方针，其中重要的一条是建立地下交通工作网络，积极设点布局。交通站，你明白吗？它的具体任务是，把敌人的动态特别是紧急行动情况，通过交通员尽快地传送到县委。今年年初，县委在博南山建立了交通总站，由我担任总站站长。我们决定在潭旧村建立交通站，以配合县委和中共琼崖特委的武装斗争。党组织决定由你担任潭旧交通站站长，联络地点就在你家里。你一定要记住，地下交通站是秘密的，交通员是秘密地下工作者。刚才我察看了你家的位置，比较隐蔽，发生不测就从后门撤走，躲进山林，挺安全的。不过，环境安全是安全，但要时刻保持警惕性。"吴宗蕃说到最后，指了指自己的脑袋。

"好！我服从党组织的安排。琼崖反革命政变后，听说党组织已转入地下，至目前为止我还没找到党组织。估计是党组织要让党员和积极分子先隐蔽一阵子，减少损失。找不到党组织，我心里挺焦急的。幸好你来了！"李之球说。他问道，"我的具体任务呢？"

"心急了？"吴宗蕃说着，微微地笑了笑，"你的具体任务三项：

第一，要长期隐蔽下来，你的直接联系上级是琼山县委一区委，到时候我指派专人和你单线接头；第二，收集国民党党政军活动情报，遇到紧急情况要争取尽快把情报报送到区委，不过夜；第三，以安全保密为前提，扩大情报活动范围，帮助总站在适当时候在条件成熟的村落建立起新的交通站。潭旧交通站从即日起开始工作。"详细地交代了任务，吴宗蕃站起身说，"我这就走！"

"已是五更天，你就在我家歇歇脚，明早再走吧？"李之球恳切地阻拦说。

"不必了。"吴宗蕃检验了手枪，扎在后腰带上，把前襟的衣纽扣紧，诙谐地说，"趁这天黑下雨的好天气，我出入就减少了麻烦。这个时候，那帮土鸡瓦狗都躲进被窝做美梦去了！阿球，地下交通工作保守秘密最重要，你要注意安全，千万防止暴露自己的身份！"

李之球劝不住吴宗蕃，把他送到柴门边，看着吴宗蕃的身影消失在濛濛雨雾里。

潭旧村交通站建立后，李之球全身心投入到反抗国民党反动统治斗争的活动中，胞弟李之光受他的言传身教，也参加到地下交通员队伍，成了他的左膀右臂。因为传送的情报准确及时，对敌斗争成绩突出，李之球还被选为琼山县第五区苏维埃政府委员。1932年7月，中共琼崖特委着眼于全琼斗争大局，根据开辟临高县革命根据地需要，派遣李之球、李之光前往马袅地区秘密开展宣传活动。

李之球兄弟俩以谋生为由，在马圩洋村住下后，以缝衣服、理发、修锁、加工花生芝麻油等手艺，迎合了当地乡民日常生活之需，受到善良乡民的拥戴。站稳脚跟后，他俩利用为村民服务之机，宣传中共组织的理想和纲领，号召民众团结一心支持琼崖工农红军的反"围剿"斗争。那时国民党广东省陈汉光部大兵压境，血腥镇压中共琼崖特委和琼崖工农红军，他俩是异地乡客，掩盖身份隐蔽下来，从事党的宣传活动已属不易，还以马圩洋村为中心，把周围乡村建设成为红色区域，中共琼崖特委与琼崖工农红军打击国民党地方势力的重要地区。

李之球和李之光在马圩洋村坚持斗争两年之久，1934 年年底回到潭旧村，重新恢复了地下交通站的活动。

国民党那流乡公所对李之球"失踪"两年余颇觉蹊跷，将李之球传讯审问，乡长陈某问他："这两年多你都到哪活动去了？你是神龙见头不见尾，打了几个翻筋斗就不见呀！"

"你说错了，是去讨生活，不是去活动，'活动'什么呀，我们做手艺的人好比戏班，哪里有观众，就到哪唱戏去，靠本事吃饭。乡长你要是头发长胡须拉碴，别忘了我这把剃头刀，一刀刮过，一根不留！"李之球不卑不亢，噎得这个地头蛇一时无言。李之球还补上一句，"我常回家，不信，你问乡民去！"

"咳咳！"陈某连忙掩饰自己的尴尬。有脚就得走路，那流地区常年干旱，有的年头有种没收，要活命乡民能不出门找生路啊！自知无理，便转移了话题，"李之光呢？有人揭发他去当了红军，跟政府作对，今天怎么不来，害怕了吗？"

李之球已防备他这一着，"哈哈"大笑后说："我弟要真的参加了工农红军，那是他的造化，我没有理由阻拦。事实是，他一直跟着我讨生活过日子，我后脚进了家门他前脚也到了家，今天一早他下地犁田去了。今年还不晓得天下不下雨，天气再干旱田地种不了庄稼，我们老百姓都得喝西北风。你们乡公所这帮人可不同，旱涝保收，日子过得滋润，不需恐慌，更不知道人间疾苦啰！"

"啧啧。"陈某焦头烂额，知道李之球这把"剃头刀"不好对付，讨不了便宜的，问不到根由反而惹得一身腥。他一时火气上冒，要扣押李之球，冷静一想，可找不到理由，平白无故扣押李之球不能服众，只得训诫打发了事，"等着瞧，硬撑没好果吃！"

1938 年日军侵琼的风声越来越紧，尤其是日军侵占华南重镇广州后，日军军舰与飞机经常在琼州海峡的海上游弋和上空巡航。这种不寻常的状况告诉人们，日军侵犯琼崖的脚步愈来愈近了。李之球根据上级交通站的要求，加紧在海峡边的村庄建立新的交通站，以便及时把敌情动态报告中共琼山县委。他以剃头掩饰多次来到玉沙村，建立了玉沙交通站，指定村民积极分子符开佑为负责人。抗日战争期间，玉沙交通站把侦探到的日军活动情况和国民党游击队的活动情报，报送到活动在博南山的中共琼山县委和中共琼崖特委与琼崖抗日独立总队。

日军对琼文抗日根据地反复"扫荡"，实施"铁壁合围"战术，实行"三光"政策，企图以杀光、抢光、烧光的法西斯手段恫吓抗日军民。同时，加紧对社会层面的控制，培植伪军驻扎在各个乡镇交通要道维持社会治安，钳制抗日军民活动。驻那流伪军小队别出心裁，玩弄花样，每到赶集日，便以集队游街的形式炫耀武力。这支伪军的武器除了清一式的三八式步枪，最显眼的是那挺轻机枪。李之球和李之光合计，趁伪军警戒松懈夺取这挺轻机枪。为此，他们数次到伪军驻地侦察，掌握伪军的行动作息规律。

"剃头啰！"这天傍晚时分，李之球行走在那流的小巷里，当抵近伪军驻地时，一队伪军枪尖上系着鸡鸭，有的驱赶着山羊黄牛，或扛着大包小包拥进了大门，个个嬉笑打俏。老百姓知道这些伪军到乡下"扫荡"，发了横财。"剃头啰！哪位兄弟老总要剃头吗？掏一掏耳朵是最惬意的享受！"

"喂！剃头的，给老子剃个头！"一个伪军小头目站在大门里头招呼道。李之球应一声"来啰"，闯过大门的岗哨。

这时又来了两个伪军，他们都是剃头来的。从他们的交谈中，李之球知道这些伪军今天一早到施茶村一带"扫荡"，琼崖抗日独立总队已撤离，村民躲进了荔枝山。他们没有受到阻截，闯到村子里，掳到了一批鸡鸭牛羊，心情大好。伪军奔走了一整天，晚上要大快朵颐，大醉一场。平日李之球剃头手脚麻利，今天磨磨蹭蹭，拖到天黑。最后一个伪军剃完头，边抖着衣服上的发屑，边对李之球吆喝"快走"，就迫不急待地朝伙房奔去。他闻到了一阵酒肉醇香，连李之球也来不及看他是否走出岗亭。

"机会来了！"李之球快手快脚收拾好剃头行当，借着渐浓的夜幕潜入伪军的宿舍间。伙房那头酗酒吃肉，划拳猜令声浪阵阵，宿舍里却空无一人，连站岗的也没有。李之球迅速扫了一眼，透过微亮的夜色，在住舍尽头角落里的桌子上摸到了那挺轻机枪，便扛着偷偷地从后门溜出了伪军驻地。疾步走到小巷口时，早已守候在离伪军驻地五六十步远的李之光，快步地赶过来，从李之球手里接过那挺轻机枪，风一般地迅跑，一眨眼就被淹没在夜色里。

这时，那流圩的灯火在暗淡的星光下三三两两闪烁。按照兄弟俩的原先商议，抢到轻机枪后，即刻连夜送往驻在苍应山的中共琼山县一区区小队。

那流伪军损失了轻机枪，受到日本海口伪政府警备司令部的惩罚。毕竟家丑不可外扬，他们遮遮掩掩，本想不给老百姓知晓，但世上没有不长腿的事，日子一长，这丑闻还是被泄露了出去。

1943 年年底，经过抗日军民浴血奋战，琼崖抗日斗争的阴霾渐渐稀释，露出一丝亮光。

腊月三十，是琼崖乡民"围炉"时刻。过了二更天，李之球和李之光才回到久违了的家。这几年，他们兄弟终日在外头奔波，逢年过节都没回过家门。今年回家过年，一是琼崖抗日形势虽仍然严峻，但日伪军张牙舞爪嚣张气焰明显衰落；二是日伪军捉摸不到他俩的行踪，多年来兄弟俩行止飘忽不定；三是李之球妻子卧病在床，趁新春探看再抽空抓药。

李之球一踏进门槛，妻子一阵惊喜，立即撑起身子下床张罗杀鸡，要让兄弟二人好好吃上一顿年饭。李之球还是很警觉的，时不时走到院子柴门边和后门窥探动静。等到噼噼啪啪放了一挂鞭炮，已是三更天。村子里的鞭炮声稀落，时远时近。

吃罢年饭的李之球正嘱咐妻子年后到镇上看医生，突听到院子柴门"咔嚓"声响，忙把煤油灯吹灭，急忙拔枪，刚把大门打开一条缝，"叭叭"一排子弹像雨点打得门板"啪啪"响。李之球"砰砰"打出两枪，退回屋里。他吩咐李之光从后门逃出，李之光刚一打开后门，同样遭到密集子弹的阻截。

"哥，后门也被敌人封锁了！咋办？"李之光拴好门，走到李之球跟前说。

李之球镇定地招呼妻子和家人躲进房间，叮嘱遇到任何情况都不能露面。然后和李之光商量突围的办法。他说："听枪声不是日军和伪军，这是国民党琼山县游击队！我想，他们袭击我们和那挺轻机枪有关。现在只能硬拼，逃脱一个算一个！"

商量妥当，李之球一把拉开大门，"砰砰"朝柴门那头打出几枪。黑暗里，几个黑影"呀呀"倒地。李之光急速往外走，可是右腿刚迈出门槛，"啪"地已被子弹击中了胸膛，鲜血涔涔地流。他一手捂住左胸口，一边用尽力气说道："哥，我掩护，你……赶快走！"

"当！当！"李之球打出两枪，看到柴门边挤满了敌人，转身往左头院子的围墙跑去。他奋力一跳，刚扒上墙头，就在这时"啪啪"挨了两枪，身子从墙头上滑落下来。兄弟二人当场牺牲。

袭击李之球兄弟俩的是国民党琼山县游击队。琼崖国共合作抗日，国民党在各县乡也都组建游击队。名义上说抗日，实际上是以此为幌子鱼肉民众，敲诈勒索，搜刮民脂民膏，不只消极抗日还背后打抗日军民的黑枪。他们风言风语听说李之球兄弟夺得伪军的轻机枪后，多方寻找李之球兄弟的行踪，企图从他们兄弟的手里夺得那挺轻机枪，探得李之球兄弟或许回家过年，便寻上门来。结果是痴梦一场，抢不到机枪，还损了性命。只是李之球兄弟为此喋血牺牲。

诸位：中共地下交通站不光面对明里的敌人，还要防御伪装为同路人的暗算，抗日战争时期这种现象甚为突出。"美合事变"是国民党琼崖当局的拙劣表演，其翼羽下的各县游击队则是时时制造磨擦，侵扰抗日军民。中共地下交通站两面作战，腹背受敌。地下斗争愈益艰险。请诸位听我继续往下说。

第二十六回　阜成拓展任务艰巨
反弹琵琶规避风险

　　诸位：上回说到那流潭旧村李之球、李之光兄弟二人智取伪军轻机枪，被国民党琼山县游击队围捕追杀。他们赤胆忠心，经受了斗争血与火的严峻考验，倒在心怀鬼胎人的枪口下。琼崖中共地下交通斗争展现了一幅雄浑壮阔图景，乡村战场与城市斗争相辅相成。在乡村敌我斗争如火如荼时，城市里的地下斗争日趋激烈。诸位且听我说来。

　　日本投降后，国民党军队接踵而至。他们名义上是受降，其实是接管日伪军驻地防务，以军事手段占领琼崖各个险关隘地，控制交通线，以便于在发动内战时，迅速消灭共产党和所领导的琼崖独立纵队。

　　海南岛斗争形势日益严峻，中共琼崖特委按照党中央的部署，反对独裁、反对内战，在城市掀起"反内战反迫害"的斗争高潮；在解放区领导军民积极发展生产，号召优秀青年参军参战，做好支援前线的各项工作，随时准备进行自卫作战。并制定了"坚持斗争，保存力量，保存武装，保存干部，扩大工作，发展地区"的总方针。在地下交通斗争方面，强化责任，拓展地下交通工作触角，积极开展活动。在府海地区，将抗日战争时期建立并一直坚持斗争的海口阜成情报站扩大为海口地下情报联络站，简称为"海口地下站"，作为特委在海口、府城开展地下工作的机构和落脚点。根据形势的发展和需要，对负责人重新作了安排，谢佩珊被任命为联络站站长，其直接领导人和联络人先是中共文昌县委书记符思之，后改为中共文昌县委的朱侠。增加联络员陈有森，时任国民党琼崖公路督察专员的云智先担任谢佩珊的助手。

根据变化了的新形势和当前工作任务，中共琼崖特委给海口地下站的工作任务具体为五项：一是接送重要工作人员，包括中共中央和广东省委来的领导干部，以及需要前往中共广东省委联系工作的琼崖特委和琼崖独立纵队干部；二是了解敌情动态，特别是国民党四十六军韩练成和蔡劲军部的情况；三是设法从国民党军队中购买武器弹药和电台，装备琼崖独立纵队各支队；四是筹建民盟地下组织，壮大反对内战的力量；五是设立商行，经营土特产和采购琼崖独立纵队必要的军事物资，从经济上支持琼崖革命斗争。

琼崖大地乌云滚滚，战云密布。国民党四十六军对解放区大举进犯，琼崖内战爆发。四十六军的进攻受到中共琼崖特委组织军民的顽强自卫抵抗。从 1946 年 1 月至 10 月，琼崖独立纵队作战 300 余次，歼灭国民党军队 4000 多人，其中包括击毙四十六军军部上校、副官处长李子铭，中校副团长廖生权等；缴获轻机枪 20 挺、长短枪 400 余支、六〇炮 2 门，拔除圩镇据点 40 余座。这时，在陕北、华东解放区，人民解放军以运动战为主要作战形式，以歼灭敌人有生力量为主要目标，遵循集中优势兵力各个歼灭敌人的作战原则和方针，粉碎了国民党军挑起内战的举动。国民党四十六军奉命紧急撤往山东弥补山东战场兵力不足后，国民党广东省当局调来保二、保三、保四、保五团，连同原在琼崖的保六、保七团以及榆林要塞守备队，兵力陡增，任命广东省政府主席驻琼崖办公处主任兼第九区行政督察专员蔡劲军为保安司令，指挥琼崖国民党军队继续打内战。这时，国民党军在琼崖兵力达到 1.5 万人。

蔡劲军是海南万宁县（今万宁市）北坡镇人，自诩对琼崖共产党和琼崖地理地貌详尽了解。他制定了"分散分区、重点进攻、各个击破"的"清剿"计划，采取军、政、特密切配合、剿抚兼施的办法，声称在六个月内消灭中共琼崖特委和琼崖独立纵队。蔡劲军的"清剿"计划可谓策划缜密。"分散分区"，即把解放区划分区域严密监视，把人民武装力量以区域分割实施封锁；"重点进攻"，即集中优势兵力，对某一重点区域进行包围攻击；"各个击破"，即对琼崖独立纵队各个战区分割包围，逐一清除，力图全部歼灭。琼崖革命斗争形势，急转直下危在旦夕。

明知波涛连天起，敢驾舟舸浪里行。解放区遭到敌人强力攻击，迫切需要内线各方的大力支持，以摆脱敌人的进攻，特别是敌情的输送和军火的补充。战斗在敌人心脏里的海口地下站，细致精心开展活动，配合解放区的反击斗争。

谢佩珊是个精明的地下工作者。他认为，在这重要时刻，要有序开展党的地下活动，减少甚至力避敌人对党组织的破坏，必须以平常的铺店商号融入市面经营，以公开职业身份掩护地下活动，躲避国民党侦探的嗅觉，从而实现长期隐蔽。他决定创办"捷祥庄九八行"。这是因为经营贸易是社会的普通职业，平民百姓都可自行独立创办。"捷祥庄九八行"商号悬挂上街后，主要经营琼崖的土特产，他们收买产品要到乡下，货物推销可北上内地。这样，"捷祥庄九八行"加强与沟通和中共琼崖特委的联系，借过海推销产品密切和上级领导机关联系也就找到了理由。

"捷祥庄九八行"开业后，购销两旺。谢佩珊社会关系广泛，或华侨或社会名流时常进店购买土特产，人气上升。他从国民党驻琼崖空军司令部后勤处买到了一辆黄色轿车，主要用作在府海地区出入国民党军政机关联系，拉抬自己的身份，避免或减少国民党敌特的怀疑。

同时，也使用于接送特委和琼崖独立纵队过往人员。林树兰、陈平、王超等乘坐过这辆黄色小车，从港口码头经海口市郊交通站前往解放区。谢佩珊还购置了一辆大货车，表面上是拉送土特产货物，暗地里兼作运送军火器械。在运送军火器材时，谢佩珊他们善于做好伪装，或由大改小分散包装缩小目标，或把军火器械夹杂在其他货物中起运，加上适时用金钱或土特产品打点关卡检查人员，从阜成站创立到关闭，所运送的军火器械都安全无恙，极大地支持了解放区的军事斗争。

海口地下站加紧采购通讯器材和军火器械，并列为这一时期的重点工作，切实落实中共琼崖特委的指示。不久，云智先根据谢佩珊的布置，以60万法币，从国民党四十六军后勤部门购得一部美式发报机。这可乐坏了云智先。他立即将发报机交给谢佩珊，商量把发报机尽快运送到解放区的办法。

"我们要采取稳妥的办法，趁早将发报机送到特委那里，特委和独立纵队正急着用发报机加强与各支队的联系啊！"谢佩珊对顺利购得发报机显然惊喜，这是在国民党严密的军事机关里购得的发报机，非同小可。他嘱咐云智先说，"工作越顺手，我们越要提高警惕。俗话说，'雁过留声，水过留痕'。我们要来一个改变，即水过鸭背，潮舔沙痕。发报机从国民党军内部流出，敌特如果发现这一漏洞，说不定会盯上我们，你我都要提高警惕，做好思想上的准备。我决定，完成发报机的运送任务后，你暂时脱离工作一段时间，主要是要保证你的安全。"

云智先倒是不考虑这些，他是国民党琼崖当局的公职人员，官阶不低，至目前为止自以为没暴露任何破绽，国民党当局不能无缘无故给他罗列罪名。这时，他满怀激情地说："组织上需要我做的工作，我一定想办法完成。眼下，我们要把发报机安全送出去，不然给敌特查获，岂不是前功尽弃？我想愈快愈好。至于怎样送出去，老谢你拿主意，我跟着办就是了。"

谢佩珊经受过长期残酷的地下斗争考验，沉稳成熟。过往购得军火器械，大件的由大货车运载出去，小件的则交给交通员趁敌特麻痹大意时混出城门，至今未曾发生过事故。这次运送发报机事关大局。特委领导获悉谢佩珊他们在海口购得发报机的报告后尤为高兴，特委和独立纵队急着使用发报机，扩大部队的联络范围，加强和各支队或先遣部队的电讯联络。因此，运送工作行动要确保安全，马虎不得。况且，发报机属于军用器材要件，国民党当局对军用通讯器材更为敏感。对海口地下站来说，绝不能泄露任何蛛丝马迹，敌特万一发现丢弃了通讯器材，是不会放过有关责任追查和器材追踪的。

谢佩珊想了想，此事不可优柔寡断。他要先听云智先的想法，便说："你说咋运法？"

"我早就想好了，"云智先踌躇满志，拍了拍自己身上笔挺的军装，说，"遇到检查，我这身虎皮就能对付一阵子，国民党军总不能一家人不认一家人吧！若是遇到不测，由我来对应。我看这是眼下万无一失的方法。你说如何？"

谢佩珊点了点头，觉得这个办法可行。自购得黄色轿车后，他曾经多次驾着小车出入国民党驻琼崖党政军部门，守卫门岗的国民党军士兵看到小轿车都认为是有身份的官员或豪商巨贾，即便检查也不甚仔细，何况来往的是党政军机关，虽不认识人可见官先怵了三分，检查也是例行公事，做个样子而已。而且，他很少驾驶小轿车出城，守卫城门岗哨还比较眼生，这是他安全出城的保障。于是果断地说："事不宜迟，我们明天就行动！"

当天夜晚，更深人静。按照谢佩珊的吩咐，陈有森用纸皮把发报机包装好，小心地置放在小车后头车厢里，然后在外头放些包裹好的名贵陶瓷。轿车配名瓷，俨然是官宦或富商人家，如果要找碴确是吃了豹子胆。

披着薄薄的晨雾，由谢佩珊驾驶的黄色轿车直奔城南门。车到城门近处，谢佩珊不由得皱起眉头。与往日不同，城门岗哨增派了哨兵，昨晚的最新情报是城门只有四个哨兵，今天突然加派了一倍，而且前头架着一道装有铁马的栅栏，行人经检查放行的方可从侧旁的小门通过；如果是车辆，则要搬开铁马栅栏才能通行。谢佩珊不减速，一路疾奔，车子开到铁马栅栏前来了个急刹车，"吱"地发出响声。谢佩珊急速地摇下车窗，探出头没好气地说："我们要出城，你们赶快把铁马栅栏抬开！"

立马走过来两个荷枪实弹的国民党军士兵，其中一个先敬了一个军礼，公事公办地说："奉上司命令，任何出入城的车辆都要接受检查，请出示证件！"

谢佩珊把证件递出车窗，国民党军士兵打开仔细地瞧了瞧，又看了看谢佩珊，还给了证件，然后说："按规定，我们要检查车辆上所装载的所有物品，一件都不能放过。"

坐在副驾驶座上的陈有森不慌不忙地打开车门，下了车，拍了拍身上得体的军装，绕到车厢后头，递过两根香烟，先发制人地说："哦，是弟兄呀！我们都是国军中的人，我走世界闯江湖，你们总要给点面子吧！低头不见抬头见，事情不能做得太绝嘛！"

两个国民党军士兵见陈有森官衔并不高，霎时样相凶狠，恶声恶气地说："我们奉上峰命令例行公事，没有上峰裁示，皇帝老子都得接受检查，请打开后车厢！"

打开了后车厢，见全是陶瓷玩意，两个国民党军士兵觉得稀罕，拿起一把精巧玲珑的茶壶，把玩得爱不释手，恋恋不舍地放下后又伸手向里头，摸到纸皮箱，一扒拉不动，立时横眉立目，发问道："那是啥东西？这么沉，扒拉不动！"

陈有森见势头不对，赶忙拉开后排座位的车门，提高嗓门，毕恭毕敬地说："报告长官，门岗要查看您的贵重物品，您不是说不得走漏消息吗？这样一来……"

这个时候，谢佩珊已悄悄把手枪捏在手上，拉开了扳机，双眼直盯着后头国民党军士兵的一举一动，随时准备突击。

"唔，有这等事吗？问他们是哪一部分的，我找他们的长官去！"坐在车子后排座位上的云智先摇下半截，慢条斯理地说。

两个国民党军士兵听到车子的后座还坐着长官，吓得舌头发颤，赶快走到车门前说："报告长官，我们是例行公事，没有可疑物品马上放行！"说着，探头往车内看了一眼，发现云智先两眼流露着蔑视的神色，让他们悚然的还有云智先衣领上的几颗星和胸口上头的几条红蓝牌牌，愣了片刻，急忙说，"没啥事，长官您走好。"用手往岗亭挥了挥，四个士兵直奔过来，把横在轿车前头的铁马栅栏搬开，"快快，别耽搁了长官的大事！"

陈有森快速上了车。谢佩珊一踩油门，黄色轿车倏忽消失在海口南门外的小道上。

车窗外，一轮红日冉冉地从东方升起，光芒四射。圆满地完成了购买发报机、运送发报机的任务，这时谢佩珊他们的欢欣心情可想而知。

情势瞬间万变，决定了地下斗争环境随时都会发生变故。当敌人发现某些变异时，封锁、搜查、追踪便拉紧了地下斗争的弦索。倘或不及时对发生的情况保持敏锐的触觉，有时甚至为此付出惨重的代价，灭顶之灾随时都会降临。

不测事情就发生在谢佩珊运送发报机前往中共琼崖特委的当天早上。原来，谢佩珊他们购得发报机的当天下午，国民党四十六军后勤处进行例行检查时，发现丢失了一部发报机，立即上报，紧接着进行全城大搜查，寻找丢失发报机的线索。谢佩珊他们运送发报机的那天早晨，国民党琼崖当局严格城门守卫，加派岗哨，便是严查发报机损失的举措。只是尚未查明发报机究竟和何人有关联，检查验证稍为松懈。谢佩珊前一天决定立即运送发报机，时间赶在敌人行动的前头，就是乘敌人防备之空隙。

顺藤摸瓜，刨根问底。国民党四十六军后勤处终于查出了丢失发报机的下落，是售卖给了琼崖公路督察专员云智先，立时炸开了锅。云智先的购买理由是打算建立公路管理系统的电讯联络，加强对公路维护与运输的管辖。国民党琼崖当局保安司令部，立即逮捕了刚从解放区回到海口的海南公路督察专员云智先。开始，云智先死不承认购买了四十六军后勤处的发报机，反正两个人私下交易没有第三者作证，奈何不了他。国民党琼崖当局恼羞成怒，搞了个人仰马翻，突击搜查了云智先的住所，也是云智先麻痹大意，给搜出了他使用过的一些海口地下站有关证件。于是，国民党军警判定发报机就在云智先手里，大打出手，百般折磨。热铁烙烧、坐老虎凳、灌辣椒水，云智先抵挡不住国民党军警的血腥拷打，终于招供，说出发报机的下落，购买发报机是中共海口地下站的布置，还招认了海口地下站的秘密地址。国民党保安部队追踪包围了阜成旅店地下联络站总部和谢佩珊在新民西路80号住宅。逮捕了谢佩珊的叔叔和堂弟十余人。

谢佩珊平时警惕性颇高，对敌斗争经验丰富，联络站搜不出任何可疑之物，平常旅客住店都留下登记表，特委和独立纵队过往人员住店则不留下任何印记，即使是他的住宅也找不到证明他是共产党人的证据。他的叔叔和堂弟更没有让国民党琼崖当局找到把柄，他们只不过是店里的帮工而已，对谢佩珊的活动根本不知情。这些敌特人员玩弄花招，无处不揩油水，没事找借口，勒索了国币100万元，才让被关押了10多天的谢佩珊的叔叔和堂弟离开拘禁处。

未能搜捕到谢佩珊，始终是国民党琼崖当局在发报机遗失事件中的一大败笔，岂能善罢甘休！于是秘密发布通缉令，只要发现谢佩珊的踪迹，无论何时何地都必须捕捉归案。

此时，谢佩珊正在香港。他因为提前转移离开，而逃过了这一劫。

海口地下站被搜查的第三天，在香港的谢佩珊突然接到母亲的一封加急电报，电文只有"切速回海口"五个字。谢佩珊离开海口时，远在文昌的母亲身体无恙，而且他到香港前还特地回老家探望过母亲，老家里也没有什么事非要他亲自处理不可，母亲为何急着让他回家呢？这就让他犯疑了。

谢佩珊是家里的孝子。他想，既然母亲召唤他回家，说明家里肯定有大事或急事等待他回去处置，但又是何事要动用打电报的方式叫他立即返家呢？他进退维谷之时，立时想到党组织，让党组织计议此事，既使党组织了解他返回琼崖的原因，同时又能集思广益为他把脉出主意。当前国内斗争国民党当局已处于劣势，胜利的天平正向共产党方面倾斜。狗急是要跳墙的。恰好此时，琼崖独立纵队副司令员庄田因为向广东省委汇报中共琼崖特委关于"北撤""南撤"的决议问题也逗留在香港。

谢佩珊便将这一事情向庄田汇报。庄田和林树兰、朱侠等人听到这一消息时，都对这封电报的来路表示怀疑。如果是家里事直接写明也可以，何况谢佩珊离开海口没几天；假如是海口地下站发生不测，或由站里人或上级领导拍电报更为合理些，怎么要他"切速"回去呢，究竟为了何事？结合当下国共两党内战即将爆发，形势复杂多变，任何不测都会发生，任何阴谋都在暗室策划之中，他们便告诉谢佩珊先别返琼，再过几天，看后续情况如何再做决定。几天后，从来港琼崖人的传言中，谢佩珊得悉了海口地下站被国民党保安部队破坏的情况，以及云智先被捕变节的缘由，幸好自己的返琼行动暂缓了一步，不然必定成为国民党琼崖当局的阶下囚，甚至性命难保。他从这一事件的发生，感悟到对国民党琼崖当局保持高度警惕性，是当前和国民党斗争必须持有的态度。

此后，约过十来天，海口地下站的谢自锦来到了香港，看到谢佩珊安然无恙十分高兴。他问谢佩珊收到他拍的电报没有，谢佩珊从口袋里掏出那张皱巴巴的电报，递给谢自锦，说："我正莫名其妙呢，我离开海口没几天啊，何事急着要我回家！"

谢自锦接过电文一看，脸色骤变，拧紧眉头，愤怒地说："这是谁做的孽，把我拍的电报电文篡改了！"

谢佩珊不由自主地说："这是咋回事，你没拍过这电报，这是谁干的啊？"

"我是拍过电报，可不是这样内容的电报呀，准是敌特截获了我的电报，在电文上做了手脚！"谢自锦说。

1946 年 5 月，根据中共琼崖特委副书记林李明的指示，海口地下站派人前往香港和澳门建立联络分站，目的是通过联络站的枢纽作用，加强中共琼崖特委和中共中央南方局的联系，同时通过联络站经营海南土特产增加资金收入，从经济上支持琼崖革命斗争。海口地下站计划在香港开设商行，以掩护开展各方联络活动。朱侠代表特委交给谢佩珊法币 10 万元，欠缺部分由谢佩珊在香港发动侨胞和各方关系解决。不久，海口地下站派陈有森押运一船椰子、椰油和一些土特产到澳门销售，赚到一笔钱，并运回一批解放区紧缺货物。谢佩珊于 6 月上旬从海口搭乘中航飞机前往广州，取道澳门，抵达香港，打算筹建商行，以尽快落实中共琼崖特委的工作部署。

谢佩珊离开海南岛几天后，按照原先的安排，谢自锦正要押运一船琼崖土特产往澳门，就在他启程的前一天，海口地下站遭到国民党军警的查封。那天傍晚，监督货物装船完毕的谢自锦兴冲冲地从码头往海口地下站总部赶。夜晚，街上灯火阑珊，他突然发现整条街上几乎看不到行人，这使他提高了警觉，多了一个心眼。抵近阜成旅店细心观察，这时一位行人和他相向而行，从他身旁错过时，有意无意地悄声说"阜成旅店出事了"。于是当夜匆忙中给谢佩珊拍了电报，告诉他"切勿回海口"。不曾想，当他的船快抵澳门时突遇台风，船沉货损，幸好落水的他略懂水性，拼命挣扎，遇路过的商船发现搭救，他才捡回一条命。

云智先事件发生后，国民党琼崖当局如临大敌，立即加强了对进出港口船只的检查，对可疑的船只立即扣押，对可疑的人立马逮捕。与此同时，对寄出的邮件、拍发的电报严加检视，发现了从海口发往香港谢佩珊的电报，立即加以篡改，把原电文"切勿回海口"改成"切速回海口"，让谢佩珊差点上当，以为家里发生了大事情呢。而谢自锦的货船次日天还未亮就驶离了海口码头，让他避过了这一难。至此，篡改电报事件真相大白。

"原来是这么一回事，幸好我的警惕性颇高，不然就落入了敌特设下的陷阱。"谢佩珊握住谢自锦的手，接着说，"还差点误会了我的好同志好兄弟！"

云智先变节致使海口地下站遭到国民党琼崖当局查封。当天，已经返回海口的陈有森因事出门在外，回来时发现门前情况有异而避开。他立即将情况报告上级主管符思之。符思之当即指示陈有森：一是立即疏散没有被捕的工作人员包括其家属，提高戒备，以免上当受骗；二是关闭海口地下站所有联络渠道，通知有关单位和人员立即停止联系来往；三是设法把海口地下站被破坏消息扩散，防止周边群众被骗，遭受损失。陈有森谨慎地做完这些工作后，离开了海口。

海口地下站被破坏，给中共琼崖特委在海口市内的地下交通工作造成重大损失。过往谢佩珊通过结识国民党琼崖当局上层人物刺探敌特动静的渠道被截断，从其中层军警那里购买军火器械的路子也被阻塞。比如谢佩珊就从思想比较倾向共产党的海口警察局分局长谢晋基那里购买到一批手枪、子弹及手榴弹。因为谢佩珊被通缉，和谢佩珊有联系的海口军警关系被迫中断。一些已经付诸实施的行动计划被迫停止。

海口地下站建立时，中共琼崖特委利用日本投降的大好形势，积极联系民主党派和进步人士，组织"反迫害、反内战"活动，筹备建立海口地下民盟组织。符思之根据海口各民主党派在民众中的影响力，曾指示海口地下站加紧和海口市工商联合会联系，逐步发动广大民主人士，扩大民主阵营的覆盖面。抗日战争时期，海口市工商联合会曾经积极参加中共组织发起的纳税、捐助抗日活动，对国民党发动内战的行径进行抑制和破坏；解放战争初期，谢佩珊与海口会文书局陈鼎祥和海口盐业殷商邱秉衡加紧联系，认为组织地下民盟利用合法权利和国民党当局的斗争，能唤起更广泛的民主人士对反对内战行动的觉醒，并约定时间继续磋商，结成统一战线，争取和平建国的前途，这些进步民主人士都表示赞成。可是因为海口地下站被破坏，所有这些联络工作和规划只能中止。

可见，海口地下站作用之大。海口地下站被破坏，阻碍了海口地下交通线工作的推进。海口地下站被破坏，谢佩珊被通缉，海口地下站停止了工作。这一教训，足以教训和启发后人。

诸位：海口地下联络站在抗日战争和解放战争初期对琼崖革命斗争的贡献不可磨灭。无论是掩护中共琼崖特委和琼崖独立纵队领导干部出入琼岛，还是购置军火器械、药品等支援根据地、解放区斗争，其业绩有口皆碑。琼崖革命披荆斩棘，勇往直前。海口地下站被破坏，中共组织另辟蹊径，顽强拼搏，继续坚持斗争。请诸位听我继续往下说。

第二十七回　布局府海集结特区
打牢根基乡村围城

　　诸位：上回说到海口阜成地下交通情报站，即海口地下站重建后，按照中共琼崖特委的指示，采取更加隐蔽的斗争方式。当各方面工作顺风顺水时，国民党四十六军后勤处发觉发报机丢失，搜捕可疑人员，海口地下站被迫关闭。中共琼崖特委随机应变，果断采取相应举措，继续通过秘密斗争手段实施特委制定的战略部署。诸位且听我说来。

　　国民党蒋介石集团挑起内战，中国共产党领导的人民解放战争随之展开。在琼崖，国民党军队麇集，除了原有的国民党保安部队，败退的国民党兵相继从广东等地撤至海南，各种名目的驻守司令部像走马灯变换未定。1949 年 12 月底，国民党海南防卫总司令部正式成立，由国民党广东省政府主席薛岳取代了陈济棠，任总司令，欧震任副总司令，统一指挥退到海南的残兵败将。经一番重新改编所有逃亡琼岛军队、调整布防部署后，薛岳把沿海防卫工事称为"东方的马其诺防线"，自吹自擂。他的参谋长李扬敬向薛岳献媚，称之为"伯陵防线"，"伯陵"即薛岳的字，并大肆宣扬。可见其志在必得，立誓与琼岛守卫共存亡，狂妄至极。

　　"伯陵防线"即海、陆、空立体防线：把全琼划分为东、西、南、北四个防备区，把所统领的军队编成一、二、三、四路军防守。此时，岛上国民党驻军还有琼北要塞司令部、琼南要塞司令部、海口警备司令部和陆教二师、警保一师、警保二师、警保三师等守备、保安系列部队；归属海南防卫总司令部统辖的还有国民党海军第三舰队，计有大小舰艇50多艘；空军一个司令部，作战飞机20多架。海、陆、空总计兵力10多万人。薛岳视琼岛防线固若金汤，任何攻击在他的防线面前都将粉身碎骨。这是他的漫天狂言，一厢情愿。

　　1948年春，中共琼崖区党委面对国民党琼崖当局的高压态势，针锋相对，加紧部署，在海口地下站被破坏后，加快了工作步伐，决定成立中共府海特别区，由王健民任书记，王惠民任常委兼组织部长，蒋益忠任常委兼宣传部长。与此同时，原海口地区工委撤销，所辖地区划归府海特别区管理，还将琼山县三区靠近南渡江一带村庄划给府海特别区管辖。中共府海特别区委针对恶劣的斗争环境，采取了更加隐蔽的斗争策略，其中之一是规定各级党组织一律变"灰"，转入地下活动，最大限度避免人员损失。特别区党委、政府设在龙塘镇博南山，不进入海口市区。特别区党政领导和下属单位均使用代号，不使用真实姓名，例如特别区党委的代号是"吴竟成"，特委书记的代号叫"哥健"，曾在府海特别区任书记半年时间的祝菊芬代号为"哥骆"。不是熟悉特别区内情的人完全不知其所以然，致使敌特犹如雾里看花，迷惑敌人，很好地掩护好自己的身份。

　　解放军在全国战场上摧枯拉朽，势如破竹，节节推进，国民党军连吃败仗，兵源枯竭，于是到处拉壮丁，弥补兵源短缺。1949年6月，国民党四十六军组建人力输送团便衣排，以确保主要干线兵力运送安全，团参谋长郑彬指派中统特务符奇谋往各地招兵买马。可是此时的国民党战场气数趋衰，每战必败，众人都洞若观火，已经招不到人了。符奇谋除了心狠手辣，就是敢想，异想天开，火中取栗。因国民党军连连败退，且自特务头子戴笠坠机后，军统内部钩心斗角，其喽啰兔死狐悲，士气不振，改旗易帜后自己正欲露一手，以证明自身的本事，拼命卖力呢。符奇谋果然使用"奇谋"，他相信重赏之下必有勇夫，封官许愿就会有人冒头，宣布说："谁能招到 10 个兵，就给他当排长！"

这一招当然吸引了那些如蝇逐臭者，着实热闹了一阵子。可兵源缺口特大，布告四处张贴仍收效甚微。

中共府海特别区委得悉这一消息后，立即召集会议认真讨论。王健民说："琼崖区党委指示我们'加强敌内工作，迅速瓦解反动阵营'。我们要利用这一时机派得力同志打入敌军内部，掌握敌军动向，这对开展对敌斗争作用很大。我们要迅速行动。"

大家赞同王健民的意见，认为打入敌人内部渗透敌营正是时候。要做到万无一失，不泄露任何破绽，必须细致甄别，对人员选择谨慎的斟酌。最后决定吴泉变"灰"打入敌人内部。

接到中共府海特别区委的指示，吴泉通过熟人关系和符奇谋挂上钩。符奇谋正为完不成招兵定额愁眉苦脸，见到吴泉找上门，重申答应原先的应诺："我说话当真，国军能欺骗你们呀！国军过去战场上讨不到好处，就是说一样行一套嘛。我们都是兄弟，我保证兑现我说过的话！"

外头人不晓得符奇谋此时的心境，因为完成这个招兵买马差事后他才能脱身，改换门庭，另投新主，以图大业。不然，则落个办事不力的形象，以后就别再想咸鱼翻身了。

吴泉按照中共府海特别区委的安排，带上民主同盟的几个盟员陈兴、孙斌、冼浩以及城里思想进步又正在失业的五名青年一起进入国民党军的便衣排，他当上了人力输送团第一营第二连便衣排副排长，和他同去的老人党支部骨干李虎则在他的手下当班长。

中共府海特别区委在指示吴泉打入国民党军的同时，又通过党的外围组织、府海地区民主协会负责人邱沫的亲戚，介绍黄春进入国民党琼山县警察局当警士，安插甘昌光在警察局当雇员，二人相互呼应，形成斗争合力。不久，又乘敌人管理空隙，派郑苓到国民党琼山县政府军事科当指导员，安插吴世蛟到国民党海南特区长官行政公署当通讯员，何建山、廖克温分别当上了国民党琼山县福安镇的副镇长和保长。这时，还通过各种关系指派黄志与民主同盟成员吴望云打入国民党四十六军，当上了政工队队员。至此，府海地区形成了较为完整的谍报工作网，实现了中共府海特别区委"打入敌人内部，积极瓦解敌人"的工作部署。

根据中共府海特别区委的指示，吴泉、黄春和李虎三人组成了"敌内党支部"，吴泉任支部书记。吴泉告诉大家："隐蔽好自己的身份，秘密开展工作，积极打探敌情，协助特别区委做好谍报工作，加快海南解放步伐。"

国民党琼崖当局为守卫海南岛，巩固其统治地位，独出心裁，各种机构或建制百出。四十六军人力输送团便衣排，顾名思义，即为国民党军队行动保障安全的秘密工作队伍，他们的具体任务是保卫交通干线上国民党军队和物资的运送安全，侦探共产党组织和解放军琼崖纵队的活动，为国民党海南防卫总司令部提供军事行动情报。其活动为半公开半隐蔽方式。半公开，即对群众进行恫吓，以武力胁迫群众，保护交通干线的安全，预防军事行动泄密；半隐蔽，即隐瞒住自己的身份，配合大规模进攻，防止中共组织和琼崖纵队得悉消息先行撤走，或小股活动时防止琼崖纵队突然袭击。总之，便衣队是一支神秘队伍，背负着保障交通干线国民党军队运作安全的重任。不言而喻，其地位要比人力输送团的其他单位重要，不只防备共产党的队伍，还要防止自己内部人员哗变。因为执行任务特殊，吴泉经常有和国民党军队上层接触的机会，和国民党琼崖当局某些重要部门时常发生工作联系。

一次，吴泉因事来到国民党三十二军军部，在走廊尽头正遇到迎面走来的军部作战处长，由于军事行动的情报交换，吴泉和他有过交往。这时，这个作战处长腋窝夹着文件夹，行色匆匆，擦肩而过，吴泉很感诧异，稍一思索，马上转身招呼说："这不是王处长吗？"见他停步回头张望，吴泉赶紧趋前，递过一支香烟，还给点上火，"哎呀，处座是大忙人，每次遇见，你总是脚不沾地，急匆匆的，消灭解放军琼崖纵队就看处座的谋略了！"

高帽子一戴，这个作战处长受宠若惊，喟然叹道："我呀是苦命的差事，每天不是这个作战方略就是那个守卫方案，你看我只两三年吧，鬓发花白了不少。"说着，他指了指自己的鬓角，忧郁地接道，"逮住共军还好，若是国军吃了亏，我们就成了出气筒，挨骂受奚落，没给好脸色看，你说窝囊不窝囊？这还算好呢，若是倒霉，撤职查办，连老婆孩子都要遭殃。你们便衣队自由自在，老百姓好吓唬啊，驳壳枪一指，哪个不害怕吃花生仁，这个时候保命要紧嘛！还有，你的眼珠子一瞪，同僚哪个不吓得要命，随便扣一顶共产党嫌疑的帽子，他们就吃不消。你们算是横行一方的'土皇帝'！"

"处座高抬了啊，往实里说，我们只能在手无寸铁的老百姓面前挺直腰杆耍威风。在你们正规军跟前，我们都是虾米，得缩着头弓着腰，哪有扬眉吐气的时候。你老弟可是年轻有为前途无量啊！"吴泉恭维奉承地说。

"那当然，再见！"这个作战处长走了几步，意犹未尽，回头把吴泉拉到窗台处，见四下没别的人，悄声说："我们制定了一个绝密的行动计划，明天拂晓时刻我们要向共产党的解放区和西区地委所在地发起攻击，趁其不备，全部彻底捕获共产党西区地委的领导人，摧毁共军解放区。上峰把这次行动命名为'西线行动'。或许你颇感奇怪，我们怎么了解到共党的西区地委活动地点，告诉你吧，是我们的谍报人员今天早上才刚刚探听到的秘密。对了，这个行动计划你千万别泄露出去，关系到党国的前途与命运，还有我的官帽子。看我们是一条路上的人，给你透露这一信息，让你们也有个准备！"

吴泉说："放心呗，我咋能把党国的军事行动当儿戏，怎么说我都得顾及老弟你的地位和前途，我也不能自己砸自己的饭碗！恭贺你老弟大展鸿图，升官发财啰！"

"当下琼岛局势紧张，大陆差不多丢掉殆尽，人民解放军第四野战军自辽沈战役大捷后挥戈南下，占领了广州，现在徐闻、海康一带海边练兵，意图很明显，他们会适时渡海进攻，琼崖纵队作为岛内接应。如果让共军的阴谋得逞，我们死无葬身之地。老兄呀，我们要精诚团结，党国的前途命运操在我们手中呢！"这个处长似乎找到了知音，匆忙中说道。

送走了这位作战处长，吴泉心想：军情急如火，要想办法赶快把这个情报送出去。

当天下午，吴泉和李虎被派往灵山和云龙执行勘察公路安全的任务，黄昏时，他俩乘机赶往大林、福创，找到了正在这一带活动的北区领导祝菊芬，把国民党六十四军企图突袭西部地委所在地和国民党三十二军进攻文昌县根据地的情报转告他。祝菊芬立即派出地下交通员连夜把情报送往西区地委和报送文昌县委书记符思之。第二天国民党六十四军和三十二军的军事行动都扑了空。他们料想不到"西线行动"计划是如何泄露的，一帮人都蒙在鼓里，以为共产党人是神探呢。对中共西区来说，避免了可能造成的损失。

此后，吴泉以请示与联系工作为由，经常出入国民党三十二军军部、六十四军军部和国民党琼崖行政长官公署各个部门，利用各种工作便利开展谍报活动，从三十二军军部机要室取出海口至秀英一带国民党军布防作战图一张。其他人也陆续拿到有关情报。郑苓搞到三十二军西线"剿共"计划和国民党海南特区党政军办事处人员名单各一份；吴望云获取到六十四军包括呼号的秘密三角电码一本。郑苓和吴望云把猎取到的档案和文件资料交给吴泉，由吴泉交给黄春，再由黄春交给民主协会成员、姐夫谢一德，逐一连夜誊抄好，然后不动声色地交给各人放回到原地方，神不知鬼不觉。这些工作风险巨大，且要动作敏捷才能完成。

1949年12月下旬，中共琼崖区委指示府海特区地下交通站必须想方设法搞到敌军在府海、琼文及沿海的防务、兵力、番号、长官姓名等情报，为野战军渡海作战提供详细路线和作战目标。中共府海特别区委立即召集黄志、黄春和吴泉讨论，明确分工协作，尽快按照琼崖区党委指示开展工作。

接受任务后，黄志、黄春和吴泉利用各种关系，特别是朋友、亲戚和过往的旧关系，很快搞清楚国民党军的联防部署，包括兵力布置，并绘成草图，于12月29日汇交给府海特别区委。按照琼崖区党委的电令，府海特别区委于12月29日夜将情报转交给冯尔迅和徐清洲。他俩当晚从琼山县演丰乡河港村乘木船趁国民党军海防松懈之时出海。次日上午8时安全抵达海安，将府海特别区委收集到的国民党军布防情报交给渡海大军的有关部门。

大英山机场是国民党琼崖当局在海南岛北部的唯一机场，解放战争开始后，依靠飞机运送，国民党军调兵遣将及撤退军队的飞机频繁在大英山机场起降，从早到晚飞机轰鸣声不断。12月30日，府海特别区委根据琼崖区党委紧急指示，派员寻机打入机场内部，及时掌握机场动态。这时，凑巧机场炊事员出缺。经过谨慎考虑，府海特别区委认为民协成员符文珊忠诚老实，为人机警，头脑活络，适合承担地下交通员职责，于是以找工作为由，2月30日将他派入大英山机场担任炊事员。王健民交代给他的工作职责是：表面诚实工作，完成炊事员岗位业务，暗地里了解机场每天飞机起降次数、型号、种类及起飞航次，最大可能侦察机场防务，并负责绘制机场地图包括停机坪位置。同时，叮嘱他保护好自己，及时将机场情报送给地下交通员何建山。

符文珊每天以送餐为掩护，借出入停机坪的机会，暗中记住机场飞机起飞情形和机场各部方位。回到家后，连忙赶绘情报草图，并附简短说明，然后利用每天早上到海口市内购置物品和肉菜机会，向何建山报告机场最新动态。府海特别区委经过综合分析后，定期给琼崖区党委汇报大英山机场国民党军进出情报。符文珊自我隐蔽得很好，平时小心行事，情报工作一直坚持到海口解放。

中共地下交通工作是在敌人军警、侦探、流氓裹挟包围中的绝地求生，堪称为虎口拔牙狮嘴抢食，常常以性命为代价，有的即便不立时牺牲，但经受了敌人的酷刑摧残，没有几个能活过来。因此，也有人把地下工作比作鬼门关，敢向阎罗王弄刀枪，胜则畅通无阻，若揪不住阎罗王的胡须，则随时都会发生不测。

随着解放战场人民解放军的节节胜利，国民党军四处逃窜。当消息传到琼崖大地时，琼崖广大军民欢欣鼓舞，他们纷纷主动出击，争取早日解放海南岛，尽快回到祖国的怀抱。府海特别区委根据中共琼崖区委关于瓦解敌人、争取敌军反正的指示，把争取国民党军反正、动摇国民党军军心列为重点，并确定为当前的工作方针。

自国民党军败退海南后，先后接踵而至的陈济棠和薛岳都很重视对基层组织的驾驭，从下而上巩固国民党的统治，在最底层的乡镇组建自卫队，平时监控人民反抗，战时作为帮凶。自卫队由乡镇公所掌控，他们有别于国民党正规军，驻扎在乡镇，国民党当局心想长臂管束可力不从心，这就留出了被共产党和人民政府争取反正的空间。但因鱼目混珠，也有马失前蹄的时候，造成不可弥补的损失。

东新乡自卫队队长宁妳缺是广西人，原在国民党军中当排长，他对国民党军经常深入到解放区"追剿"共产党和琼崖纵队很害怕，时而以腹泻拉稀为由逃避"追剿"差事。这时各乡镇自卫队以维护社会治安为由组建，缺少军事指挥人员，宁妳缺躲避奔赴战场请求到乡镇自卫队任职，被分到东新乡自卫队任队长。到了东新乡，他才知道又入错了门，从茅厕出来又跳进了粪坑。在正规军里，士兵大出大进，成连整排行动，遇到不测救援迅速；而在乡镇自卫队则不同，几十个人的队伍既要维持地方治安还要充当上司耳目，心力不逮不说，更要命的是共产党琼崖纵队和县乡武装随时都会端他们的窝抓他们的俘虏，严重时当场让他们毙命。每想到此，后脊梁就冒冷汗。激烈的思索之后，他决定等待时机，跳出这死亡之所。宁妳缺于是使了个遮眼法，平日里管束部下，少在乡间挑衅惹出事端。乡民生活图的是环境安定，对他的行为也就认为体恤民众，以为他是乌鸦群里赤灰的一只。

东新乡党支部据此认为，宁妳缺这支自卫队是能够争取他们起义的。如果宁妳缺反正，将在全县的国民党乡镇自卫队中引起强烈反响，至少动摇了国民党军队打内战的军心，尤其是在当下大陆国民党军溃退、琼崖大地即将春暖花开之时。这当儿，中共府海特别区委书记王健民布置邱沫已争取国民党秀英要塞司令部排长唐敏，站到共产党的一边。一次邱沫和唐敏接头，说到东新乡自卫队队长宁妳缺，唐敏满有把握地说完全可以谈，他们还是广西老乡。见他信心十足，邱沫便把争取宁妳缺率队起义的任务交给他。唐敏爽快地答应。

唐敏是海口民主协会成员。刚加入民主协会的他很想有一番作为，希望通过争取邱沫向共产党组织表明自己的决心和行动。唐敏求功心切，不几日，就只身来到东新乡自卫队。宁妳缺见是同乡又是熟人，把唐敏领到镇上一家上好的酒店，尽到地主之谊，明里热情，暗里藏头匿尾，搪塞着对付唐敏。

唐敏不识他真面目，毫不掩饰来意，说："兄弟啊，我们是一家人，不说两家话。国民党军兵败如山倒，是越来越不成气候了，这些你已看到，是否另有想法呢？"

"哦哦，唐兄你请讲。"宁妳缺见猎心起，呷了一口酒，掩盖自己心里的慌张。

唐敏直截了当地说："我们当初参加国民党军，那是抗击日本人的侵略，维护中华民族的尊严，可是日本人已投降了，现在国民党撕毁

'双十协定'，挑起内战，中国人打起中国人来了。坦白地说，我厌倦了，仗是不想再打了，要另寻出路！"

"照唐兄说，我们该怎么办？暂不说出路吧，我们也要找个避风港躲一躲啊。这仗打来打去，说不准哪一天连命都丢了，还说啥享福升平！"宁妖缺顺着杆子往上爬。

乡下人见到国民党军的军官饮酒，害怕生事，都躲得远远的，酒店里只剩下他们二人。唐敏毫无顾忌地说："我要走一条光明大道，投奔人民解放军去！你可是个聪明人嘛，在大陆国民党军每战必输，接连溃败，海南岛一个弹丸之地，共产党解放军解放海南岛只是时间长短问题。人民解放军要是发起威来，台湾想守也守不住，我们不能做蒋家王朝的陪葬品！"

宁妖缺"哦"了一声，吓得浑身冒汗，这些事实他不是没想到，而是不敢去想，这时赶忙掩饰地说："是要想想退路啊，哎呀，该怎么办呢？"

唐敏以为宁妖缺真的心动了，竟直肠直肚地说："兄弟说话不相瞒，我呀比你先走了一步。我想，我俩是老乡，又是好兄弟，不是说有福同享有祸同当嘛，更不应该在此时此刻落下你！你说对还是不对？"

"唐兄对小弟侠义可嘉，喝！"宁妖缺双手捧起酒杯敬唐敏，狡黠地说，"这是关系到身家性命的大事，我得仔细地想想。当然嘛，唐兄已经在前头开路，我不能落后！"

夜里，宁妖缺鬼心眼在转。国民党军在大陆败局已定，除非闭着眼睛说瞎话，这谁都看到了。但眼下十几万国民党军撤到海南岛，兵力雄厚，且隔着一条琼州海峡的天然屏障，号称"伯陵防线"固若金汤，人民解放军要想打下海南岛纯属梦想，现时投奔解放区吃那份苦得不偿失，何不告唐敏的密，打他的黑枪，还能帮助自个脱离这里的险境，升官发财？宁妖缺鬼迷心窍，官瘾缠身，趁着黎明时刻唐敏酣睡之时，独自偷偷地溜往海口。

　　宁妤缺告密，国民党军警先抓住邱沫，再捕捉了毫无防备的唐敏。还在邱沫住所周围布下暗岗，要连根端掉共产党的窝。当晚，毫不知情的黄春来到邱沫家打探策反消息，被埋伏的国民党军警逮捕，关在附近的一间公寓屋子里。黄春趁着岗哨走眼，夜半撬开窗户，越墙逃逸。他赶紧派人前往府城，找到吴泉报告情况。吴泉急中生智，采取果断措施，带上李虎和陈兴离开便衣排赶往苍西，转告地下党组织，然后折回北插。由于邱沫和唐敏被捕后宁死不屈，为吴泉他们赢得时间，得以从容地从北插国民党自卫队顺手带走了手枪一支、卡宾枪两支。北插自卫队的人以为他们是执行任务呢！国民党军警接着搜捕吴泉和李虎不果，把吴泉的妻子和未满周岁的孩子当人质，投入了监狱。紧接着，抓走李虎的父亲。

　　邱沫和唐敏被关押在府城郊区的一座军营里。国民党军警百般拷问，酷刑用尽，邱沫和唐敏大义凛然，不屈不挠，要深挖国民党府海驻军里的共产党组织成为泡影。国民党琼崖当局妄想制造寒蝉效应，威吓政府机关里和军队中的反抗情绪，将邱沫和唐敏绑在卡车上连续数日游街示众。邱沫和唐敏沿途高呼口号"中国共产党万岁！""打倒国民党反动政府！"1949 年 9 月，他们就义于红坎坡乱坟岗。

　　吴泉和李虎的共产党地下活动，让国民党军和国民党琼崖当局惊恐万状。共产党人就潜伏在他们身边，甚至打入他们的军队里，刺探军情，国民党军和国民党琼崖当局却浑然不觉，还妄称海南防卫"固若金汤"，岂不自个打脸，成了人们饭后茶余的谈资！不久，便把人力输送团便衣排悄悄地裁撤了。

　　解放战争是海口地下交通站站点发展最多、工作最活跃的时期。这一期间，市内交通站点有三个：长堤交通点设在海口长堤阜成平旅店附近，负责人周琼英（即东门姐），交通员有郑善琚、何明道等；东门打银交通点，设在海口东门打银铺里，由交通员直接和陈友、吴成仁、蔡寿鸿联络；秀英书场交通点，负责人吴法达，交通员陈友等。

市郊 12 所小学设立交通点：东营小学交通点，负责人张祖治；北插小学交通点，负责人先后为王海、符川、张祖治；群尚小学交通点，负责人张显环；瑶山小学交通点，负责人先后是张显环、何建山、曾淑兰；文君小学交通点，负责人先后为张光椿、张显祖，这个点也是海口区工委活动点；燕尾小学交通点，负责人张光椿、陈聚泉；福创小学交通点，负责人杨许光；万一小学交通点，负责人辜儒育；高山小学交通点，负责人林诗豪、林书代；和港小学交通点，负责人李世民；九村小学交通点，负责人何其美；歧山小学交通点，负责人郑庭僚，这个点同时也是中共琼山县三区区委的交通站。海岸沿线交通站点五个，分别是：东营港交通站，由徐清洲负责，这个站是沟通徐闻、海口之间的交通线点；福创港交通点，负责人林克深、蔡寿鸿，这是海北、徐闻和海口地下交通员来往传送情报及联络的交通站；高山交通点，负责人林诗豪，这是海口直通徐闻的交通点；吴必兴联络站，负责人吴必兴，是海口区工委和北区地委、琼山县委联络的重要交通站，也是海口至徐闻的交通站，地点在歧山附近；塔市山下村交通点，负责人是林克深的姐夫，姓陈，这是塔市新渔角和徐闻北车港之间的交通站。南渡江交通站两个，一个设在江西的龙塘镇玉仙西村，站长周天惠；一个设在江东的坡阴村，站长王德祥，后改在玉仙东村。这些站点各显神通，助力于海南解放的进程。

国民党军严密封锁琼州海峡，中共地下交通线依然保持畅通。1949 年 8 月，琼崖纵队副司令员马白山和黎族人民的领袖王国兴分别从临高县头咀港渡海抵达雷州半岛，马白山从徐闻至海康至湛江，然后至香港；王国兴则抵达菉塘交通站，然后经霞山前往香港。途中，他们均由地下交通员护送。

诸位：解放战争期间，府海地区中共组织的地下斗争愈益活跃，尽管某些交通联络站点被敌人查获遭到破坏，可他们接过先行者的旗帜，提振精神，又以更加昂扬的姿态挺立在中国人民解放事业的前列，勇往直前，愈战愈勇。惨烈的斗争环境，也让地下党组织和交通员尽释高超的本领和智慧。请诸位听我继续往下说。

第二十八回　笑谈风云把控火候
麻将声里巧置军火

　　诸位：上回说到中共府海特别区委按照琼崖区党委的指示，派员打进敌特系统，收集敌特情报。这是地下交通站斗争的一个侧面。与此同时，开展多个层面渗透，包括国民党军兵士的利用和争取，全力推进海南岛的解放进程。交通员们的智慧与果敢不仅表现在分化敌特方面，而且体现在与敌特斗智斗勇和敢于胜利上。诸位且听我说来。

　　这天吃过早饭，陈友就直奔郑苓家里来。陈友一进门就问道："今天照样开张吧，人都约好了？"

　　"一切按我们预定的安排行事。人早说好了。说到这要感谢你大嫂，办事总是丝丝入扣，昨天下午就约好啦，待一会儿人就会到的。你先喝口茶水歇歇！"说话的是郑苓。

　　话音未落，郑苓的妻子卢藻阳携着水壶进来，见了陈友，端详了一会儿，显得十分谨慎，压低声音说："大背头，发蜡发亮，苍蝇飞过得防摔断腿呀！就你这西装革履，眼里无人，不会有人怀疑你是那头的人！"说着，用手指了指博南山的方向，意思是中共府海特别区委的人。再用诙谐的口吻说，"得注意咧，风流倜傥，盛装派头，防止上了敌人美人计的当。"

"不至于啊！嫂子说得也很及时，经常提个醒，敲敲警钟，我不会误入歧途。共产党人的宗旨是为大多数人求解放谋利益，记住这初心和教诲，任何时候都不会迷失方向。"陈友落落大方地坐下，随意拉了拉领带，掸了掸笔直的裤管，分明是经纪人的派头，又问道，"没有人说我是共产党的地下工作者吧？"

卢藻阳微笑地又仔细地看了看他，给他倒上一杯清茶，正经八百地说："至少到今天，准确地说应该是现在还没听说，或许我没有听到。我听街坊的那些女人议论，说像你这样的公子哥们肯定妻妾成群，情人不少于一打，还说不要撞上你，最好连招呼也别打，防备给你勾魂摄魄。你说，这不是防你像防盗贼啊！"

"嫂子如果不打折扣，她们真的是这般说，我倒放心了。"陈友说这话时，心里苦涩，缓慢地呷了一口茶，用力吞下，"今天要做个大买卖才行。那头太缺乏硬家伙了，我们要多想一些办法，减轻那头的忧愁。咳，街坊们对我观感不好我理解，其实，我何想如此呢，空手走路哪知挑担人心里的郁闷啊！"

卢藻阳发觉陈友因她的话语情绪不对头，忙说："我随便说嘛，街坊说你外表飞扬跋扈，眼中无人，但听你说话看做事心眼儿好，骨子里不是坏人。哦哦，我得烧水去。老郑呢，你上哪了？"

"我在这呀！来了来了，急啥急啊！"站在院子后门窥望的郑苓后退了几步。进门对陈友认真地说，"嫂子心细，嘴碎话利，不过她心里有谱，不用当真。"

琼崖革命之所以艰苦卓绝，就在于地理环境的独特上。四面环海的海南岛，当下和大陆交往，海路是唯一通道。大革命失败后，琼崖革命从发动到临近解放，中共组织都没有能够掌握出海权，港口被封建军阀或国民党政府控制。日军侵琼时，加强对琼州海峡的封锁，许多利用各种方式渡海的革命同志牺牲在日军的炮火之下。解放战争时期，国民党政府获得大量美援，武器是美式的，甚至军舰也是美国援助的，对琼州海峡的封锁更加严密，甚至沿海岸小港口都在严控之中。在这样的条件下，琼崖党组织要取得党中央、广东省委军事物资的支持就更为艰难，或者说，是根本就不可能的奢望，绝大部分武器弹药只得依靠自己解决。

作战极大地消耗弹药，中共琼崖武装队伍需要大量的武器弹药补充。这时的人民解放军琼崖纵队武器弹药，仍然需要自己解决一大部分，其途径是：一靠自力更生自己生产，但缺少原材料，譬如炸药、雷管等，都得从外面购进，少量由自己的军工厂生产制造。二靠缴获国民党军的武器来装备自己。中共琼崖武装在消灭国民党军的同时，重视清理战场，收缴国民党军的武器装备自己。三靠购买现成的武器弹药，重点是国民党军和乡镇自卫队偷卖的装备，譬如枪支、手榴弹等。即便购买到枪支或弹药，如何从国民党军驻地或控制的城市里运出来是一个大难题。海口是国民党军警麇集的区域，也是党政部门的集中地，军队多序列复杂，管理混乱有隙可乘，这都给中共琼崖地下组织购买国民党军武器提供了偌大的可能。尤其是解放战争期间，国民党军看到蒋家王朝大势已去，气数将尽，统治政权摇摇欲坠，他们都得为自己寻求后路，不说别的，逃跑也得一笔盘缠，中下级军官利用手里职权私卖武器弹药司空见惯。中共琼崖地下党组织使用各种手段，借此机会尽可能开辟渠道，购买武器和装备，增强战场的作战威力。

中共府海特别区委十分重视购买军火工作，按照琼崖区党委的指示要求，建立军火收藏的秘密转运站。每当购买到军火，趁国民党军警检查疏忽，寻机运出城区，交给相关的地下交通员，运往解放区。1948 年 1 月，海口市工委已委派王山、陈友专司这项工作，相继建立了五个军火转运站：一是居仁坊 8 号（今新华路 58 号）东排溪姐宅，由交通员周琼英、吴多祥负责，将收藏的军火转送到西线的澄迈丰盈、马村；二是居仁坊 2 号（今博爱南路 2 号）王炳南家宅，由交通员王炳南将接手的军火分送到东、西两线党组织安排的接头地点；三是新民西路西门芳记楼，由郑苓、卢藻阳夫妇负责，将收藏的军火转送到秀英书场交通员吴法达处，然后由吴法达负责转运西线；四是水巷口"九八行"，收藏的军火由郑苓、王山、周琼英负责运送到东线接运地点；五是秀英书场站，分别由交通员吴法达、曹秋桂、柯启存、吴祥龙、郑善琚等负责，直接将军火转送到羊山、马村、丰盈交通点。各个站点各司其职，运行有序。

退守海南岛的国民党军队加紧对人民解放军琼崖纵队的"清剿"，前线也因此需要更多的武器弹药。中共府海特别区委加强购买军火工作的力量，加派吴成仁、蔡寿鸿、符开福、黄志、黄春、吴泉潜入海口、府城。他们利用各种身份和关系，广泛联络有关人员，争取购买到更多武器弹药，支持前线反"清剿"作战斗争。王山、陈友在海口潜伏下来后，又发展进步人员赖金洲、郑信基、郑文绕等为民协成员，其中郑文绕还是国民党琼山县警察局主办秘书，委托他们尽可能地为中共武装购买武器弹药，为解放海南岛出力，他们也很积极主动。这些人员凭借他们的职务地位，各自施展自己的本领，尽心尽力为中共组织效力，购买军火物资。

海南岛解放就在此一役。因而，地下交通站和地下工作人员竭尽全力，采取多种办法，他们装扮成各种身份的人士，比如海南特产老板、茶叶商人、建筑工头、杂货商贩、经纪人，隐秘地出现在茶楼酒馆，自主和各路商贾洽谈，尤其是重视接触国民党的军政人员。刺探军情，试探武器、弹药购买的可能。

陈友个子不高，人很精灵机警，天天身着西装，皮鞋擦得锃亮，上酒馆、跑茶楼，甚至逛戏场，他的目标是接触国民党军警权势人员，以从他们手里购买武器弹药为主要着力点。

国民党三十二军阎军长的姨太太住在海口芳记木工店的楼上（今新民西路76号），担任保卫和杂勤的还有一名姓蒋的副官。由于战事抽不开身，阎军长经常是十天半月才光顾木工店的住所。这样，他的姨太太便放了鸽子，终日无所事事。

阎姨太可不是好打发的角色，喝玩抽赌样样都会，当然也贪婪无度。别以为女人有脸无心，阎姨太头脑可清醒得很，国民党军从华东战场一直退到海南岛，她便推测共产党的军队势不可挡，丢失海南岛只是迟早之事。既然如此，何不趁此机会捞一把呢，这个年月没钱便无路可走，谁知道今后会否无家可归啊！过往阎姨太还有点收敛，这回她放大了胆子，能收则收，可占则占，来者不拒，当起了"官帽"批发掌柜。三十二军里的一些中下级军官探得阎姨太的德性后，常从文昌、嘉积等驻防地跑到海口来巴结阎姨太，幻想走"姨太太路线"，用金钱开路争取晋升。国民党军自从大陆战场败退，军中减员不少，一些高阶官职出缺待补；或兵少官多，裁撤官佐保住官职要紧。现时战事频繁，说不定明日就掉了脑袋，溜之大吉是上策，因而也有人巴结奉承借"枕边风"脱离战地。他们的做法是打麻将取乐，开辟"输钱通道"，再见机行事。如此，其行为才不显山露水，不至于招人惹目。

郑苓打探到这一信息后，立马计上心头，制定方案，向中共府海特别区委汇报并获得批准后实施。府海特别区委还指示陈友协同行动。经过细心查询，悉知同一街道、相距芳记木工店三四十米恰好有一处屋子闲置着，郑苓便租了下来。这处楼阁前有门楼后有庭院，既适合居住又能用于生意贮存货物，在市区闹中取静。如果遇到不测，还能从后门或通过前门大街进入四通八达的小巷道。装修一番后，购置了必要的家具，他们便住了进去。

阎军长时常不在家，阎姨太寂寞难耐，时不时便逛街进商场，见到珠宝尽刮囊中，还有那些产自南海的珍珠，窥见必买。两家既是邻居，平时路边相逢，一来二往，阎姨太和卢藻阳成了熟头熟面的人。看到卢藻阳打扮像是大户人家出身，且丈夫是商场经纪人，她便主动搭讪，说卢藻阳诚实，说话贴心，身段婀娜多姿，羡煞人了。阎军长不在家时就常过门闲聊，说自己住宅边人杂耳烦，还是郑家安静，又看到郑家置有麻将牌桌，便将她家的牌客带到郑家来玩。三天两头那些国民党中下级军官就聚集在一块玩起了麻将，甚至在阎姨太那里说完话办完事就径直到郑家来。在麻将桌上，陈友和郑芩与那些国民党军官也厮混熟了。卢藻阳热情勤快，善于见风使舵，有时侍候茶水，夜深或过了吃饭时辰，还会端上煮好的夜宵或可口饭菜，让这些军官玩兴不减，乐不思蜀。

玩牌总有输家赢家。陈友和郑芩肩负使命，二人之间有了默契，赢时多输时少，有时他俩故意输些，以博得阎姨太欢心。大多数赌徒赌红了眼，几多龌龊的事情也能干得出来，这时瞅准时机，他俩见缝插针，力争主动，扩大战果。

这天中午，从文昌来的国民党军李副团长输得囊中羞涩，所剩无几，想罢手心不甘，可手里没几个钱了呀！

赢家是阎姨太，牌打在兴头上。她见这个副团长打算停手，岂能罢休，"将"了一"军"："要当逃兵啊，若在战场上可是要枪毙的。在我面前，不至于吧，李团副再来一圈！"

输到脱裤也不能在阎姨太面前露怯。刚才在阎宅，阎姨太收了他的金条，答应他在阎军长面前说项，十日半月由"副"转"正"，此时此刻说什么也不能退场。"风水轮流转"，谁输谁赢没个准呢！自我安慰后，李副团长硬着头皮双手合十摆弄了一番，说："赵公元帅驾到！这一圈保佑小民赢了！"

"哟哟！观音菩萨附在我身上呐，看谁的显灵！"阎姨太笑吟吟地说，然后，颐指气使，向着郑芩和陈友说，"就你们二位不说话，不食人间烟火？"

陈友赔着笑脸，奉承地说："阎姨太太就是观音菩萨，济世救民，我等岂能相比！李团副一脸福相，或许是马到成功，要发大财嘛想挡都挡不住呀！我不晓得郑兄手数如何，我嘛甘愿忝列下位。扳回败局，只怕明天再论胜负啰！"

阎姨太和李副团长二人被哄得脑热耳顺，一圈牌在"噼里啪啦"声中开场。真可谓是人算不如天算，李副团长想赢拿回本金，结果一塌糊涂，输到掏空了口袋，愁眉苦脸。而阎姨太呢，趾高气扬，搔首弄姿，果然旗开得胜，笑逐颜开。陈友和郑苓与他们两个打了平手，不输不赢，手彩持平。

哗啦啦地，一局又开始了。赢赢输输，几上几下，李副团长打到多半圈时，已经一分不剩，说把款赊下，待下手赢回，可越赌越输，一圈下来，输了好几百，窘态百出，面对阎姨太他可不敢赖账，难为情地说："哎，我当下是一个子儿都拿不出了……"

阎姨太是个只认钱不认人的主儿，仗着阎军长的权势，话说刻薄得像一把利刀："没钱能上床啊，乞丐出门都懂得拿个勺子，还是个团副带兵的哩！"

"李团副先饮点茶水润润喉。"卢藻阳本站在阎姨太身旁看热闹，这时不慌不忙地递上茶水，话中有话地调侃说，"钱不能欠过夜，这是麻将桌上的规矩，李团副当然知道。其实嘛，李团副身上有钱，只是不舍得出血本就是了！"

"啊，我身上有钱？哪来的钱！"李副团长一脸茫然，左右环顾，拍了拍上口袋，又捏了捏裤兜，无可奈何地说，"我现在纵使是孙猴子也变不出钞票来嘛，何况我本不是孙猴子！"

见火候已到，卢藻阳漫不经心地说："李团副身上不是拎着把硬家伙嘛，谁不晓得那硬家伙就是钱，枪声一响，钱银万两，那说的是抢劫。我说的可不是抢劫，谁不清楚枪能换银两，我卖自家的东西嘛又不犯法，即便犯法吧可没人说，没人说啊就等于没人看见，李团副你说对不对？"

"不妥吧，那是要犯军中纪律的，若是让阎军座知晓我还能有命吗？"李副团长不敢在阎姨太面前逞强，下意识地摸了摸腰间的手枪，眼睛死死地盯着阎姨太，恐惶地脱口说。

"我什么都没看见。我要的是钱，其他的我一概不管，也懒得心思管！"阎姨太紧接着说，一脸不理会的神情。

"唔唔，"陈友咳了两声，盯了阎姨太一眼，说道，"阎姨太太不是那种小肚鸡肠的人，可不管这些呢！我说，现时府海市面动荡，盗贼猖獗。这些蟊贼不敢进入大户人家，专拣那些小店铺小摊子下手。我的邻居是开铺面的人，他最担心盗贼夜里入室干扰，托我说想买支手枪守更看夜，吓唬那些蟊贼。我说吧，就卖给他也无妨。至于价格嘛，不会亏了李团副。李团副你说怎样？"

"哎呀呀，你这个人好啰唆，李团副还信不过你，现在市价多少？二百五吧，我说你就给三百，讨个整数，李团副的手枪看样子九成新呢，皮套还不褪色，尚有子弹呀，成交成交，我当公证人行不？"郑苓看到饭快煮熟，赶紧添了一把柴火，"李团副在团里是说一不二的头儿，除了上天摘星星摘月亮不可为，还愁没枪，一支不说，即便十支八支也不是问题，我说就这样定了！"

李副团长看了一眼闭目养神的阎姨太，声音颤抖地说："阎姨太太是我的大恩人，不会计较我的过失。说好喽，这枪只能用于防盗打贼，不准转手卖给共产党解放军，陈先生你得保证路正货顺，不出岔子。不然，我对不住阎姨太太的信任！"

"陈先生是我的好友，如果信不过，我咋会叫上他到我家里玩，阎姨太太的身价高着哩。李团副，这事包在我身上，出事找我行不行？"郑苓说罢，朝卢藻阳喊道，"阿阳，中午快到了，准备午饭去，搞丰盛些，好不容易才聚到一起，不是说'有缘千里来相会'嘛！"郑苓见到大家的脸色有所缓和，接着得意地接道，"我有一件喜事先报告阎姨太太和李团副，通过朋友推荐，我已在琼山县政府谋得了个军事科教导员的职务，后天就走马上任。实话说喽，这小小的教导员不值得夸耀显扬，在阎姨太太和李团副面前是小巫见大巫喽。不过啊，我们是好友，先分享一下我谋得个职务！"

李副团长这时愁眉舒展，心眼儿开始活脱，在阎姨太面前仍然不敢放肆，小心翼翼地说："这样好呀，今后我们是一家人了，军政不分家，都是党国的人！"

"唔唔。"阎姨太看到他们说得热乎，仿佛受了冷落，眼光投向门口，轻轻地吱声。

陈友是个机灵明白人，知道只顾说李副团长的话，疏远了阎姨太，立即给她递上一根烟点上火，然后从口袋里掏出一沓钞票，递到李副团长手里，说："李团副讲信用，我算是仗义吧，一分不减，你数数！"

李副团长当着众人面还是数了数，多出了50元，装作不在意，然后迅速地双手把200元的钞票送到阎姨太的桌面上，献媚地说："欠债还钱，天经地义，一分不减，交往不难！"

阎姨太呷了一口茶水，伸了一个懒腰，阴阳怪气地说："别当一码事，区区小事一桩。李团副，我阎姨太太不应该是只认钱不认人的嘛，是不是？"

"我知道，还是一副菩萨心肠呢！"李副团长点头哈腰，一语双关，忙不迭声地说，"谁不晓得阎姨太太大方阔气，人情味浓着呢！有阎姨太太给我遮风挡雨，开路搭桥，别说我只攀一级官阶，今后还要飞黄腾达啊，我们再来一圈！"

"对对，趁兴再打一圈！"陈友接过话，兴冲冲地搋起麻将牌，哗啦啦地响。他瞟了李副团长一眼，暗地想，这个李副团长刚才或许忘却了此行的目的，现时灵光一闪回过神来了，不应为了小钱缩手缩脚了吧，打麻将还不是找门径向阎姨太"进贡"钱银！

自此，郑苓家宅成了地下交通站和国民党中下级军官军火的秘密交易所。陈友今天早早到来，就是等候另一个客人。这当儿，郑苓听到前门砖庭上响起皮鞋"咯咯"的磕地声，忙躲入房间。只一会儿，一个穿着国民党军装的人闯了进来。

"是郑组长，请坐！"陈友站立，恭恭敬敬地说，注视了来人一眼，接着说，"嘿嘿，见到郑组长可不易，这阵子发福了啊，心宽体胖，郑组长又高升了？"

"高升个屁！这个世道，没有后台别想升官，不被撸掉算是时运命济了！"郑组长把帽子摘下，随意倒扣在身旁的茶几上，跷起二郎腿，幽幽地说着怪话。

郑组长姓郑名光，是国民党海口军警督察处组长，多年来仕途不顺，眼看有面子有后台的部下一个个往上晋升，他还原地踏步，心急了。他想找靠山，便到处打探消息，近日从同僚那里打听到驻军阎军长的面子大，摊子宽，家眷住在海口市区，又继续探听各方关系，得知阎姨太常到邻居处玩麻将牌，这个邻居姓郑，于是攀上了和郑苓同姓，混了个同宗兄弟。几回茶楼交心私谈，他很明了地告诉郑苓自己的心事打算，郑苓一句"这时局能帮上一手是前世情缘，何况还是同姓兄弟"，他便拜郑苓为大哥。郑苓果然不食言，由偶遇到刻意安排，让郑光在麻将桌上和阎姨太搭上线。阎姨太见钱眼开，现在"钱"找上门，来者不拒，多多益善。一回生疏两回熟人，这次是郑光主动登门。

"阎姨太太今天应该会过来吧？"发罢牢骚，郑光急不可耐地问道。他晓得陈友知道他来此的目的，就不忌讳，"这个花娘子胃口颇大，不好侍候啊！"

陈友笑了笑，说："这世道办事难，难办事啊！就说我吧，生意越做越艰难了，眼看快到嘴的熟鸭子，咋知道一眨眼就飞掉了！没有后台没有靠山呀，人家仗着后台硬，明火打劫，从嘴边抢食，我能咋办？"他给郑光倒上一杯茶，宽慰说，"你老弟干的是不亏本稳赚钱的生意，一本万利。谁人不晓得你老兄占的是肥差，不进贡者想整谁就整谁，这些岁月国民党当局谁不贪，只要沾上'长'字号的，拉出去枪毙都不冤枉！坐上处座的交椅，不愁钱银滚滚，要啥有啥。老兄你日后升了官，别忘了小弟我，眼下我只是赖活在世上啊！"

郑光不置可否，眼光紧盯着门口，渴望阎姨太出现。这时，门口外从远至近传来"沓沓"的碎细脚步声，他立马起身注视着，企足而待。一会儿，卢藻阳出现在门口，郑光瞅见她身后没人，眼光瞬间暗淡下来，问："阎姨太太没来？"

"人家没空嘛！"卢藻阳慢条斯理地坐在对面的沙发上，回答说。见郑光眼光颓废没神，故意吊起他的胃口，装作神秘，"阎军长昨夜很晚才回来，阎姨太太欢欣若狂，如胶似漆，两口子正亲热着呢。我刚从阎姨太太宅屋出来，是蒋副官亲口对我说的，不会假！啧啧，大官呀那个排场可大啦，随从卫兵少说也有四五十人啊！"

"哦，阎军长昨夜回来！有否说什么，比如说到我？"郑光顿时两眼放光。

"阎姨太太说不说什么，我咋晓得呀，我可不抱他们的床脚！"卢藻阳卖了一个关子，才说，"要说嘛，蒋副官人挺精灵的，他记住我的吩咐，乘着送茶水时听出了端倪。"

"听到啥了？说了人事消息？"郑光引颈，伸长了脖子，"若是探准了消息，日后我定得重赏他！"

"郑兄弟啊，我如不出'血'，那小子能为我效劳吗，这个世道是啥世道！"卢藻阳欲擒故纵地说，"蒋副官告诉我，他听阎姨太太在卧室里说到一个'光'字，你说名字沾'光'的是哪位？还不清楚吗？"

"嘿嘿，嫂子说的是！"郑光捋了捋大背头，沾沾自喜。他想，说不定阎姨太正把他托的事向阎军长说呢！不管咋说，这处座的目标是朝他越来越近了。想到这里，他闭上双眼，右手指不由得在椅子扶把上轻弹了起来，嘴里像说呓话哼起了小调。

陈友把这个情景全看在眼里，趁机说："今天的麻将看来三缺一，是要塌台了啊！阎姨太太若是来了多好！"

"不不，我说阎姨太太来不了，她办正经事嘛，夫妻小别胜新婚！

对对，不能败了陈先生的雅兴，郑大嫂补阎姨太太的缺，正好！"郑光抢先说，做着赢家的美梦。他在盘算，若是阎姨太来，今天他只能是输家，现在阎姨太不来，自己何不趁机捞一把，再把钱银奉献给阎姨太。

陈友听了郑光的话，立即招呼郑苓。郑苓急忙从楼上下来，见了郑光，兄弟长兄弟短寒暄了一阵，麻将便搓开了。打了两圈，郑光输得无言，他不服气，继续赌，结果越赌越输，原先心想赢钱进贡阎姨太，现时竹篮打水一场空。输到没钱给付，经不住卢藻阳揶揄，把佩带的驳壳枪赔上了。反正他不在乎，升了官啥枪没有呢！

依靠和国民党中下级军官打交道，陈友和郑苓又陆续从国民党琼山县自卫大队大队长许大任那里买到一支加拿大手枪和一批七九步枪子弹，从国民党中统局驻海口办事处组长陈涛手里买到一批雷管；此外，先后购得了几万发子弹、3000 斤炸药、4 万个雷管和一批枪支。

平时运送军火都由卢藻阳押车。卢藻阳穿着旗袍，人又长得俏俊，一副官太太的样子，哨兵看到小轿车里端坐着官太太，连查问都不敢大声。一次用大卡车运送军火，哨兵拦下车要上车搜查时，卢藻阳急中生智，在小孩屁股上拧了一把，小孩疼得"哇哇"哭闹。爬上车的国民党军士兵看到装有日杂用品的箩筐上，挂着腥气十足的尿布，又被小孩的哭闹声搅乱了心绪，往满是布匹的箩筐筐扫了几眼，在金银纸钱香烛堆里扎了几刀，打破了几个酱油罐，没发现异样，便草草收场。卢藻阳的大卡车喘了几声，开足马力绝尘而去。

诸位：地下交通站用多种方法手段采买军火，支持琼崖区党委和琼崖纵队的反"清剿"斗争。显然，这些武器弹药助力于整个解放区战场向着胜利的方向前进。地下交通站和国民党琼崖当局展开诸多较量，开辟捷径猎取军火，涣散国民党军心。危机里孕育着成功，同时也铸造了传奇。请诸位听我继续往下说。

第二十九回　食店设点精准钓鱼
棺材板里暗藏玄机

　　诸位：上回说到海口地下交通站按照中共府海特别区委的指示，积极配合解放海南岛斗争购置军火。他们寻找机缘，开辟了属于自己的阵地，给予解放区反"清剿"军事斗争以极大的支持。地下交通员借助解放战争形势，依赖众人的智慧，击中敌人贪婪的软肋，成就了自己的行动。这种斗争在府海地区多个场合展开。诸位且听我说来。

　　1949 年 10 月 14 日，人民解放军解放了广州，向广西推进。南下野战军一部集结于广东海康、徐闻一带沿海地区，摇橹驾船，泅水练兵，渡海解放海南岛各项准备工作日臻完善。这时，社会上的风声越来越紧，盘踞琼岛的国民党军惶惶不可终日，如履薄冰，他们不甘心失败，仍在做垂死挣扎。

　　海口乃至整个府海地区是国民党海南防卫总司令部所在地，也是统治中心，在国民党要员看来，海口失守，全岛皆输。国民党军警特在这风雨飘摇之中，加紧对府海地区的政治和军事控制，军警林立，暗岗遍布，特务横行，虎狼猬集。就是在这样的环境中，地下交通员明知道路艰险意志愈加坚强。尽管举步维艰，他们仍然竭尽全力，勇敢地向前迈进。

在陈友、郑苓他们以经纪人身份为掩护在城里开展活动的同时，地下交通员吴法达也在秀英开起了小食铺。店里经营酒饭、山鸡、鹅鸭、海鲜、菜肴，终日飘香，不时还有狗肉八角香气更为诱人，食客者众。近在咫尺的国民党秀英要塞司令部的中下级军官和士兵经受不住诱惑，对小食铺常常趋之若鹜。这中间，吴法达和他们之中的一些人混得烂熟。这些军官和士兵里鉴于形势和当下处境颓废者众多，他们清醒地看到国民党政权行将就木，今朝有酒今朝醉，及时行乐。也有思念家乡者，尤以下级军官和士兵居多。他们觉得国民党军兵败如山倒，现在驻守孤岛，什么时候能回到故乡见亲人，可是"梦里相逢百十回，幡然惊觉泪沾衣"，日后身在何方谁都说不清啊。如此，在他们的心里能乐在今日就不想明天如何了。士兵和下级军官的薪饷本就微薄，而且因为战事薪饷发放中断，三天两头往酒店里跑，金山银山都要塌一角呢。今天欠账明日赊钱，到最后，只能用军火枪支弹药赔还，吴法达就乘此机会顺势从他们手里买到了一批子弹、雷管和炸药。地下交通员王山、陈步程等也先后从国民党军警那里买到几万发子弹、一批枪支以及 3000 多斤炸药。

中共府海特别区委还派出联络员吴成仁找到原先在海口市内活动的黄志，采买到无线电发报机真空管等急需物品。黄志智慧超人，装扮国民党军需官员，假借滩头阵地演习需要架设临时电话，从府城忠介路的国民党琼山县电话所楼上提走了一大麻袋的电话线，通过府海特别区党委转运到琼崖区党委。这一期间，地下交通员为了将军火及时运送出城，奇谋尽出，各逞英豪。

这时的海南岛，国民党军纠集，编制序列杂乱，泥沙俱下，谁都是战场上的溃败者，谁都管不了谁。趁着国民党军建制出缺，地下交通员陈德全打入国民党第九区行政专员公署弹药库当管理员，并先后从中购得子弹 3 万发和一批炸药、雷管、电线。在海口机场出入口担任检验票证工作的地下交通员蔡寿鸿得到黄春的帮助，也从海口机场购买到一大批炸药。这些情报经海口地下交通站上报中共府海特别区委后，府海特别区党委指示海口地下交通站，必须尽快组织外运，以免节外生枝，出现闪失。

蔡寿鸿接到上级指示，急得直搓手。他想，这些炸药雷管子弹枪支长时间存放在机场货物仓，终究不安全，机场每月例行检查货物仓，如果被敌人查获，不但自己在机场失去根基，而且累及刚刚被争取过来的有关同僚，影响党组织的应诺和威信。

这天黄昏时刻，蔡寿鸿乘值班轮空打算到外头探听消息，寻找关系想办法，刚走到机场出入口，就被门岗哨兵拦住喝问："干什么的？你要干啥去？"

门岗值班的国民党军哨兵经常轮换。机场是重要场地，要保证绝对安全，上司担心他们在一个地方待的时间过长，容易被共产党组织的谍报人员策反收买，每隔一段时间就突然换防，造成地生人不熟的现状，共产党组织的谍报人员若想打站岗哨兵的主意，因换防频繁亦难。

蔡寿鸿看着哨兵的陌生面孔，出示机场地勤工作证件，不卑不亢地说："我家在城里，下班后要回家看看去。"

门岗哨兵把蔡寿鸿的证件正面看了个仔细，翻开来对比照片和面相是否相符，又把蔡寿鸿从上到下看了个遍，还捏了捏他的衣袋和裤兜，没发现携带什么可疑物品才给放行。蔡寿鸿揣想，如果被如此检查，要把枪支和弹药从机场里起运，那是非常危险的。机场本来就是国民党军的要害重地，人员和货物的进出检查格外严格，若是不能做到万无一失，绝不能鲁莽冒这个风险。他这样反复推敲。

当他从面前坡村的路口走过时，突然传来一阵悲恸啼哭声，白幡摇曳，白色纸钱随风飘舞。扛棺材的走过去，接着走来一行披麻戴孝的人。蔡寿鸿想，不晓是哪一家亲人离世，引得眷属呼天抢地，在这黄昏时刻显得格外凄凉。

　　走了十来步，蔡寿鸿猛然站住。他在想：我们地方老话习惯说三不留，一是尿急留不住，一定要排泄出去，不然要憋死人；二是姑娘大了留不住，女大要嫁人啊，家里怎么能把女儿给拴住呢；三是死人留不住，人死了要入土为安，这是不能久留的。对了，死人出殡的机会是可以利用的。可是机场里哪来的死人啊！对，先得想个办法。他往送丧的行人瞄去，这时送丧队伍刚好拐了一个路口，不意中看到了收殓工妖小和妖青二人。他俩一左一右举着冒烟的用稻草捆成的棒子，不时被棒子时明时灭的烟火呛得"咳咳"地连咳着。于是，蔡寿鸿心里生出主意来。

　　妖小和妖青是海口市郊人，家里没地耕种家庭穷得叮当响，便结伴到城里来，打算打工养家糊口。可是天下贫苦人多，都到城里找活干，城里哪有那么多的活！连挑水、掏粪的活儿都抢不到手，就别说当码头工、搬运工、清洁工这样冠冕堂皇体面的活儿了。收殓工被认为是人世间最下贱最肮脏的活计，替死人擦身、更换寿衣、穿鞋穿袜，把死人抱进棺木，出殡还要举着火把照明引路，平时路人遇到收殓工唯恐躲避不及，有谁去和他们打招呼呢。蔡寿鸿有别于他人，偶尔遇到这些人，总是善眉笑脸，待人热心随和，且彼此打过照面，因而妖小和妖青对他看法甚好。

　　"蔡先生咋找到我们这里来了？太阳要从西边升起！"隔天傍晚，蔡寿鸿特意买了两根甘蔗，扛着走到了妖小和妖青的住所。妖小和妖青吃过晚饭正在收拾碗筷，见到蔡寿鸿进了门很为惊愕，不约而同地盯住他问。在他们眼里，除非家里出了白事，否则平日谁肯登他们的门呢，况且这屋子是别人家废弃的猪圈，他们打扫干净后用捡来的木板钉成一扇通风透雨的柴门，勉强能安下身。这时，他们受惊若宠，迟疑地接道，"莫非出了啥……"

　　蔡寿鸿摆了摆手，爽朗地说："没什么事就不能让我来看你们啊！

我今晚来只是聊聊天，看到你们不怕脏不畏歧视，我该感谢你们对社会的付出。”他搬过一条简陋板凳坐下，继续说，“这个世界自从有了人类，社会上就有了生死，生的是新人，社会才有生气；年老的或患病去世的便是社会的新老交替。在我的心目里，做什么工作都应该平等，没有高贵和下贱之分。”

“蔡先生是好人！如果不是胸怀宽广的人，平等待人，谁没事肯上我们的门呢！”妚青争先说道。他比妚小年长五六岁，力气比妚小弱，对世道的变化比较敏感，他指了指北边继续说，“这些日子社会上的风声紧，说人民解放军很快就要渡过琼州海峡，解放海南岛。蔡先生是吃世界饭行走在社会上的人，消息灵通，给我们这些下等人透透风，应该没问题吧？”

“谁说你们是社会上的下等人？至少我不这样认为。我们同是社会上的主人啊，不分啥的上等下等。”蔡寿鸿纠正妚青的话，看了一眼门外，这时家家户户都忙着吃晚饭，呼童唤儿，街上冷清寂寞，便接着茬说，“人民解放军渡海解放海南岛势不可挡。你们都知道人民解放军已经解放了全中国绝大多数城市和乡村，解放海南岛的时间是屈指可数了！你们看街上的那些国民党兵，没有一个是心安理得的吧，一个个提心吊胆！”

这时，街上走过来五六个国民党军士兵，个个喝得醉醺醺的，走路一步三晃，歪歪斜斜，勾肩搭背，要身价没身价，要样儿没样儿，完全没个人样，是一副残兵败将模样。

“我早就看出来了！街坊议论说，守卫海南岛的国民党长官一个屁股还没坐热就换上另一个，头衔一个比一个高，听说都是人民解放军的手下败将，还不是‘刮民’‘刮民’就走了！”妚小年纪五十出头，人长得精壮，头脑敏捷，眼神里满是渴望，“街坊都说共产党领导的解放区人人平等，无论工人还是农民都是当家做主人，人人有工干，人人有饭吃，谁不说好！在富户人家甚至国民党当官人的眼里，我们是下等人甚至连下等人都不如，但我们是人呀，是人就要盼平等、盼自由。”他眨了眨眼，又说，“照我看，海南岛解放的时间不会太久了。大兄弟，这不听人说吧，国民党的大官们还有那些有钱的人都打发他们的老婆家眷到了香港澳门，官小些的想着法子搜刮钱财，收拾金银细软，也都瞅准机会溜之大吉。那些猪兵狗士，一个个垂头丧气。这不明摆着海南岛他们守不住了。什么‘伯陵防线’，防猪防狗可以，抵不住人民解放军的攻击呀！蔡先生，解放军我没见过，我没见过不等于其他人没见过吧！”

蔡寿鸿高兴地说：“妚小还是很关心国家大事的嘛，人穷志不短，消息灵通。国家兴衰看人心向背，人民大众拥护中国共产党，说明中国共产党是为人民大众利益奋斗的党。海南岛的解放还要依靠人民大众的支持。当然啰，这其中包括你们！”

“依靠人民大众支持，还包括我们？”妚小搔了搔脑壳，想不出个所以然来，“还要我们支持，妚青哥，你说我们怎么支持人民解放军解放海南岛，蔡先生不是在开玩笑吧？”

妚青抽着旱烟，这时听罢话，磕了磕竹杆烟筒，寻思片刻，向蔡寿鸿问道：“蔡先生这会儿找上我们，莫非是想要我们帮忙做啥事情？蔡先生，我们知道你对穷人好，只要我和妚小能帮上手的，你尽管说，我们都会尽力去做的！”

妚小听了妚青这么一说，才想起蔡寿鸿“没事不登三宝殿”，肯定是有事情的了，可他们是收殓工，能帮上什么忙呢。他自言自语地说：“除了死人的事，我们能帮上啥忙？要钱没有钱，要粮没有粮，若是出一把蛮力还说得上！”

蔡寿鸿看时机已到，小声地对他们说：“我在机场里购买到一些物品，要运出机场送到朋友他们那里去，但是门岗哨兵检查得很严，我担心露馅被查获，今晚找你们商量能否想出个法子，当然是越快越好喽。”

"找我们想法子？这法子可不是我们这伙人想的，我们出门邻居街坊都不愿意碰面，能有啥法子啊！"妖小心直口快地说。

妖青颇有城府地说："蔡先生，既然你这样说了，那是看得起我们，相信我们。我们寻机行事，多动些脑筋多想些办法。"

蔡寿鸿用"乞丐都有三年运"的俗语激励他们，嘱咐他俩这是秘密行动，对任何人都不得泄露，还会保证他们的人身安全。他挨近妖青妖小说了一会儿话，说出了办法。妖青和妖小不住地点头。蔡寿鸿叮咛说："到时候，我会上门或派人找你们，你们记得这件事就行，要绝对保密。事情办好后，我相应地酬谢你们，不会让你们空忙一场的。"

"这是哪里的话！蔡先生你看得起我们，我们情愿为朋友两肋插刀，你的事情就是我们的事情，这为国为民的大事不分你我，如果不出手帮忙，那就不是朋友兄弟了。"妖青和妖小二人竞相说道。看得出，他们对蔡寿鸿是一副热心肠。

妖小和妖青答应了蔡寿鸿的嘱托，一直像火焚脏腑，无时无地不把这件事记在心上，可是他俩几次靠近机场门岗都被挡了回来，哨兵叱喝："你们要干什么？里面没死人，滚远点！晦气！"

正当他们束手无策的时候，突然传来一个消息，说机场里的一名员工因患急症死亡。眼下兵荒马乱，死了的人被赶快扫地出门，且传说得了急症，前天还好好的，说死就死了，人人谈之色变。妖青和妖小对视一眼，说："嘿，机会来了！"

妖青和妖小立马快步赶到了机场，在西门口转悠，正好被将要出门找人收殓的机场后勤管理人员喊进。他俩进入机场后，故意磨磨蹭蹭，一会儿说要买棺材买纸钱，一会儿说白幡要裁几尺长才算吉利，过了一会儿又说炮竹得买合头数死者才能顺利过奈何桥，还说出殡要择入土落葬的好时辰，死者来生才能顺当。死者的家属迷信，只求吉利，哭哭啼啼帮腔。那些管理人员只得迁就，不敢阻拦，与活人争锋，岂能与死者计较呢。这当中，妖青和妖小与蔡寿鸿接上了头。几个折腾下来，天色已黑。

棺木得有人抬，那些国民党军士兵听说给死人抬棺个个面露难色，当听说病人患急症而死，个个吓得不敢靠近。妖小自告奋勇，到市里去找平时搭档的游民帮忙。几次来回进出，妖小把蔡寿鸿事先捆绑成小件的雷管夹带出了机场，交给蔡寿鸿安排的接头人。这样，一个晚上，妖小和妖青轮流往外跑，把雷管和手枪带了出去。

"呜呜……"次日凌晨三点钟，这是妖青说的算命人选择入土的最佳时刻。时间一到，炮竹响起，死者眷属哭声一片，白幡引路，纸钱满天飞，死者出殡了。

凌晨的夜晚，天地粘合，四周漆黑，只有机场的警戒灯和指示灯射出昏黄的微光，周围死一样的静寂。出殡队伍打破了还在沉睡中的海口机场。这支出殡队伍比往常的人多，除了抬棺人和手持遗像啼哭送丧的眷属，后头还跟有扛着被褥衣物草席的挑夫。按照当地的风俗习惯，死者生前用过的物品包括衣服、被褥等都要随着死者被送出家门，意思是这些殁者用过的东西，到了阴曹地府那头还用得上。迷信者总是要找出些理由。因之，出殡队伍的人要多得多，这些雇工都是妖小找来的，自然得听妖小的安排。

这个时间段的海口机场处于戒严守备时刻，机场的出口紧紧地关闭。当出殡的队伍行走到门岗时，值勤的哨兵连问都不屑一顾，慌慌张张赶快把大门"吱吱呀呀"地打开。门外的值班哨兵听到大门打开声响，立即把挡杆搬开。这样，出殡队伍毫无阻拦地鱼贯而出，借着点燃稻草棒子亮光，直奔坟岗地点而去。

走到岔路口时，另一侧路边已站立着十几个人。出殡队伍里的人立马把棺材放在架好的两张长凳上，掀开红毛毯，把棺材顶上和两侧捆绑的步枪取下来，交给来人。与此同时，走在后头的人见了来人，便也停下步来，把担子放下，扛起盖在担子上头的被褥衣物跟上了前头的人。来人见状，快速接过担子挑上肩头，从刚才的来路上退走。一切都在静悄悄地进行。

"完成了蔡先生的嘱托。我们地位虽然低微，但也是有血性的海南人！"妖青接洽了这些路边人，他们对上了名字和暗号。望着他们远去的身影，妖青自言自语地说。然后，甩开步子追赶前头的出殡队伍。

海口机场智运炸药、雷管和枪械的行动指挥就是蔡寿鸿。这些炸药、雷管和枪械安全运送到博南山中共府海特别区委时，特别区委领导了解了行动的全过程后，称赞说地下交通员为支援解放区的斗争真的用尽了心思，把智慧发挥得淋漓尽致，还特别通令嘉奖有关人员。

府海地下交通员趁着国民党军混乱之际，大肆从军警特机关和军官手里购置军火，其活动招人注目，消息也有所泄露。这对某些人来说，各人自扫门前雪，莫管他人瓦上霜，反正国民党军的大势已去，人民解放军攻势凌厉不可阻挡。可是也有另一些人死心塌地地要维护国民党当局的反动统治，妄想开历史的倒车，对共产党的地下活动加紧侦查和追捕，企图把中共地下交通员一网打尽，挽救日薄西山行将就木的蒋家王朝。

地下交通员陈步程是澄迈县丰盈人。他利用各种社会关系多次购置军火，频繁出入城区关卡，引起了国民党琼山县警察局注意。警局派出侦探人员专注追踪陈步程。一天傍晚，他刚在府城旅馆住下，国民党侦探特务便闻讯而至。

洗了一个痛快澡的陈步程，打算到五公祠西门附近的小食摊联系接头人。刚走到楼梯口，俯首向一楼的柜台探身一看，发现两个戴着小帽的人鬼头鬼脑地在向柜台人员查询，还不时往楼梯口窥视。这一反常现象立即引起陈步程警惕。刚才他进城，在东门关卡已被国民党军岗哨反复盘问，当他离开关卡悄悄回头，看到门岗两个哨兵依然在往他这里盯着，种种迹象表明他的行踪已引起了敌人怀疑。思索片刻，陈步程悄悄地从楼层后头阳台的小木梯溜到街上，匆匆走了一会儿，停下来歇一口气，再往后头一瞄，发现刚才那两个家伙已不快不慢地跟了上来。陈步程机警地往小巷口躲避，然后从一户居民家的后院横出，走回到原路的大街上，这才摆脱了那两个人的盯梢。

陈步程的猜测不错，那两个人正是国民党琼山县警察局的侦探，他们奉命追踪陈步程，一是不得丢掉目标，布下眼线，等待时机收网；二是不得打草惊蛇，侦查摸清陈步程的联络点，掌握和陈步程秘密接头人员去向和住址，为下步抓捕勘实地点。

陈步程进城立即引起了一连串反应。海口地下交通站领导得知这一情报后，严令陈步程中止任务执行，立马离开府城和海口，先脱离一段时间之后，审视安全与否，再决定后续行动。陈步程认为，进一次城关不容易，无功而返是革命者的耻辱，"城里好比大海汪洋，我是一条鱼儿，行动自由"，请求上级领导延长其活动时间，看国民党侦探如何动作。况且，城门已经加强了盘查，贸然出城风险丛生。

国民党琼山县警察局探知陈步程尚在城里活动，指令侦稽队队长孔庆梁专责追捕。这天晌午时分，陈步程从海口水巷口"九八行"转运联络站接头点回到府城，刚走过钟鼓楼的门洞，突然发现后头街口涌进了四五个便衣，他暗地说了声"遇到国民党的鹰犬了"，便飞步往右边的深巷奔去。

孔庆梁是接到地痞眼线的密报后马上赶来的。远远地看到陈步程闪身，就知道前头数次甩掉尾巴的共产党地下交通员不简单。可他不能自认是失败者，立即把随从警员分成两队，一路由他带领尾追不放，另一队原路退回从左边包抄，形成钳状对接。孔庆梁狞笑道："嘿嘿，城门已严密封锁，张筌待鱼，看你往哪里去，光天化日之下还能飞上天不成！"

陈步程一路急走，一边寻思着甩掉国民党侦探追捕的办法。抬头一看，右边是一片开阔地，毫无遮挡，再往前去是民房，要通过那块空地，敌人会不会趁机扑过来呢？往左方去的尽头是河汊，沿途是一溜儿低矮民房，没有藏身的地方。正面百来步则是一栋小楼，陈步程一怔，这不是杨树德的别墅吗？杨树德是国民党三十二军的副团长。他对国民党挑起内战心生不满，消极对待，说这是"中国人打中国人"的大闹剧，曾暗地里把一批枪支和子弹卖给陈步程，晓得陈步程是中共地下交通员。杨树德的妻子林云英还是陈步程的同乡，两个月前她还到国民党的军港秀英港，利用杨树德的身份为中共府海特别区委购买了几千个雷管。

"对！就到杨树德家里躲一躲再说。"陈步程拿定了主意，加快了脚步。

孔庆梁和另一队警察在杨树德的别墅前会合，可是这时陈步程已不知去向了。他望了望右边的空旷地，猜测陈步程不会把自己暴露在无遮无盖的赤地上；那左边呢，一溜儿民房毫无动静，狗都不见一只；而面前的杨树德这座别墅此时却静得出奇，颇值得怀疑。孔庆梁是县城上的大流氓，更知道里头住的这位团座夫人是海南人，很有人缘，经常见到她和左邻右舍街坊攀老乡拉关系。国民党的警察局还是情治单位呢，平日里就暗中观察监视国民党驻军官兵的思想行为。孔庆梁怀疑陈步程现在就躲在杨树德的家里，共产党地下交通员神通广大啊！当下人民解放军对海南岛已形成攻击之势，他们更是乘风而上，出神入化。

很懂规矩地轻轻敲了两下门，很快，门开了。开门的林云英见是孔庆梁，很不高兴地说："怎么是你？我们是共产党？讨厌！"

"不！不！"孔庆梁一时不知所措，说是搜查共产党吧，那么杨家岂不变成了共产党窝；说不是搜索共产党，随便进来坐坐吧，自己和杨家素昧平生，不相来往。想了想，还是以党国的前途命运为重。他说："是这样的，刚才我们追捕共产党的地下交通员陈步程，到了这个岔路口突然就不见了，我们怀疑他是否窜进了贵府。杨夫人，我们是奉政府之命行事！"

"政府之命？我们是什么人，这是谁的家，不是政府的人？我们家是共产党的躲匿点，还是大水冲了龙王庙，你们自家人不认自家人了？"林云英瞪圆了一双杏仁眼，然后傲然问道，"是要把我带进你们的警察局吗？孔队长！"

孔庆梁赶忙说："不敢，不敢，我们就想在你们家各处走走看看，回去好有个交代！"

"你敢！"林云英吼道，凛然正气，提高了声调，"谁敢搜我的家，那请先把我捆了！"

局面僵持着。这时，小楼上层走廊正中一个人在说："阿英，让他们搜吧，他们是执行公务嘛，待到搜不出共产党时，再找他们算账不迟！"

"哦哦，是杨团副。对对，我们是执行公务。"孔庆梁抬头向上一看，认得是杨树德，赶紧放低了声量，小声地对身边人说，"你们给我仔细搜，搜出共产党看他们怎么说！"

四个警察听到吩咐立即忙开了，前庭后院全检视了一遍，除了女仆人，别无他人。

孔庆梁听了报告，眼珠子眨了眨，望着小楼上层，"噔噔"踩着木梯向上攀行。走到客厅门口往里头一瞧，杨树德在擦拭手枪，桌子上散放着弹匣和黄澄澄的子弹，立时头皮发麻，半晌张不开口，愣了一会儿才硬着头皮说："打扰杨团副了。哎呀，我们执行公务嘛，是没有法子的差事。"

"你们搜查吧，请便！"杨树德不怒自威，对孔庆梁视而不见，把装上子弹的手枪插进皮匣子里，用皮带扎在腰间，快步走到走廊边往楼下招呼说，"阿英，吃晚饭吧，我得到指挥所值战时夜班啊！"

明摆着，这是杨树德下"逐客令"。楼上客厅里没有别的人，摆着太师椅和茶几，孔庆梁走到卧室门前，往里头探了探头，除了床铺、衣柜、梳妆台啥都没发现，自己又不敢擅自翻箱倒柜，只得狼狈地溜出了杨家门。

林云英可不客气，冷言冷语地说："今天日头给猫尿泡了啊，不来鱼虾来了一堆草垃！"

诸位：激浪从来江河生。海口地下交通员对敌斗争险象环生，却也充盈着不战则罢、战则必胜的睿智与张力。在与敌交锋中驾驭斗争大势，利用敌人之间的矛盾，保护了自己，战胜了敌人。一批良心不泯的国民党军人，在认清了国民党政府丑陋嘴脸后，毅然决然反戈一击，顺应历史发展潮流，朝着阳光正道走。请诸位听我继续往下说。

第三十回 策反蒋军步校将领
固若金汤世人笑柄

诸位：上回说到海口地下交通员机智勇敢，借助民众的力量，把从国民党军手里购置到的军火枪械运出城外，甚至把大批炸药运出海口机场，地下交通斗争直捣国民党军的要害阵地。一批国民党军政人员受形势召唤，思想倾向于中国共产党，主动掩护中共地下交通员躲过敌人追捕。中共阵营在斗争中不断扩大。诸位且听我说来。

那么，陈步程躲到哪里了呢？原来陈步程利用国民党琼山县警察局侦稽队队长畏惧于国民党三十二军副团长杨树德的权威，躲到了杨树德卧室的床底下，这个侦稽队队长咋敢进入国民党军副团长的卧室搜查呢，借胆给他，他也得掂量掂量。陈步程于是安全脱险。

从1949年春始，中共组织强化了对府海地区的政治攻势。由黄志、吴泉、黄春、周烈、陈德全组成的地下党支部，是最早在府城、海口市内秘密散发传单和张贴标语的支部之一。地下交通员散发传单和张贴标语很讲斗争技巧，多是利用夜深更静时刻或人多繁杂的地段，避人耳目，易于脱身，而且影响颇大。他们有的以小摊贩的身份，利用行走范围广、职业特殊的条件，甚至把标语张贴到国民党琼山县警察局的大门前。他们秘密成立"民主协会",以"府海地区民主协会"的名义,向国民党广东省第九区长官公署、情报处、海口警司、海口机场、秀英要塞司令部、琼山县党部等机构要人寄发信件,宣传中国共产党必胜、国民党必败的历史趋势,并对他们晓以大义、喻以利害,讲明政策、指明出路,敦促他们审时度势、弃暗投明。一时满城风雨,草木皆兵,国民党的军政人员心猿意马,惶惶不可终日。

1949年8月的一天傍晚,原本晴朗的天空下起了密匝匝的大雨,持续了两个时辰后,变小雨时下时停。这时,府城监狱的大门"哐当"地打开,一辆小轿车驶入后"嘎"地停在了监仓门前。一个警卫模样的人赶忙从前车门下车,迅即打开后车门,还撑起了一把雨伞,这时从轿车上走下一个身穿黄呢子服的国民党军官。这个国民党军官目不斜视,旁若无人般地迈步走进监仓。

这时正是监仓犯人放风做晚饭的时间,见到这等奇特现象,新来的犯人们顿时愣住,个个翘首以望。他们小声嘀咕:"穿着国民党军呢子服蹲国民党的监狱,自己建的监狱自己的人蹲,可谓一大奇闻!""狗不发疯狗不死,人不张狂人不灭。这蒋家王朝没药救了,末日快到了啊!"

国民党军在全国战场溃败,逃亡到海南岛的这些残兵败将表面上精诚团结,暗地里钩心斗角,互相倾轧。府城监狱的监管人员也在看热闹。看着同僚落水,自己官运亨通,无不得意扬扬,幸灾乐祸。

王海站在人丛里望着这个国民党军官的入狱情景。因为邱沫事件,北插村党支部书记王海被捕入狱。国民党军警数次讯问拷打,王海坚称不晓得"邱沫事件"是咋的情况,也从没见过邱沫和唐敏他们,国民党军警找来邱沫的妻子辨认,妄图打开缺口,邱沫的妻子也说"不认识"。国民党琼崖当局找不出破绽,寻找不到证据,又不甘愿放人,便东一条西一句捏造事实,罗列罪名,给王海扣上"共产党嫌疑犯"的帽子,装模作样地将王海判处七年徒刑,投入府城监狱。

"我们要把这个事情搞清楚，如果能把这个国民党军官争取过来，对国民党军的军心是一个沉重打击，还可以争取到更多的国民党军政人员加入到解放战争的行列中来。国民党兵已溃不成军，我们要紧紧抓住这个时间节点。"王海盘算着怎样摸清这个国民党军官的政治面目和入狱的原因，再对症下药做思想转化工作。他把这个情况通过地下交通员，赶快向府海特别区委汇报。

数日过去，傍晚放风做饭时，陈庶仁找上了王海，悄悄告诉他说："这个军官名叫李湘武，是国民党海南步校少将总务处长。步校校长温鸣剑贪污军饷，趁步校从内地撤到海南岛时机，倒卖公物，中饱私囊。步校里的思想进步军官不满温鸣剑大发国难财的行为，议论纷纷，李湘武便牵头联名向上峰控告。温鸣剑害怕事情败露，利用兼任海南警备司令部副司令的权力，迅速将李湘武扣押，投入监狱，目的是造成群龙无首的局面，企图掩盖事实真相。"

陈庶仁原是国民党府城驻军连长，一次夜晚独自便衣上街消遣，一个青年学生模样的人快步走到他的侧旁，快速将两张传单塞到他的手里。陈庶仁还来不及反应，这个青年人已经消失在夜幕里。他把传单攥在手里，打算就地丢弃。近来共产党的宣传活动甚为活跃，标语贴到他们军营驻地的墙壁上，闹得长官不知所措。稍顷，他又想，共产党的传单只是几张纸，又不是洪水猛兽，带回去看看内容如何倒也无妨，夜里没有人知晓他拿的是共产党的宣传品，害怕什么！何况当下国民党军在战场上焦头烂额，谁顾得了谁，都求自保呢！本神还顾不上自身，还顾得上"众推"！想到这里，他立即把传单藏掖好。

陈庶仁本是贫苦出身，国民党军抓壮丁时把正在给地主放牛的他抓进了军营，穿上这身黄军装是迫于无奈，这些年忙着打仗，骨子里向往共产党组织，向往解放区。他想，眼下国民党政府日暮途穷，离开国民党军越快越好，自家人打内战，把国家往深渊里推有啥好结果，到头来遭受苦难的是劳苦大众。

在府城街头毫无目的地逛了一个多小时，陈庶仁回到驻地，洗盥后检查了连里的事务，躺在被窝里想起挟带的传单，便借着手电光掏出来看，"中国共产党必胜！国民党反动政府必败！""蒋军兄弟们，海南岛很快就要解放，欢迎你们投向人民解放军和解放区！"赫然入目。他想，投奔人民解放军和解放区正是自己必走的一条光明路。翻了个身，他睡着了。

凌晨时刻，一阵敲门声急促响起，一队宪兵拥进住铺，逐一检查士兵有否逃离队伍，是否接受共产党的"赤化"宣传，即便连里长官也毫不例外。结果掀起陈庶仁的铺盖时，发现了这两张宣传标语。他辩说这是晚上查岗时在驻地里发现丢弃在地上的传单，打算天亮后即交给营部长官，现在天还未亮呢！宪兵不由分说，立即将他捆绑送到执法队，顷刻又送进监狱关押。府城监狱党支部获悉这一情况后，立即展开活动，主动接触，并做过细的思想发动，陈庶仁表示要弃暗投明。李湘武被送进监狱后，和他关押在同一间牢房，这便有了见面和沟通的机会。

陈庶仁把李湘武入狱原因汇报给王海。接着，王海把李湘武入狱详情通过地下交通员再次报告给中共府海特别区委。特别区委十分重视这一情报，指示"主动接触，争取反正"。王海利用做饭时间见机行事，主动接近放风的李湘武。

为人正派颇有正义情怀的李湘武遭此莫须有的打击，对国民党政府更加心灰意冷，对国民党军队内部倾轧视若阎王殿，寻思着如何找到共产党组织，走正义的坦途。王海的出现，让他仿佛是夜航的海船望见了指引方向的灯塔。

国民党政府越近崩溃，对防渗透、防策反的监督越加严厉。府城监狱放风时间短暂。按照中共府海特别区委的指示，王海加紧了和李湘武的接触。一天放风时，他们约定在监狱的凉亭里相见。几次接触，这时王海和李湘武已成了熟人。

"李先生，我将你的情况报告了府海特别区委领导，他们对你深明大义弃暗投明的行动甚为欢迎，等待时机和你见面。"王海看到放风的其他人离开了凉亭，坦诚地向李湘武说道。

李湘武虽然被温鸣剑投入了监狱，但他的军衔还未被褫夺，职务尚未被撤销，他照样穿着佩戴军衔的军服，府城监狱不敢对他怎么样，况且他还享受着伙食的优待呢。监狱里的监管人员见了他都客套奉承，他们深知国民党的军官个个都惹不起，何况还是个少将，眼前陷入窘境的李湘武是"王子落难"。这样的人迟早会官复原职，这个多事之秋，能躲则躲，能避则避，少接触便少惹了些事端出现。这为王海和李湘武谈话提供了便利，腾出了许多空间。

一身军人气质的李湘武前后左右都看了看，朗朗地说道："俗话说，外行看热闹，内行看门道。从外表看，国民党军队威风凛凛，不可一世，其实已金玉其外败絮其内。抗日战争胜利后，中国人民迎来了建设国家的大好时机，可是国民党政府撕毁了'双十协定'，在全国各地挑起全面内战，企图'清剿'共产党，消灭共产党军队，以达到'一党专制'的目的，其实是'盲人骑瞎马，夜半临深池'，最终灭亡的是自己。有识之士都知道得民心者得天下，当前全国战场形势就说明了这一点，包括海南岛同样如此。你看看府海地区人民反内战反迫害群情激昂，国民党军警一个个垂头丧气，国民党政府不亡、蒋介石集团不败是老天无眼！"

"李先生，声音小点，监狱的看守走过来了，我们要警惕他们打小报告，惹来不必要的烦恼。"王海小心地提醒说。在敌人的巢穴里一步失妥接踵而至的是丧身之祸，他现在执行的是一项秘密任务，绝对不能让敌人看出破绽来。

李湘武往幽径一瞥，不以为然。他久在国民党营垒里谋事，是个明白人，晓得王海此时身份的处境，避免引起监狱看守的注目就少去许多麻烦，得利用自己的地位威慑监狱那些趋炎附势的宵小行径。于是，他面对渐走渐近的监狱看守怒目而视，一言不发，直吓得他们赶紧往后躲开。狱兵知道面前的这位国民党军官不好惹，倘若他出了监狱，找个借口，他们这些狱卒岂不是脚下的蚂蚁，永远是被踩死的对象！不走精脚就不是识时务的人，不要往火里走，自讨苦吃。看守们自知自己的分量，避开就当没看到，一切安好啊！

"国民党不只政府腐败，军队也贪污成风，上仿下效，已经到了天人共愤的程度。继续维护这个腐败政权，就得做陪葬者，走向没落。坦白地说吧，我是有良知的中国人，绝不能往这条路上一走到黑！"李湘武看着他们远去的身影，愤慨地说。

王海心里得到宽慰，这些天来的耐心引导终于没有白费，我们党的阵营又将增添一分力量，国民党的少将军官义无反顾地站到共产党和人民的一边，对正在土崩瓦解的国民党政权将是重重一击。他说："李先生，你被陷害被压制的事实将昭示于社会，很快就会出狱的。"他观察了周边一眼，小声嘱咐地说，"李先生出狱后，中共府海特别区委将派人和你取得联系，具体商谈下一步的斗争。我真诚地希望你朝着这条光明大道走下去！"

"那理所当然！"此时的李湘武情绪激动。他装作观赏凉亭外草木，踱着步走到王海的身边，声音颤抖地说，"王海先生，感谢你为我指引了一条光明道路！我也希望终有一天你能走出这座人间地狱，回到自己的队伍里，我们一起共同并肩作战，合力推翻国民党政府的反动统治！"

次日傍晚放风时间，王海正在"三脚灶"边忙着煮饭，趁着狱警走眼，陈庶仁快步走到王海身旁，快速地将一张折成条块状的纸条递给王海。王海迅速地将它塞进自己的上衣口袋。回到监仓后，他顾不上吃饭，赶快掏出纸条，展开一看是几行娟秀的小楷。这是李湘武的笔迹："人活在社会上应该服从真理，追求真理，但现在真理不在我们这里，而在另一边。我愿弃暗投明，走向真理那一头。愿为实现真理而奋斗！"

王海一阵子高兴，晚上这顿稀饭连同萝卜干，他真正吃出了味道。他知晓李湘武纸条上所说的"这里"是指国民党阵营，"那一边"是指共产党和解放区。李湘武已下定决心，走向共产党和人民的阵营。他赶紧通过难友探亲家属向地下交通员传递这一消息，并告诉交通员设法把这一情报，尽快报告给中共府海特别区委领导。

人民解放军重兵压境下的海南岛，国民党党政军人心慌乱，内部人员因为派系林立而互相猜疑和拉帮结派。国民党海南步校校长温鸣剑原以为胜券在握，必置李湘武于死地无疑，讵料时局变幻，案件翻转，他虽身居海南警备司令部副司令要职，但毕竟是"外来和尚"难念经，没有了后台，何况这个时候人人都做着如何逃离这座孤岛的盘算，根本没有人还有心思去调查狗咬狗一嘴毛这样费力不讨好的事情，当下国民党琼崖当局的最高职责是保持社会秩序稳定，尤其是军警特内部的稳定，以苟延残喘。时局已经对他们不利，假如军警特再起内讧，局面将无从收拾。眼下李湘武等人联名上告温鸣剑，李湘武是一帮人，底下人不可估量；而温鸣剑则是一个人，孤掌难鸣……上峰权衡再三，两者相权取其轻吧。温鸣剑终被告倒，李湘武官复原职。

国民党琼崖当局囫囵吞枣办理此案，无心深究。温鸣剑自作孽，当知众怒难犯，静悄悄地逃往澳门去当寓公，过起逍遥的日子，倒也自在悠然。他的那笔无头账，也没有人再去追究，成了一桩无头案。

这天是府城监狱开放家属探监日。王海家属探监时，王海将李湘武出狱的信息告诉了她，嘱咐她赶快转告给海口地下交通站的交通员。海口地下党组织获悉李湘武出狱的消息后，当即指派地下交通员何文庄，具体负责和李湘武的联系。

李湘武出狱回到了在海口三亚街居所。那时，败退的国民党军队按照最高当局的指令，纷纷抵琼，军队驻扎城郊，军官家眷则由后勤人员强租民房作为住宅。李湘武属于将校级军官，居所设立警戒线，重点守卫一丝不苟，一般百姓不能随便进入军官住宅区。

何文庄接受任务后，曾想趁黄昏时刻和同街出入居民一起进去，可刚走到岗哨处就被拦住。硬闯不成，何文庄脑瓜儿一转，变换了另一种身份，肩上挎背着理发工具箱，扮作剃头匠，这天一早转悠在岗哨前呼叫："剃头喽！有需要理发的吗？"

李湘武是军人，养成了早起的习惯。这两天天刚亮，外头老有人吆喝理发，吸引了他的注意力。假如不是暗含机密，这个人不会早晚来到这里呐呼吧。李湘武想到了王海。他正想和中共组织取得联系，相信王海会通过地下组织汇报他出狱的信息，急着要和他接头，或许这个剃头匠就是中共组织的联络员。

这天是星期六，李湘武远远地看到何文庄的身影在呼喊"剃头喽，有需要理发的吗"，当即快步走到哨亭前说他要理发。岗哨见长官亲自说要理发，还向理发匠招手，不好阻拦。李湘武看出了岗哨的疑惑，蒙他说："老相识的剃头匠，你们就让他进来！"

何文庄尾随李湘武进入李宅，问："这是李将军李先生的家？好清静的！"

"我是李湘武，闹中取静，临时居所，说不上家不家的啊！"李湘武见何文庄慈眉善目，不会是坏人，和善地回答。

既然是李湘武，何文庄松了一口气，而后诚实地告诉他："我是王海同志通过中共组织委派来和李将军联络的。"

"呃。"李湘武早有猜测，这时细心地问起王海的家境和现在的情况，何文庄把王海的人生经历详细地告诉了李湘武。李湘武确认何文庄是王海通过中共组织委派来的人，立即让妻子和孩子到大门口望风，然后感叹地说，"王海先生是个好人啊，看到我走在一条与人民为敌的危险道路上，不顾个人安危找上我，把我往人民的阵营里拉，要让我脱胎换骨重新做人，我从内心感谢他！"

"中共组织欢迎你站到人民的一边。王海同志是我们党组织中的一员，他是在为中共组织工作。共产党人为着实现共产主义的远大目标而奋斗，鞠躬尽瘁，死而后已，其立足点是让天下的贫苦人都过上幸福安定的日子。"何文庄说。他想起海口地下党组织领导给他的嘱咐，接着说，"中共府海特别区委领导希望你能发挥自己的号召力，争取更多的国民党官兵站到人民的队伍中来。那样，我们就能很快地解放海南岛，人民的生命财产损失就会减少到最低的限度，我们党和人民群众可真要感谢你啊！"

李湘武在客厅里焦急地踱步，突然快速地走到何文庄的近前，悄声说："你提起这件事，我得告诉你，我回到步校后我们的人事行政处少将处长何素凡来看我，我把在府城监狱的遭遇全对他说了，他极力赞同我的行动。你或许不知道我俩之间的关系，在工作上我和他是同僚，在生活中我们是挚友，像亲兄弟一般说话行事不分内外，他表示要跟着共产党走。"

"这太好了！我要把这一消息尽快报告府海特别区党委领导。"何文庄兴奋地说。注视了门外一会儿，接着说，"高山不嫌抔土，大海不嫌涓流。你利用更多的机会，团结更多的人，我们的队伍就更强大。李将军，你有什么要求吗？"

"呃，是有要求。"李湘武不假思索地说，"我希望能见到中共府海特别区委的同志，认真听取他们耳提面命。这样，我工作起来底气更足，而且前进方向也愈加明确！"

完成了和李湘武接上关系的任务，何文庄返回博南山向中共府海特别区委报告了李湘武的现状和要求，特别区委领导答应了他的请求，并决定由何文庄带领李湘武到特别区委驻地见面，时间地点另行确定。

中共府海特别区委驻在博南山，离琼山县府城十余公里远。国民党军频繁"追剿"，特别区委领导经常转移，往往早上在一个地点，过了几个小时又得立即转移，国民党军对解放区的"清剿"不分晨昏白昼风雨天。几天后，按照通知，何文庄领着李湘武从三亚街步行到白沙街，从白沙街港口乘船前往北插村，可是特别区党委领导已经转移了。他们便在王海家里住了一晚。过了几天，他们又从老路前往，这一次在北插村见到了特别区党委溪东工作组组长吴美威。

不久，中共府海特别区区委书记王健民到永秀乡苍西村开展工作，国民党军追寻不到特别区委的行踪，环境稍为安全，他立即通知地下交通员让何文庄带李湘武到苍西见面。这次李湘武约上何素凡一同前往，一路上他们情绪高涨，看到郁郁葱葱的山林，自由飞翔的山鹰，水塘里扑腾的野鸭，兴奋不已，激动地说："解放区的天，真是清朗的天啊！空气也是新鲜甜美的！"

这天，苍西村的祠堂里，王健民早已准备了清凉的茶水，专候李湘武他们。一见面，他们犹如久别重逢的朋友，寒暄了一阵子。

王健民感慨地说："国民党反动政府越到灭亡的时候就越疯狂，凭借庞大的军队大肆'清剿'琼崖纵队。我们于变局中创造新局，养精蓄锐，避免和他们正面作战。人民解放军第四野战军正在做好渡海解放海南岛的准备，我们要分化瓦解在海南岛的国民党军，削弱他们的战斗力，二位加入到我们的行列就壮大了我们的力量。当前，我们的任务是，给渡海大军和琼崖纵队提供准确的军事情报，以便迅速解放海南岛。"

李湘武和何素凡向王健民详细报告了他们所掌握的海口国民党驻军防卫阵地以及兵力部署，尤其是国民党海南步校的情况。按照国民党海南防卫长官公署的命令，最近步校将在训军官教导总队改编为教导师，随时投入到海南防守作战。国民党海南警备司令部已重新整编宪兵部队和警卫部队，对防守地段和区域做了调整，号称"铜墙铁壁"。李湘武说："我们坚决执行特别区党委的指示，完成特别区党委交给的工作任务！"

"特别区委因为有了你们的加持，对敌斗争信心更足了。根据中共琼崖区委书记、琼崖纵队司令员冯白驹的指示，我们的工作主要集中在支援解放大军渡海作战方面，提供准确的作战情报和发动更多的国民党军部队起义。至于你们的工作，一是继续侦查敌情报告敌情，掌握国民党军最新的防守情报；二是加紧思想发动，策反国民党军起义。我想你们先从教导师开始策反发动。对其他的国民党军部队，我们的意见和方法是见缝插针，力求见效。"

十多天后，李湘武和何素凡再次前往博南山。他们先坐汽车到潭口，然后从潭口步行到博南山。在往潭口的路上，他们和返回博南山的中共北区区委书记祝菊芬相遇。这次，李湘武和何素凡把刚了解到的国民党三十二军兵力部署情况报告给祝菊芬。祝菊芬则重点商谈策动教导师起义细节，还给李湘武和何素凡授予"十一工作队"名称。约定代号，祝菊芬为"林德星"，李湘武叫"卜星"。

当晚，祝菊芬从老乡那里买来一只鸡招待他们。就餐时，三人把帽子置于草地上，祝菊芬的帽徽是"八一"红五星，李湘武和何素凡的帽徽为"青天白日镶嘉禾"。联想起大革命时期国共合作狂飙遍地，抗日战争时期国共合作共同抗日，祝菊芬由衷地说："我们又合作了，这一回是我们共同抗击蒋家王朝，推翻国民党的反动统治，解放全中国！"

"严格地说，这次我们不是合作，准确地说，是我们弃暗投明！"李湘武若有所悟地说。

饭席上，大家沉默了一会儿，接着哈哈大笑起来。祝菊芬说："万条江河归大海。这不，我们终于走到一起来了！"

人民解放军攻占广州前夕，国民党广州港口司令部司令唐名标的司令部仓皇撤到海口，他和这时担任三十二军军长的李宏达是军校同期学生，也是李湘武的老上司。李湘武利用这层关系参加了李宏达和唐名标之间的迎送。后来，唐名标的司令部奉命撤往台湾，在李宏达为唐名标饯行的晚宴上，李湘武转弯抹角打听到国民党军加强秀英海滩正面防御，防守文昌沿海的三十二军兵力重新做了调整，军部将由文昌搬迁到崖县。李湘武及时将这些情报向人民解放军十五兵团先遣参谋作了通报。

海南岛形势危急，国民党海南步校要撤往台湾，中共府海特别区委批准了李湘武和何素凡留下参加革命的请求。步校也正要留下人员做善后处理，他俩便和何素凡的姨侄、步校少校教官康昭文留了下来，还争取到步校留下一个军械所和一部分军用物资。接到解放军登陆成功的报告后，李湘武和何素凡立即赶往塔市教导师一团，会合团长杨应麟发动团部和一营官兵就地起义。人民解放军即将攻占海口时，他们又赶到电厂、消防队、汽车队、商会等，发动工人并协助保护军械和设备，保证海口这座城市完整地回到人民的手里。

诸位：海口地下斗争，中共组织不放过任何有利于我方的积极因素，寻找敌营罅漏，积极做好转化工作，为我所用，调动一切可以调动的力量，汇聚成为强大澎湃的解放事业洪流。斗争实践在佐证，民族大义终为广大人民所推崇。在中华民族大义面前，一切前嫌将会被抛弃。团结一致向前看，是浩浩荡荡的时代潮流。请诸位听我继续往下说。

第三十一回　里应外合暗修栈道
六十志士成功越狱

　　诸位：上回说到中共海口地下交通站成功争取国民党海南步校总务处少将处长李湘武站到人民的一边，通过李湘武又动员步校人事行政处少将处长何素凡等加入中共阵营，并成功策反教导师第一团团部和一营官兵起义，接受人民解放军十二兵团四十军改编。形势逼人，斗争跌宕，海口地下斗争风舒云卷，从容飞渡。诸位且听我说来。

　　在海南岛解放前夕，海口地下交通站十分关注国民党府城监狱战友们的斗争。那里头仍然关押着许多共产党员和革命志士。他们继续和监狱党组织保持内外联络，向他们传达国内解放战争形势，指导他们争取国民党狱兵的同情与支持，抓紧时间组织越狱，上演了一场你死我活的大搏斗。

　　1948 年 10 月间，中共府海特别区委溪东工作组组长吴美威在前往潭口途中，被国民党琼山县灵山乡乡长吴尊佐包围捕获。据说，吴尊佐撒网等待的是中共府海特别区委的领导，不想特别区委领导临时变更行程前往秀英苍西，而吴美威对吴尊佐的合围阴谋完全不知情，陷入了吴尊佐设下的包围圈。吴尊佐对吴美威的真实身份并不清楚，为了邀功请赏，反正捉住的都是鱼，报告说抓住了中共府海特别区委的要员。吴美威被投入府城监狱。

"这是一个特殊战场！"吴美威意识到和国民党琼崖当局的斗争在另一个场合展开。他多方探听，知道这时府城监狱关押着 100 多人，其中包括所谓的政治犯 50 多人，含陈其安、杨元梧、陈德英、陈金凤。吴美威被捕后，中共府海特别区委迅即派人借送衣物之名到狱中探望，以了解和掌握狱中的情况。党组织担忧国民党琼崖当局狗急跳墙，孤注一掷，败退前杀害狱中的共产党员和革命志士，营救狱中同志的部署随即展开。

局势趋紧，敌特已是四面楚歌。府城监狱面对风雨飘摇时局，谈虎色变，戒备森严，经常无故废止亲属探视犯人规定，有时长至一两个月都不准外人探见狱里的亲人。即便允许探监，门岗对探望狱中犯人的亲属检查也非常严格，除了细致检查递送的物品还要搜身，防止夹带刀片和锤子铁钳之类的挖洞潜逃工具。这并不奇怪，府城监狱曾经发生的凿墙越狱事件被列为狱方汲取教训强化督查的典型案例，狱兵们个个战战兢兢，不敢大意。中共府海特别区委摸清府城监狱里的情况后，结合当前斗争形势，认为必须及早策划狱里斗争，争取组织难友越狱，决定派地下交通员薛天成和陈玉权冒充吴美威的亲属，想方设法和狱中的吴美威取得联系。

薛天成和陈玉权都只有 30 岁上下，平日以足智善变受到同志们的称赞。他们假扮成售卖荔枝的羊山人靠近门岗，故意请门岗哨兵尝鲜。讵料，这些门岗哨兵却不领情，口口声声说监狱是关押犯人的场所，不准任何闲人靠近，面相凶恶可憎。但他们以吃荔枝相招呼，还是趁机把门岗检查细节看了个仔细，留意人员进出情况。回到水巷口地下交通站的住地后，二人如此如此地商量到东方发白，才拿定了如何顺利通过门岗的主意。

相隔两三天，这天薛天成和陈玉权起了个大早，走到府城监狱门岗时，还未开口，两个门岗已用步枪拦住了他俩的去路，明晃晃的刺刀在早晨的阳光下格外耀眼："喂！你们是干什么的？不知道接受检查是规矩吗？"

"知道呀，是要接受老总检查。"薛天成说。他点了点头，然后悲戚地接着说，"我们的兄长无缘无故被关进了监狱，我们胆子小嘛，都是乡下的种田人，沉思了好些日子，才想起要到监狱来探望兄长。老总，你们行行好，我们可都是脚踝沾牛屎的老百姓，看看我们的裤管都是露水，给沾湿了的啊！"

门岗凶巴巴地吆喝："不准进就是不准进，这是布告上明文规定，你们赶快走开！"

"老总，你们也是人，要是这样的事情落到你们家，你们是啥心情，让我们进去看一眼就出来，也好回家对父母有个交代呀！"薛天成缠住不放。

两个门岗被缠得心烦意乱，大声吼道："再不走开，老子可要开枪了！"

门岗的吆喝，显然惊动了大门前侧的哨棚。这时从哨棚里走出一个狱警，看走路的姿态，明摆着是带班的人，他厉声说道："别装可怜的洋相，关押在监狱的人不是反对政府的政治犯，就是社会上的渣滓，没有一个是好东西。你们两个探望的人是谁，是他的什么人？"

薛天成唯唯诺诺，胆怯地回答说："我们是兄弟，三更时赶路到监狱是要探看大哥。"

"呃，你们两个长得还真有点像，是俩兄弟。说呀，你们的大哥是谁？"带班的狱警态度有点缓和。他侧过身子，却用眼角扫向薛天成他们。

陈玉权从后头说："我们大哥是吴美威，半个月前往镇上赶集，不明不白被关进了监牢，冤枉啊！"

"吴美威？"带班的狱警猛地转过头，用眼睛直盯着他俩，过了好一阵子才说，"那是共产党啊，是政府的要犯，他可不能探看，这是监狱里的规定！"

"呜呜……"陈玉权即时哭出声来，唠叨着，"我大哥是好人，平日话都不多说一句，怎么会是共产党呢，这个世道总是把好人当坏人呀，胡言乱语的人却在享清福。我清楚那是吴尊佐干的好事，他乱抓人为的是领重赏，自己醉酒烂茶逛青楼！"

薛天成转过身安慰陈玉权，说："哎，你哭什么哭！好人是好人，坏人是坏人，老总还没开口，咋乱嚎？你是人，老总就不是人？你一哭，我心烦，老总的心更烦！"

"大人耍小孩子脾气！"带班的狱警或许也真的有点心烦。他知晓吴美威被关进监牢的罪名是"共产党"，那是灵山乡乡长吴尊佐抓捕押送来的。当下扣上"共产党"帽子被抓进来的人可多了，只要安上"共产党"的名目，谁都不敢同情。抓人的人领赏甚至升官去了，被抓捕的人至死都不承认是"共产党"，只好继续关押，成了悬案。他也知道吴美威过堂时就不承认是"共产党"，还未定罪。犯人家属探监，是监狱的正常规矩，只是在非常时期不时中断而已。说到准不准探监，有的时候还得看当日值班狱警的心情哩。想到这，他眼里少了些凶狠，一眼瞟向陈玉权手上提着的竹箩筐，贪婪地盯着能否"刮"到点什么。竹箩筐里盛着几摞新鲜荔枝和五六个木瓜，荔枝红灿似火，木瓜泛青，荔枝是当季时令品尝的美味，木瓜是用来煮熟当菜的，当然熟了的木瓜生吃味道更佳。他的嘴里"啧啧"地咽了好几回。

薛天成把带班狱警的眼神看在眼里，知道该如何做，立时从箩筐里拿出两摞荔枝递到他的面前，恭维地说："老总站岗辛苦，这是刚采摘的羊山荔枝，尝尝鲜！"又给刚才阻拦的看守狱兵各递了一把，说着同样的话。

带班狱警很快地摘下一颗荔枝咬在嘴里，含糊地说："味道甜美，好吃！你这乡下人很会做人啊！"扭过脸对两个看守狱兵说，"仔细检查！一点都不能马虎！"

说着，对持枪肃立的狱兵乜了乜眼。他说的话是暗示：检查是手续，放行是可以的。

两个狱兵检看竹箩筐时几乎把荔枝掏光，对那些木瓜连看都没看，那些青涩的木瓜蒂上还流着黏液呢。这时，后头等待探监检查的人涌了上来，狱兵对薛天成和陈玉权不耐烦地说："快走，不想挪步看你哥了呀！"

吴美威在博南山时和薛天成、陈玉权见过面，这会儿和几个难友正在劈木柴，为监狱的狱兵伙房帮工。见到薛天成和陈玉权，吴美威很高兴，问了"家里人"的情况，嘱咐他们要照顾好"父母亲"。薛天成和陈玉权连连应诺，没说多少话，脸色悚然。薛天成用手臂碰了碰陈玉权的身子，陈玉权醒悟，低头侧眼扫视了站在树荫下监视的两个狱兵，若无其事地把装着木瓜的竹箩筐递给吴美威，暗地里用手指向压在竹箩筐底下的一颗木瓜，说："家里没什么事，我们拿几个木瓜给大哥做菜吃。"

吴美威回到监仓后，把木瓜拿出来逐个查看，发现底下的那颗青涩木瓜屁股处有被挖开再塞回去的块状痕迹，小心地抠出切块，发现里头有一张折成四方形小块的纸条，展开一看，是中共府海特别区委的指示。指示要求吴美威加强难友的团结，摸清监狱里的狱兵兵力，叮嘱要做好越狱的准备和计划。

经过个把月的观察和了解，吴美威基本上把监狱里的狱兵等看守人员情况摸透。然后，通过定期探监的薛天成和陈玉权把狱中情报带出去，包括监狱内部岗哨位置的草图。一般地说，门岗对出来的探监家属比进去的探监家属检查要松懈得多。

吴美威的情报告诉中共府海特别区委，目前府城监狱的看守所所长姓名叫杨凤山，是琼山县灵山人。杨凤山胆小怕事，见好不赞许，见坏不揭露，不生事也不惹事。吴尊佐在灵山乡里横行霸道，为非作歹，杨凤山也有所耳闻。见吴尊佐抓捕了吴美威，他怀疑吴美威是共产党，但他闭口不说，认为判断吴美威是不是共产党是警察局的事，与己无关，他的职责是看好犯人，不给犯人逃走、闹事，其他的事少管为妙。这个动乱年头少管一件闲事就少了一份担忧，自己也得寻好后路，多栽花少栽刺。吴美威还告诉特别区委，监狱里看守狱兵分成两个班，第一班班长林征，第二班班长姓周，总计狱兵约 30 人。

林征是琼山县树德乡人，中共府海特别区委交代树德乡地下交通员了解林征其人其行，基本上掌握了林征的为人和秉性。早年林征曾经参加过大革命时期的农会工作，受到过中共组织的教育。大革命失败后，中共组织转入地下，他一度彷徨，不晓路在何方。这时国民党军拉壮丁，把他推进了国民党军的泥坑。转到府城监狱当看守后，狱方见他手脚勤快，一呼即到，提拔他当了班长。久在染缸里，不黑也变色。林征虽流里流气，却不泯灭人性，对难友颇讲良心不刁难。他常说"我也是贫苦人出身啊"。经过详细分析，大家觉得林征具有一定的思想觉悟，是可以争取的，而且海南岛解放指日可待，这样的形势挟持，他应该有回归革命队伍的念想。府海特别区委的地下交通员还了解到林征喜欢喝酒，有时回到树德家里，他不喝个酩酊大醉不罢休，显然这是借酒消愁。特别区委认为，我们可以利用喝酒吃茶的机会，探明林征思想动态，因势利导，尽最大可能把他拉回到人民阵营这边来，再瞅机会组织难友越狱。若是把林征争取过来，组织大批难友越狱的成功概率就高。

特别区委这次指示信件是通过迈仍村到监狱里挑大粪的老百姓，用油布包裹好放在粪桶里带进监狱的，连同信件还夹带给吴美威一笔活动经费，让他全力开展策反工作。

接到中共府海特别区委的指示后，吴美威精心筹划了一场酒会，即以酒会面。其实，这场酒席只是他和林征二人。

这时，府城监狱的管理还是沿袭老做法，一般犯人的伙食自行负责，放风时自己做饭，米菜依靠家属定期递送，一些富裕家庭的难友监牢里的伙食就好些，有些身上有钱的还委托伙房人员、监管狱兵到街上买些荤菜。贫困家庭的难友可就惨了，一天三餐难以为继，更谈不上吃点荤菜了。府城监狱规章周全，比如不准狱兵和犯人一起吃喝，防止犯人和狱兵走得太近，勾结狱兵图谋不轨。但世象千奇百怪，家境贫寒的狱兵不时找些借口揩犯人油水的现象不时发生。对这些行为，只要不发生重大事件，狱方则做和尚撞钟，得过且过罢了，大家都相安无事。

乡下人大多数贫困。林征家庭本不富裕，薪水也不高，还要养家糊口，除去家里的伙食补贴买上几包香烟所剩无几，别再说上酒馆茶楼了。这个月家里老幺生病，林征找了几趟大夫，手头较紧，已经十来天不闻酒气，馋得直抓喉管，有时走着走着自言自语："这酒虫真难治！"

吴美威抓住了时机。傍晚放风时，他一边烧火做饭一边说着："今晚月半，月亮正圆，若是喝点酒，三五个老友聊几句，那真的不枉人生乐趣啊！"

俗话说，喝酒的人听到"酒"字就馋得要命，更不要说真的闻到酒香了。林征监视犯人放风做饭正好站在边上，一听到喝酒馋得恨不能喝个半斤十两，两眼直勾勾地盯住吴美威。吴美威只当没看到，继续说道："我做东，谁能替我去买肉打酒？"

不明真相的难友只知道吴美威社会上的朋友多，经常有人把一些香烟送进监狱来，或割上一刀肉指名道姓给吴美威，他们不知道这是吴美威的计策，是党组织的安排。现下林征听到这话，早已按捺不住，走过来说："我让伙房的人给你置办，怎么样？今天挖战壕筑工事可是重活，喝喝酒放松一下身骨，明天还要上工地嘛！"

监狱里的难友不只是蹲在监号里，白天他们被驱使干各种各样的活儿，劈柴挑水算是轻松活。现时战事正紧，他们经常被押解到前沿阵地挖战壕筑掩体，或者运送子弹和炮弹，怠慢者则遭到鞭抽脚踢。今天一早他们就被押解去扛运炮弹，一个个都得出大力，一天劳累精疲力竭，都想着填一下肚子快点睡觉，哪有心思去喝酒啊。一些人用诡异的眼光望向吴美威，不晓得这时候他唱的哪一出。

"好咧！"吴美威答道，掏出一沓纸币，"这国币贬值得快，一百元今天上午买一斤米，晌午买三两不到，明天如何天晓得！再不用就要变成废纸了，你说呢林班长？"

林征咽着口水，双眼放光，说："我不管贬不贬值，我只信奉今朝有酒今朝醉，其他的事儿我没心去想哩。"他招呼来一个伙房工友，嘱咐说，"你去帮他打两斤酒，剩下的钱买些猪头肉和猪下水，还有一点炒花生米，即下酒菜吧！"

吴美威点点头，表示同意。林征交代完这些就起步往别处走，吴美威见状即站起身，说："林班长，喝酒总得要有点气氛，我一个人喝闷酒啊！"

回头狡黠地眨了眨眼，又抓了抓喉管，林征大声苛责："告诉你别打我们政府工作人员的主意好不？你不知道我们是什么身份吗，用酒肉拉拢我，没门！"

吴美威一怔，心里没底，烧好饭后回到监仓。这时，月亮已挂在半空，透过林木枝丫绿叶，地上撒遍斑驳的光影。他心里忐忑，自己的计划能否实施。

一阵脚步声"沓沓"由远而近。监仓前出现了林征，他喊道："吴美威，你出来！"吴美威的监仓被打开，看见林征一手拎着两瓶白酒，一手提着一个大纸包。林征接着说，"你以为我姓林的独霸了你的酒肉？我姓林的不干那码事，酒肉还是你的，你的钱买的酒肉嘛，爱找谁找谁喝去，老子嘴不馋，多一顿饭少一顿酒无所谓！"

吴美威领会到他话里有话，忙接着话题说："我咋能一个人喝啊，喝酒嘛，俗话说'话要投机，三人成众'。一个人喝的是闷酒。今晚就我们二人对饮，不吆喊'哥俩好，五魁手'好不，能喝多少喝多少，不醉不休。只是我得请假……"

"请啥假！一班今晚轮值，老子的话就是圣旨，再说看守所所长是我们琼山老乡，树德到灵山有多远，谁敢说三道四？走，喝酒现在是正道！"林征说着，往前头走。他们走到了凉亭里，石桌便当酒桌，打开包裹着的荤菜，一阵酱肉香味扑进鼻腔，林征抓起酒瓶，用牙咬去铁盖子，"咕咚"就是一大口，用手抓起一块猪头肉往嘴里塞，说："呵呵，好酒好肉，今晚要喝个醉，一醉方休！"

酒喝了半瓶，真可谓"话是酒赶出"，林征的话滔滔不绝，先是说整天蹲在监狱看守犯人心里憋屈得很。说着说着，突然眼眶里满是泪水，眼皮一眨巴泪水滚滚而下，话语哽咽不清。

"听说林班长是海量，今天怎么啦，喝不了酒了？喝不了就别喝，我们是朋友，别逞强充硬汉。酒这玩意儿，喝够是英雄，喝过了是疯子。你别喝了！"吴美威说。开始他以为林征已不胜酒力，怕失面子，却要装硬汉。

"不，不！美威啊，你有所不晓，老子实实在在有话在肚子里憋了二十多年，'路不走不到，话不说不透'，呃呃，找不到知心朋友说啊！"林征抓起酒瓶，"咕咚"又是一口。

"多吃点菜！"吴美威把菜肴往他面前挪了挪说，"话憋在心里头，干啥都不是滋味，好比炒菜不放盐。老哥如信得过我，说说倒也无妨。如果是时局敏感的话，小弟我保证为你保密。"

"哎！假如没信得过你，我能喝你的酒？"长长叹了一口气，林征断断续续地说，"你还年轻，有所不知，老子当年也是汉子一条，闹'共产'那年，入农会、斗地主、分浮财，哪一桩不见老子的身影！没想到大革命失败，我找不到组织，他们都转入地下了啊，风声又紧。这时我被国军抓了壮丁，混了两三年，老乡说国民党军队里山头林立，肩膀上扛的不是人头，今儿这个山头赢了明儿输，后天呢说不定输者赢、赢者输，一道命令下来得过海去为军阀当炮灰，倒不如找个安稳的地方蹲下来，以后如何再作计较。老乡就是老乡，出手帮我调到府城监狱这鬼地方来。十几年就这样像流水般过去了，人生苦短啊！这差事清闲倒是清闲，可一想起穿这身黑衣裳心里就倍觉窝囊，愧对父老乡亲啊，当年的林征可不是这样的人渣呢！"

四周静谧。吴美威拿捏好时机，轻声说："既然如此，你何不去找共产党组织，重新回到革命队伍中去，而且过不了多久，海南岛就要解放了。"

"人家能相信我啊！大革命失败你溜了，眼看革命要胜利你就跑回来。他们还不说我是投机分子？"林征唉声叹气，接着说，"好在这些年，我好事不少做，坏事做不多，凭良心行事。不相信？你问问监狱里的人去，或问问犯人也行！"

朦胧的月色里，林征不断地摇头叹息，"咕咚咕咚"又是一大口，就是不动箸。

"难友们都说林班长是好人啊！"吴美威给他鼓气，耐心地说，"共产党是工人阶级的先锋队组织，像海纳百川，胸怀宽广。我想，他们会欢迎你重新回到革命队伍的。"

林征一怔。溶溶月光里，他瞟了吴美威一眼，好久好久，还是默默无言。

后来，吴美威又和林征喝了几顿酒，话越来越投机。一次他试探地说："林班长，难友们都晓得你是好人，你找个机会把我们几个人放出去吧，怎么样？"

"除非共产党组织攻打监狱，这样里应外合，趁机把你们送出去，狱方抓不到把柄，上头没得话可说，我们这伙人也平安无事。"林征想了一会儿，给吴美威出了主意。

吴美威给中共府海特别区委，汇报了与林征的接触过程及林征的表现。特别区委趁热打铁，派薛天成和陈玉权与林征在狱外寻机联络，并趁林征回树德老家时，将他带到羊山薛村，和中共府海特别区委领导见面。林征答应适当时机放走狱中的"政治犯"，并把狱兵带往解放区，宣布起义。

越狱准备工作紧锣密鼓。这时，监狱里情况出现了意外。原来，被关押的大土匪妖歪三拉拢到了临时调进府城监狱驻守的县兵连机枪班班长吴立公和副班长王忠。妖歪三是琼山县儒万山一带占山为王的土匪头子，日本投降后，国民党政府收编他的队伍，委任他为琼山县自卫大队大队长，待到他把匪兵带出山后，他的人马被拉走，自己成了光杆司令，被关进了府城监狱。他有他的小算盘，认为"有枪便是草头王"，撺掇吴立公和王忠携带机枪一起上山落草为寇，过吃香喝辣的快活日子，运气好还可捉个"压寨夫人"，真正活在世上。吴立公和王忠居然听从了他的诡计。

吴美威得悉这个消息后，生怕坏了越狱大事，因为妖歪三的计划如果提前行动，将引起监狱的注意，他们的越狱行动或将受阻，思量再三，立刻派女难友陈德英和陈金凤想法子缠住吴立公和王忠。吴立公和王忠二人都是老兵痞老光棍，见到如花似玉的女犯人主动找上"对象"，暗送秋波，早已魂魄颠倒忘乎所以，把妖歪三策划的上山落草为寇计划抛到爪哇国去了，一阵子都懒得和妖歪三打照面。这就为吴美威他们的行动赢得了时间。

1949 年 3 月，人民解放军琼崖纵队在琼西南开展了声势浩大的春季军事行动，刚接任海南行政公署长官的陈济棠顾得了头顾不得腚，焦头烂额。海口地下交通站认为组织越狱的时机已经成熟，中共北区地委批准了府海特别区委的越狱计划。监狱党支部把越狱时间定于 4 月 2 日零时。

一场惊心动魄的越狱战斗即将开始。这天晚上海口演大班戏，看守所所长杨凤山以及县府当官的都出去看戏了。吴立公和王忠因职责原不打算去看戏，陈德英和陈金凤却纠缠着他俩。吴立公和王忠拗不过她们，便带着她们走出监狱。因为有国民党县兵连的人携同，岗哨也不便阻拦陈德英和陈金凤。

夜11时，林征的一班接班值岗。他把人员分成两组，一组协助难友逃出小门，另一组监视大门方向的动静。至12时，海口大班戏还未散场，王忠硬生生拽着陈德英的手返回监狱。林征担心他惊动县兵连，赶快嘱咐狱兵守卫住小门。难友们用事先捎带进监仓的铁钳和铁线打开脚铐后，从小门往外逃遁，林征则带着他的一班狱兵殿后。埋伏在城墙下的由中共府海特别区委派出的李荣积率领的武工队，接到吴美威他们后立即布置后续保护。

黎明时刻，雄鸡打鸣。监狱瞭望岗楼的哨兵灰蒙蒙中看到一溜人影涌向侧边小门，"砰"地胡乱开了一枪。这一枪引来满城枪声大作，国民党军龟缩在掩体内，不敢动弹，他们以为人民解放军已经攻进了府城。

天亮后，陈济棠接到府城监狱政治犯越狱的报告，暴跳如雷，恼羞成怒，他刚接任海南行政公署长官两天啊，颜面扫地。国民党琼山县县长周成钦惊叹道："共产党越狱暴动，跑了这么多政治犯，又拉去了一班狱兵，这在府海实为民国以来所罕见！"他要找替罪羊，不然脱不了身，就把不明不白的杨凤山撤职，还将剩下的狱兵全部换掉，出了一口闷气。

这次府城越狱，共有60多人逃了出来，包括全部"政治犯"，还有林征的一班狱兵。听到枪声爆响，王忠稀里糊涂跟着陈德英逃出了监狱，但陈德英演的是假戏。半途中，王忠感觉行动不对劲，趁旁人不在意，自行离开了陈德英。越狱的那天夜晚，妖歪三以为占山为王的机会来了，乱中取胜，也尾随逃亡。到了苍应山脚下，妖歪三发觉自己身前身后都是异路人，情势不妙，正欲逃走，被武工队逮个正着，就地交给中共澄迈县委处置。轰轰烈烈的越狱斗争，至此威武地落下帷幕。

　　诸位：越狱斗争危机四伏，策划周密且行动要谨慎，在尚未掌握武装斗争条件的城市，每一部署可谓慎之又慎，步步惊心。当万事俱备即将付诸行动之时，须提防意外发生，否则应对失策失去越狱大好时机，或许付出的将是革命者生命的代价。海南岛解放前夕的这次越狱斗争谋划得当，随机应变，化险为夷。请诸位听我继续往下说。

第三十二回　毅然入列反蒋阵营
民主志士正义凛然

　　诸位：上回说到府城监狱的中共地下党员既讲斗争技巧又胆大心细，转化敌特人员思维定势，成功地实现越狱，并发动狱兵起义，引发了敌特的极度恐慌。被认为是统治中心的府海地区其实并不安全，国民党海南行政公署大为震惊。此时由于共产党组织感召，民主阵线人士积极行动，拥护和支持中共组织开展斗争。诸位且听我说来。

　　星期天晌午，府海地区刚下过一场豪雨。涤荡去污泥浊水，给人一股清新的气息。

　　海口市月朗新村的街巷里，地上湿漉漉的，一座小楼阁里传出一阵哗哗啦啦的搓麻将牌响声，路过的行人对这座小楼的主人既敬重又不解。敬重的是，男主人郑任良为人和蔼，尽管是成功的商人，待人颇为谦逊，见到行人尤其是老者总是先打招呼，止步让道；他的妻子廖瑞珍对邻居也是毕恭毕敬，从不因为家境殷实而对邻居颐指气使，盛气凌人，身上若是带有糖果之类，路遇幼童，总是热心地塞上两三粒。让人难以理解的是，这一家子来客太多，男的走了女的来，特别是节假日，来的人一串串。邻居见廖瑞珍和气，路遇她时说她家里

"好热闹"，廖瑞珍不失身份，解释说"我家先生是生意人，人气旺祈生财"。说得严丝合缝。这些邻居不晓得郑任良的真实身份，只以为他是一名普通的成功商贾，更不知道他在以打麻将为掩饰，汇聚志同道合的好友，讨论当前的局势，传达中共组织的指示，悄悄地布置反美讨蒋的斗争活动。

这天上午，郑任良的家里又传出噼噼啪啪的麻将撞击声。这回是趁例行假日，"反美蒋同盟小组"成员在以打麻将为幌子，开会讨论下一步的行动。这个小组由郑任良任组长，组员有海口大英山炮台少校台长李运元，文昌县铺前要塞炮台少校副台长吴一生，海口军用机动电台台长郑炯昌。他们都是手握国民党琼崖党政军电台机密的重要人物。此外，还有李报务员、杨报务员；报社记者叶可、彭一声以及廖瑞珍等人。

"根据中共组织的指示，我们当前的主要任务一是继续刺探军情，及时收集国民党军新的作战部署，比如部队调动、换防、新的作战行动、部队新的装备等情况，发现异动，尽最大可能及时报告。二是购置军用物资，大家都知道作战要消耗大量的弹药，人民解放军琼崖纵队因为后勤供给困难，加上反'清剿'斗争耗费了不少军用物资，急需补充。我们要把购买军用物资当作一项重要的工作任务，尽量多买并快速把枪支子弹安全地送到解放区去。三是积极发动和组织群众性的反内战游行示威活动，平时多和民主人士接触，鼓励他们站到共产党的一边，彻底埋葬腐朽的蒋家王朝！"郑任良停下手中的麻将牌，给大家布置工作任务后打出一张"红中"。他接道，"你们都要注意安全，保护好自己，现在的府海地区特务多如牛毛，无孔不入，用一句老百姓中流行的话说，'撒一泡尿都要遇到一串特务'。大家一定要当心，切莫粗心大意喽！"

麻将桌上一片唏嘘。李运元神秘地问道："今日坊上风传说，海南特区公署行政长官丢了60多头牛，怎么连海南最高行政长官的牛都敢偷，这不是在太岁头上动土嘛，这些人胆子恁大！郑老板啊这是咋回事？"

听了这话，麻将桌上吴一生露出惊讶的神情。他佯装不解地说："最高行政长官咋和牛扯上钩，干脆改姓，叫'牛行政长官'罢了！"

这一番风趣的讽刺话，引起屋子里一阵大笑。

"哎哎，我在铺前，这消息还没传到我们那里。'近水楼台先得月'，你们谁知道这一详情？炯昌兄消息灵通吧，你说说！"吴一生接着说。

"机动电台嘛，消息不灵通怎么叫机动！"郑炯昌自嘲道。他掸了一下手里香烟的烟灰，建议众人停一停手里的麻将牌，听他说这个故事。"要说这事话可不短啊。你们或许不清楚陈济棠的一个胞弟名叫陈济南。这个陈济南可是官要做，拿薪水呗，钱还得赚，满脑子的生意经，他看到国民党政权现在已经回天无力，心想何不趁这个机会狠捞一把赚大钱，况且兄长现在是海南特区公署行政长官，一人之下万人之上，谁人敢说他的不是啊！他随即打起了走私耕牛的主意，将牛出口香港赚取外汇，如果国民党军兵败海南守不住，可以跑到国外做寓公嘛。这个念头不止他有，许多国民党军政要员也有，就连陈济棠也是这样的打算。陈济南从府海地区各乡镇连买带抢搜罗了60多头大黄牛，陆续拉到海口市白沙岭下村，拴在村边的灌木丛里，等待货船一到立即启运。"

李运元抻了一把额头的鬓发，嘲讽地说："陈济南可是个生意精，见孔就钻，趋炎附势，主意打到陈济棠的身上来了，一人当道，鸡犬升天啊！"

"这一情况被为中共搜集经济情报的地下交通员陈光华获悉，立即报告中共府海特别区委。特别区党委神速行动，决定没收这些大黄牛，将它们拉到解放区去。一是给陈济棠政治上打击，动摇他的统治权威；二是解决中共组织活动经费的不足。可谓是一举两得。这买卖谁不做？若是我遇到这个机缘，我也会做，不做就是傻瓜。据传，执行这一任务的是北插党支部书记王海，特别区党委还派驳壳班和几十名群众协助这次行动。"说到这，郑炳昌从香烟盒里抽出一根烟点上火，用力吸了一口，呼出一口烟气。

吴一生急了，忙催着说："你吊大家的胃口呀，快说是怎样行动！炳昌兄，烟你等会儿才抽嘛！"

"王海你们知道不？告诉大家，这个王海可不是简单人物，前些年府城监狱政治犯越狱策划的就是他。王海神勇心细，侦察好地形后还亲自到南渡江，下水从东岸游到西岸，主要是探明水道的深浅，能否把这些黄牛拉过河去。或许是担心陈济南提前行动，策划的计划落空，大前天夜里他们在三更时偷偷地下水，从江东游到了江西，又神不知鬼不觉地摸到了白沙岭下村。这时白沙岭下村静悄悄的，狗不吠鸡不叫，月光似水，站岗哨兵麻痹大意，认为如果偷牛那是大行动，容易弄出声响。偷别人家的瓜菜、鸡鸭鹅甚至猪狗可以，谁敢抢海南特区公署最高行政长官胞弟的生意啊！天一黑就打盹了。这还不要紧，驻白沙岭下村负责保护职责的国民党军一个排的士兵也都早早进入了梦乡。王海他们一人牵两三头黄牛，探路的探路，断后的断后，绕道而行，从南渡江下游把60多头大黄牛全都牵到了解放区。你们说这神还是不神？"郑炳昌绘声绘色地说。

"哎哟！这真的是神机妙算，不费一枪一弹，60多头牛就到了手！这些牛也真的向着民众，连叫也不叫一声，能惊动谁！"李运元发了一阵议论。

郑炳昌接着说："这下子可好，第二天一早，府海地区立即传出特大新闻，闹得满城沸沸扬扬，不可收拾。胆子大的人说：共产党真的厉害，连海南特区公署最高行政长官的牛也牵走了！大家注意，是说陈济棠的牛，明白人都知晓陈济南的牛还不是陈济棠的生意嘛，俩兄弟的钱谁是谁啊！据长官公署的人透露说，事情曝光后，陈济棠整天铁青着脸，看啥都不顺眼，见到人就发脾气，这些天手下的人都战战兢兢，小心翼翼，等着陈济棠无事生非，责骂教训，这气氛还持续着呢。"

郑炯昌说完，把目光转到郑任良身上。他猜，郑任良会清楚这件事情的来龙去脉。

"郑台长说的都是实情，他知道的有些比我还详细，不愧'机动'嘛！"郑任良赞许地说。他逐个看了一眼战友，大家朝他点了点头，便说，"大家明确了今后的行动任务，当然啰，在没有接到中共组织新的指示之前，这就是我们任务的全部。"他停顿了片刻，略作歉意地接道，"今天的见面到此为止，不留大家吃午饭了。近来国民党的特务搜查频繁，我们要随机应变，聚会时间不能过长，避免引起他人的注意。你们出门后，顺便到街上溜达溜达，要吃饭的找个隐蔽的馆子，注意尾巴。"

临出门时，李运元谆谆地说："我尽量多做些工作，要不到了那边见到了中共人士，还不愧疚啊！郑老板，我得提醒你一句，有时候别心肠太软，过于仁慈有时贻误了大事，祸及自身。反正我总记住农夫和蛇的故事，教训太深刻了。"

"哦！我会注意的。我们大家彼此都要提高警惕，非常时期嘛。"郑任良不忘叮嘱说。

郑任良是广东省梅县城西镇黄竹洋村人，原名郑平波。青年时代曾参加孙中山先生领导的辛亥革命运动，是同盟会成员，当年作为"选锋队"一员参加了黄花岗起义。后到日本留学，回国后在广州中山大学经济系任教。1928年陈铭枢执掌广东海南善后公署，决定编撰《海南岛志》，遴选时留日学生侯过、郑任良、曾蹇被委以重任。郑任良因负责经济部分编写，故而随同中山大学的几位教授抵琼考察，并到过西沙群岛。他在《海南岛志》附录四《调查西沙群岛报告书》中详细地记载了西沙群岛的地理位置与地形、地质与土壤及物产等，疾呼

"吾国领土在热带者，为此区区十余里。此种鸟粪化石需在热带始获产生，故西沙群岛之磷酸矿，谓为吾国领土内仅有之产物，实无不可。吾国以农立国，得此天然肥料，为益正属不少。又珊瑚礁石均可做灰，运销内地，建筑培田为利至溥。而海产丰富，聚集一隅，亦大有经营价值。"

如期完成了《海南岛志》编纂，郑任良践行开发海南岛的宏愿，留在海南搞起了实业，随后劝说东南亚华侨回国，成立"琼崖华侨实业团"，开始了开发海南岛的行动。据《海南岛志·金融志》记载："琼崖实业银行'系在民国二十二年间，由郑任良邀荷属爪哇（即印尼）、英属马来亚（即新加坡、马来西亚）华侨集资创办，由郑任良任董事长兼总经理……该行经营一般商业银行的存、放、汇业务，以辅助建设农村、振兴实业、扶植移民为主旨。放款及投资给儋县的归国侨民和农民购置地产，种植橡胶、油桐，以及开发矿场。该行开业后，业务活跃，到民国二十五年，资产总额达到30余万元。"郑任良还创办了松涛华侨实业公司，在儋县开垦农村。花3000多两白银买下海口市西郊海湾共2000多亩海滩，改造成良田。月朗新村就筹建在它的边缘。因此，郑任良也成为府海地区有地位、有名望的实业家。说到月朗新村，必提到郑任良的开发建设。

日军侵占海南岛时，郑任良的松涛华侨实业公司被炸，华侨离散，银行倒闭，海口西郊造田工程停滞，月朗新村也被炮弹炸成断壁残垣的废墟。日寇从踏上海南岛的那天起就寻访代理人，培植傀儡，实行"以夷制夷"战略，郑任良在日本留过学，懂日语，自然成为日军的理想人选。日军侵占海口的当晚就找上门，要郑任良担任伪琼山县县长，被郑任良当面严词拒绝；后又要聘任他为伪琼崖政府建设厅厅长，让他主持琼崖的经济工作，又遭到他坚决回拒。五次三番拒绝和日军合作，郑任良预感到灾难随时降临，于是抛下家产，带着妻小在湛江、广州和香港等地过着颠沛流离的逃亡生活。1945年8月，抗战胜利，郑任良携妻挈幼返回海南岛，重整旗鼓，以勤勉敬业精神要把失去的岁月弥补回来，可想不到他的这一举动遭到当地土豪劣绅的妒忌，勾结国民党地方当局以"通共"罪名，于1948年将他逮捕投入府城监狱。

"福兮祸所伏，祸兮福所倚"。郑任良的遭遇正应了这句古语。因为这次入狱，郑任良因祸得福，彻底改变了人生命运，由此走上了革命的道路。

原来，郑任良入狱时，中共组织的地下工作人员严坚也因路途偶遇"清剿"的敌人而被捕。严坚常年在府海地区活动，对郑任良的为人和举动早有所闻，这次同被关在府城监狱，严坚便主动接近他、安慰他、开导他，说人民解放军野战军乘胜追击，正在加紧练兵，渡海解放海南岛是旦夕迟早之事，国民党腐朽政权正在土崩瓦解，孙中山先生的建国方略由中国共产党一步步地付诸实现。此时，透过总结几十年人生变幻的经历，郑任良已逐步看穿了国民党政府的虚伪面目。尤其是日本投降后，蒋介石集团撕毁"双十协定"掀起内战恶浪，使他进而认定蒋介石集团只会把人民推向深渊，人民群众时刻有着重新陷入水深火热之中的危险，抗战胜利露出的一抹曙光即将被乌云所淹没，决心站到中国共产党的一边，贡献自己微薄之力，为驱散乌云尽中华民族一分子的神圣之责。

因查无实据，找不到怀疑严坚是共产党员和琼崖纵队人员的确凿证据，国民党府城监狱放出了严坚。不久，严坚被调到琼崖纵队司令部，专司情报和策反工作。团结"反对内战，争取和平，解放全中国"的一切力量，是严坚此时工作的全部。这时，郑任良也因多次申诉且查明是当地土豪劣绅无中生有捏造罪名之所致，被释放出了监狱。在分析民主阵营民主人士状况时，严坚想起了狱中曾经邂逅的郑任良，便写了一封信，让中共府海特别区委设法传送。

一个清朗的早晨，郑任良在晨练。从府城监狱出来后，他什么人都不想接触，觉得变革一个社会太难了，惹一身横祸，倒不如关起门来过桃花源般的生活清闲。他专心致志地打了一套太极拳，突然院子外传来了一阵断断续续的敲门声，立即示意妻子廖瑞珍说他"不在家"，自己侧身躲到了一个横廊砖柱后面。

廖瑞珍打开门，看到一个青壮年农民，进城赶集的打扮，一双眼睛炯炯有神，分外机警。局势紧张，什么样的情况都会出现，即所谓的"院子大了，啥门客都有"。郑任良刚出狱，不要再惹出麻烦来，最好什么人都不见，廖瑞珍暗暗地叮嘱自己。她赶紧问："你找谁，怎么这么早就进城来了？"

青壮年农民回答说："我有紧要事要找郑先生，进城早是因为夏季大热天，早来早回，家里的农活也紧呀！"

廖瑞珍细心地打量着来人，找不到坏人的感觉，但她还是大方磊落地说："我家先生不在家，若有要紧事可对我说，如果没有嘛你还是快走吧，这个年头不太平！"

这个青壮年农民倒是反应很敏锐，快速地窥看了一眼自己的背后，确定没人注意他，便压低声音说："是一位姓严的先生托我给郑先生送来一封信。严先生叮嘱我，不见到郑先生不给信，特别交代我不得把信交给别人。如果郑先生不在家，我改日再登门拜访吧！"说罢，转身就要走。

"哎，你等等！"郑任良已经站在廖瑞珍的身后。环境恶劣，敌特出没无常，他还是把来人谨慎地打量了一遍，"如果是找我的，请进吧！"

这个青壮年农民就是琼山县永秀乡人民政府助理王运兴。他对月朗新村这一带很熟悉，何况郑任良又是府海地区颇有名望的实业家，如雷贯耳。见到郑任良，他一颗悬着的心落了地。革命队伍里，没有任何一件事情比完成党组织交给自己的工作任务重要。

"你说严先生找我，严先生现在哪里，从事哪一个职业了？"郑任良把王运兴引进客厅，倒上一杯清茶，焦急地问道。

"郑先生兴许知道严坚同志是共产党员，他已调到人民解放军琼崖纵队司令部工作。据中共府海特别区委的同志转述说，他非常关心郑先生的近况。因此，特别托我给你带来了一封信。"王运兴一边说，一边撕破衣襟一角，掏出折成条状的一张纸条，郑重其事地递给郑任良。

郑任良听说是严坚写给他的信，立即起身庄重接过。在府城监狱深谈时，严坚告诉他自己是共产党组织队伍里的人，并对他说要变革整个中国社会，只有由中国共产党领导才能实现这一夙愿。眼下，自己在苦海里挣扎，不正在寻找共产党组织吗？解除自己的精神枷锁就在眼前。对严坚给他的信，郑任良如获至宝，从头到尾连续默读了好几遍，然后眉舒目展，高兴地说："你回去后转告严先生，就说我有幸遇见严先生，我郑某不枉此生啊！"

严坚的信除了问候近况外，希望郑任良走上重新变革社会之路，利用自身的威望联络社会各界人士"反蒋、反内战、争取和平"。这犹如久旱禾苗喜逢甘霖。此后，郑任良很快通过王运兴联系到了中共府海特别区委，特别区委指派地下交通员王德祥接替王运兴，直接和他建立了工作联络关系。

郑运良凭借他作为民主人士的声望，同国民党府海地区某些上层人物接触和交往较多的机会，以及他在国民党军队里的故交和大批老乡，经他组织和发动，参与了他安排的活动，从中打探到许多军事秘密，并及时通过王德祥报告中共府海特别区委。一次，郑任良趁国民党驻军换防时机，从秀英水头村国民党军战备仓库买到子弹两万多发，特别区委指派苍东村20多名青年悄无声息地把子弹全部挑到羊山解放区。他还向特别区委领导说，愿意卖掉2000多亩海滩土地，以资金支援特别区委斗争。海口军用机动电台台长郑炯昌表示可用电台密码同特别区委实行通讯联络，海口大英山炮台少校台长李运元、文昌县铺前要塞炮台少校副台长吴一生多次请求率兵起义，特别区委综合多方情况，暂时不同意他们的起义要求。这一期间，中共府海特别区委常委王惠民曾两次扮作学者进入到海口市内。第一次在郑任良家里听取民主人士反"内战"运动的情况汇报；第二次直接到了大英山炮台，由李运元掩护，探察了炮台军事设施和弹药库，李运元还交给他两张国民党军海南岛详细军事地图。

解放前夕的海口，逃亡来的国民党各级官佐多如牛毛，军官、官佐编余而生活无着者流落街头，年壮者迫于生计，明抢暗劫，沦为盗贼；年老体弱者，则沦为乞丐，卖妻鬻女，甚至痛令眷属卖淫维生。国民党军警如蚁，敌特塞满街头。他们多方刺探中共组织活动，千方百计企图阻挠人民解放军解放海南岛的脚步。

这时，国民党中统特务杨发标也来到海口，他借着和郑任良是梅县老乡，哀求郑任良帮租住舍。郑任良不明他的身份，以为他只是流落到海南岛的国民党一般军政人员，且当时的海口即便立锥之地也难于租到，更耐不住他的死缠硬泡，于是松口答应他携带家眷住进了月朗新村，安顿在郑宅旁的闲屋。这一下子，等于引狼入室。郑任良以及其家人的一举一动全都在杨发标的掌控之中。

人民解放军渡海解放海南的风声越来越紧，国民党特务活动愈益频繁猖獗。相应地，郑任良领导的"反美蒋同盟小组"分化敌人、购买枪支弹药的工作也越发紧张。

这天中午，郑炯昌来到月朗新村，对郑任良再三请求使用密码和中共府海特别区委沟通联系，说："海南岛临近解放，我们这些反正人员总要做些有益的工作，带上见面礼吧？"

郑任良同样心焦，说："你的请求，我已多次上报府海特别区委，既然上级领导认为时机不成熟，我们就耐心等待。我想，特别区委比我们思考得更周密，我一直在琢磨，或许是考虑到我们的安全吧。我的海滩土地也卖不了，为什么？眼下我们出不了岛，携带巨款要到哪里去，还不引起国民党敌特的怀疑？而且，海南岛一解放，国民党政府的纸币就是一张废纸。老弟，我比你更着急哩！"

杨发标时刻监视着郑宅的动静。他发现近来随着局势日趋紧张，到郑家来的陌生人增多，暗暗认定郑任良是一条大鱼，他要来个"投名状"呢！逃到海口后，他小功不立一次，大功更不用提了，谁能瞧得起他？"对了，老乡老乡，背后一枪！无毒不丈夫，心不毒手不狠，升不了官发不了财！"主意一定，他搜挖蛛丝马迹，要置郑任良于死地而后快。

这天，杨发标刚迈出住舍门口，发现郑家院子门前停放着一辆挂有单位代号车牌的军用三轮摩托，觉得眼熟。这不是国民党海口警备区的军用摩托吗？在这风声渐紧时候，这个人怎么跑到一个民主人士的家里来了？杨发标心惊肉跳，旋即心躁血涌，"嘿嘿，我升官发财的机会来了！"随即，捷步向郑家走去，把正要出门的郑炯昌撞了个面对面。郑炯昌毫不介意，并不把穿着便装的猥琐龌龊之徒杨发标放在眼里，更不知晓他的真实身份。

"刚才出去的客人怎么有点眼熟，也是我们的老乡吧？"走进郑任良的客厅，杨发标假心假意地试探问道。

郑任良全无戒备。杨发标是自己安排住舍的老乡，"滴水之恩，当涌泉相报"，这是中国人提倡的仁义道德，他不至于恩将仇报吃饱饭还把碗给打烂吧，便说："是我的朋友，来往多年了，眼下政局动荡不安，虫蚁都惜命，何况是人呢！"

敷衍了片刻，杨发标不露声息，推说要进城探望朋友，溜到国民党海口警察局去了。

1950年春节的前一天，海口的人们都在张罗着"围炉"过年，唯有国民党的军警特在高度警戒，担忧人民解放军渡海突袭，城里的共产党组织发动民众暴动。杨发标也没闲着，暗地将木梯搭在墙头上，不分昼夜窥视着郑宅的动静。果不其然，这天凌晨时刻，几个人驮着几只木箱子，趁着更深人静走进了郑宅。为探得准确情况，一网打尽，他又静待了几天，发现一些陌生面孔借拜年为名，出入郑宅。夜长梦魇多，须见机行动。次日天未亮，他又走进了国民党海口警察局的大门。国民党海口警察局立即出动宪兵警察乘夜团团包围了郑宅，搜出了卡宾枪60多支，子弹5箱。这些枪支和子弹是郑任良和李运元购买收集来的，打算过了元宵节报告中共府海特别区委派人运走，想不到功亏一篑。

面对国民党警察和宪兵，郑任良从容穿上妻子新缝制的衣裳，戴上眼镜，别上钢笔，毫无惧色。当夜，海口市地覆天翻，海口警察局同时抓捕了郑炯昌和杨报务员、李报务员，还抓走了郑任良的弟弟郑典元和侄子鲁福宾。李运元上街时恰好看到军警行动，朝月朗新村方向奔去，料想郑宅情况生变，即刻逃出海口。消息传到铺前时，吴一生赶紧远避。后来，他们都在地下交通员的护送下，进入了羊山解放区。

国民党海口宪兵司令部对郑任良严刑拷打，甚至使出让杨发标出面指证的卑劣伎俩，但也丝毫动摇不了郑任良的最高信仰，绝不泄露中共府海特别区委和海口地下交通站的秘密。慑于郑任良的地位和威望，国民党海口宪兵司令部不敢公开审判，于同年3月将郑任良和郑炯昌与杨报务员、李报务员秘密杀害于红坎坡。这时，距海口即将解放仅一个多月。郑任良的妻子廖瑞珍和幼儿在海口解放这一天才重见天日。

诸位：府海地区的著名民主人士郑任良牺牲在海南岛解放前夕，敌我斗争的残酷性可见一斑。正义的事业永远不可战胜，任何企图阻挡时代发展的跳梁小丑都将被历史的车轮碾成齑粉。这时，海南岛的国民党军政人员风声鹤唳，若丧家之犬；府海地区的中共地下工作者，则在为争取海南岛的最后解放奋力一搏。请诸位听我继续往下说。

第三十三回　孤舟徐闻智送情报
配合大军解放海南

　　诸位：上回说到中共组织通过海口地下交通站团结和争取各界人士，结成"反蒋、反内战、争取和平"阵线。与此同时，各界人士利用各种契机购买枪支弹药支持解放区，助力海南岛的解放斗争。一批国民党军政人员脱离了反动阵营。人民解放军渡海解放海南岛雷霆万钧，气势如虹。地下交通员面临新形势新考验。诸位且听我说来。

　　1949 年 10 月 1 日，中华人民共和国开国大典在北京举行。胜利的礼炮声响彻了广袤的大地，鼓舞着人民解放军跨越琼州海峡，解放海南岛。

　　1950 年 2 月初，中共华南分局书记、广东省军政委员会主席叶剑英主持召开解放海南岛战役作战会议。广州会议后，人民解放军十五兵团将会议拟定的作战方针和方案向第四野战军前委报告。2 月 10 日，四野前委转报中央军委和毛泽东主席。报告中写道："海南岛作战，我军如一次以一个军登陆，则船只问题极难解决。同时又无法对付敌之海空军扰乱。因此，建议在此期间内，先行以偷渡办法，到达海南岛后即与冯部会合，打小规模的运动战与游击战，然后大部队再设法渡海。"四野前委的意见是："我们同意四十三军一个团先行渡海，亦同意其他部队寻机陆续渡海。"2月12日，毛泽东主席复电："同意四十三军以一个团先行渡海，其他部队陆续分批寻机渡海，此种办法如有效，即可提早解放海南岛。"党中央毛泽东主席的指示和广州作战会议为渡海解放海南岛指明了方向。渡海大军厉兵秣马，只等一声令下。

全力迎接大军早日渡海解放海南岛，是中共琼崖区委和琼崖纵队的中心任务。此前，区党委和琼崖纵队已派出多人前往徐闻、海康等地，汇报海南岛的敌情及琼崖党政军的准备接应情况。琼崖纵队参谋长符振中就曾在广州会议上汇报了海南岛上琼崖党政军的组织、战役准备以及国民党军的防御部署，转达了中共琼崖区委书记、琼崖纵队司令员兼政治委员冯白驹两条建议："一是乘敌人防线不甚严密，先偷渡一批兵力，加强琼崖纵队的接应力量；二是若第一个办法行不通，就派一批军事干部和技术人员把枪支弹药运过海，以充实琼纵的武器装备。"同时，筹粮筹钱，保障大军过海登陆后的后勤供给。开展"一元钱、一斗米"运动，组织好粮食运输队。要求各级支前委员会切实抓好各项支前工作，扩大民工组织，组织好担架队、粮食运输队、战地救护队等。琼崖区党委还派出得力领导深入各地，加强对支前工作的领导。

海口地下交通站面临的任务尤为艰巨。渡海作战必须掌握国民党军海防阵地的部署，以有效地实施打击或有效地安全规避。虽然此前通过侦察或直接获得过国民党军的军事地图，并秘密渡过琼州海峡输送给前线人民解放军，但敌人是狡猾的，国民党军的布防经常变换，特别是根据各种可能严密布置兵力。一经发现或怀疑布防阵地机密泄露，则立即变更部署，或强化防守密度。所有这些变化都需要及时报告给渡海大军。这种要求，促使海口地下交通站必须把最新掌握的敌情和国民党军兵力部署情况及时送往渡海大军。

接到中共北区地委转达的琼崖区委和琼崖纵队的指示后，海口地下交通站立即紧急行动起来。他们知道三四月份是琼州海峡海潮最有利于登陆海南岛的时间段，有关情报要在此期间之前送达，而且渡海传送情报的海上危难叵测，要早做筹划，但这个任务无论如何必须保证在规定时间段里完成，以支持渡海大军渡海作战。否则，对国民党军海防情况不明，我们盲目渡海攻击，将造成渡海大军的重大伤亡。

1950 年 1 月，府海地区中共地下交通员搜集到新近绝密的国民党军驻防情报，须快速报送徐闻渡海大军。

"这是一份重要的军事情报，你必须想尽办法，安全地送达徐闻渡海大军指挥部！"中共琼山县委书记王琼明一脸严肃地说。前天中共北区区委的通信员传达了区委的重要指示，给琼山县委转交了情报传达了指令。随即，王琼明把这次任务交付给三区民主政府区长林栋，并为他找来船工和辅助人员、渔民陈垂凤以及区干部范华。

"是！我一定完成县委交给的战斗任务！"林栋一口答允，没有多余的话。他体察到了军情紧迫。

林栋雷厉风行，随即召集范华和陈垂凤一起讨论研究出发地点。

林栋说："从府海地区国民党军的防卫来看，从秀英港出海困难很多，敌人岗哨重重，光是搜身检查就要过三道岗。据来往的船上旅客说，只要国民党军发觉船上情况异样，或嗅到某种信息，就会立时反复检查，可疑的纸条都不放过，何况我们还要携带军用地图之类的重要资料。有的同志曾说出海顺利与否靠运气，我不认同，不主张从秀英那一带出海，冒险的因素多。咋办？我们讨论，集中大家的智慧。"

林栋一说完，范华和陈垂凤紧接着发言，出谋划策。

"我们还是走老路保险。以几年来的偷渡实例分析，从演丰一带的港湾出发，成功率是比较高的。而且林区长你借的船就在北港。"范华说。

范华所说的从演丰一带港口出发，偷渡琼州海峡成功例子确实不少。1949 年 12 月 22 日，冯尔迅、徐清洲按照琼崖区党委电令，根据中共琼崖北区地委指示，将府海、琼文及沿海国民党军兵力分布草图、部队番号、长官姓名等情报收集后，29 日夜间，冯尔迅、徐清洲和船工吴广祥、警卫员吴淑禄四人，从演丰乡河港村乘小船连夜出海。当夜正好是东北风，他们乘国民党军舰巡逻的空隙启航，次日早上八时船刚要靠岸，突然被巡逻的国民党飞机发现，国民党飞机的机枪从空中扫射，还投了几枚炸弹。冯尔迅他们发现情况不好，果断弃船登岸，迅速隐入海岸的丛林里，然后沿着丛林山径直奔徐闻乌石野战军指挥部，把府海党组织收集的情报安全送达。成功事例在先，这是一个比较稳妥的启航地点。

渡海大军的侦察情报员从徐闻到海南岛，也大多以演丰一带的村庄港湾为登陆点。1950 年 1 月上旬府海特别区委交通员欧邦新从徐闻海安护送十五兵团司令部作战参谋董煜煌和侦察参谋耿文亭、王政就在演丰上岸，然后由中共琼崖北区地委常委祝菊芬把他们护送到中共府海特别区委。府海特别区委指示海口地下交通站和交通员，协助这些先遣参谋收集府海地区以及全琼国民党军事、政治等重要情报，绘制海口东北沿海地区国民党军的防卫部署地图以及收集海口潮汛资料，并迅速送往徐闻渡海大军指挥部。这些登陆和出发点都在演丰一带。

此时，演丰地区表面上仍由国民党统治，实际上已由中共琼崖北区地委所控制，琼崖纵队独立团经常活动在这一地区，随时准备接应渡海大军零星的过海工作人员，并将他们护送到解放区。

"我同意范华的意见，我们还是从演丰一带出发好。"陈垂凤说道。他是北港渔民，对海岸的敌情了如指掌，行船时何处岗哨刁难他也清楚记得。陈垂凤继续说，"根据以往的经验，国民党军在府海地区防守密不透风，检查不放过任何一个疑点，我们携带的情报地图之类很难藏匿。在这个特殊时候，我主张走老路为妥。演丰一带海湾多，海边的民众半渔半农，出海捕捞的人多，敌特防不胜防，心有余而力不足。国民党当局禁止渔民出海，可海岸线漫长，能管得着吗？琼山东北海岸港口多，我们行动的机动性也就较大。出击于敌特莫测之时，避开敌人的检查，成功率就高了。"

"我补充一条意见。"范华提醒说，"不管啥时出海，该办而且能办成的正当手续一定要办完，护身符不嫌多，万一遇上敌人的巡逻检查我们就有了正当的理由。诚然，我不希望见到那些国民党军官兵，一要抽的，二搜钱银。这还好，如果出了意外麻烦，真的不好办，搞不好前功尽弃。"

"你们都赞同从演丰沿海择时出发，我们就按这个思路去准备。我让有关同志办妥出海登记，我们的身份等候确定。大家要把海上的情况想复杂些，办法想多些。这样，应变能力就增强了。"林栋说。陈垂凤的话坚定了他的想法。陈垂凤常出海，对国民党军的岗哨也最熟悉。

要完成情报传送任务，必须小心谨慎。林栋骁勇善谋，他先驾小渔船扮作打鱼渔民顺着演丰海岸线向北行驶，探明沿岸国民党军据点的作息时间，比如岗楼上的探照灯几时值班，巡逻舰几时结束海岸线巡查回港，各个海岸据点稽查船活动规律。再就是，根据往年的潮汛何时海上的东北风强劲，海上顺风顺水船只的航行就好比骏马一日千里。待到他把这些都侦察完毕，租用的船只已定，山货特产物品也已采购完成。山货是海南岛的红白藤、南药益智、特产胡椒，还有各种类的鱼干。

虽说从大陆断断续续传来的战事消息对国民党政权不利，国民党琼崖的军政人员也都清楚难于抵挡人民解放军渡海解放海南岛的步伐，但他们心存幻想，那就是拖延时日，多一天及时行乐，依然严管辖区里的平民百姓，防止共产党势力渗透。演丰乡的国民党乡长对出海捕鱼的渔民管束毫不放松，尤其对要到湛江、广州以及香港、澳门做生意的商人或海船更是百般刁难。地下交通员和中共党支部根据他贪食敛财的秉性，投其所好，施以小恩小惠，又以同样的办法打通了国民党军设在港湾里的关卡，取得通行许可。他们等待着出海的有利风向。

海南年初一月份有时刮东风，如果刮东风，张帆的木船很容易被刮到西边去；假如刮的是南风更糟，船前行不了还会后退。况且木船动力是人工划桨，缺少风力辅助要想快速渡过琼州海峡，到达徐闻目的地，非但不可能，还会因为在海上逗留的时间过长遭到国民党军舰飞机的阻拦。林栋他们将船只泊好，货物也都装载上船，这时只欠"东南风"了。

2月5日，傍晚时，刮了一天的东风突然改向，吹起了东南风。琼山县委书记王琼明赶到龙江角村。

林栋对王琼明的到来，甚感突然，问："王书记咋知要刮东南风？诸葛先生再世！"

"哈哈！"王琼明豪爽大笑，"我不是孔明，今天赶来看你们的准备工作做得如何，凑巧赶上好风势，那就给你们送行吧！"

陈垂凤没见到王琼明交给林栋什么地图资料，只见他从警卫员手里拿过一支竹竿交给林栋说："祝你们一路顺风！"

竹竿可作撑船用，尤其是浅水海域。林栋和范华、陈垂凤一身出海捕鱼的渔民打扮。这天他们从龙江角村的海岸驾船启程，借着红树林遮挡，先在附近海边假装撒网捕鱼，等到天色渐黑，船才沿着海岸线悄悄地向北边驶去。

"落帆！"他们在海上摸黑行驶了一个钟头，船头传来了林栋的喊话，蹲在船舱边的范华接过林栋的话头，立即向陈垂凤传达了命令。只听"吱溜"一声，酱色布帆从半空落到了船舱顶盖上。这时潮大水涌，木船在大浪里打转。

范华向四周探看，海上漆黑一片，船舷边"嘭嘭"声响，海浪剧烈地撞碰着木船。范华望着天宇的星座，时间约10时，估计已经到了国民党军的海上管制范围边缘。

这是国民党军的探照灯管制区。北港岛和铺前港国民党军哨所的探照灯，每隔半个小时或一个小时便密集地向这片海域交叉搜索，以往如果发现目标炮弹立时呼啸而至，否则巡逻舰会火速赶到搜查。这片海域被渔民称为危险区。许多渔民曾因为潮汐变化不能赶在天黑以前通过这里，不是遭到炮弹轰击就是巡逻舰国民党军官兵登船检查，即使搜不出可疑人或可疑物品，船主或渔民也被勒索财物，损失惨重。如果表现不满，则被以莫须有的罪名强行捆绑投进监狱。船只假如能够朝北出了这片海域，表明已摆脱了国民党军在港湾里的控制。

范华知道这是能否抵达海北目的地的第一道关。数日前，林栋和船主以打鱼为名多次逗留到天黑才返港，暗里观察国民党军岗楼哨兵对过往渔船的检查，摸透国民党军探照灯夜间值勤照射搜索海面的规律。今晚，他们的木船贴着海岸线的边沿行驶，凭借岸边茂密的丛林掩遮和墨黑的夜色，安全驶过了好几道哨所。

突然，刹那间，探照灯光柱横竖照射，眼前海域如同白昼，即便是林栋他们匍匐在船板上，也能把附近的海面看得一清二楚。海浪一排紧接着一排翻腾着，或许是没发现可疑的船只和其他漂浮物，探照灯忙乎了一阵子熄灭了。

"林区长，我们该扯帆了！"范华蹲在船舱口，轻声喊道。他是他们三人中的预备队员，即林栋或陈垂凤出现了意外状况随时补位。这时候他早憋得忍耐不住了，蹲在船舱里不是等于闲人嘛。看到探照灯光一灭，他即刻提醒林栋。他的想法是趁着探照灯熄灭的间隙，扯满帆冲过去。

蹲在船头的林栋双眸凝视着黑黢黢的海上，只听到潮水"轰轰"的撞击声。他往后看了一眼，朝着船舱的方位说："耐心点，不要大意，隐蔽好，再等等看！"

林栋他们的木船被浪头推搡着，有时朝前头挪动丈把远，却又被海潮推拉退回到原来的位置。这样反复颠簸着。过了二三十分钟，国民党军岗楼上的探照灯突然又亮了起来，海上犹如蛇蝎乱舞，一道道强烈的光柱交织成巨大的罗网。依然没有发现异样的目标，一会儿，探照灯熄灭了。根据以往的经验教训，林栋清楚即便帆船速度再快，也仍然在国民党军岗楼机枪的射程之内。

"林区长，这回我们该行动了！"范华心急，见这一情景，认为国民党军经过两次探照没有发现可疑目标，不会再搜索了，于是又急着催促道。

船头依然没听到林栋吭声，范华真的焦灼了，以为林栋那里出现了意外，猫腰正要往船头爬去，未曾想国民党军岗楼上的探照灯忽地又往海上照射，巨大的灯柱几次挨近了他们的木船，只二十来米远。范华赶紧往舱里缩回身子。幸好，他们三人穿的都是灰黑色衣裳，木船上也没啥反光的颜色。这一次，国民党军探照灯在海上搜索的时间比前两次要长，亮度时强时弱，交织时密时疏。海上除了波浪的涛声，听不到别的响动。

林栋依然趴在船头，眼睛向海面上盯着。范华正疑惑间，突然一阵密集的"沙沙"声犹如雨点跌落到海水里。他一阵惊愕，这是国民党军胡乱扫射的机枪子弹啊。

"摇橹！"枪声一停，船头传来林栋低沉的声音，范华赶快向陈垂凤传递"摇橹"命令。他们用力划桨，船驶出了北港和铺前港国民党军的控制区。林栋又下令"扯帆"，随即木船向着北边拼力奔去。船的后头犁起了一道水浪。南边岸上一眨一眨的灯火在林栋他们看来酷似鬼火，愈来愈远。

木船满帆招风疾驰，林栋的眼睛紧盯着海上，不放过任何一个疑点。他想了想，把范华和陈垂凤召集到船舵旁，叮咛说："大家不要粗心大意，船一刻不抵岸，我们得保持每一秒的警觉。现在是凌晨一刻，不能打瞌睡，困了就喝点凉水提提神。"

范华说"困不了"。他携着一壶酒来到舵位，说："垂凤，喝两口，暖暖身子！"

陈垂凤也是共产党员，三十多岁年纪。他知道这趟到海北的任务非同寻常，是县委书记亲自交代的紧要任务，因而从一上船就打起百倍精神，注视风帆、观测海流、撑好舵把，木船就像一叶轻舟掠过波峰浪脊。

陈垂凤从海上漆黑的夜空里回过神，说："我早喝过了！你没看到我腰间的酒椰壶？酒是我们渔民常携带的家酿，困了时喝一口提提神，高兴时喝一口长长志气，危急时喝一口壮壮胆！酒是个好东西，但不能喝过量！"

范华甚为感动，从登船到现在，陈垂凤还没挪离舵位一步，像钉子钉在那里。民众中蕴藏着巨大的革命力量，有这么多的老百姓支持革命，何愁革命不胜利呢！他拍了拍陈垂凤腰间的酒椰壶，试问道："垂凤，照这样的速度何时能到徐闻、海康一带海岸呢？"

"快了，如果不遇到啥的麻烦，应该在天亮之前吧！"陈垂凤肯定地说。刚说完，他一扭头，却急促地说道，"哎，麻烦来了，那不是国民党军的巡逻舰吗？"

范华往东南方向一瞥，果然看到天际边有一个微小亮点。那亮点愈来愈大，愈来愈清晰，而且朝他们这头"突突"奔来。只一袋烟工夫，一艘舰艇已向他们的木船靠近，随即探照灯向着他们左右摇晃地照射过来。国民党军巡逻舰舷边的士兵不停地招手一片呐喊。很快地，巡逻舰距木船只有三十来米远。

林栋示意范华他们把船帆降了下来。木船在海浪中颠簸着，摇晃着，像个醉汉。

"找死啊，黑咕隆咚的你们瞎跑，是你们船快，还是国军的炮弹快？"舰舷上的国民党军士兵乱嚷嚷的，猛地吆喝。

林栋伫立在船头，大声地回答说："海浪太大，我们听不到老总的招呼嘛。我们的木帆船咋赶得上国军的舰艇快，和国军的炮艇掰手腕，我们做生意的人还没有那个胆量！"

或许是国民党军士兵听到林栋的说话声，一束灯柱把林栋给罩住了。不一会儿，一只小艇抵近了林栋他们的木船，立刻爬上了五个荷枪实弹的国民党军士兵。其中，一个当官的用手电筒照着林栋。这时的林栋身上穿的是长袍马褂，一副生意人装束。他喝问道："黑夜出海，你们肯定是共产党的谍报人员，你敢说不是吗？"

林栋平和地回答："说我是共产党的谍报人员，是长官高抬了我。人家都说我是走南闯北的生意人，有的人还怀疑我是中统的人哩，说我借做生意之名，给国民党报告共产党的情况。"

"少废话，说清楚船上装的是什么货？要到哪里去？若是有半句假话，让你葬身海底！"这个军官吼道。林栋刚才的话麻痹了他的思路。

林栋装作诚惶诚恐的样子说："长官，明人不说暗话，我好不容易凑了点钱，要把货运到香港和澳门赚点钱。可是国军封锁了琼州海峡，我们做生意的过不了海，货主整天上门讨债，烦死人啊！我害怕大白天遇到国军的巡逻舰，才冒死夜晚出来，不巧遇上了长官你，长官你就行行善，做个人情吧！"

这个国民党军军官用手电筒又照了照林栋，对士兵喝道："都给我搜！搜出暗藏武器和共产党与琼崖纵队人员，我饶不了你！"

那些国民党军士兵蹿左蹿右乱搜了一通，相继禀报道："报告连长，没发现共产党与琼崖纵队的人，船上只有一个船老大，一个伙计，还有就是山藤、鱼干和胡椒南药！"

这时，一个士兵惊惧地挨近国民党军连长身边，耳语了片刻。

这个连长听罢，慌乱地用手电筒向着右边的船舷照去，看见船帮处漏开的一个缺口，海水"嘟嘟"地往船舱里灌，不由脱口而出，说："呃，船要沉了？"

这当儿，陈垂凤急喘喘地走到林栋跟前，上气不接下气地说："不好了！东家，船漏水了！咋办？"

"咋办！"林栋当然急得似火烧脚，忙喝说，"愣着干什么，还不赶快给我堵住！船沉了，人没了，啥都完啦！"

霎时，船上忙成了一窝蜂，范华和陈垂凤找工具的找工具，拿布塞的拿布塞，在微弱的马灯光中忙着堵塞漏洞。

"嘿嘿，在黑洞洞的深夜里，你们就是想跑也跑不掉！船沉人亡，都等着喂鱼虾去吧，还免得浪费了国军的子弹呢！"国民党军连长挥了一下手，抢先爬上了小艇。那四个士兵搜走了林栋兜里的几枚银元，又每人扛了一捆马鲛鱼干才离开了林栋他们的船。小艇"呜"地往巡逻舰驶去。

待到国民党军巡逻舰往南驶出约一海里，林栋和范华、陈垂凤已把船帮漏洞堵上，船舱里的水戽干，升帆向北，一眨眼就消失在苍茫的大海里。

还是林栋想得周到，考虑到海上情势险恶，事先和陈垂凤合计，倘若遇到国民党军巡逻舰，国民党军登船检查时，乘着海浪冲撞，先用力压低船位，让右船舷忽地只离海面距离分毫，又乘机拧掉船帮处事先凿开缺口的塞子，用漏水船沉逼退国民党军，这一计谋果然奏效。

林栋他们闯过急水门，绕过新溪角，次日七时抵达徐闻县博赊港的人民解放军四十三军一二七师驻地。林栋扛着王琼明交给的竹竿上岸，把它郑重地交给了大军首长。这时，范华和陈垂凤才明了一夜惊魂护送的"秘密"都装在竹竿"肚"里。

竹密不挡风，山高不遮云。战旗指向日，琼岛凯歌扬。

1950年3月初，中国人民解放军第四野战军根据中央军委的命令和毛泽东主席的军事部署，开始了渡海作战，以加强营偷渡揭开了解放海南岛作战的序幕。

3月5日下午7时半，四十军一一八师参谋长苟在松率领、琼崖纵队司令部侦察科长郭壮强协助，三五二团加强营799名指战员分乘14艘帆船，从雷州半岛灯楼角启渡，6日中午在儋县白马井新村一带登陆，向解放区白沙阜龙转移。3月10日中午1时，四十三军一二八师三八三团加强营1007名指战员由团长徐芳春率领、琼崖党政干部林栋协助，分乘 21 艘帆船，从雷州半岛硇洲岛启渡，于次日上午 9 时在文昌县赤水港一带登陆，向琼山县解放区转移。3 月 26 日晚 7 时，四十军一一八师三五二团主力和三五二团二营组成的加强团 2991 名指战员，由一一八师政治部主任刘振华和琼崖纵队副司令员马白山率领，分乘 81 艘大小帆船，从雷州半岛灯楼角启航，于次日天亮时在澄迈县玉包港强行登陆，顺利向解放区转移。3 月 31 日夜 10 时半，四十三军一二七师加强团 3733 名指战员，由师长王东保、政委宋维栻率领，琼崖北区地委原宣传部部长陈说及徐清洲协助，分乘大小帆船 88 艘，从雷州半岛博赊港启渡，次日拂晓在琼山县迈德村一带海上登陆，而后胜利抵达解放区。

4 月 16 日，历史性的大规模渡海作战开始。晚上 7 时，四十军一一八师三五三团两个营、三五四团，一一九师三五五团、三五六团、三五七团，一二〇师三五八团等 6 个团（欠 1 个营），共 1.87 万名指战员，由十二兵团副司令员兼四十军军长韩先楚、副军长解方率领，琼崖纵队参谋长符振中协助，分乘 300 多艘帆船，在雷州半岛灯楼角一带海岸启渡；四十三军一二八师三八二团及三八三团两个营、三八四团 1 个营，共 6968 名指战员，由四十三军副军长龙书金，一二八师师长黄荣海、政委相炜率领，琼崖纵队政治部组织部副部长谢应权和王山平、冯尔迅、吴正桂协助，分乘 81 艘帆船，在雷州半岛东场港启渡。两路部队次日经过鏖战，先后分别在临高角和澄迈玉包港一带登陆。此后，历经黄竹、美亭包围与反包围激战，海口于 4 月 23 日上午获得解放。

4 月 23 日下午 7 时半，十五兵团司令员邓华率领野战军第二梯队四十三军军部及一二七师三八〇团、三八一团两个营、一二八师三八四团两个营、一二九师三八五团、三八六团于次日在海口后海、天尾港、荣山寮一带海岸登陆，军部进驻海口。至此，海南岛解放大局底定。5 月 1 日，全海南岛解放。

诸位：海南岛解放，地下交通站足智多谋、倾力相助，交通员披肝沥胆、英勇奋战。琼崖区党委和琼崖纵队接应渡海大军作战和支前工作。按照琼崖区党委指示，交通员智取与传送国民党军驻防情报，为渡海大军带路联络。生死搏击中，彰显了海口地下交通站和交通员的忠勇和顽强。这种无私奉献书写了他们品质的高尚和斗争的坚韧，人民永远铭记。

结　语

　　岁月硝烟且远行，犹忆当年谍战急；夜巡十里神鬼泣，踏平海浪凌云志。中华人民共和国成立 7 个月后，海南岛迎来了解放。翻开已经逝去的历史篇章，赫然呈现在我们眼前的是一个个鲜活的面孔和一幕幕暌违了的令人热血沸腾激越的斗争场景。中国共产党领导下的海口地下交通站及其交通员坚持不懈的地下斗争，是海南革命斗争史以至整个中国革命斗争史一部不可忽视的巨著。

　　信仰是灯塔，理想是路标。中国共产党领导的海口地下交通站始建于革命斗争的危难之时，既是斗争环境的需要，也是斗争手段的必然。当大革命失败之际，反动派大肆追杀革命志士，斗争需要转换环境，手段方法必须多样，地下交通站的出现是琼崖革命斗争困苦时刻的智慧呈现与创造，也是革命斗争的组织产物。它所拥有的庞大的交通员队伍群体，既有基层党组织骨干，更多的是普通的富有正义感的群众，他们不分男女老少，响应中国共产党的号召，集合到谍报战的堑壕，为各级党组织和革命队伍传送情报，当好向导引路，护送过路革命干部，有的因斗争需要甚至勇敢地站到明枪实火斗争的前列。他们展现自己的人生智慧和斗争策略，在城市在乡村，在敌前在敌后，在前方在魔窟，特别是在府海地区这个琼崖政治、经济、军事斗争的中心，时刻充满着刀光剑影、绞杀和反绞杀的搏击，可谓是："走对一步，柳暗花明充盈生机；下错一着，血染灵台全盘皆输。"广大地下交通员知难而进，攀刀山、蹚火海，涉龙潭、闯虎穴，步步惊心，事事摄魄。他们中有的为把情报按时送达指定地点，不畏艰险，遇山爬山、遇水泅水；有的乔装打扮，混过敌人的岗哨，在敌占区行走如履平地；有的"白皮红心"，忍辱负重，周旋于敌特之间，圆满地完成党组织交付的艰巨任务。于是，留下了智越敌岗、夜泅江河、飞舟横渡、虎穴除奸诸多脍炙人口的动人篇章。这些斗争故事将成为世世代代传颂吟咏的活教材，中华人民共和国宝贵的不朽精神财富。

为有牺牲多壮志，壮士雄起斗熊罴。斗争环境的险恶，敌我之间的厮杀，尤其是在敌强我弱的斗争环境中，地下交通站随时处于被破坏、交通员时刻命悬一线的危险境地，假如敌特的阴谋行动得逞，那就意味着交通站将遭受巨大损失，交通员的生命安全受到严重威胁。地下斗争的现实告诉人们，这种危险无时无刻不存在，交通站随时随地面临被破获的危险，交通员无时无刻不准备应对血腥的屠杀，做出牺牲自己的抉择。因之，斗争的复杂性残酷性增添了敌我斗争的波谲云诡。是谁敢横刀于敌特猖獗肆虐关口？唯有把自己的意愿和中国共产党奋斗目标紧紧相连的热血民众，是他们扛起了作为中华民族成员的责任担当。据不完全统计，在琼崖革命斗争期间，海口地区1000多名地下交通员把自己宝贵的生命奉献于人类壮丽的共产主义事业。他们的壮烈行为书写了红色的不朽史册。

飞舟力量唯帆桨，奋进动力在理想。广大地下交通员严守地下工作纪律，一丝不苟地履行各项工作职责，保守党的地下工作秘密。斗争环境和岗位的特殊性，决定了斗争过程的剑拔弩张。他们坚定信念，大义凛然，勇敢前行，以大无畏精神践行中国共产党的崇高目标，履行一个共产党员、一个革命者的铿锵诺言。坦坦荡荡行走在乡间阡陌，义薄云天；航行在茫茫的琼州海峡，犹如蛟龙斗腐恶；战斗在敌人的心脏里，始终以党的利益为最高利益。斗争环境的特殊性和工作任务的独特性，使党的地下交通站和交通员往往处于弱者境地。他们或被枪杀于执行任务的行动中，或被敌军炮火轰击而葬身于滔滔海涛里，或牺牲在敌人的刑场上，或就义于海南解放的黎明前一刻。这些英烈们喋血方式不同，但他们践行的目标一致，那就是为实现共产主义的崇高目标贡献终身。英烈们的奋斗精神与赓续追求志向，留给人们的是一份满分的红色人生答卷。他们未竟的壮丽事业，将永远呼唤后来者持续英勇奋斗，光大前辈们的理想与信仰。

掩卷长歌英烈传，今人继志须前行。继续深化改革开放，建设新海口的广大干部群众，经历了社会主义革命和建设的暴风骤雨，沐浴在党的十一届三中全会的春风里，尤其是在海南建省、创办经济特区的征程中大显身手，海口这座南国省城的面貌日新月异。现如今，海口人又奋进在建设中国特色社会主义海南自由贸易试验区和海南自由贸易港新长征的阳光大道上，深刻领悟"两个确立"的决定性意义，增强"四个意识"、坚定"四个自信"、做到"两个维护"，在全面深化改革开放的进程中，不忘初心、牢记使命，发扬敢闯敢试、敢为人先、埋头苦干的特区精神，锐意进取、勇于创新，自强不息、砥砺奋发，加快建设国际化滨江滨海花园城市，实现中华民族伟大复兴的中国梦。唯有如此，我们才不辜负革命英烈为之做出的牺牲；也唯有如此，才能继续迈进，在新时代实现社会主义更加壮丽的愿景和雄伟的目标。

春光四时浸润的府海大地，永远烙印着前辈们的足迹！

参考文献

《中国共产党海南历史（第一卷）》，中共海南省委党史研究室著，中共党史出版社 2007 年 9 月第 1 版。

《琼崖纵队史》，琼崖武装斗争史办公室编，广东人民出版社 1986 年 9 月第 1 版。

《中国共产党海口历史（第一卷）》，中共海口市委党史研究室著，中共党史出版社 2008 年 7 月第 1 版。

《琼崖大革命史料选编》，中共海南省委党史研究室编，1994 年第 1 版。

《海口革命斗争史》，中共海口市委党史研究室编，海南人民出版社 1989 年 6 月第 1 版。

《琼山革命斗争史》，中共琼山市委党史研究室编，海南出版社 1994 年 9 月第 1 版。

《土角村革命斗争史》，广东省海康县《土角村革命斗争史》编委会编，湛印准字第 074 号，2012 年 10 月印。

《琼崖女杰刘秋菊》，海南大学文学院、中共琼山县委党史研究室编，琼准印字第 003 号，1991 年 12 月印。

《琼崖红色故事（海口卷）》，中共海南省委党史研究室、海南省中共党史学会编，海南出版社 2019 年 9 月第 1 版。

《海康党史资料（第一辑）》，中共海康县委党史办编印。

《中国共产党雷州市沈塘镇革命斗争史（1939—1949）》，中共沈塘革命斗争史编写组编印。

《中国共产党遂溪县西南区革命斗争史（1922.夏—1949.11）》，中共遂溪县委党史研究室、中共雷州市委党史研究室合编印。

《海康县西区革命斗争史》，海康县西区革命斗争史编写领导小组编印。

后　记

　　《海口红色交通站》出版，这是我们给中国共产党建党 100 周年的崇高献礼，也是海口近年来党史研究的丰硕成果。

　　新中国是一部色彩斑斓、英杰辈出、华章闪烁、山河同辉的鸿篇巨制。海口的革命斗争史是当中一个节拍跳跃、事迹隽永的诗章。海南解放后，对于海口革命史的研究，各级党史工作者宵衣旰食，艰辛努力，做出了应有的贡献，其述著与史料整理汗牛充栋。我们发现由于某些原因，党的地下交通站工作研究还存在欠缺。须知，地下交通站是党在革命战争年代的一条重要战线，是革命斗争不可或缺的决斗战场，广大地下交通员所付出的牺牲何等壮烈，许多同志引脖于敌人的屠刀下，或永远倒在奔走的路途上，这些前辈的革命斗争事迹与海南革命斗争史紧紧地联系在一起，是海南革命斗争史重要的组成部分。尤其是琼崖与内地相隔的琼州海峡为海口地下交通斗争平添了诸多神奇故事。作为党史工作者，我们有责任有义务挖掘这些革命前辈地下斗争的故事，弘扬其精神，高举其旗帜，使其功绩与斗争事迹融汇到中国现代革命史的雄伟壮丽篇章中，激励广大人民群众朝着共产主义的目标迅跑。让其奋斗精神和不朽业绩成为实现中华民族伟大复兴的中国梦，建设海南自由贸易试验区和探索建设中国特色社会主义自由贸易港的强大推力。

我们把海口地下交通站的革命斗争故事编写为章回故事，目的在于扩大传播面，既可书面阅读又可口头讲述，既可进入机关校园又可走进企业社区，既可在城镇传播又可在乡村坊间民众口传。因而，在撰写时我们力求做到语言通俗化、口语化，故事的脉络清晰、情节紧凑、人物形象鲜明、文字朗朗上口、上下章回衔接顺畅。甚为遗憾的是，因为原始材料匮乏，现在采访已无从了解搜寻细节，致使许多革命前辈的优秀事迹遗漏于本书之外。我们始终认为，把前辈们的英勇斗争事迹最大程度地保留下来，并发扬光大，是党史工作者不可推辞的职责。我们当把为革命前辈立传这项工作继续下去，不懈地加以完善，让它成为继承红色基因、弘扬红色文化的生动教材，青少年一代的红色精神食粮。

中共海南省委党史研究室副主任赖永生对《海口红色交通站》的撰写与出版始终关注和热情支持，称赞"这是海口市党史研究与宣传教育工作的新成果，是纪念中国共产党创建100周年的崇高献礼"。热情鼓励我们采取多种形式宣传与弘扬革命前辈所建立的丰功伟绩，勇于创新宣传方法和手段，搭建党史宣传教育的新平台，把海口市红色故事的挖掘与宣传工作推向深入，为海南自贸港建设助力。

中共海南省委党史研究室原巡视员许达民赞扬《海口红色交通站》是传承红色基因、弘扬红色文化的坚实举措，以章回故事体裁宣传革命前辈斗争事迹是新时代党史研究和党史宣传的成功尝试。希望不忘初心、牢记使命，继续挖掘红色资源，打造海口青少年一代红色故事教育的新高地。

《海口红色交通站》的撰写由中共海口市委党史研究室集体指导，海南省作家协会会员、海南省中共党史学会原常务理事、海南省中共党史专家库成员、海口市哲学社会科学专家库成员王锡鹏执笔。2018年10月启动，至2020年4月完成初稿。其间广泛搜集资料，认真听取了各方面意见。紧接着，邀请省内党史专家及有关人员参加评读会。

根据大家的意见，执笔者进行精心修改和补充。参加评读会的专家学者和有关同志有许达民、程小斌、林夏、游宪军等；本室有关领导和执笔者参加了稿本评读会。

《海口红色交通站》撰写期间，海口市委党史研究室主任符中曾率领有关人员前往广东省徐闻县、雷州市、湛江市等地采访。徐闻县委党史研究室主任谢胜捷、副主任何强，雷州市委党史研究室主任莫昌益，湛江市霞山区委党史研究室主任梁亮、科员梁立云，湛江市委党史研究室研究二科副科长李满清等，披日冒雨，带领采访人员瞻仰和参观革命遗址、遗迹。他们的热情帮助，为本书的撰写增添了新的史料。

本书撰写第一阶段与执笔者王锡鹏联系的是李佳静，第二阶段与执笔者王锡鹏联系者为杨林。为执笔者下乡采访提供帮助与方便的有周琪雄。此外，还有吴淑雄、彭飞等。

我们谨向为《海口红色交通站》出版提供支持的出版社以及有关部门、有关单位以及有关同志致以诚挚的敬意。同时，祈盼读者指点罅漏，不尽建言。

中共海口市委党史研究室

海口市国家保密局

海口市中共党史学会

2020 年 8 月 1 日